자격증은 이기적

이기적 스터디 카페

KB050061

이기적 스터디 카페 회원 모두에게 드리는 특별한 혜택! BIG 3

스터디 혜택

BIG ❶ 스터디 모임

💡 **나와 맞는 스터디 파트너를 구해보세요!**

이기적 스터디만의 특별한 학습자료와 미션으로 빠르게 합격하자!

이기적 스터디 한정
특별 학습 자료

그룹장
감사 적립금
(영진닷컴 쇼핑몰)

미션 성공 시
기프티콘

과목별로 상이하오니 이기적
스터디 카페를 참고하세요.

| 이기적 스터디 카페 | 🔍 | 검색 |

BIG ❷ 1:1 질문답변

💡 **대면강의처럼** 즉각적인 피드백으로 **손쉽게 공부하자!**

이기적 스터디 카페 회원이라면 누구나 전문가 선생님의 자세한 답변을 받아
보실 수 있습니다.

✔ **특별한 추가 인증 없이 카페 가입만으로** 전문가의 1대1 과외학습 혜택!

BIG ❸ 다양한 추가 자료 배포

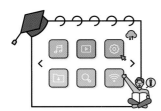

💡 **책만으로 불안하면** 다양한 추가 자료로 **끝장내자!**

추가 기출문제, 핵심요약 등 카페 회원을 위한 다양한 학습 자료를 받아보세요.

✔ **스터디 카페 회원들을 위해** 특별 제작한 자료들을 빨리 받아보세요!

실시간 시험 후기 등 다양한 자격증 이야기가
궁금하다면 이기적 스터디 카페로 와보세요!

자격증은 이기적

365 이벤트

이기적 홈페이지와 스터디 카페에서
365일 매일 진행됩니다!

정오표 이벤트

이기적 수험서로 공부하다가 오타·오류를
발견하셨나요?
그럼 영진닷컴에 제보해주세요.

📖 참여방법

- 이기적 수험서의 오타·오류를
  'book2@youngjin.com'에 보내주세요.
- [도서명], [페이지], [수정사항], [이름],
  [연락처]를 꼭 적어 주세요.

QR로 세부 내용 확인!

스터디 카페 이벤트

이기적 스터디 카페 회원들을 위한 특별한
이벤트!
지금 바로 카페에 가입하고 참여해 보세요!

📖 리뷰 이벤트

리뷰 작성 후 네이버페이포인트 받자!

📖 합격후기 이벤트

합격후기 작성하고 네이버페이포인트 받자!

QR로 세부 내용 확인!

참여혜택

영진닷컴 도서
최대 30,000원 상당

이벤트 선물
다양하게 아낌없이 팡팡!

당첨자 발표

매월 5일 이기적 홈페이지
(license.youngjin.com)에서
확인해보세요.

매일 4시 이후 지급 예정
(금요일 참여자는
늦어질 수 있습니다.)

※ 이벤트의 세부 내용 및 당첨 발표는 변경될 수 있습니다. 자세한 사항은 이기적 홈페이지나 카페를 확인해주세요.

이렇게 기막힌 적중률

ITQ
액세스 ver.2016

당신의 합격을 위한 **이렇게 기막힌 적중률!**

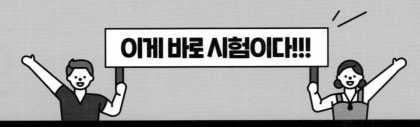

이게 바로 시험이다!!!

시험은 이렇게 출제된다

문제 1 테이블과 데이터 형식

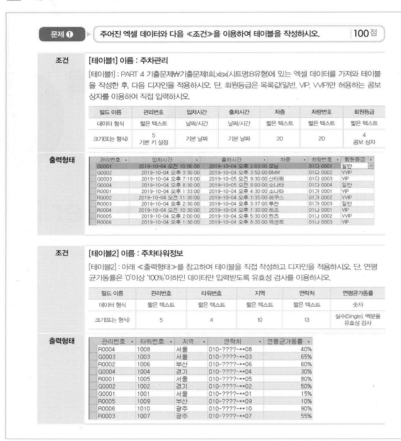

| 문제 ❶ | 주어진 엑셀 데이터와 다음 《조건》을 이용하여 테이블을 작성하시오. | 100점 |

조건

[테이블1] 이름 : 주차관리

[테이블1] : PART 4 기출문제₩기출문제1회.xlsx(시트명:8유형)에 있는 엑셀 데이터를 가져와 테이블을 작성한 후, 다음 디자인을 적용하시오. 단, 회원등급은 목록값(일반, VIP, VVIP)만 허용하는 콤보 상자를 이용하여 직접 입력하시오.

필드 이름	관리번호	입차시간	출차시간	차종	차량번호	회원등급
데이터 형식	짧은 텍스트	날짜/시간	날짜/시간	짧은 텍스트	짧은 텍스트	짧은 텍스트
크기(또는 형식)	5 기본 키 설정	기본 날짜	기본 날짜	20	20	4 콤보 상자

출력형태

관리번호	입차시간	출차시간	차종	차량번호	회원등급
G0001	2019-10-04 오전 10:00:00	2019-10-04 오후 2:00:00	모닝	01다 0001	일반
G0002	2019-10-04 오후 3:30:00	2019-10-04 오후 3:50:00	BMW	01다 0002	VVIP
G0003	2019-10-04 오후 7:18:00	2019-10-05 오전 9:30:00	산타페	01다 0003	VIP
G0004	2019-10-04 오후 8:30:00	2019-10-05 오전 8:00:00	소나타	01다 0004	일반
R0001	2019-10-04 오후 1:33:00	2019-10-04 오후 4:30:00	소나타	01가 0001	VIP
R0002	2019-10-04 오전 11:30:00	2019-10-04 오후 1:35:00	에쿠스	01가 0002	VVIP
R0003	2019-10-04 오후 2:30:00	2019-10-04 오후 3:37:00	투싼	01가 0003	일반
R0004	2019-10-04 오전 10:30:00	2019-10-04 오후 1:30:00	리조	01나 0001	VIP
R0005	2019-10-04 오후 2:00:00	2019-10-04 오후 5:30:00	벤츠	01나 0002	VVIP
R0006	2019-10-04 오후 1:30:00	2019-10-04 오후 8:30:00	액센트	01나 0003	VIP

조건

[테이블2] 이름 : 주차타워정보

[테이블2] : 아래 《출력형태》를 참고하여 테이블을 직접 작성하고 디자인을 적용하시오. 단, 연평균가동률은 '0'이상 '100%'이하인 데이터만 입력받도록 유효성 검사를 이용하시오.

필드 이름	관리번호	타워번호	지역	연락처	연평균가동률
데이터 형식	짧은 텍스트	짧은 텍스트	짧은 텍스트	짧은 텍스트	숫자
크기(또는 형식)	5	4	10	13	실수(Single), 백분율 유효성 검사

출력형태

관리번호	타워번호	지역	연락처	연평균가동률
R0004	1008	서울	010-????-**08	40%
G0003	1003	서울	010-????-**03	65%
R0002	1006	부산	010-????-**06	60%
G0004	1004	경기	010-????-**04	30%
R0001	1005	서울	010-????-**05	80%
G0002	1002	경기	010-????-**02	50%
G0001	1001	서울	010-????-**01	15%
R0005	1009	부산	010-????-**09	10%
R0006	1010	광주	010-????-**10	90%
R0003	1007	광주	010-????-**07	55%

• **체크포인트** •
– 엑셀 데이터 가져오기
– 테이블 이름 지정
– 필드 이름, 형식과 크기 지정
– 콤보 상자와 유효성 검사 등
  속성 지정
– 데이터 입력

• **평가기능 :** 필드의 형식과 크기 조건에 따라 2개의 테이블 작성 능력을 평가

ITQ 액세스 시험에서 가장 중요한 제1작업입니다. 제1작업의 데이터가 잘못되면 다음 작업에 영향을 끼칩니다. 그러므로 오타 및 실수가 없도록 신경 써야합니다. 반드시 명시된 데이터의 형식으로 설정해야 하며, 문제에서 제시한 테이블이나 필드 이외에 추가로 작성하거나 데이터를 임의 정렬하면 안됩니다.

문제 2 선택 쿼리

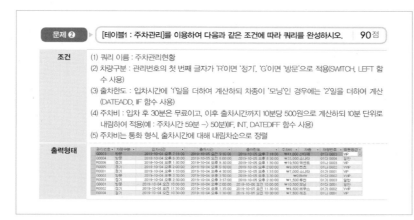

• 체크포인트 •

– 쿼리 이름, 필드명, 필드 순서 지정

– 수식 지정과 함수 입력

– 정렬, 형식 지정

• 평가기능 : 조건에 따른 데이터 추출, 수식과 함수를 사용한 필드 작성 능력을 평가

쿼리 작성 시의 함수가 틀리면 폼 작성 및 보고서 작성에 영향을 줄 수 있으므로 정확히 작업하도록 주의해야 합니다. 쿼리의 이름, 수식 작성을 꼼꼼히 확인하고 문제에서 제시한 형식을 반드시 따르도록 합니다.

문제 3 테이블 조인

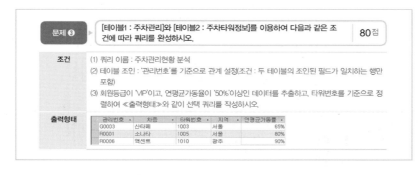

• 체크포인트 •

– 쿼리 이름, 테이블 조인, 필드명, 필드 순서

– 조건에 따른 데이터 추출, 정렬

– 매개 변수 쿼리 작성

• 평가기능 : 유형 1(테이블 조인) – 2개의 테이블을 연결하여 조건에 따른 데이터 추출 능력을 평가

　　　　　　유형 2(매개변수 쿼리) – 매개 변수 쿼리를 작성하고 지정한 조건을 입력하여 데이터를 추출하는 능력을 평가

제3작업은 두 개의 유형 중 하나가 출제됩니다. 유형 1의 경우는 테이블을 불러내어 문제에 알맞게 선택한 후 조건에 맞는 수식을 입력합니다. 유형 2는 쿼리디자인을 통해 매개변수 쿼리를 작성한 후 조건을 입력합니다.

문제 4 폼 작성

• 체크포인트 •
– 하위폼
– 기본폼
– 로고 삽입
– 메세지 폼
– 명령 단추

• 평가기능 : 조건에 따른 폼 작성 능력을 평가

제4작업도 2가지 유형 중 하나가 출제됩니다. 유형 1의 경우는 특정 필드를 선택했을 때 '메시지'가 나타나도록 해야하고, 유형 2는 보고서 작성을 완료한 후에 명령 버튼을 눌러 보고서를 불러와야 합니다. 작업 시 함수나 필드 이름 등이 정확하게 지정되어 있는지 확인하기 바랍니다.

문제 5 보고서 작성

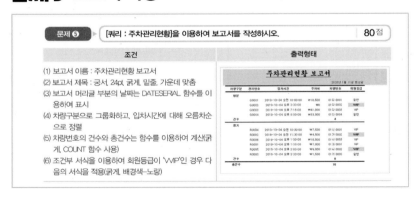

• 체크포인트 •
– 보고서 이름
– 그룹화 및 정렬
– 필드 순서와 개수
– 계산식 작성
– 조건부 서식 지정

• 평가기능 : 조건에 따른 보고서 작성 능력을 평가

제5작업은 제2작업에서 작성한 쿼리를 토대로 보고서를 작성합니다. 그룹화의 기준과 필드의 정렬을 어떻게 하는지에 따라서 보고서의 모양이 달라집니다. 시간을 너무 많이 쓰지 않도록 주의해야 합니다.

문제 6 레이블 보고서

• 체크포인트 •
– 레이블 이름
– 필드 순서, 출력 형태
– 계산식

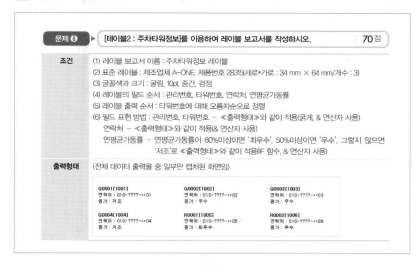

문제 ⑥ ▶ [테이블2 : 주차타워정보]를 이용하여 레이블 보고서를 작성하시오. 70점

조건
(1) 레이블 보고서 이름 : 주차타워정보 레이블
(2) 표준 레이블 : 제조업체 A-ONE, 제품번호 28315(세로*가로 : 34 mm × 64 mm/개수 : 3)
(3) 글꼴색과 크기 : 굴림, 10pt 중간, 검정
(4) 레이블의 필드 순서 : 관리번호, 타워번호, 연락처, 연평균가동률
(5) 레이블 출력 순서 : 타워번호에 대해 오름차순으로 정렬
(6) 필드 표현 방법 : 관리번호, 타워번호 – ≪출력형태≫와 같이 적용(굵게, & 연산자 사용)
   연락처 – ≪출력형태≫와 같이 적용(& 연산자 사용)
   연평균가동률 – 연평균가동률이 80%이상이면 '최우수', 50%이상이면 '우수', 그렇지 않으면
   '저조'로 ≪출력형태≫와 같이 적용(IF 함수, & 연산자 사용)

출력형태 (전체 데이터 출력물 중 일부만 캡처된 화면임)

G0001[1001]
연락처 : 010-????-••01
평가 : 저조

G0002[1002]
연락처 : 010-????-••02
평가 : 우수

G0003[1003]
연락처 : 010-????-••03
평가 : 우수

G0004[1004]
연락처 : 010-????-••04
평가 : 저조

R0001[1005]
연락처 : 010-????-••05
평가 : 최우수

R0002[1006]
연락처 : 010-????-••06
평가 : 우수

• **평가기능** : 작성된 테이블을 이용해 레이블 보고서를 작성하는 능력을 평가

제6작업은 앞서 만들었던 테이블을 이용하여 위와 같은 출력형태를 만드는 작업입니다. 주로 쓰이는 함수가 정해져 있으며 꼭 인쇄 미리보기를 통해 확인하며 작업해야 합니다.

차례

정오표

혹시라도 오타/오류가 있을 수 있습니다. **QR 코드**를 찍어 확인해 주세요.

부록 자료 다운로드 안내

* 영진닷컴 이기적 홈페이지(license.youngjin.com)에 접속한 후 [자료실]–[ITQ]를 클릭하시면, 답안 파일을 다운로드하실 수 있습니다. 이기적 ITQ 액세스 ver.2016 부록 자료를 클릭하고 첨부 파일을 다운로드 받아 압축을 해제하시면 됩니다.

이 책의 구성

출제 유형으로 정리하는 꼼꼼이론

- 출제되는 유형별로 Chapter를 구성하여 이해하기 쉽게 설명하였습니다.
- '합격생의 비법'을 통해 궁금점을 해결할 수 있습니다.

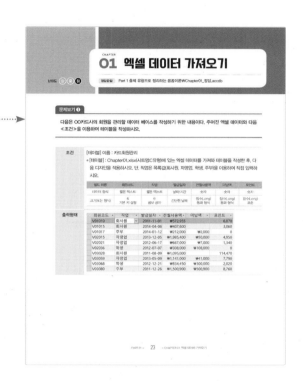

기출문제 따라하기

- 시험에 출제된 문제를 한 단계씩 따라하기식으로 구성하였습니다.
- license.youngjin.com에서 무료 동영상을 시청하실 수 있습니다.

유형을 확인하는 기출문제

- 각 Chapter가 끝날 때마다 시험에 출제된 여러 가지 유형을 실었습니다.
- 다양한 문제들로 출제 유형을 파악할 수 있습니다.

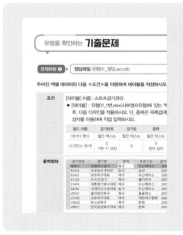

모의고사 & 기출문제

- 최신 출제경향이 반영된 모의고사 5회, 기출문제 5회를 수록하였습니다.
- 답안 전송 프로그램을 이용하여 입실부터 퇴실까지의 응시 요령을 익힐 수 있습니다.

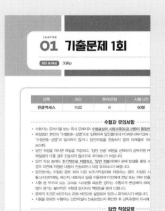

시험 안내

01 ▶ ITQ 응시 절차 안내

01 응시 자격 조건

제한 없음

02 원서 접수하기

https://license.kpc.or.kr

- 인터넷 홈페이지를 통해 접수한 후 수험표를 인쇄하여
  직접 선택한 고사장, 날짜, 시험시간 확인(방문 접수 가능)
- 응시료
  - 1과목 : 20,000원 | 2과목 : 38,000원 |
    3과목 : 54,000원
  - 인터넷 수수료 : 개인(1,000원), 단체(없음)

03 시험 응시

- 60분 안에 답안 파일 작성
- 네트워크로 연결된 감독위원 PC로 답안 전송

04 합격자 발표

https://license.kpc.or.kr에서 성적 확인 후
자격증 발급 신청

02 ▶ ITQ 시험 과목

자격 종목	시험과목	S/W Version	접수방법	시험방식
정보기술자격 (ITQ)	아래한글	한컴오피스 2020/2016(NEO) 선택	온라인/방문)	PBT
	한글엑셀 한글파워포인트 한글액세스	MS Office 2016		
	인터넷	익스플로러 8.0 이상		

- 정보 기술 자격(ITQ) 시험은 정보 기술 실무능력을 평가하는 시험으로 국민 누구나 응시가 가능한 시험이다.
- 동일 회차에 최대 3과목까지 신청자가 선택하여 응시할 수 있다.
- 아래한글 과목은 2020, 2016(NEO) 두 개 버전의 선택응시가 가능하다.

03 ▶ 시험 배점 및 시험 시간

시험 배점	시험 방법	시험 시간
과목당 500점	실무작업형 실기시험	과목당 60분

04 ▶ 시험 검정 기준

ITQ 시험은 500점 만점을 기준으로 200점 이상 취득자에 한해서 C등급부터 A등급까지 등급별 자격을 부여하며, 낮은 등급을 받은 수험생이 차기시험에 재응시하여 높은 등급을 받으면 등급을 업그레이드 할 수 있다.

A등급	B등급	C등급
500 ~ 400점	399 ~ 300점	299 ~ 200점

※ 200점 미만은 불합격 처리

05 ▶ 등급 기준

A등급	주어진 과제의 100~80%를 정확히 해결할 수 있는 능력 수준
B등급	주어진 과제의 79~60%를 정확히 해결할 수 있는 능력 수준
C등급	주어진 과제의 59~40%를 정확히 해결할 수 있는 능력 수준

부록 자료 안내

이기적 홈페이지(license.youngjin.com)에 접속한 후 상단에 있는 **[자료실]–[ITQ]**를 클릭한다.
[6682–9] 이기적 ITQ 액세스 ver.2016 부록 자료'를 클릭하고 첨부 파일을 다운로드 받아 압축을 해제한다.

답안 전송 프로그램
입실부터 퇴실까지의 작업 환경을 그대로 옮겼습니다.

▼

수험자 답안 작성 방법 동영상

▼

출제 유형으로 정리하는 꼼꼼이론 답안 파일

▼

유형을 확인하는 기출문제 답안 파일

▼

기출문제 따라하기 답안 파일

▼

모의고사 5회분 답안 파일

▼

기출문제 5회분 답안 파일

답안 전송 프로그램 설치

01 이기적 홈페이지(license.youngjin.com)에 접속한 후 상단에 있는 [자료실]−[ITQ]를 클릭한다. '[6682−9] 이기적 ITQ 액세스 ver.2016 부록 자료'를 클릭하고 첨부 파일을 다운로드 받아 압축을 해제한다.

02 다음과 같은 폴더가 열리면 'SETUP.EXE'를 더블클릭하여 프로그램을 실행시킨다.
(※ 운영체제가 Windows 7 이상인 경우는 마우스 오른쪽 버튼을 클릭해 '관리자 권한으로 실행'을 선택하여 실행)

03 다음과 같이 설치 화면이 나오면 [다음]을 클릭한다.

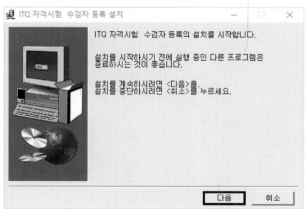

04 프로그램이 설치될 폴더를 보여주며 계속 진행하려면 [설치시작]을 클릭한다.

05 설치가 진행된다.

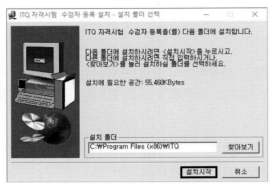

06 설치 진행이 완료되면 [확인]을 클릭한다.

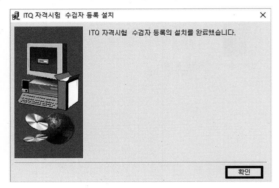

07 'ITQ 수험자용'을 더블 클릭하여 프로그램을 실행한다.

※ 여러 과목의 ITQ 시험을 함께 준비하는 수험생은 기존 과목의 프로그램을 삭제하지 마시고 그대로 사용하세요.

답안 전송 프로그램 사용 방법

답안 작성 요령

❶ 수험자 시험 시작	▶	❷ 수험자 등록	▶	❸ 시험 시작	▶	❹ 답안 파일 저장	▶	❺ 답안 파일 전송	▶	❻ 시험 종료
20분 전 입실		(수험번호)		(응시과목 답안 작성)		(수험자 PC 저장)		(감독 PC로 전송)		(수험자 퇴실)

01 ▶ 수험자 수험번호 등록

1. 바탕화면에서 'ITQ 수험자용' 아이콘을 실행한다. [수험자 등록] 화면에 수험번호를 입력한 후 [확인]을 클릭한다.

> 수험번호는 모의고사, 기출문제의 수험자 유의사항 페이지에 있습니다.

2. 수험번호가 화면과 같으면 [예]를 클릭한다. 다음 화면에서 수험번호, 성명, 수험과목, 좌석번호를 확인한다.

3. 다음과 같은 출력화면 확인 후 감독위원의 지시를 기다린다.

02 ▶ 시험 시작(답안 파일 작성)

1. 과목에 맞는 수검 프로그램(아래한글, MS오피스)을 실행 후 작성한다.

2. 이미지 파일과 엑셀 파일은 '내 PC₩문서₩ITQ₩Picture' 폴더 내의 파일을 참조한다.

03 ▶ 답안 파일 저장(수험자 PC에 저장)

1. 답안 파일은 '내 PC₩문서₩ITQ' 폴더에 저장한다.

2. 답안 파일명은 '수험번호–성명'으로 저장해야 한다.
(단, 인터넷 과목은 '내 PC₩문서₩ITQ'의 '답안 파일–인터넷.hwp' 파일을 불러온 후 '수험번호–성명–인터넷.hwp'로 저장)

04 ▶ 답안 파일 저장(감독 PC로 전송)

1. 바탕화면의 실행 화면에서 [답안 전송]을 클릭한다.

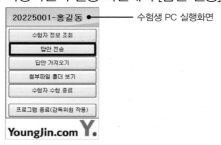
수험생 PC 실행화면

2. 작성한 답안 파일을 감독 PC로 전송한다. 화면에서 작성한 답안파일의 존재유무(파일이 '내 PC₩문서₩ITQ' 폴더에 있을 경우 '있음'으로 표시됨)를 확인 후 [답안 전송]을 클릭한다.

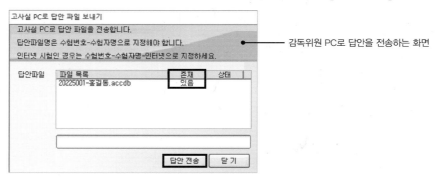
감독위원 PC로 답안을 전송하는 화면

3. 전송이 성공적으로 끝나면 상태 부분에 '성공'이라 표시된다.

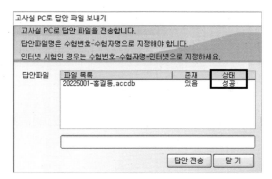

05 ▶ 시험 종료

1. 시험 종료 전에 답안 파일을 감독 PC로 전송했는지 다시 확인한다.

2. 수험자 PC 실행화면에서 [수험자 수험 종료]를 클릭한 후 감독위원의 지시를 기다린다.

3. 감독위원의 퇴실 지시에 따라 퇴실한다.

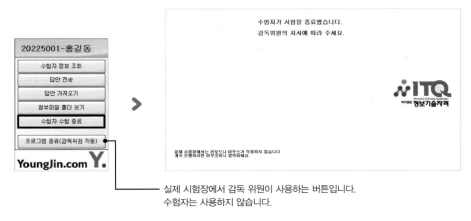

실제 시험장에서 감독 위원이 사용하는 버튼입니다.
수험자는 사용하지 않습니다.

자주 질문하는 Q&A

01 ▶ **ITQ 시험에 대한 일반사항**

Q ITQ는 어떤 시험인가요?

ITQ는 실기 시험으로만 자격을 평가하는 시험으로 아래한글(MS 워드), 엑셀, 액세스, 파워포인트, 인터넷 등으로 이루어져 있습니다.

Q 3과목을 취득해야 국가공인 자격증이 인정된다는데 사실인가요?

사실이 아닙니다. ITQ는 한글, 파워포인트, 엑셀, 액세스, 인터넷 등의 과목으로 이루어져 있으며, 이 중 한 가지만 자격을 취득하여도 국가공인 자격으로 인정됩니다.

Q 1년에 몇 회 정도 시험이 시행되나요?

매월 1~2회 정도 1년에 16번 시행되며, 지역센터에서 시험을 응시할 수 있습니다.

Q OA MASTER 자격 취득은 어떻게 하는 건가요?

ITQ 시험에 응시하여 3과목 "A"등급을 취득한 자로, 온라인으로 신청 가능하며 발급 비용 및 수수료는 별도로 부과됩니다.

Q 답안 전송 프로그램을 설치했는데 '339 런타임 오류가 발생하였습니다'라는 오류 메시지가 나타납니다. 어떻게 해야 되나요?

339 런타임 오류는 운영체제가 윈도 비스타 이상일 경우 발생하는 오류입니다. 컴퓨터 부팅 시 반드시 관리자 모드로 부팅해주시고, 해당 프로그램 실행 시 마우스 오른쪽 버튼을 클릭하여 '관리자 권한으로 실행'을 선택해서 설치해 주시기 바랍니다.

Q 답안 전송 프로그램을 실행하는데,' vb6ko.dll'파일 오류가 발생합니다. 어떻게 해야 하나요?

오류가 발생하는 경우는 이기적 홈페이지 ITQ 자료실 공지사항을 확인하시고 첨부 파일을 다운로드 받으셔서 해당 폴더에 넣어주시면 됩니다.
- 윈도우XP－C:₩Windows₩System
- 윈도우7, 10
    ① 32bit－C:₩Windows₩System32
    ② 64bit－C:₩Windows₩System32, C:₩Windows₩Syswow64

기본 작업

Q 파일 저장 시 파일명을 어떻게 입력해야 하나요?

파일명은 본인의 '수험번호−성명'으로 입력하여 저장해야 합니다. 답안 문서 파일명이 '수험번호−성명'과 일치하지 않거나, 답안 파일을 전송하지 않아 미제출로 처리될 경우 실격 처리합니다.

Q 글꼴 및 기타 사항에 대해 별도의 지시사항이 없는 경우에는 어떻게 해야 하나요?

별도의 지시사항이 없는 경우에는 기본 설정값(Default)으로 하고 언급하지 않은 조건은 ≪출력형태≫대로 작성합니다.

제1작업

Q 테이블에서 오타에 대한 감점은 몇 점인가요?

오타에 대한 채점 기준은 공개되지 않습니다. 테이블은 기본 데이터이기 때문에 쿼리/폼/보고서 계산 부분에 연결되므로 오타가 없도록 꼼꼼하게 테이블을 작성해야 합니다.

Q 유효성 검사 규칙에 날짜 입력 시 '#'을 직접 입력해야 하나요?

날짜 입력 시 '#'은 입력하지 않아도 Enter 를 누르거나 다른 부분을 클릭하면 자동으로 지정합니다.

Q 데이터 입력 시 입력 마스크를 이용해도 되나요?

우편번호나 연락처 등은 '텍스트'를 선택한 후 직접 입력해도 되지만, 입력 마스크를 이용하면 데이터 입력 시 '−'을 입력하지 않아도 되므로 편리합니다.

제2작업

Q 쿼리에서 매개 변수 오류가 뜨는데 감점은 몇 점인가요?

쿼리를 열었을 때 매개 변수 오류가 뜨면 채점 자체가 불가능합니다. 따라서 해당 항목뿐 아니라 연결되는 다른 항목에서도 감점될 여지가 있으니, 매개 변수 오류가 뜨지 않도록 주의해야 합니다.

제3작업

Q 조건을 바르게 지정했는데 ≪출력형태≫와 다른 경우에는 어떻게 하나요?

조건을 맞게 지정했는데도 결과가 잘못 나오는 경우는 대부분 테이블에 문제가 있기 때문입니다. 쿼리의 원본이 되는 테이블을 열고 오타가 있거나 데이터가 누락되지 않았는지 확인해야 합니다.

제4작업

Q 폼을 다 작성했는데도 감점이 되는 경우는 어떤 경우인가요?

각 영역을 확인하셔야 합니다. 간혹, 모든 폼 작업을 머리글 영역에 하는 경우가 종종 있습니다. 폼의 머리글 영역과 본문 영역을 제대로 사용하여야만 감점이 되지 않습니다.
(머리글 영역 : 제목/콤보 상자/보고서 단추/로고, 본문 영역 : 하위 폼)

제5작업

Q 보고서에서 그룹화를 못했는데 감점은 어느 정도 되나요?

보고서의 그룹화는 매우 중요한 부분입니다. 그룹화를 잘못한 경우 계산 부분도 연결되어 감점될 수 있으니, 반드시 ≪출력형태≫를 확인하여 동일하게 그룹화와 정렬을 지정해야 합니다.

제6작업

Q 레이블 보고서에서 오타/띄어쓰기 오류에 대해 감점이 있나요?

레이블 보고서뿐 아니라 모든 항목에서도 오타/띄어쓰기 오류에 대한 감점이 있습니다. 따라서 ≪출력형태≫를 참고하여 오타/띄어쓰기 오류가 없도록 반드시 확인해야 합니다.

출제 유형으로
정리하는 꼼꼼이론

CHAPTER
OO 답안 작성요령

답안 작성요령

- 온라인 답안 작성 절차

  수험자 등록 ⇒ 시험 시작 ⇒ 답안파일 저장 ⇒ 답안 전송 ⇒ 시험 종료

- 문제는 테이블/쿼리/폼/보고서로 구성하며 문제에서 제시한 테이블의 내용을 누락시켰을 경우에 0점 처리됩니다.

- 테이블의 데이터는 정확히 입력해야 하며 임의로 정렬(소트)시킬 경우 감점 처리됩니다.

- 각 문제에서 주어진 ≪조건≫에 맞게 작성하고 언급하지 않은 조건은 ≪출력형태≫와 같이 작성합니다.

- 글꼴 및 기타 사항에 대해 별도의 지시사항이 없는 경우 기본 설정값(Default)으로 처리합니다.

- 문제에서 제시한 테이블/쿼리/폼/보고서 이외에 추가로 작성한 경우나 테이블/쿼리/폼/보고서의 이름이 잘못되었을 경우 해당 항목에 감점 처리됩니다.

SECTION 01 | 새 데이터베이스 만들기

★ 설명해주세요

1. 데이터베이스란?

데이터베이스(Database)는 회사에서 매출을 관리하거나 학교의 학생 정보를 관리하는 등과 같이 특정한 주제나 목적에 따라 정보를 모아놓은 것을 의미한다.

데이터베이스는 최신의 데이터를 일관성 있게 유지할 수 있으며, 저장된 데이터의 중복을 없애 효율적으로 관리할 수 있고 검색과 갱신이 용이한 특징을 가진다.

2. 액세스란?

액세스(Access)는 관계형 데이터베이스 관리 시스템(RDBMS ; Relational Data Base Management System)으로 많은 양의 데이터를 생성하고 조작, 관리 등을 대화 형식으로 처리할 수 있도록 만들어진 프로그램이다.

① Access 2016을 실행한 후 [새 데스크톱 데이터베이스]를 클릭한다.

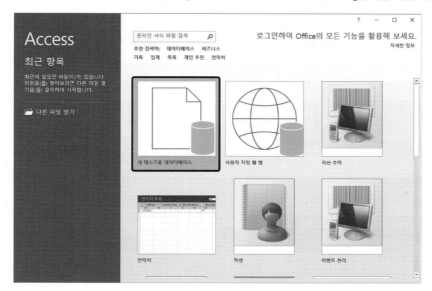

② [새 데스크톱 데이터베이스] 대화상자에서 [찾아보기](📁)를 클릭한다.

③ [새 데이터베이스 파일] 대화상자에서 [저장 위치]를 '내 PC₩문서₩ITQ'
로 선택하고 [파일 이름]을 '수험번호 – 성명' 형식으로 입력한 후 [확인]
을 클릭한다.

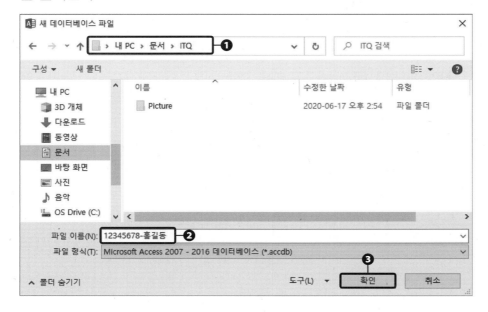

④ 파일 이름을 확인한 후 [만들기]를 클릭한다.

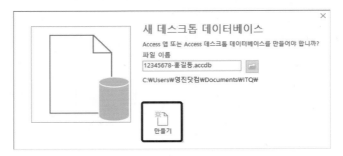

왜 안될까요?

파일을 열면 '보안 경고' 메시지가 나타날 때

'보안 경고' 메시지의 오른쪽 끝에 있는 [콘텐츠 사용]을 클릭하면 보안 경고가 바로 해제된다.

★ 설명해주세요

Access 2016 화면 구성

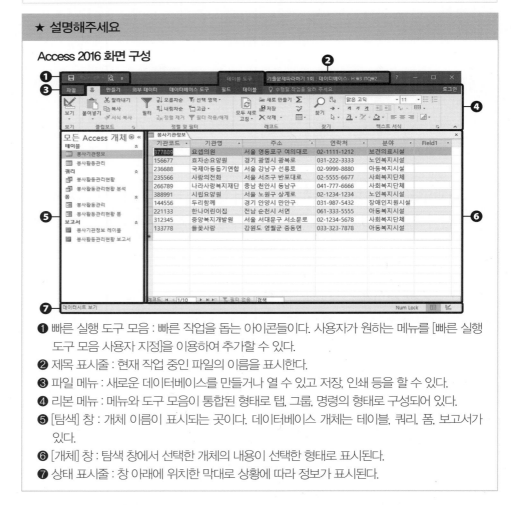

❶ 빠른 실행 도구 모음 : 빠른 작업을 돕는 아이콘들이다. 사용자가 원하는 메뉴를 [빠른 실행 도구 모음 사용자 지정]을 이용하여 추가할 수 있다.

❷ 제목 표시줄 : 현재 작업 중인 파일의 이름을 표시한다.

❸ 파일 메뉴 : 새로운 데이터베이스를 만들거나 열 수 있고 저장, 인쇄 등을 할 수 있다.

❹ 리본 메뉴 : 메뉴와 도구 모음이 통합된 형태로 탭, 그룹, 명령의 형태로 구성되어 있다.

❺ [탐색] 창 : 개체 이름이 표시되는 곳이다. 데이터베이스 개체는 테이블, 쿼리, 폼, 보고서가 있다.

❻ [개체] 창 : 탐색 창에서 선택한 개체의 내용이 선택한 형태로 표시된다.

❼ 상태 표시줄 : 창 아래에 위치한 막대로 상황에 따라 정보가 표시된다.

문제보기 ❶

다음은 OO카드사의 회원을 관리할 데이터 베이스를 작성하기 위한 내용이다. 주어진 엑셀 데이터와 다음 ≪조건≫을 이용하여 테이블을 작성하시오.

조건

[테이블] 이름 : 카드회원관리

◦ [테이블] : Chapter01.xlsx(시트명:C유형)에 있는 엑셀 데이터를 가져와 테이블을 작성한 후, 다음 디자인을 적용하시오. 단, 직업은 목록값(회사원, 자영업, 학생, 주부)을 이용하여 직접 입력하시오.

필드 이름	회원코드	직업	발급일자	전월사용액	미납액	포인트
데이터 형식	짧은 텍스트	짧은 텍스트	날짜/시간	숫자	숫자	숫자
크기(또는 형식)	6 기본 키 설정	6 콤보 상자	간단한 날짜	정수(Long) 통화 형식	정수(Long) 통화 형식	정수(Long) 표준

출력형태

회원코드 ▾	직업 ▾	발급일자 ▾	전월사용액 ▾	미납액 ▾	포인트 ▾
V01010	회사원 ⌄	2011-11-01	₩572,955		6,870
V01015	회사원	2014-04-06	₩407,600		3,060
V01017	주부	2014-01-12	₩212,000	₩2,000	0
V02015	자영업	2013-12-05	₩1,985,400	₩50,000	4,950
V02021	자영업	2012-06-17	₩667,000	₩7,000	1,340
V02036	학생	2012-07-07	₩308,000	₩108,000	0
V03028	회사원	2011-08-09	₩1,095,000		114,470
V03059	자영업	2013-05-09	₩1,141,000	₩41,000	7,790
V03068	학생	2012-12-21	₩834,450	₩300,000	2,020
V03080	주부	2011-12-26	₩1,500,900	₩500,900	8,760

① [외부 데이터] 탭 – [가져오기 및 연결] 그룹의 [Excel](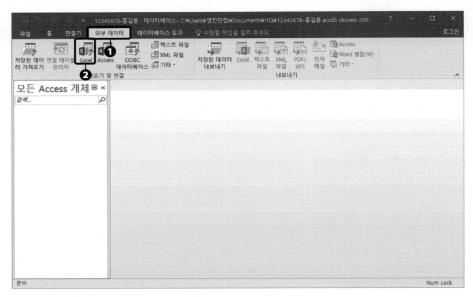)을 클릭한다.

② [외부 데이터 가져오기 – Excel 스프레드시트] 대화상자에서 '현재 데이터베이스의 새 테이블로 원본 데이터 가져오기'에 체크하고 [찾아보기]를 클릭한다.

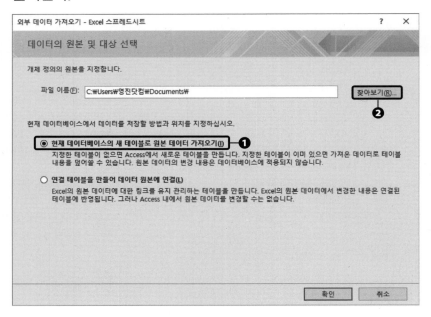

③ [파일 열기] 대화상자에서 [찾는 위치]를 'Part 1 출제 유형으로 정리하는 꼼꼼이론'으로 지정하고 'Chapter01' 파일을 선택한 후 [열기]를 클릭한다.

④ 다시 [외부 데이터 가져오기 – Excel 스프레드시트] 대화상자가 보이면 [확인]을 클릭한다.

⑤ [스프레드시트 가져오기 마법사] 대화상자의 '워크시트 표시 : C유형'을 선택하고 [다음]을 클릭한다.

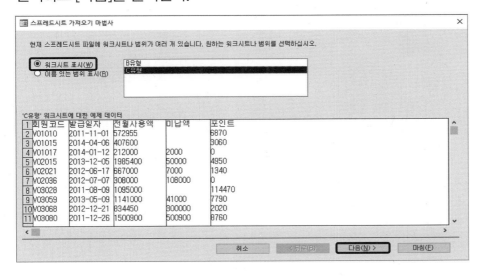

> **합격생의 비법**
>
> 워크시트 표시 : 시트를 대상으로 연결할 경우에 사용한다.
> 이름 있는 범위 표시 : 이름이 정의된 범위를 대상으로 연결할 경우에 사용한다.

⑥ '첫 행에 열 머리글이 있음'이 체크된 상태에서 [다음]을 클릭한다.

⑦ 필드 옵션은 선택하지 않고 [다음]을 클릭한다.

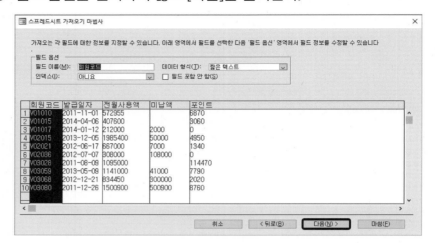

합격생의 비법

기본 키
테이블의 각 레코드를 고유하게 식별해 주는 값으로, 중복 값이나 공백은 입력될 수 없다. 이 단계에서 기본 키를 잘못 설정했더라도 나중에 디자인 보기에서 수정이 가능하다.

⑧ [기본 키 선택]에 '회원코드'를 선택하고 [다음]을 클릭한다.

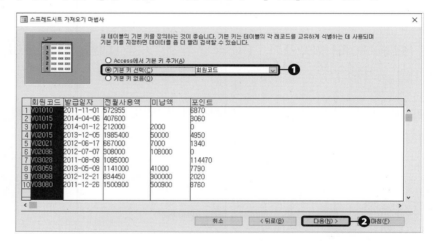

⑨ 테이블명 [카드회원관리]를 입력하고 [마침]을 클릭한다.

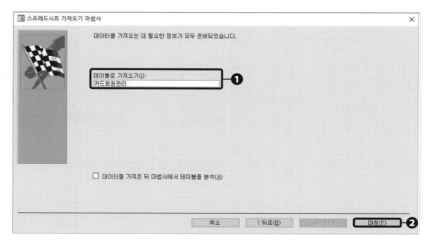

합격생의 비법

'가져오기 단계 저장'을 선택하면 동일한 파일을 다시 가져올 때 '스프레드시트 가져오기 마법사'를 거치지 않고 빠르게 가져올 수 있다.

⑩ 이어서 나타나는 '가져오기 단계 저장'을 체크하지 않고 [닫기]를 클릭한다.

① 작성된 '카드회원관리' 테이블에서 마우스 오른쪽 버튼을 클릭하여 [디자인 보기]를 선택한다.

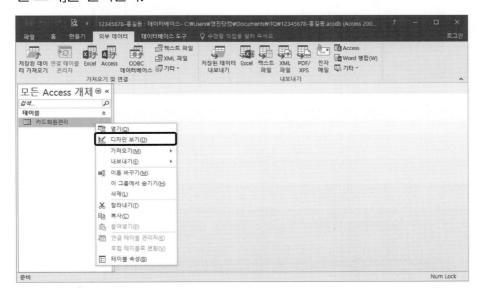

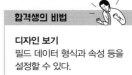

합격생의 비법

디자인 보기
필드 데이터 형식과 속성 등을
설정할 수 있다.

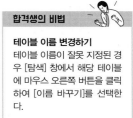

합격생의 비법

테이블 이름 변경하기
테이블 이름이 잘못 지정된 경
우 [탐색] 창에서 해당 테이블
에 마우스 오른쪽 버튼을 클릭
하여 [이름 바꾸기]를 선택한
다.

② 문제에서 지시한 대로 '회원코드'의 필드 크기를 '6'으로 지정하고, 기본 키가 설정되어 있는지 확인한다. 기본 키가 설정되지 않은 경우에는 마우스 오른쪽 버튼을 클릭하여 [기본 키]를 선택한다. 화면 오른쪽에 속성 시트가 보이는 경우 닫고 작업한다.

합격생의 비법

'형식'의 '@'는 텍스트를 의미
한다.

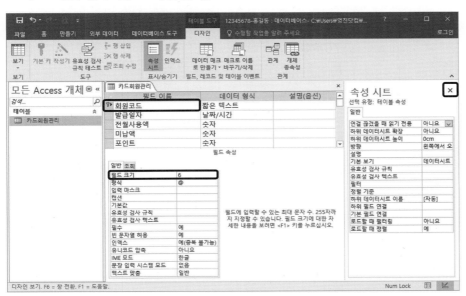

합격생의 비법

'표준'은 천 단위 구분기호가 표시되는 숫자 표현 방식으로 소수 자릿수를 '자동'으로 지정하면 소수 이하 두 자리로 표시된다.

합격생의 비법

숫자의 범위
· 바이트 : 0에서 255 사이의 정수를 표현
· 정수 :
  – 32,768에서 +32,767 사이의 정수를 표현
· 정수(Long) :
  – 2,147,483,₩648에서 +2,147,483,647 사이의 정수를 표현

③ 나머지 필드의 '필드 이름', '데이터 형식', '필드 크기'를 지정한다.

- 발급일자 : 날짜/시간, 간단한 날짜
- 미납액 : 숫자, 정수(Long), 통화
- 전월사용액 : 숫자, 정수(Long), 통화
- 포인트 : 숫자, 정수(Long), 표준, 소수 자릿수(0)

④ '직업'을 추가하기 위해 '발급일자'에서 마우스 오른쪽 버튼을 클릭하여 [행 삽입]을 선택한다.

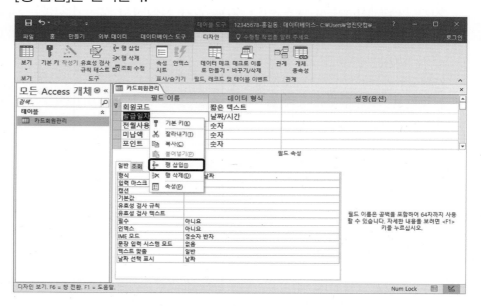

⑤ 새로운 행의 [필드 이름]은 『직업』을 입력하고 [데이터 형식]을 '짧은 텍스트'로 지정한 후 [필드 속성] 창의 [일반] 탭에서 [필드 크기]를 '6'으로 지정한다.

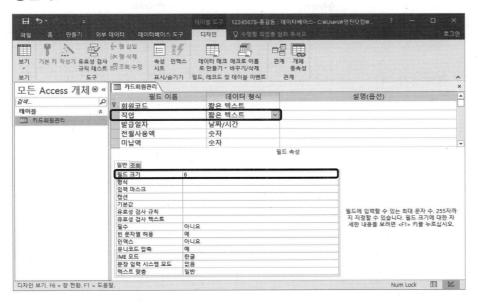

⑥ [조회] 탭에서 [컨트롤 표시]를 '콤보 상자', [행 원본 유형]을 '값 목록'으로 지정하고 [행 원본]에 『회사원;자영업;학생;주부』를 입력한다.

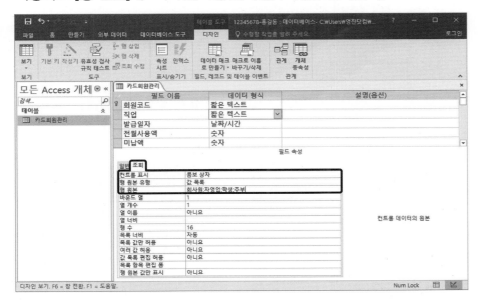

합격생의 비법

[행 원본 유형]을 '값 목록'으로 지정한 경우 [행 원본]을 입력할 때, 값 사이를 세미콜론(;)으로 구분해야 한다.

★ 설명해주세요

컨트롤 표시

텍스트 상자	기본값으로 테이블에서 직접 데이터를 입력할 수 있도록 한다.
목록 상자	데이터를 입력할 때 목록 상자에서 선택하여 입력하도록 한다.
콤보 상자	데이터를 입력할 때 콤보 상자에서 선택하여 입력하도록 한다.

콤보 상자

반복되는 값을 선택해서 입력할 수 있는 기능이다. 필드에 입력될 값을 미리 작성한 후 해당 필드의 데이터를 입력할 때 편리하게 선택할 수 있다. [필드 속성] 창의 [조회] 탭을 선택하면 콤보 상자를 지정할 수 있다.

행 원본 유형

콤보 상자에 값을 지정하는 방법을 선택하는 항목으로 테이블이나 쿼리의 값을 조회할 것인지, 직접 입력할 것인지에 따라 테이블/쿼리, 값 목록, 필드 목록 중에서 선택한다.

합격생의 비법

데이터시트 보기
테이블에서 데이터를 행과 열 서식으로 표시하며 데이터를 추가하거나 삭제할 수 있다.

⑦ [디자인] 탭에서 [보기] – [데이터시트 보기](▦)를 선택하거나, [탐색] 창의 '카드회원관리' 테이블 이름을 더블클릭한 후 저장 여부를 물어보는 대화상자가 나타나면 [예]를 클릭한다.

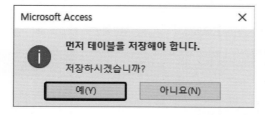

합격생의 비법

'회원코드'와 '직업' 필드를 짧은 텍스트의 기본 필드 크기인 255보다 작은 6으로 직접 지정했기 때문에 나오는 메시지이다.

⑧ 데이터의 일부가 손실된다는 메시지가 표시되면 [예]를 클릭한다.

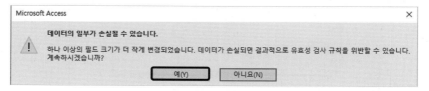

⑨ 데이터시트 보기로 전환되면 '직업'의 콤보 상자를 눌러 문제에 제시된 내용대로 '학생',' 주부',' 직장인',' 기타'를 입력한다. 입력이 완료되면 ≪출력형태≫와 같은지 확인한 후 닫는다.

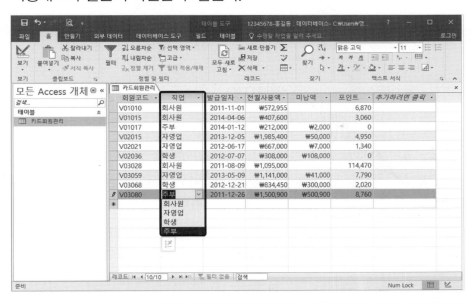

★ 설명해주세요

데이터 형식

해당 필드에 입력되는 데이터의 종류를 지정할 수 있으며 Access 2016에서는 다음과 같은 데이터 형식을 지원한다.

데이터 형식	설명	크기
짧은 텍스트	짧은 문자나 숫자	최대 255자
긴 텍스트	긴 문자나 숫자	64,000자 이내
숫자	숫자 데이터	1, 2, 4, 8 또는 16바이트
날짜/시간	날짜 및 시간	8바이트
통화	화폐 형식	8바이트
일련번호	각 새 레코드에 대해 Access에서 생성한 고유한 값	4바이트
Yes/No	True/False 데이터. False의 경우 0, True의 경우 –1을 저장	1바이트
OLE 개체	다른 프로그램에서 가져온 그림, 그래프 등의 개체	최대 2GB
하이퍼링크	URL이나 E-mail 등과 같은 링크를 포함하는 필드	최대 8,192개
첨부 파일	그림, 문서, 스프레드시트, 차트 등의 파일	최대 2GB
조회 마법사	목록 상자나 콤보 상자를 사용해서 값을 선택하는 필드	조회 필드의 데이터 형식에 따라 달라짐

유형을 확인하는 **기출문제**

문제유형 ❶ ▶ 정답파일 유형01_정답.accdb

주어진 엑셀 데이터와 다음 ≪조건≫을 이용하여 테이블을 작성하시오.

조건	[테이블] 이름 : 스포츠경기관리 ● [테이블] : 유형01_1번.xlsx(시트명:B유형)에 있는 엑셀 데이터를 가져와 테이블을 작성한 후, 다음 디자인을 적용하시오. 단, 종목은 목록값(축구, 야구, 농구, 배구)만 허용하는 콤보 상자를 이용하여 직접 입력하시오.

필드 이름	경기번호	경기명	종목	후원기관	경기일자	시작시간
데이터 형식	짧은 텍스트	짧은 텍스트	짧은 텍스트	짧은 텍스트	날짜/시간	날짜/시간
크기(또는 형식)	5 기본 키 설정	10	5 콤보 상자	10	간단한 날짜	간단한 시간

출력형태

경기번호	경기명	종목	후원기관	경기일자	시작시간
R0472	한일축구경기	축구	두산베어스	2020-01-08	17:00
R1234	프로농구개막전	농구	삼성	2019-12-04	10:30
R3421	프로야구대회	야구	두산베어스	2020-12-18	16:20
S1133	FC친선경기	축구	엘지전자	2019-12-24	11:10
S1474	대통령기배구대회	배구	두산베어스	2019-12-10	15:00
S4183	아세안선수권대회	농구	두산베어스	2019-12-14	14:30
V0721	홈어린이축구	축구	홈플러스	2019-12-17	12:00
V3102	초등야구대회	야구	대한야구협회	2020-01-10	19:30
V5032	유소년축구	축구	한화	2020-01-04	13:40
V9871	전국실업배구대회	배구	한화	2019-12-29	18:00

합격생의 비법

종목 필드 추가하기
① 후원기관 필드에서 마우스 오른쪽 버튼을 클릭하고 [행 삽입]을 선택
② [필드 이름]에 '종목'을 입력하고 [데이터 형식]을 '텍스트'로 지정
③ [필드 속성] 창의 [일반] 탭에서 [필드 크기]를 '5'로 지정
④ [조회] 탭에서 [컨트롤 표시]는 '콤보 상자', [행 원본 유형]은 '값 목록'으로 지정하고, [행 원본]에 '축구;야구;농구;배구'를 입력

PART 01 ○   32   ○ CHAPTER 01 엑셀 데이터 가져오기

주어진 엑셀 데이터와 다음 ≪조건≫을 이용하여 테이블을 작성하시오.

조건	[테이블] 이름 : 주택거래관리
	● [테이블] : 유형01_2번.xlsx(시트명:B유형)에 있는 엑셀 데이터를 가져와 테이블을 작성한 후, 다음 디자인을 적용하시오. 단, 주택구분은 목록값(아파트, 오피스텔, 단독주택)만 허용하는 콤보 상자를 이용하여 직접 입력하시오.

필드 이름	관리번호	주택명	주택구분	가격(천)	신청일자	거래일자
데이터 형식	짧은 텍스트	짧은 텍스트	짧은 텍스트	숫자	날짜/시간	날짜/시간
크기(또는 형식)	6 기본 키 설정	15	5 콤보 상자	정수(Long) 통화 형식	간단한 날짜	간단한 날짜

출력형태

관리번호	주택명	주택구분	가격(천)	신청일자	거래일자
A10600	풍림 102	오피스텔	₩260,000	2019-10-27	2019-11-25
A19061	오성 2동 305	오피스텔	₩155,000	2019-11-29	2019-12-03
A20472	풍천 3단지 1-2	아파트	₩135,000	2019-10-24	2019-12-01
A24280	강남 1차 102-3	아파트	₩394,000	2019-11-20	2019-12-05
B10580	대신 2차 2-3	아파트	₩225,000	2019-11-23	2019-12-10
B23456	부용 1702	오피스텔	₩15,000	2019-12-01	2019-12-08
B30653	송림 2차 10-4	아파트	₩170,000	2019-10-21	2019-11-14
C12304	신당 250-3	단독주택	₩189,000	2019-11-14	2019-11-30
C13801	성산 2-2	단독주택	₩63,000	2019-10-07	2019-12-10
C32080	망우 2동 12-3	단독주택	₩325,000	2019-11-02	2019-11-20

주어진 엑셀 데이터와 다음 ≪조건≫을 이용하여 테이블을 작성하시오.

조건	[테이블] 이름 : 임대PC관리

● [테이블] : 유형01_3번.xlsx(시트명:B유형)에 있는 엑셀 데이터를 가져와 테이블을 작성한 후, 다음 디자인을 적용하시오. 단, 고객구분은 목록값(기업, 공공기관, 개인)만 허용하는 콤보 상자를 이용하여 직접 입력하시오.

필드 이름	고객번호	PC번호	임대시작일	임대종료일	고객구분	임대대수
데이터 형식	짧은 텍스트	짧은 텍스트	날짜/시간	날짜/시간	텍스트	숫자
크기(또는 형식)	6 기본 키 설정	5	간단한 날짜	간단한 날짜	5 콤보 상자	정수(Long)

출력형태

고객번호	PC번호	임대시작일	임대종료일	고객구분	임대대수	추가하려면 클릭
G-3300	10-11	2019-11-10	2019-12-25	개인	10	
G-3322	10-03	2019-03-10	2019-04-10	개인	30	
G-4455	10-07	2019-08-01	2020-09-01	개인	1	
G-6677	10-02	2019-02-20	2019-09-20	공공기관	30	
G-9900	11-01	2019-01-23	2019-06-23	기업	10	
S-1122	09-01	2018-01-03	2020-12-30	기업	22	
S-1234	11-05	2019-06-09	2019-08-29	공공기관	66	
S-3301	10-10	2019-10-01	2019-12-20	기업	73	
S-4455	11-02	2019-07-10	2019-09-10	공공기관	25	
S-5500	10-05	2018-06-01	2019-06-30	기업	50	

02 테이블 작성

난이도

정답파일   Part 1 출제 유형으로 정리하는 꼼꼼이론₩Chapter02_정답.accdb

문제보기 ❶

주어진 엑셀 데이터와 다음 ≪조건≫을 이용하여 테이블을 작성하시오.

조건

[테이블] 이름 : 회원정보

◦[테이블] : 아래 ≪출력형태≫를 참고하여 테이블을 직접 작성하고 디자인을 적용하시오.
단, 출생년도는 '1996'년 이전(해당년도 포함)의 데이터만 입력받도록 유효성 검사를 이용하시오.

필드 이름	회원코드	성명	출생년도	기념일	주소
데이터 형식	짧은 텍스트	짧은 텍스트	숫자	날짜/시간	짧은 텍스트
크기(또는 형식)	6	6	정수(Long) 유효성 검사	보통 날짜	20

출력형태

회원코드 ▾	성명 ▾	출생년도 ▾	기념일 ▾	주소 ▾
V01010	정대만	1980	19년 05월 10일	인천 남구 경인로
V02015	원승희	1972	19년 03월 08일	서울 강남구 강남대로
V03028	김창우	1968	19년 12월 25일	서울 서초구 서운로
V02036	임기리	1987	19년 01월 30일	경기 용인시 수지구 죽전로
V01017	서민아	1994	19년 06월 18일	서울 마포구 동교로
V01015	송승은	1985	19년 08월 09일	인천 동구 석수로
V03059	박진우	1973	19년 07월 13일	경기 성남시 수정구 태평로
V03068	우석훈	1959	19년 05월 12일	서울 은평구 통일로
V02021	황일기	1951	19년 06월 23일	서울 강서구 마곡중앙로
V03080	이진희	1986	19년 09월 08일	서울 강서구 강서로

① [만들기] 탭 – [테이블] 그룹에서 [테이블 디자인](▦)을 선택한다.

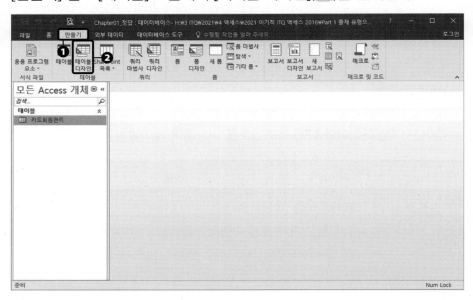

② [필드 이름]의 첫 번째 행에 『회원코드』를 입력하고 [데이터 형식]을 '짧은 텍스트'로 지정한 후 [필드 속성] 창의 [일반] 탭에서 [필드 크기]를 '6'으로 지정한다.

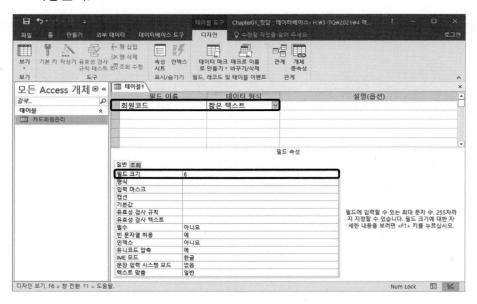

③ [필드 이름]의 두 번째 행에 『성명』을 입력하고 [데이터 형식]을 '짧은 텍스트'로 지정한 후 [필드 속성] 창의 [일반] 탭에서 [필드 크기]를 '6'으로 지정한다.

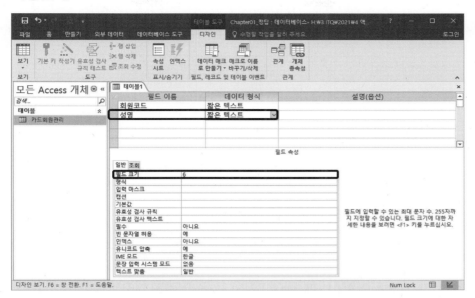

④ [필드 이름]의 세 번째 행에 『출생년도』를 입력하고 [데이터 형식]을 '숫자'로 지정한 후 [필드 속성] 창의 [일반] 탭에서 [필드 크기]를 '정수(Long)'로 지정한다. [유효성 검사 규칙]에는 '<=1996'의 조건식을 입력한다.

합격생의 비법

[유효성 검사 규칙]을 이용하면 필드에 입력되는 값의 범위를 지정하여 입력 오류를 막을 수 있다.

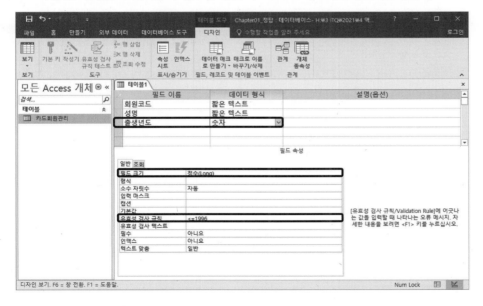

합격생의 비법

Like 연산자
Like 연산자 뒤에 지정한 문자열을 비교하고 검색하는 역할을 수행한다.

*(Asterisk)
와일드 카드 문자로 한 개 이상의 문자를 대체하기 위해 사용된다.
· Like "010*": '010'으로 시작하는 값을 검색
· Like "*010": '010'으로 끝나는 값을 검색
· Like" *010*": ' 010'을 포함하는 값을 검색
· Not Like "010*": '010'으로 시작하지 않는 값을 검색

★ 설명해주세요

유효성 검사 규칙의 예

사용 예	설명
<>0	0이 아닌 데이터만 입력
>=1 And <=10	1에서 10 사이의 데이터만 입력
Between 1 And 10	
In("카드", "현금")	"카드" 또는 "현금"인 데이터만 입력
"카드" Or "현금"	
Is Not Null	Null이 아닌 데이터만 입력
Like "*인사*"	"인사"가 포함된 데이터만 입력
>=#2020-03-01# And <=#2020-03-31#	2020년 3월의 데이터만 입력
Between #2020-03-01# And #2020-03-31#	
>=#오전 9:00:00# And <=#오후 5:00:00#	오전 9시에서 오후 5시까지의 데이터만 입력

⑤ [필드 이름]의 네 번째 행에 『기념일』을 입력하고 [데이터 형식]을 '날짜/시간'으로 지정한 후 [필드 속성] 창의 [일반] 탭에서 [형식]을 '보통 날짜'로 지정한다.

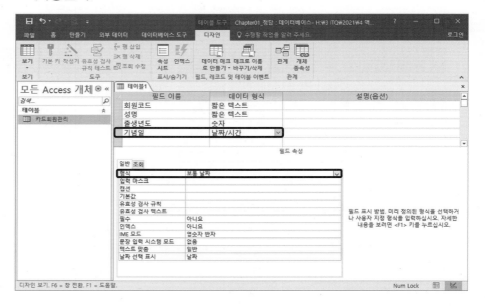

⑥ [필드 이름]의 다섯 번째 행에 『주소』를 입력하고 [데이터 형식]을 '짧은 텍스트'로 지정한 후 [필드 속성] 창의 [일반] 탭에서 [필드 크기]를 '20'으로 지정한다.

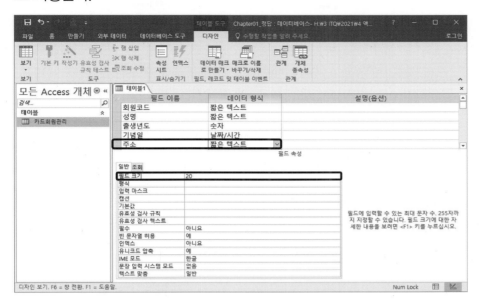

★ 설명해주세요

필드 속성

각 필드는 정해진 데이터 형식에 따라 여러 가지 속성을 지정할 수 있다. 이러한 속성들을 이용하면 데이터를 좀 더 쉽고 빠르게 입력할 수 있으며, 데이터 입력 시 발생하는 오류를 줄일 수 있다.

필드 속성	설명
필드 크기	필드에 입력되는 데이터의 최대 크기를 지정
형식	표시되는 형식
입력 마스크	입력되는 데이터 유형
캡션	뷰에서 사용되는 필드 레이블
기본값	필드에 자동으로 입력되는 값
유효성 검사 규칙	필드에 입력할 수 있는 값을 제한하는 식
유효성 검사 텍스트	[유효성 검사 규칙]에 어긋나는 값을 입력했을 때 나타낼 오류 메시지
필수	데이터가 항상 입력되어야 하는지를 '예/아니오' 지정
빈 문자열 허용	빈 값의 허용 여부를 지정
인덱스	찾기 및 정렬 속도를 높이는 기능
IME모드	커서가 해당 필드에 놓이면 자동으로 한글/영문 상태를 전환

합격생의 비법

999 – 9999 – 9999;0
- 9 : 숫자를 1개 입력받는다는 의미이다. 여기서는 3개 – 4개 – 4개의 숫자를 입력받는다.
- 0 : 입력 마스크에 정의한 '－'을 함께 저장할 것인지를 지정한다. '0'은 기호를 함께 저장하고, '1'은 기호 없이 저장한다.
- _ : 데이터를 입력할 때 자리를 표시하는 기호로 어떤 문자를 사용할지를 지정한다.

★ 설명해주세요

입력 마스크 이용하기

입력 마스크는 지정된 형식에 따라 데이터를 입력하기 위해 사용된다. 우편번호, 전화번호, 주민등록번호 등과 같이 입력될 형식의 틀이 정해진 경우 입력 마스크 속성을 지정하면 데이터를 쉽게 입력할 수 있다.

① [필드 속성] 창의 [일반] 탭에서 [입력 마스크]의 [작성(⋯)]을 클릭한다.
② [입력 마스크 마법사]에서 입력 마스크 목록 중 '전화번호'를 선택한 후 [다음]을 클릭한다.

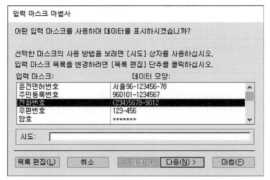

③ 《출력형태》를 보고 입력 마스크를 다음과 같이 입력한 후 [다음]을 클릭한다.

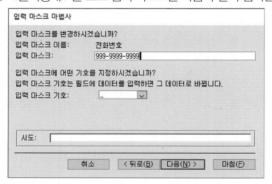

④ '기호와 함께'를 선택하고 [다음]을 클릭한다.

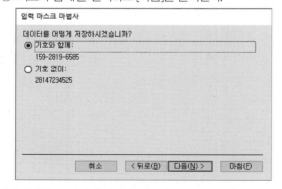

⑤ [마침]을 클릭하여 마법사를 끝낸다.
⑥ 입력 마스크가 다음과 같이 설정된 것을 확인할 수 있다.

① [디자인] 탭에서 [보기] – [데이터시트 보기](▦)를 선택한 후 저장 여부를
물어보면 [예]를 클릭한다.

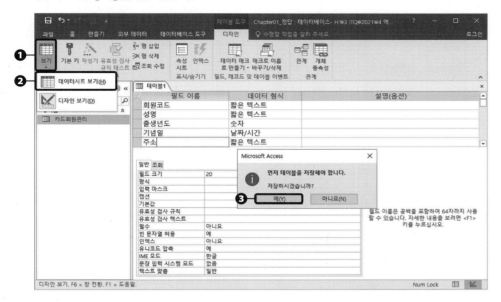

② [다른 이름으로 저장] 대화상자의 [테이블 이름]에 『회원정보』를 입력한
후 [확인]을 클릭한다.

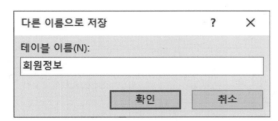

③ 기본 키를 정의하지 않았다는 메시지가 표시되면 [아니요]를 클릭한다.

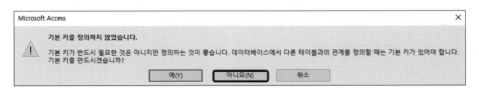

> **합격생의 비법**
>
> [예]를 누르면 'ID'라는 일련번
> 호 필드가 자동으로 만들어 진
> 다. 'ID' 필드가 만들어진 경우
> 에는 [디자인 보기]에서 'ID' 필
> 드를 선택하고 마우스 오른쪽
> 버튼을 누른 후 [행 삭제]를 선
> 택한다.

합격생의 비법

회원코드
'회원코드'와 같이 영문자와 숫자가 함께 입력되는 경우에는 [디자인 보기]에서 [일반] 탭의 [IME 모드]를 '영숫자 반자'로 지정하면 자동으로 영문 상태로 전환되므로 편리하게 입력할 수 있다.

일반 조회	
필드 크기	6
형식	
입력 마스크	
캡션	
기본값	
유효성 검사 규칙	
유효성 검사 텍스트	
필수	아니요
빈 문자열 허용	예
인덱스	아니요
유니코드 압축	예
IME 모드	영숫자 반자
문장 입력 시스템 모드	없음
텍스트 맞춤	일반

기념일
날짜는 '19 – 05 – 10'의 형식으로 입력하면 자동으로 보통 날짜 형식으로 표시된다.

④ 데이터를 입력하고 Enter 나 Tab 을 눌러 다음 필드로 이동한다. ↓를 눌러 열 방향으로 입력하는 것도 가능하다.

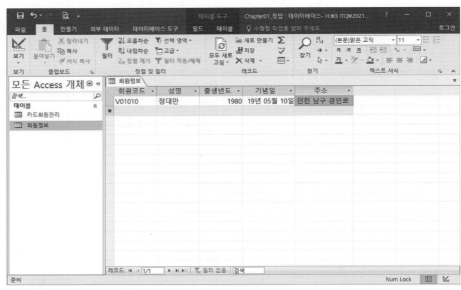

★ 설명해주세요

######으로 표시될 때

열 너비가 좁은 경우 ###### 형태로 표시되므로 필드 사이에 마우스 포인터를 놓고 드래그하거나 더블클릭하여 열 너비를 조절한다.

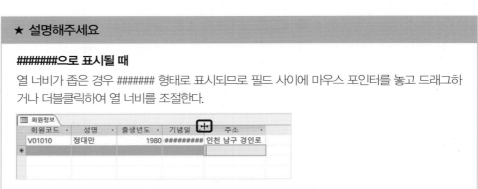

⑤ 순서대로 데이터를 입력하고 《출력형태》와 작성한 테이블의 데이터를 비교하여 확인한다.

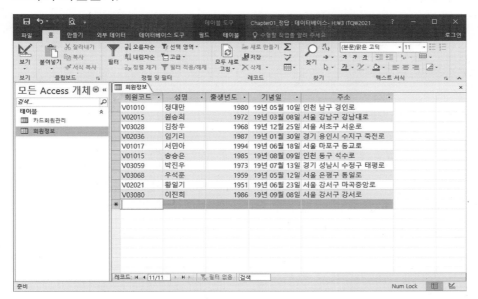

합격생의 비법

테이블에는 필드마다 서로 다른 데이터 형식이 지정되어 있고 유효성 검사, 콤보 상자 등의 속성이 지정되어 있으므로 지정된 데이터 형식이나 속성에 따라 주의하여 입력한다. 특히 데이터를 잘못 입력하면 쿼리나 폼, 보고서에도 영향을 미치므로 오타가 발생하지 않도록 한다.

왜 안될까요?

유효성 검사 규칙이 위반될 때

출생년도 필드는 반드시 1996년 이전의 데이터만 입력받을 수 있도록 유효성 검사 규칙이 지정되어 있으므로 데이터 입력 시 유효성 검사 규칙에 맞지 않으면 다음과 같은 오류 메시지가 나타나므로 유효성 검사 규칙에 맞게 데이터를 입력해야 한다.

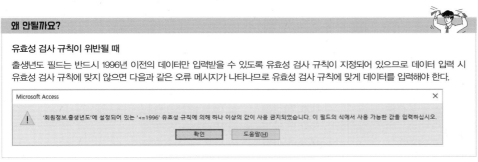

문제유형 ❶ ▶ 정답파일 유형02_정답.accdb

주어진 엑셀 데이터와 다음 ≪조건≫을 이용하여 테이블을 작성하시오.

조건	[테이블] 이름 : 경기장정보 ● [테이블] : 아래 ≪출력형태≫를 참고하여 테이블을 직접 작성하고 디자인을 적용하시오. 단, 경기장은 '장' 또는 '관'으로 끝나는 데이터만 입력받도록 유효성 검사를 이용하시오.

필드 이름	경기번호	경기장	수용인원	담당자	연락처
데이터 형식	짧은 텍스트	짧은 텍스트	숫자	짧은 텍스트	짧은 텍스트
크기(또는 형식)	5	10 유효성 검사	정수(Long) 표준	5	13

출력형태

경기번호	경기장	수용인원	담당자	연락처
S1133	상암월드컵경기장	15,000	김기훈	02-1555-2222
V0721	잠실종합운동장	99,000	유홍석	070-2222-7777
R1234	연세농구경기장	13,000	허정은	070-3333-3333
V5032	장충체육관	10,000	이홍일	02-1566-0000
S4183	성동구민체육관	12,000	최지은	070-4321-5555
V9871	우면체육관	6,500	정도현	02-7777-6666
R0472	북부종합경기장	24,000	강정옥	02-1588-8888
V3102	목동야구장	3,000	이미진	070-1234-5678
S1474	YMCA체육관	8,500	윤영주	02-9876-1234
R3421	잠실야구장	5,600	김윤정	070-1544-1111

합격생의 비법

경기번호
디자인 보기에서 [일반] 탭의 [IME 모드]를 '영숫자 반자'로 지정하면 자동으로 영문 상태로 전환된다.

경기장의 유효성 검사
"*장" Or "*관"

수용인원
소수 자릿수를 '0'으로 지정한다.

주어진 엑셀 데이터와 다음 ≪조건≫을 이용하여 테이블을 작성하시오.

조건	[테이블] 이름 : 고객정보 ● [테이블] : 아래 ≪출력형태≫를 참고하여 테이블을 직접 작성하고 디자인을 적용하시오. 단, 담당자는 '김미현', '박유라', '이지영'의 데이터만 입력받도록 유효성 검사를 이용하시오.

필드 이름	주문번호	고객명	연락처	주소	담당자
데이터 형식	짧은 텍스트	짧은 텍스트	짧은 텍스트	짧은 텍스트	짧은 텍스트
크기(또는 형식)	7	10	13	20	3 유효성 검사

출력형태

주문번호	고객명	연락처	주소	담당자
1222_01	현장호	010-1111-1111	경기 오정구 원종동	김미현
3444_02	박진미	010-2222-2222	서울 강동구 천호동	박유라
4444_01	최란	010-3333-3333	서울 강남구 선릉동	박유라
7777_01	민하늘	010-4444-4444	경기 덕양구 화정동	이지영
1111_03	일원시스템	010-5555-5555	서울 마포구 합정동	김미현
2333_07	한국벤처	010-6666-6666	서울 서초구 서초동	이지영
6666_05	사이버기술	031-7777-7777	경기 성남구 수정동	이지영
2222_12	다음유통	010-8888-8888	서울 강남구 삼성동	박유라
3333_30	서일시스템	010-9999-9999	서울 한남구 한남동	김미현
5666_50	파란나라	031-9999-0000	경기 수원시 매탄동	이지영

합격생의 비법

연락처
디자인 보기에서 [일반] 탭의 [입력 마스크]를 지정하면 데이터를 쉽게 입력할 수 있다.

담당자의 유효성 검사
In ("김미현", "박유라", "이지영") 또는 "김미현" Or "박유라" Or "이지영"

문제유형 ❸ ▶ 정답파일 유형02_정답.accdb

주어진 엑셀 데이터와 다음 ≪조건≫을 이용하여 테이블을 작성하시오.

조건	[테이블] 이름 : 수험자정보 ● [테이블] : 아래 ≪출력형태≫를 참고하여 테이블을 직접 작성하고 디자인을 적용하시오. 단, 생년월일의 연도는 1980년부터 1991년까지의 데이터만 입력받도록 유효성 검사를 이용하시오.

필드 이름	수험번호	성명	생년월일	연락처	주소
데이터 형식	짧은 텍스트	짧은 텍스트	날짜/시간	짧은 텍스트	짧은 텍스트
크기(또는 형식)	6	6	보통 날짜 유효성 검사	13	20

출력형태

수험번호 ▾	성명 ▾	생년월일 ▾	연락처 ▾	주소 ▾
112233	전승우	88년 03월 20일	010-1111-2222	서울시 마포구 망원동
124466	박지영	80년 07월 12일	011-2222-3333	고양시 덕양구 원당동
113388	이하나	91년 05월 05일	016-3333-4444	서울시 종로구 안국동
187799	김명국	82년 08월 18일	017-4444-5555	서울시 강동구 천호동
328899	강초롱	80년 12월 27일	010-5555-6666	성남시 분당구 수내동
293344	노지수	85년 10월 10일	010-6666-7777	파주시 금촌1동
238899	최하라	81년 11월 13일	011-7777-8888	인천시 연수구 옥련동
335577	나하늘	83년 02월 23일	011-8888-9999	인천시 중구 도원동
135577	백명훈	88년 07월 07일	010-9999-1111	안양시 동안구 평촌동
213377	김정아	86년 04월 22일	011-3333-6666	서울시 강서구 발산동

 합격생의 비법

생년월일의 유효성 검사
>=#1980 − 01 − 01# And <=#1991 − 12 − 31#

생년월일의 입력
'88 − 03 − 20'을 입력하면 자동으로 '88년 03월 20일'의 형식으로 변경된다.

CHAPTER
03 선택 쿼리

난이도 상 중 하

문제파일 Part 1 출제 유형으로 정리하는 꼼꼼이론₩Chapter03.accdb

정답파일 Part 1 출제 유형으로 정리하는 꼼꼼이론₩Chapter03_정답.accdb

문제보기 ❶

[테이블1 : 카드회원관리]를 이용하여 다음과 같은 조건에 따라 쿼리를 완성하시오.

조건

(1) 쿼리 이름 : 카드회원관리현황

(2) 카드구분 : 회원코드의 세 번째 글자가 '1'이면 '국내용', '2'이면 '해외용', '3'이면 '국내외겸용'으로 적용(CHOOSE, MID 함수 사용)

(3) 결제금액 : 「전월사용액 + 미납액 + 연체료」로 계산(단, 연체료는 미납액이 '1,000'원 이상이면 「미납액」× 0.5%, 그렇지 않으면 '0'원으로 계산)(IIF, NZ 함수 사용)

(4) 누적포인트 : 「포인트 + 전월사용액 × 추가포인트」로 계산하여 정수로 표시(단, 추가포인트는 '전월사용액'이 '1,000,000' 이상이면 '0.2%', '1,000,000' 미만이면 '0.1%'로 계산)(SWITCH, INT 함수 사용)

(5) 결제금액은 통화 형식, 누적포인트는 표준 형식, 발급일자에 대해 오름차순으로 정렬

출력형태

회원코드	카드구분	직업	발급일자	전월사용액	미납액	결제금액	포인트	누적포인트
V03028	국내외겸용	회사원	2011-08-09	₩1,095,000		₩1,095,000	114,470	116,660
V01010	국내용	회사원	2011-11-01	₩572,955		₩572,955	6,870	7,442
V03080	국내외겸용	주부	2011-12-26	₩1,500,900	₩500,900	₩2,004,305	8,760	11,761
V02021	해외용	자영업	2012-06-17	₩667,000	₩7,000	₩674,035	1,340	2,007
V02036	해외용	학생	2012-07-07	₩308,000	₩108,000	₩416,540	0	308
V03068	국내외겸용	학생	2012-12-21	₩834,450	₩300,000	₩1,135,950	2,020	2,854
V03059	국내외겸용	자영업	2013-05-09	₩1,141,000	₩41,000	₩1,182,205	7,790	10,072
V02015	해외용	자영업	2013-12-05	₩1,985,400	₩50,000	₩2,035,650	4,950	8,920
V01017	국내용	주부	2014-01-12	₩212,000	₩2,000	₩214,010	0	212
V01015	국내용	회사원	2014-04-06	₩407,600		₩407,600	3,060	3,467

합격생의 비법

파일을 열었을 때 '보안 경고'
메시지가 나타나면 오른쪽 끝
에 있는 [콘텐츠 사용]을 클릭
하여 보안 설정을 해제한다.

① [만들기] 탭 – [쿼리] 그룹에서 [쿼리 디자인](▦)을 선택한다.

② [테이블 표시] 대화상자가 열리면 [테이블] 탭에서 '카드회원관리'를 선택하고 [추가]를 클릭한 후 [닫기]를 클릭한다.

합격생의 비법

선택 쿼리
테이블의 특정 필드에 있는 데
이터만 검색하거나, 특정 기준
을 만족하는 데이터만 확인하
려는 경우에 사용하는 가장 일
반적인 형태의 쿼리이다.

★ 설명해주세요

쿼리(Query)

쿼리란 테이블에 입력된 자료 중에서 사용자가 원하는 정보를 추출하거나 새로운 형태로 원하는 결과를 만들어내는 것이다.

쿼리 디자인 창

쿼리 디자인 창은 쿼리를 생성하거나 디자인하는 곳으로 상단부는 쿼리의 원본으로 사용될 테이블이나 쿼리가 보이는 곳이고 하단부는 실제로 쿼리를 만들어 주는 곳이다. 먼저 상단의 테이블이나 쿼리에서 필요한 필드를 선택하여 쿼리 디자인에 추가한다.

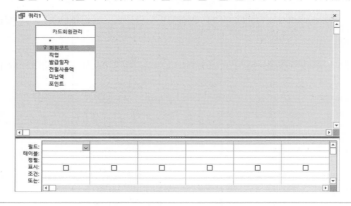

① [카드회원관리] 목록 창에서 '회원코드' 필드를 더블클릭하여 첫 번째 필드에 자동으로 입력되도록 한다.

합격생의 비법

필드를 추가하는 방법
· 필드 목록에서 원하는 필드를 더블클릭한다.
· 필드 목록에서 필드 이름을 디자인 눈금으로 드래그한다.
· 디자인 눈금의 [필드] 행을 클릭해 목록 상자에서 원하는 필드를 선택한다.

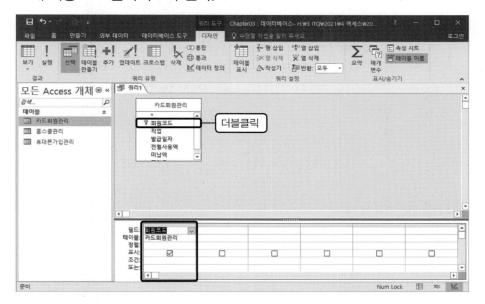

② Enter 를 누르고 다음 필드에서 '카드구분'의 계산식을 입력하기 위해 Shift + F2 를 눌러 [확대/축소] 대화상자를 열고 다음과 같이 입력한 후 [확인]을 클릭한다.

합격생의 비법

[확대/축소] 대화상자
쿼리 디자인 눈금의 바로 가기 메뉴에서 [확대/축소]를 선택하거나 Shift + F2 를 누르면 [확대/축소] 대화상자가 나타난다. 계산 필드를 작성할 경우에 [확대/축소] 대화상자를 이용하면 편리하게 입력할 수 있다.

> 카드구분: Choose(Mid([회원코드],3,1),"국내용","해외용","국내외겸용")

합격생의 비법

수식에서 텍스트를 지정할 때 작은 따옴표(' ')나 큰 따옴표(" ") 두 가지 모두 사용이 가능하다.

★ 설명해주세요

합격생의 비법

함수는 대소문자 구분하지 않으며, 수식을 입력하면 첫 글자는 대문자로 자동 변경된다.

함수	설명
Choose(인수,값1,값2,…)	인수가 1이면 값1, 2이면 값2,…를 수행
Mid(텍스트,시작 위치,개수)	텍스트의 시작 위치에서 개수만큼 표시

카드구분: Choose(Mid([회원코드],3,1),"국내용","해외용","국내외겸용")

① 회원코드의 세 번째 글자가 '1'이면 '국내용'으로 표시
② '2'이면 '해외용'으로 표시
③ '3'이면 '국내외겸용'으로 표시

합격생의 비법

- 개체(폼, 보고서, 컨트롤) 및 필드 이름은 대괄호([ ])로 감싸서 입력한다.
- 텍스트 앞뒤에는 작은 따옴표(' ')나 큰 따옴표(" ")를 입력한다.
- 계산식 앞에는 등호(=)를 사용하지 않는다.

★ 설명해주세요

계산 필드 추가하기

계산이 필요한 필드는 필요에 따라 쿼리나 폼에서 만들어 사용하는 것이 좋다. 계산 필드는 '필드명:계산식'의 형태로 작성하며, 필드명은 새로 만들 계산 필드의 이름으로 사용자가 임의로 지정할 수 있다.

1. 산술 연산자

연산자	기능
+	두 숫자를 더한다.
−	두 숫자 간의 차이를 구한다.
*	두 숫자를 곱한다.
/	첫 번째 숫자를 두 번째 숫자로 나눈다.
Mod	첫 번째 숫자를 두 번째 숫자로 나누고 나머지를 구한다.
^	숫자를 지수 값만큼 제곱한다.

○ 산술 연산자의 예

사용 예	설명	사용 예	설명
[주문일]+[기간]	주문일에 기간을 더한다.	[대출금리]/12	대출금리를 12로 나눈다.
[시중가]−[쇼핑가]	시중가에서 쇼핑가를 뺀다.	[관리횟수] Mod 2	관리횟수를 2로 나눈 후 나머지를 구한다.
[단가]*[수량]	단가에 수량을 곱한다.	[기간]^2	기간에 제곱한다.

2. 비교 연산자

연산자	기능
〈	첫 번째 값이 두 번째 값보다 작은지 판단한다.
〈=	첫 번째 값이 두 번째 값보다 작거나 같은지 판단한다.
〉	첫 번째 값이 두 번째 값보다 큰지 판단한다.
〉=	첫 번째 값이 두 번째 값보다 크거나 같은지 판단한다.
=	첫 번째 값이 두 번째 값과 같은지 판단한다.
〈〉	첫 번째 값이 두 번째 값과 다른지 판단한다.

○ 비교 연산자의 예

합격생의 비법

비교값이 날짜인 경우에는 비교값 좌우에 #을 붙인다.

사용 예	설명	사용 예	설명
[사용량]〈150	사용량이 150 미만이다.	[시작일] 〉= #2020−12−11#	시작일이 "2020년 12월 11일" 이후이다.
[시중가]−[쇼핑가]	업체등급이 3 이하이다.	[이름]="이순신"	이름이 "이순신"이다.
[단가]*[수량]	계약실적이 3보다 크다.	[제품상태]〈〉"A"	제품상태가 "A"가 아니다.

3. 논리 연산자

연산자	기능
And	두 식이 모두 참인 경우 참을 반환한다.
Or	두 식 중 하나라도 참인 경우 참을 반환한다.

○ 논리 연산자의 예

사용 예	설명	사용 예	설명
[측정속도]>90 And [측정신호]="적색"	측정속도가 90보다 크고 측정신호가 "적색"	[항공편]="유나이티드" Or [항공편]="싱가폴"	항공편이 "유나이티드" 또는 "싱가폴"

4. 연결 연산자

연산자	기능
&	두 문자열을 결합하여 하나의 문자열을 만든다.

○ 연결 연산자의 예

사용 예	설명
[단가]&"원"	단가에 "원"을 붙여 표시한다.

5. 특수 연산자

연산자	기능
Is (Not) Null	값이 Null인지 또는 Not Null인지를 판단한다.
Like	와일드카드 연산자 '?'와 '*'를 사용하여 일치하는 문자열 값을 찾는다.
Between…And 연산자	숫자 값이 범위에 포함되는지를 판단한다.
In (string1,string2,…)	문자열 값이 문자열 값 집합에 포함되는지를 판단한다.

○ 특수 연산자의 예

사용 예	설명	사용 예	설명
[번호] Is Null	번호가 Null인지 판단한다.	Between 1 And 10	1에서 10 사이
Like "*비만*"	"비만"을 포함한다.	In ("신규","갱신")	"신규" 또는 "갱신"

③ [카드회원관리] 목록 창에서 순서대로 '직업', '발급일자', '전월사용액', '미납액' 필드를 더블클릭하여 입력한다.

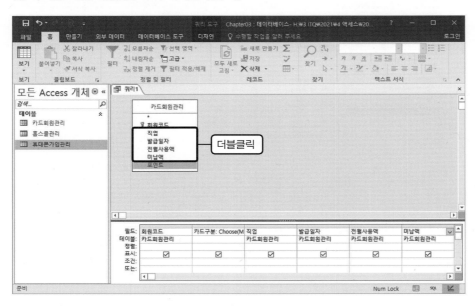

합격생의 비법

엑셀의 IF 함수가 액세스에서 IIF 함수로 사용되므로 주의해서 입력하도록 한다.

합격생의 비법

액세스에서는 백분율 대신 소수로 환산해서 사용하므로 0.5%를 0.005로 입력한다.

④ [Enter]를 누르고 다음 필드에서 [Shift]+[F2]를 눌러 [확대/축소] 대화상자가 나타나면 '결제금액'의 계산식을 다음과 같이 입력한 후 [확인]을 클릭한다.

결제금액: [전월사용액]+Nz([미납액])+IIf(Nz([미납액])>=1000,[미납액]*0.005,0)

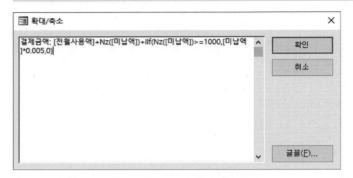

★ 설명해주세요

함수	설명
Nz(텍스트,값)	Null일 때 0이나 빈 문자열 또는 다른 값을 반환
IIf(조건,값1,값2)	조건이 참이면 값1, 거짓이면 값2를 수행

결제금액: [전월사용액]+Nz([미납액])+IIf(Nz([미납액])>=1000,[미납액]*0.005,0)
　　　　　　　①　　　　　　　　　　　　　　　　　②　　　　　　③

① 전월사용액+미납액+연체료를 계산
② 미납액이 1000 이상이면 연체료는 미납액에 0.5%인 0.005를 곱하여 계산
③ 그렇지 않으면 연체료는 0으로 계산

⑤ [카드회원관리] 목록 창에서 '포인트' 필드를 더블클릭하여 입력한다.

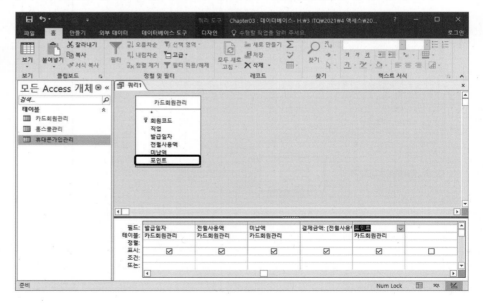

⑥ Enter 를 누르고 다음 필드에서 Shift + F2 를 눌러 [확대/축소] 대화상자
가 나타나면 '누적포인트'의 계산식을 다음과 같이 입력한 후 [확인]을 클
릭한다.

누적포인트: Int([포인트]+[전월사용액]*Switch([전월사용액])=1000000,0.002,
[전월사용액](1000000,0.001))

★ 설명해주세요

함수	설명
Int(식)	식의 결과값을 정수로 변환
Switch(식1,값1,식2,값2,…)	식의 목록을 평가한 후 True가 되는 처음 값을 반환

누적포인트:

Int([포인트]+[전월사용액]*Switch([전월사용액])=1000000,0.002,

　①　　　　　　②　　　　　　　　③

[전월사용액](1000000,0.001))

　　　　　④

① 계산 결과를 정수로 표시
② 포인트+전월사용액*추가포인트
③ 추가포인트는 전월사용액이 1000000 이상이면 0.2%인 0.002로 계산
④ 전월사용액이 1000000 미만이면 0.1%인 0.001로 계산

★ 설명해주세요

1. 문자 함수

함수	형식	설명
Left	Left(텍스트,개수)	텍스트의 왼쪽부터 개수만큼 표시
Mid	Mid(텍스트,시작 위치,개수)	텍스트의 시작 위치에서 개수만큼 표시
Right	Right(텍스트,개수)	텍스트의 오른쪽부터 개수만큼 표시
Nz	Nz(텍스트,값)	Null일 때 0이나 빈 문자열 또는 다른 값을 반환
Trim	Trim(텍스트)	텍스트의 공백을 제거
Len	Len(텍스트)	텍스트의 글자수를 표시
Space	Space(개수)	개수만큼의 공백을 삽입
Replace	Replace(텍스트1,텍스트2,텍스트3)	텍스트1에서 텍스트2를 찾아 텍스트3으로 교체
Instr	Instr(필드, 찾을 문자열)	필드에서 찾을 문자열의 위치를 반환
String	String(값, 반복할 문자열)	값만큼 문자열을 반복하여 표시

○ 문자 함수의 예

사용 예	설명
Left([제품코드],1)	제품코드의 첫 번째 글자를 표시
Mid([제품코드],2,3)	제품코드의 두 번째 글자부터 세 글자를 표시
Right([제품코드],1)	제품코드의 마지막 글자를 표시
Nz([할인율],0)	할인율이 Null이면 0을 표시
Len([연락처])	연락처의 글자 수를 표시
Replace([근무지역],"대전","지방")	근무지역에서 "대전"을 "지방"으로 교체
InStr([강좌명]," ")	강좌명에서 공백의 위치를 반환
String([수상횟수],"#")	수상횟수만큼 "#"을 반복하여 표시

2. 선택 함수

함수	형식	설명
Ilf	Ilf(조건,값1,값2)	조건이 참이면 값1, 거짓이면 값2를 수행
Choose	Choose(인수,값1,값2,…)	인수가 1이면 값1, 2이면 값2,…를 수행
Switch	Switch(식1,값1,식2,값2,…)	식의 목록을 평가한 후 True가 되는 처음 값을 반환

○ 선택 함수의 예

사용 예	설명
Ilf([사용량]>=150,2,1)	사용량이 150 이상이면 2, 아니면 1을 표시
Choose(Left([제품코드],1),"의류","잡화","식품")	제품코드의 첫 번째 글자가 1이면 "의류", 2이면 "잡화", 3이면 "식품"을 표시
Switch(Left([주문번호],1)="B", "육류", Left([주문번호],1)="F","과일류")	주문번호의 첫 번째 글자가 "B"이면 "육류", "F"이면 "과일류"를 표시

3. 날짜/시간 함수

함수	형식	설명
Date	Date()	현재 날짜를 표시
Now	Now()	현재 날짜와 시간을 표시
Year	Year(날짜)	날짜에서 연도만 추출
Month	Month(날짜)	날짜에서 월만 추출
Day	Day(날짜)	날짜에서 일만 추출
DateAdd	DateAdd(간격,값,날짜) 간격 : yyyy(년) q(분기) m(월) d(일) ww(주) h(시) n(분) s(초)	간격을 기준으로 날짜에 값을 더한 후의 날짜를 표시
DateDiff	DateDiff(간격,날짜1,날짜2)	간격을 기준으로 날짜1과 날짜2의 차이를 표시
DatePart	DatePart(간격,날짜)	날짜에서 간격에 관한 값을 반환

DateSerial	DateSerial(년,월,일)	지정된 년, 월, 일에 대한 날짜를 표시
DateValue	DateValue(날짜)	텍스트 형식의 날짜를 날짜 형식으로 표시
Weekday	Weekday(날짜)	날짜에 해당하는 요일을 표시(1 : 일요일 ~ 7 : 토요일)
WeekdayName	WeekdayName(요일번호)	요일 번호에 해당하는 요일명을 표시
Time	Time()	현재 시간을 표시
Hour	Hour(시간)	시간에서 시만 추출
Minute	Minute(시간)	시간에서 분만 추출
Second	Second(시간)	시간에서 초만 추출

○ 날짜 함수의 예

사용 예	설명
Year([주문일])	주문일의 연도만 표시
Month([주문일])	주문일의 월만 표시
Day([주문일])	주문일의 일만 표시
DateAdd("d",10,[검사일])	검사일에 10일을 더하여 표시
DateDiff("m",[입사일],Now( ))	오늘 날짜와 입사일을 기준으로 근무월수를 표시
DatePart("q",[계약일])	계약일의 분기를 반환
DateSerial(Year([입사일])+1,Month([입사일]),1)	입사일의 1년 후 되는 월의 1일을 표시
Weekday([주문일])	주문일의 요일을 숫자로 표시
WeekdayName(Weekday([강의일시])	강의일시의 요일 번호에 해당하는 요일명을 표시
Hour([접수시간])	접수시간에서 시만 추출하여 표시

4. SQL 계산 함수

함수	형식	설명
Sum	Sum([필드])	[필드]값의 합을 계산
Avg	Avg([필드])	[필드]값의 평균을 계산
Count	Count([필드])	[필드]의 개수를 계산
Max	Max([필드])	[필드]값 중 최대값을 계산
Round	Round([필드],자리)	[필드]의 값을 지정한 자리에서 반올림
Abs	Abs([필드])	[필드]값의 절대값을 계산
Int	Int([필드])	[필드]값을 정수로 변환

○ SQL 계산 함수 함수의 예

사용 예	설명	사용 예	설명
Sum([투입량])	투입량의 합계를 계산	Count([고객코드])	고객코드의 개수를 계산
Avg([예상매출액])	Avg([예상매출액]) 예상매출액의 평균을 계산	Max([결과치])	결과치의 최대값을 계산
Int([점수])	점수를 정수로 변환	Round([평균],1)	고객코드의 개수를 계산 결과치의 최대값을 계산

5. 자료 형식 변환

함수	형식	설명
Cdate	Cdate(날짜식)	텍스트를 날짜 형식으로 변환
Cstr	Cstr(숫자)	숫자를 텍스트로 변환
Val	Val(텍스트)	텍스트를 숫자로 변환
Cint	Cint(숫자)	숫자를 정수로 변환
Clng	Clng(숫자)	숫자를 Long으로 변환
Cbool	Cbool(수식)	수식을 True, False로 변환
Str	Str(숫자)	숫자를 텍스트로 변환
Fix	Fix(숫자)	숫자의 소수 부분을 제거하고 정수를 표시

○ **자료 형식 변환 함수의 예**

사용 예	설명	사용 예	설명
Val(Left([도서코드], 2)	소수 부분을 제거하고 10을 표시	Cint([평균])	평균을 정수로 변환
Fix(10.56)	소수 부분을 제거하고 10을 표시		

SECTION 03 정렬과 속성 지정하기

① '결제금액' 필드에서 마우스 오른쪽 버튼을 누르고 [속성]을 선택한 후 [일반] 탭의 [형식]을 '통화'로 지정한다.

② '누적포인트' 필드에서 마우스 오른쪽 버튼을 누르고 [속성]을 선택한 후 [일반] 탭의 [형식]은 '표준', [소수 자릿수]는 '0'으로 지정한다.

③ '발급일자' 필드의 [정렬]을 '오름차순'으로 지정한다.

합격생의 비법

'표준'은 천 단위 구분기호가 표시되는 숫자 표현 방식으로 소수 자릿수를 '자동'으로 지정하면 소수 이하 두 자리로 표시된다. 그러므로 '포인트'의 소수 자릿수는 '0'으로 지정한다.

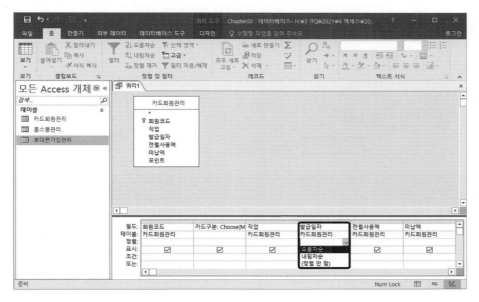

④ [디자인] 탭 – [결과] 그룹에서 [보기] – [데이터시트 보기](▦)를 클릭한 후 《출력형태》와 같은지 확인하고, [닫기](×)를 클릭한다.

합격생의 비법

선택 쿼리 실행하기
• [디자인] 탭 – [결과] 그룹에서 [보기] – [데이터시트 보기]를 클릭한다.
• [디자인] 탭 – [결과] 그룹에서 [실행]을 클릭한다.
• [탐색] 창에서 실행할 쿼리를 더블 클릭하거나 [Enter]를 누른다.

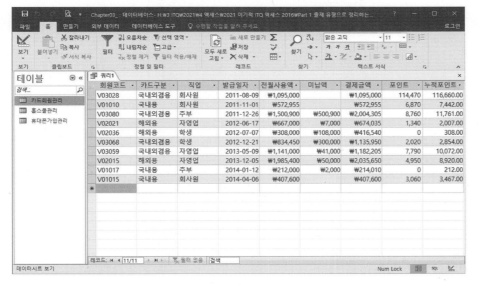

⑤ 저장 여부를 물으면 [예]를 클릭한 후, [다른 이름으로 저장] 대화상자의
   [쿼리 이름]에 『카드회원관리현황』을 입력하고 [확인]을 클릭한다.

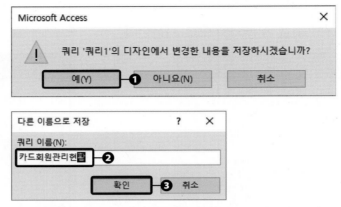

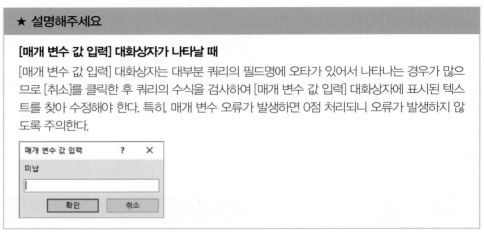

★ 설명해주세요

[매개 변수 값 입력] 대화상자가 나타날 때

[매개 변수 값 입력] 대화상자는 대부분 쿼리의 필드명에 오타가 있어서 나타나는 경우가 많으
므로 [취소]를 클릭한 후 쿼리의 수식을 검사하여 [매개 변수 값 입력] 대화상자에 표시된 텍스
트를 찾아 수정해야 한다. 특히, 매개 변수 오류가 발생하면 0점 처리되니 오류가 발생하지 않
도록 주의한다.

[테이블 : 홈스쿨관리]를 이용하여 다음과 같은 조건에 따라 쿼리를 완성하시오.

조건	(1) 쿼리 이름 : 홈스쿨관리현황
	(2) 반구분 : 관리코드의 첫 글자가 'A'이면 '종일반', 'F'이면 '오후반'으로 적용(SWITCH, LEFT 함수 사용)
	(3) 총수업료 : 과목당수업료에 과목수를 곱하여 계산, 단, 과목수는 수업과목의 글자수로 계산(예: 국영수 → 3)(LEN 함수 사용)
	(4) 원비납부대상 : 최종수강일에 1개월을 더한 날짜가 현재일(2014-07-12) 이후(해당일 포함)이면 '납부대상', 그렇지 않으면 '독촉대상'으로 표시(IIF, DATEADD, DATESERIAL 함수 사용)
	(5) 총수업료는 통화 형식, 학생코드에 대해 내림차순으로 정렬

출력형태	관리코드 ▾	반구분 ▾	수업과목 ▾	수업일수 ▾	최종수강일 ▾	과목당수업료 ▾	총수업료 ▾	원비납부대상 ▾	학생코드 ▾
	FW010	오후반	국영수	20	2014-06-20	₩65,000	₩195,000	납부대상	8010B
	FW009	오후반	영수	20	2014-06-25	₩70,000	₩140,000	납부대상	8009B
	FT008	오후반	영수놀	15	2014-06-13	₩65,000	₩195,000	납부대상	8008C
	FT007	오후반	영놀	12	2014-06-17	₩70,000	₩140,000	납부대상	8007B
	AW006	종일반	영	18	2014-06-09	₩75,000	₩75,000	독촉대상	8006C
	AW005	종일반	국영수	18	2014-06-05	₩65,000	₩195,000	독촉대상	8005C
	AW004	종일반	국수	20	2014-06-23	₩70,000	₩140,000	납부대상	8004B
	AT003	종일반	놀수	15	2014-06-02	₩70,000	₩140,000	독촉대상	8003B
	AT002	종일반	국영수	10	2014-06-16	₩65,000	₩195,000	납부대상	8002C
	AT001	종일반	영수	15	2014-06-20	₩70,000	₩140,000	납부대상	8001B

SECTION 01 새 쿼리 만들기

① [만들기] 탭 – [쿼리] 그룹에서 [쿼리 디자인]( )을 선택한다.

② [테이블 표시] 대화상자가 열리면 [테이블] 탭에서 '홈스쿨관리'를 선택하고 [추가]를 클릭한 후 [닫기]를 클릭한다.

① [홈스쿨관리] 목록 창에서 '관리코드' 필드를 더블클릭하여 첫 번째 필드에 자동으로 입력되도록 한다.

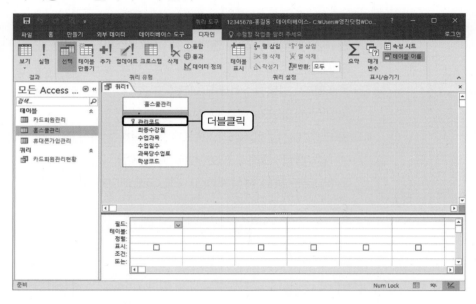

② Enter 를 누르고 다음 필드에서 '반구분'의 계산식을 입력하기 위해 Shift + F2 를 눌러 [확대/축소] 대화상자를 열고 다음과 같이 입력한 후 [확인]을 클릭한다.

> 반구분: Switch(Left([관리코드],1)="A","종일반",Left([관리코드],1)="F","오후반")

★ 설명해주세요

함수	설명
Left(텍스트, 개수)	텍스트의 왼쪽부터 개수만큼 표시
Switch(식1,값1,식2,값2,…)	식의 목록을 평가한 후 True가 되는 처음 값을 반환

반구분: Switch(Left([관리코드],1)="A","종일반",Left([관리코드],1)="F","오후반")
　　　　　　　　　　①　　　　　　　　　　　　　　　　②

① 관리코드의 첫 글자가 'A'이면 '종일반'으로 표시
② 관리코드의 첫 글자가 'F'이면 '오후반'으로 적용

③ [홈스쿨관리] 목록 창에서 '수업과목', '수업일수', '최종수강일', '과목당수
   업료' 필드를 순서대로 더블클릭하여 입력한다.

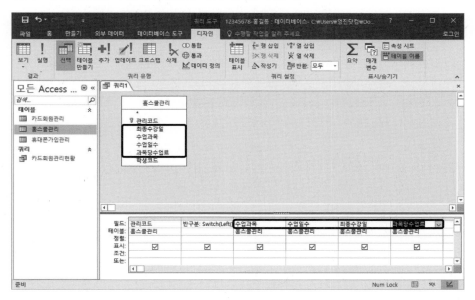

④ Enter를 누르고 다음 필드에서 Shift+F2를 눌러 [확대/축소] 대화상자
   가 나타나면 '총수업료'의 계산식을 다음과 같이 입력한 후 [확인]을 클릭
   한다.

   총수업료: [과목당수업료]*Len([수업과목])

★ 설명해주세요

함수	설명
Len(텍스트)	텍스트의 글자수를 표시

총수업료: [과목당수업료]*Len([수업과목])
과목당수업료에 수업과목의 글자수를 곱하여 계산

⑤ Enter 를 누르고 다음 필드에서 Shift + F2 를 눌러 [확대/축소] 대화상자
가 나타나면 '원비납부대상'의 계산식을 다음과 같이 입력한 후 [확인]을
클릭한다.

> 원비납부대상: Iif(DateAdd("m",1,[최종수강일])>=DateSerial(2014,7,12),"납부대상","독촉대상")

★ 설명해주세요

함수	설명
Iif(조건,값1,값2)	조건이 참이면 값1, 거짓이면 값2를 수행
DateAdd(간격,값,날짜)	간격을 기준으로 날짜에 값을 더한 후의 날짜를 표시
DateSerial(년,월,일)	지정된 년, 월, 일에 대한 날짜를 표시

원비납부대상:
Iif(DateAdd("m",1,[최종수강일])>=DateSerial(2014,7,12),"납부대상","독촉대상")
　　　　　　　　　①　　　　　　　　　　　　　　　　　②
① 최종수강일에 1개월을 더한 날짜가 2014년 7월 12일 이후이면
② '납부대상' 그렇지 않으면 '독촉대상'으로 표시

⑥ [홈스쿨관리] 목록 창에서 '학생코드' 필드를 더블클릭하여 입력한다.

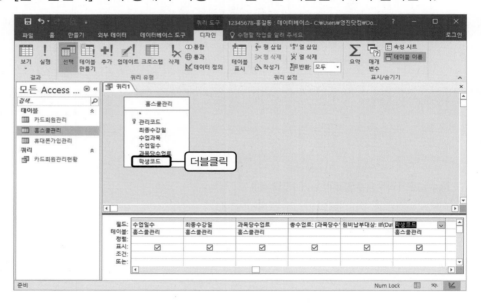

① '총수업료' 필드에서 마우스 오른쪽 버튼을 누르고 [속성]을 선택한 후 [일반] 탭의 [형식]을 '통화'로 지정한다.

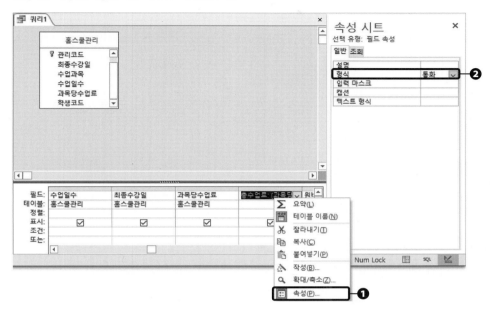

② '학생코드' 필드의 [정렬]을 '내림차순'으로 지정한다.

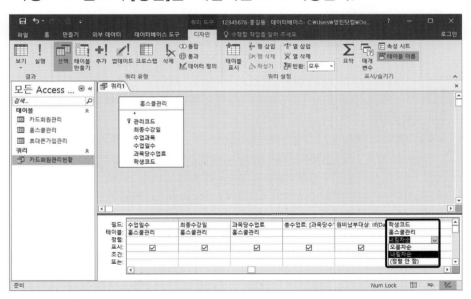

③ [디자인] 탭 – [결과] 그룹에서 [보기] – [데이터시트 보기](▦)를 클릭한 후 《출력형태》와 같은지 확인하고, [닫기](×)를 클릭한다.

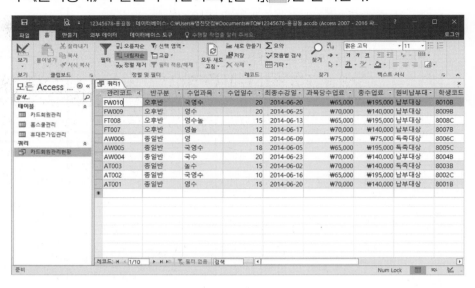

④ 저장 여부를 물으면 [예]를 클릭한 후, [다른 이름으로 저장] 대화상자의 [쿼리 이름]에 『홈스쿨관리현황』을 입력하고 [확인]을 클릭한다.

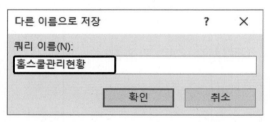

★ 설명해주세요

쿼리 편집하기

• 필드 선택 : 각 열의 필드 이름 위의 가는 줄에 마우스 포인터를 놓고 ⬇모양으로 변경되면 클릭하여 해당 열을 선택한다. [Shift]를 누른 채로 선택하면 여러 개의 열을 선택할 수 있다.

• 필드 삭제 : 삭제할 필드 열을 선택하고 [Delete]를 누른다.

• 필드 이동 : 이동할 필드 열을 선택하고 원하는 필드의 위치로 드래그한다.

• 필드 삽입 : 해당 필드에 커서를 놓고 [디자인] 탭 – [쿼리 설정] 그룹 – [열 삽입](🔼)을 선택한다.

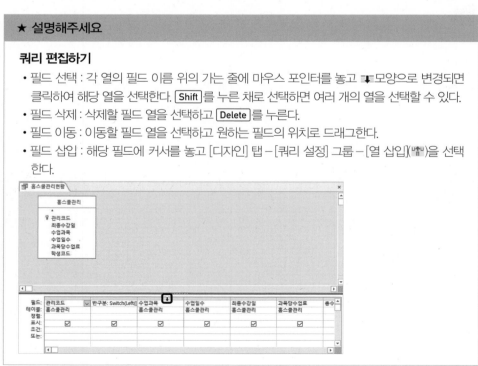

[테이블 : 휴대폰가입관리]를 이용하여 다음과 같은 조건에 따라 쿼리를 완성하시오.

조건	(1) 쿼리 이름 : 휴대폰가입관리현황 (2) 상품분류 : 기존통신사의 앞 2글자가 'TU'이면 '기기변경'으로, 'GY'이면 '번호이동'으로 적용 　　(SWITCH, LEFT 함수 사용) (3) 약정만료일 : 가입일에 약정개월의 월수를 더하여 표시하되, 만일 약정만료일의 요일이 일요일 　　이면 1일을 더하여 표시(IIF, WEEKDAY, DATEADD 함수 사용) (4) 월납부액 : 가입분류가 '온라인'이면 기본통화료를, 그렇지 않으면 '350,000'을 약정개월로 나 　　눈 값을 반올림한 값에 기본통화료를 더하여 계산(IIF, ROUND 함수 사용) (5) 월납부액은 통화 형식, 가입일에 대해 오름차순으로 정렬

출력형태	

휴대폰번호	상품분류	가입일	약정개월	약정만료일	기본통화료	월납부액	기존통신사	가입분류
01088445566	번호이동	2012-04-05	30	2014-10-06	₩77,000	₩88,667	GYOlleh	오프라인
01022113322	번호이동	2012-12-13	30	2015-06-13	₩44,000	₩55,667	GYOlleh	오프라인
01011779988	번호이동	2012-12-26	24	2014-12-26	₩77,000	₩91,583	GYOlleh	오프라인
01099224433	번호이동	2013-02-22	30	2015-08-22	₩44,000	₩55,667	GYOlleh	오프라인
01077556688	기기변경	2013-10-07	12	2014-10-07	₩65,000	₩65,000	TUTelecom	온라인
01033770011	기기변경	2013-11-17	12	2014-11-17	₩65,000	₩65,000	TUTelecom	온라인
01066551188	기기변경	2014-01-10	24	2016-01-11	₩35,000	₩35,000	TUTelecom	온라인
01044223311	번호이동	2014-03-08	30	2016-09-08	₩54,000	₩54,000	GYOlleh	온라인
01011442255	기기변경	2014-06-13	12	2015-06-13	₩35,000	₩35,000	TUTelecom	온라인
01088336677	기기변경	2014-08-01	24	2016-08-01	₩55,000	₩69,583	TUTelecom	오프라인

SECTION 01 　새 쿼리 만들기

① [만들기] 탭 – [쿼리] 그룹에서 [쿼리 디자인](▦)을 선택한다.

② [테이블 표시] 대화상자가 열리면 [테이블] 탭에서 '휴대폰가입관리'를 선
택하고 [추가]를 클릭한 후 [닫기]를 클릭한다.

① [휴대폰가입관리] 목록 창에서 '휴대폰번호' 필드를 더블클릭하여 첫 번째 필드에 자동으로 입력되도록 한다.

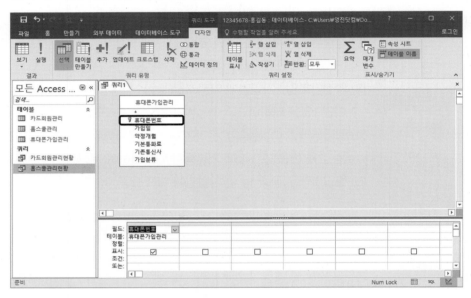

② Enter를 누르고 다음 필드에서 '상품분류'의 계산식을 입력하기 위해 Shift+F2를 눌러 [확대/축소] 대화상자를 열고 다음과 같이 입력한 후 [확인]을 클릭한다.

상품분류: Switch(Left([기존통신사],2)="TU","기기변경",Left([기존통신사],2)="GY","번호이동")

★ 설명해주세요

함수	설명
Switch(식1,값1,식2,값2,…)	식의 목록을 평가한 후 True가 되는 처음 값을 반환
Left(텍스트,개수)	텍스트의 왼쪽부터 개수만큼 표시

상품분류:
Switch(Left([기존통신사],2)="TU","기기변경","Left([기존통신사],2)="GY","번호이동")
　　　　　　　　　　①　　　　　　　　　　　　　　　　②
① 기존통신사의 첫 두 글자가 'TU'이면 '기기변경'으로 표시
② 기존통신사의 첫 두 글자가 'GY'이면 '번호이동'으로 적용

③ [휴대폰가입관리] 목록 창에서 순서대로 '가입일', '약정개월' 필드를 더블
클릭하여 입력한다.

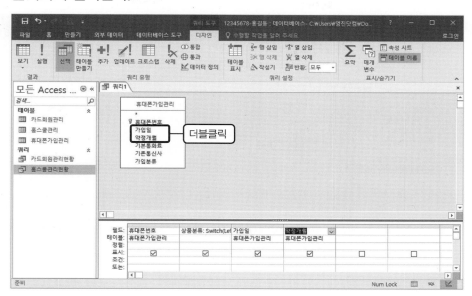

④ Enter 를 누르고 다음 필드에서 Shift + F2 를 눌러 [확대/축소] 대화
상자가 나타나면 '약정만료일'의 계산식을 다음과 같이 입력한 후
[확인]을 클릭한다.

> 약정만료일: IIf(Weekday(DateAdd("m",[약정개월],[가입일]))=1,DateAdd("m",[약정개월],[
> 가입일]+1),DateAdd("m",[약정개월],[가입일]))

★ 설명해주세요

함수	설명
IIF(조건,값1,값2)	조건이 참이면 값1, 거짓이면 값2를 수행
Weekday(날짜)	날짜에 해당하는 요일을 표시(1:일요일~7:토요일)
DateAdd(간격,값,날짜)	간격을 기준으로 날짜에 값을 더한 후의 날짜를 표시(m:월 간격)

약정만료일

: IIf(Weekday(DateAdd("m",[약정개월],[가입일]))=1,DateAdd("m",[약정개월],[가입일]+1),
　　　　　　　　　①　　　　　　　　　　　　　　　　　　　　　②

DateAdd("m",[약정개월],[가입일]))
　　　　　③

① 가입일에 약정개월의 월수를 더하여 계산한 요일이 일요일이면
② 가입일에 약정개월의 월수를 더한 값에 1을 더하여 계산
③ 그렇지 않으면 가입일에 약정개월의 월수를 더하여 계산

⑤ [휴대폰가입관리] 목록 창에서 '기본통화료' 필드를 더블클릭하여 입력한
다.

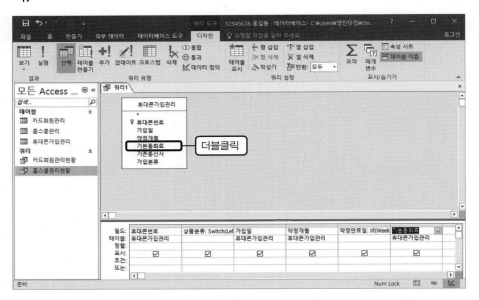

⑥ Enter 를 누르고 다음 필드에서 Shift + F2 를 눌러 '월납부액'의 계산
식을 다음과 같이 입력한 후 [확인]을 클릭한다.

> 월납부액: IIf([가입분류]="온라인",[기본통화료],[기본통화료]+Round(350000/[약정개월],0))

★ 설명해주세요

함수	설명
IIf(조건,값1,값2)	조건이 참이면 값1, 거짓이면 값2를 수행
Round([필드],자리)	[필드]의 값을 지정한 자리에서 반올림

월납부액: IIf([가입분류]="온라인",[기본통화료],[기본통화료]+Round(350000/[약정개월],0))

         ①   ②

① 가입분류가 '온라인'이면 기본통화료로 표시
② 그렇지 않으면 기본통화료에 350000을 약정개월로 나눈 값을 반올림한 후 더하여 계산

⑦ [휴대폰가입관리] 목록 창에서 순서대로 '기존통신사'와 '가입분류' 필드
를 더블클릭하여 입력한다.

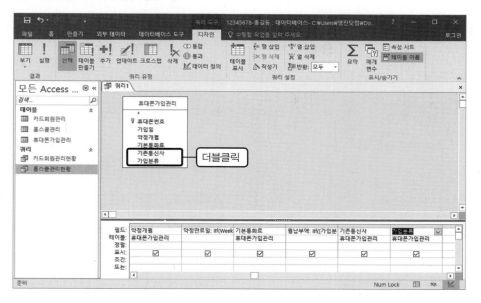

SECTION 03 정렬과 속성 지정하기

① '월납부액' 필드에서 마우스 오른쪽 버튼을 누르고 [속성]을 선택한 후 [일
반] 탭의 [형식]을 '통화'로 지정한다.

② '가입일' 필드의 [정렬]을 '오름차순'으로 지정한다.

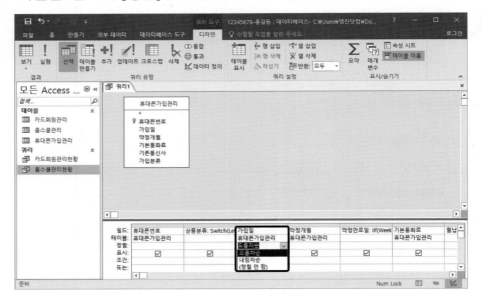

③ [디자인] 탭 – [결과] 그룹에서 [보기] – [데이터시트 보기](▦)를 클릭한 후 《출력형태》와 같은지 확인하고, [닫기](×)를 클릭한다.

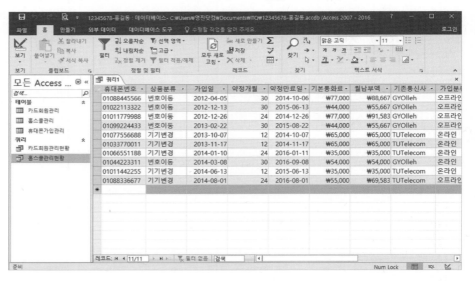

④ 저장 여부를 물으면 [예]를 클릭한 후, [다른 이름으로 저장] 대화상자의 [쿼리 이름]에 『휴대폰가입관리현황』을 입력하고 [확인]을 클릭한다.

문제유형 ❶ ▶ 문제파일 유형03.accdb 정답파일 유형03_정답.accdb

[테이블 : 주택거래관리]를 이용하여 다음과 같은 조건에 따라 쿼리를 완성하시오.

조건	
	(1) 쿼리 이름 : 주택거래관리현황
	(2) 대출가능액 : 가격(천) × 대출기준 × 75%(단, 대출기준은 관리번호의 첫 글자가 'A'이면 "50%", 'B'이면 "40%", 'C'이면 "30%"를 적용)(SWITCH, LEFT 함수 사용)
	(3) 입주구분 : 관리번호의 두 번째 글자가 '1'이면 "즉시 입주", '2'이면 "1개월 이내", '3'이면 "협의 가능"을 적용(CHOOSE, MID 함수 사용)
	(4) 거래지연기간 : 신청일자와 거래일자의 날짜간격을 일수로 계산하여 적용(DATEDIFF 함수 사용)
	(5) 대출가능액은 통화 형식, 신청일자에 대해 오름차순으로 정렬

출력형태

관리번호	주택구분	주택명	대출가능액	가격(천)	입주구분	신청일자	거래일자	거래지연기간
C13801	단독주택	성산 2-2	₩14,175	₩63,000	즉시 입주	2011-10-07	2011-12-10	64
B30653	아파트	송림 2차 10-4	₩51,000	₩170,000	협의 가능	2011-10-21	2011-11-14	24
A20472	아파트	풍천 3단지 1-2	₩50,625	₩135,000	1개월 이내	2011-10-24	2011-12-01	38
A10600	오피스텔	품림 102	₩97,500	₩260,000	즉시 입주	2011-10-27	2011-11-25	29
C32080	단독주택	망우 2동 12-3	₩73,125	₩325,000	협의 가능	2011-11-02	2011-11-20	18
C12304	단독주택	신당 250-3	₩42,525	₩189,000	즉시 입주	2011-11-14	2011-11-30	16
A24280	아파트	강남 1차 102-3	₩147,750	₩394,000	1개월 이내	2011-11-20	2011-12-05	15
B10580	아파트	대신 2차 2-3	₩67,500	₩225,000	즉시 입주	2011-11-23	2011-12-10	17
A19061	오피스텔	오성 2동 305	₩58,125	₩155,000	즉시 입주	2011-11-29	2011-12-03	4
B23456	오피스텔	부용 1702	₩4,500	₩15,000	1개월 이내	2011-12-01	2011-12-08	7

합격생의 비법

함수	설명
Switch(식1,값1,식2,값2,…)	식의 목록을 평가한 후 True가 되는 처음 값을 반환
Left(텍스트,개수)	텍스트의 왼쪽부터 개수만큼 문자를 표시
Choose(인수,값1,값2,…)	인수가 1이면 값1, 2이면 값2,…를 수행
Mid(텍스트,시작 위치,개수)	텍스트의 시작 위치에서 개수만큼 표시
DateDiff(간격,날짜1,날짜2)	간격을 기준으로 날짜1과 날짜2의 차이를 표시

[테이블 : 임대PC관리]를 이용하여 다음과 같은 조건에 따라 쿼리를 완성하시오.

조건	
	(1) 쿼리 이름 : 임대PC관리현황
	(2) 고객등급 : 고객번호의 첫 번째 자리가 'S'이면 "우수", 'G'이면 "일반"으로 적용(SWITCH, LEFT 함수 사용)
	(3) 임대요금 : "임대일수×1일 요금×임대대수"로 계산. 단, 임대일수는 "임대종료일 – 임대시작일"의 일수이며 1일 요금은 2,500원임. 임대대수가 '50'대 이상이면 전체 임대요금에서 10% 할인 적용(DATEDIFF, IIF 함수 사용)
	(4) 요금납부일 : 임대종료일에 5일을 더하여 표시. 단, 요금납부일이 '일요일'이면 6일을 더하여 적용(IIF, WEEKDAY, DATEADD 함수 사용)
	(5) 임대요금은 통화 형식, 임대시작일에 대해 오름차순으로 정렬

출력형태

고객번호	PC번호	임대시작일	임대종료일	임대대수	고객등급	임대요금	요금납부일	고객구분
S-1122	09-01	2010-01-03	2012-12-30	22	우수	₩60,060,000	2013-01-04	기업
S-5500	10-05	2010-06-01	2011-06-30	50	우수	₩44,325,000	2011-07-05	기업
G-9900	11-01	2011-01-23	2011-06-23	10	일반	₩3,775,000	2011-06-28	기업
G-6677	10-02	2011-02-20	2011-09-20	30	일반	₩15,900,000	2011-09-26	공공기관
G-3322	10-03	2011-03-10	2011-04-10	30	일반	₩2,325,000	2011-04-15	개인
S-1234	11-05	2011-06-09	2011-08-29	66	우수	₩12,028,500	2011-09-03	공공기관
S-4455	11-02	2011-07-10	2011-09-10	25	우수	₩3,875,000	2011-09-15	공공기관
G-4455	10-07	2011-08-01	2012-09-01	1	일반	₩992,500	2012-09-06	개인
S-3301	10-10	2011-10-01	2011-12-20	73	우수	₩13,140,000	2011-12-26	기업
G-3300	10-11	2011-11-10	2011-12-25	10	일반	₩1,125,000	2011-12-30	개인

합격생의 비법

함수	설명
IIf(조건,값1,값2)	조건이 참이면 값1, 거짓이면 값2를 수행
Weekday(날짜)	날짜에 해당하는 요일을 표시(1: 일요일 ~ 7: 토요일)
DateAdd(간격,값,날짜)	간격을 기준으로 날짜에 값을 더한 후의 날짜를 표시

[테이블 : 스포츠경기관리]를 이용하여 다음과 같은 조건에 따라 쿼리를 완성하시오.

조건	(1) 쿼리 이름 : 스포츠경기관리현황
	(2) 종료시간 : 시작시간 + 경기시간, 단 경기시간은 경기번호의 마지막자리 값이 '1'이면 "2:00", '2'이면 "2:30", '3'이면 "3:00", '4'이면 "4:00"으로 계산(CHOOSE, RIGHT 함수 사용)
	(3) 입장료 : 경기일자가 '토요일'이나 '일요일'이면 "15,000", 그렇지 않으면 "12,000"으로 계산(IIF, OR, WEEKDAY 함수 사용)
	(4) 비고 : 시작시간이 '11:00' 이전이거나 '17:00' 이후(해당시간 포함 안함)이면 "행운권추첨", '11:00'에서 '17:00'사이(해당시간 포함)이면 "사은품증정"으로 표시(SWITCH, AND, OR 함수 사용)
	(5) 입장료는 통화 형식, 경기일자는 오름차순으로 정렬

출력형태	

경기번호	경기명	종목	후원기관	경기일자	시작시간	종료시간	입장료	비고
R1234	프로농구개막전	농구	삼성	2011-12-04	10:30	14:30	₩15,000	행운권추첨
S1474	대통령기배구대회	배구	두산베어스	2011-12-10	15:00	19:00	₩15,000	사은품증정
S4183	아세안선수권대회	농구	두산베어스	2011-12-14	14:30	17:30	₩12,000	사은품증정
V0721	홈어린이축구	축구	홈플러스	2011-12-17	12:00	14:00	₩15,000	사은품증정
S1133	FC친선경기	축구	엘지전자	2011-12-24	11:10	14:10	₩15,000	사은품증정
V9871	전국실업배구대회	배구	한화기업	2011-12-29	18:00	20:00	₩12,000	행운권추첨
V5032	유소년축구	축구	한화기업	2012-01-04	13:40	16:10	₩12,000	사은품증정
R0472	한일축구경기	축구	두산베어스	2012-01-08	17:00	19:30	₩15,000	사은품증정
V3102	초등야구대회	야구	대한야구협회	2012-01-10	19:30	22:00	₩12,000	행운권추첨
R3421	프로야구대회	야구	두산베어스	2012-12-18	16:20	18:20	₩12,000	사은품증정

합격생의 비법

함수	설명
Right(텍스트,개수)	텍스트의 오른쪽부터 개수만큼 표시

합격생의 비법

시간의 앞뒤에는 '#'을 넣어 구분하며 '#17:00#'와 같이 입력하면 자동으로 #오후 5:00:00#로 변경된다.

난이도  상 중 하

문제파일 Part 1 출제 유형으로 정리하는 꼼꼼이론₩Chapter04.accdb

정답파일 Part 1 출제 유형으로 정리하는 꼼꼼이론₩Chapter04_정답.accdb

문제보기 ❶

[테이블1 : 휴대폰가입관리]와 [테이블2 : 가입자정보]를 이용하여 다음과 같은 조건에 따라 쿼리를 완성하시오.

조건	(1) 쿼리 이름 : 휴대폰가입관리현황 분석 (2) 테이블 조인 : '휴대폰번호'를 기준으로 관계 설정(조건 : 두 테이블의 조인된 필드가 일치하는 행만 포함) (3) 결제은행이 '우리'이고, 가입일이 '2013-12-31' 이전(해당일자 포함)인 데이터를 추출하여, 가입자명을 기준으로 정렬하여 ≪출력형태≫와 같은 선택 쿼리를 작성하시오.
출력형태	

휴대폰번호 ▾	약정개월 ▾	요금상품명 ▾	가입자명 ▾	가입일 ▾
01022113322	30	광대역무료	조선윤	2012-12-13
01077556688	12	무한데이터	홍진경	2013-10-07

① [만들기] 탭 – [쿼리] 그룹에서 [쿼리 디자인]()을 선택한다.

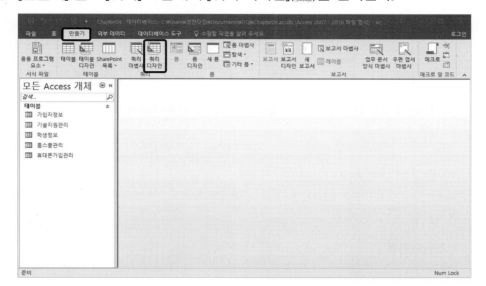

합격생의 비법

조인 쿼리
쿼리에 여러 테이블을 추가한 후 테이블 간에 조인을 만들고 쿼리를 실행하면 테이블들이 상호 관련되는 방식을 기준으로 각 테이블에서 사용자가 원하는 레코드만 표시된다.

② [테이블 표시] 대화상자가 나타나면 [테이블] 탭에서 '휴대폰가입관리'와 '가입자정보'를 더블클릭하고 [닫기]를 클릭한다.

① '휴대폰번호'를 기준으로 관계를 설정하기 위해 [휴대폰가입관리] 테이블의 '휴대폰번호' 필드를 [가입자정보] 테이블의 '휴대폰번호' 필드로 드래그한다.

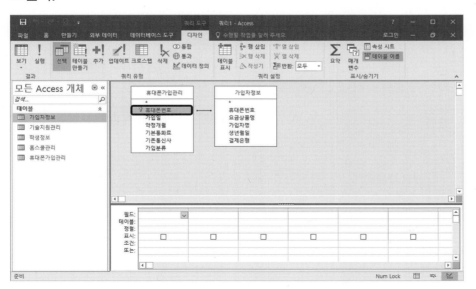

합격생의 비법

관계 설정으로 연결되는 두 개의 기준 필드는 같은 데이터 형식을 가져야 하며, 같은 종류의 데이터가 들어있어야 한다.

합격생의 비법

두 테이블의 조인된 필드가 일치하는 행만 포함
[휴대폰가입관리] 테이블과 [가입자정보] 테이블에서 휴대폰번호가 같은 레코드만 찾아서 결과를 표시한다.

② 조인 속성을 설정하기 위해 관계 설정 선을 더블클릭한다. [조인 속성] 대화상자에서 '두 테이블의 조인된 필드가 일치하는 행만 포함'을 선택하고 [확인]을 클릭한다.

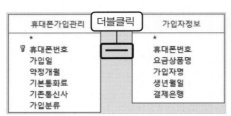

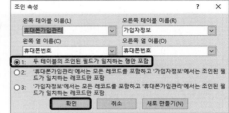

★ 설명해주세요

테이블 조인(Table Join)

조인이란 여러 테이블을 연결하여 하나의 추출 결과를 만드는 기능을 의미하며, 테이블과 테이블은 키 필드로 연결한다.

○ 조인의 종류

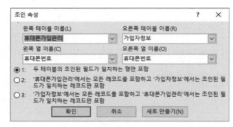

① 내부 조인(Inner Join)
내부 조인은 일대일 관계를 의미하며, 두 테이블에 동일하게 존재하는 레코드만 추출한다.
② 외부 조인(Outer Join)
• 왼쪽 외부 조인 : 왼쪽 테이블의 레코드는 모두 나타나며, 오른쪽 테이블은 조인된 필드에 일치하는 레코드만 추출한다.
• 오른쪽 외부 조인 : 오른쪽 테이블의 레코드는 모두 나타나며, 왼쪽 테이블은 조인된 필드에 일치하는 레코드만 추출한다.

합격생의 비법

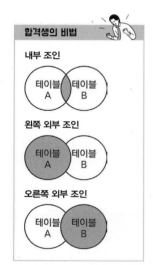

내부 조인
테이블 A 테이블 B

왼쪽 외부 조인
테이블 A 테이블 B

오른쪽 외부 조인
테이블 A 테이블 B

① [휴대폰가입관리] 테이블에서 '휴대폰번호', '약정개월'을 더블클릭하고
[가입자정보] 테이블에서 '요금상품명', '가입자명'을 더블클릭한 후 [휴대
폰가입관리] 테이블에서 '가입일'을 더블클릭하여 필드를 추가한다.

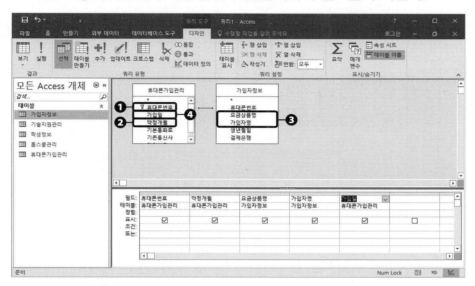

② 결제은행이 '우리'인 데이터를 추출하기 위해 [가입자정보] 테이블의 '결
제은행' 필드를 더블클릭하고 조건에 『우리』를 입력한 후 Enter 를 누른
다. ≪출력형태≫에 '결제은행' 필드는 나타나지 않으므로 체크 표시를 해
제한다.

합격생의 비법

조건이 문자열이므로 큰 따옴
표(" ")와 함께 입력되어야 한
다. 그러나 따로 입력하지 않
아도 '우리'를 입력하고 Enter
를 누르면 자동으로 따옴표가
생성된다.

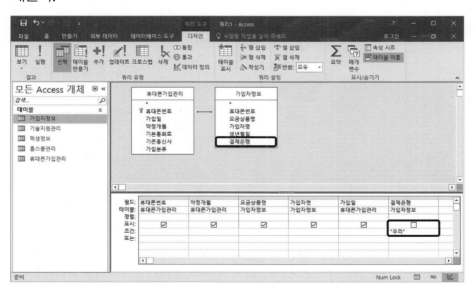

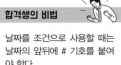

합격생의 비법

날짜를 조건으로 사용할 때는 날짜의 앞뒤에 # 기호를 붙여야 한다.

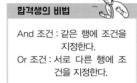

합격생의 비법

And 조건 : 같은 행에 조건을 지정한다.
Or 조건 : 서로 다른 행에 조건을 지정한다.

③ 가입일이 '2013 – 12 – 31' 이전(해당일자 포함)인 데이터를 추출하기 위해 '가입일' 필드의 조건에 『<=2013 – 12 – 31』을 입력하고 Enter 를 누르면 자동으로 '<=#2013 – 12 – 31#'로 바뀐다. 이때 '결제은행'과 '가입일'은 And 조건이므로 같은 줄에 조건을 입력한다.

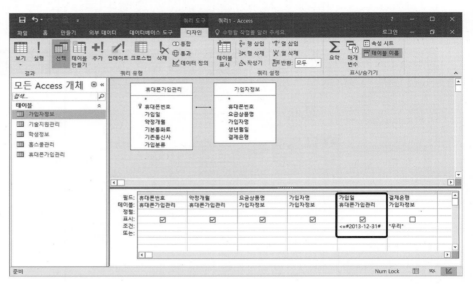

④ 가입자명을 기준으로 정렬하기 위해 '가입자명' 필드의 정렬을 '오름차순'으로 지정한다.

⑤ [디자인] 탭 – [결과] 그룹에서 [보기] – [데이터시트 보기](▦)를 클릭한 후 《출력형태》와 같은지 확인하고, [닫기](×)를 클릭한다.

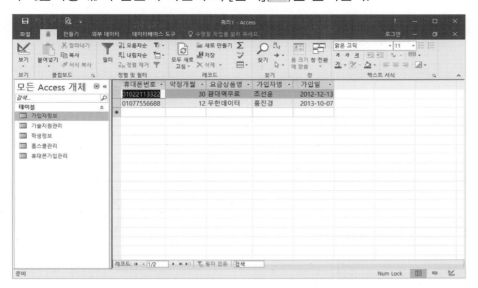

⑥ 저장 여부를 물으면 [예]를 클릭한 후, [다른 이름으로 저장] 대화상자의 [쿼리 이름]에 『휴대폰가입관리현황 분석』을 입력하고 [확인]을 클릭한다.

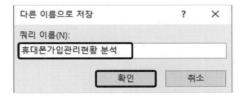

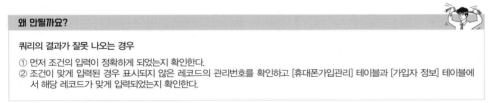

왜 안될까요?

쿼리의 결과가 잘못 나오는 경우

① 먼저 조건의 입력이 정확하게 되었는지 확인한다.
② 조건이 맞게 입력된 경우 표시되지 않은 레코드의 관리번호를 확인하고 [휴대폰가입관리] 테이블과 [가입자 정보] 테이블에서 해당 레코드가 맞게 입력되었는지 확인한다.

★ 설명해주세요

쿼리에서 조건을 지정하려면 디자인 눈금의 [조건] 행을 이용한다. AND 조건은 같은 [조건] 행에 조건을 지정하고, OR 조건은 서로 다른 행에 조건을 지정한다. 다양한 조건을 지정할 때는 다음과 같은 여러 가지 연산자를 이용할 수 있다.

○ **논리/비교 연산자**

함수	설명
And	모든 조건을 만족한다.
Or	하나 이상의 조건을 만족한다.
Not	~이 아니다.
Like	정확히 알고 있지 않은 값을 검색할 때 사용한다.
Is	~이다.
=	같다.

>	크다.
<	작다.
>=	크거나 같다.
<=	작거나 같다.
<>	같지 않다.

[테이블1 : 홈스쿨관리]와 [테이블2 : 학생정보]를 이용하여 다음과 같은 조건에 따라 쿼리를 완성하시오.

조건	(1) 쿼리 이름 : 홈스쿨관리현황 분석 (2) 테이블 조인 : '학생코드'를 기준으로 관계 설정(조건 : 두 테이블의 조인된 필드가 일치하는 행 만 포함) (3) 학생구분이 '중등부'가 아니거나 수업일수가 '18'일 이상인 데이터를 추출하고, 성명을 기준으 로 정렬하여 ≪출력형태≫와 같이 표시하는 선택 쿼리를 작성하시오.

출력형태	학생코드 ▾	성명 ▾	학생구분 ▾	부모연락처 ▾	최종수강일 ▾
	8003B	고석준	고등부	010-8855-5588	2014-06-02
	8009B	김윤세	중등부	010-1616-6161	2014-06-25
	8006C	박기서	초등부	070-2020-0202	2014-06-09
	8008C	서동화	초등부	010-5252-2525	2014-06-13
	8005C	신용재	고등부	010-6987-7896	2014-06-05
	8002C	윤선미	초등부	010-4321-1234	2014-06-16
	8010B	장석재	고등부	070-5757-7575	2014-06-20
	8004B	허건	중등부	070-6545-4565	2014-06-23

SECTION 01 새 쿼리 만들기

① [만들기] 탭 – [쿼리] 그룹에서 [쿼리 디자인](▥)을 선택한다.

② [테이블 표시] 대화상자가 나타나면 [테이블] 탭에서 '홈스쿨관리'와 '학생
정보'를 더블클릭하고 [닫기]를 클릭한다.

① '학생코드'를 기준으로 관계를 설정하기 위해 [홈스쿨관리] 테이블의 '학생코드' 필드를 [학생정보] 테이블의 '학생코드' 필드로 드래그한다.

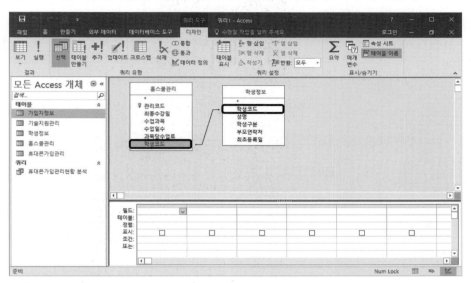

② 조인 속성을 설정하기 위해 관계 설정 선을 더블클릭한다. [조인 속성] 대화상자에서 '두 테이블의 조인된 필드가 일치하는 행만 포함'을 선택하고 [확인]을 클릭한다.

합격생의 비법

두 테이블의 조인된 필드가 일치하는 행만 포함
[홈스쿨관리] 테이블과 [학생정보] 테이블에서 학생코드가 같은 레코드만 찾아서 결과를 표시한다.

① [홈스쿨관리] 테이블에서 '학생코드'를 더블클릭하고 [학생정보] 테이블에서 '성명', '학생구분', '부모연락처'를 더블클릭한 후 [홈스쿨관리] 테이블에서 '최종수강일'을 더블클릭하여 필드를 추가한다.

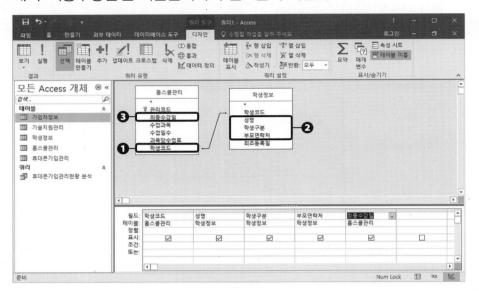

② 학생구분이 '중등부'가 아닌 데이터를 추출하기 위해 '학생구분' 필드의 조건에 『〈 〉중등부』를 입력한 후 Enter 를 누른다.

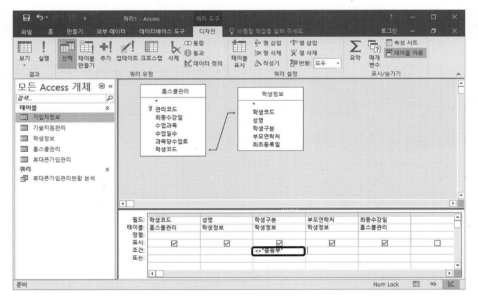

③ 수업일수가 '18'일 이상인 데이터를 추출하기 위해 [홈스쿨관리] 테이블의 '수업일수' 필드를 더블클릭한 후 [또는] 행에 『>=18』을 입력하고 Enter 를 누른다. 이때 '학생구분'과 '수업일수'는 Or 조건이므로 서로 다른 행에 조건을 입력한다. ≪출력형태≫에 '수업일수' 필드는 나타나지 않으므로 체크표시를 해제한다.

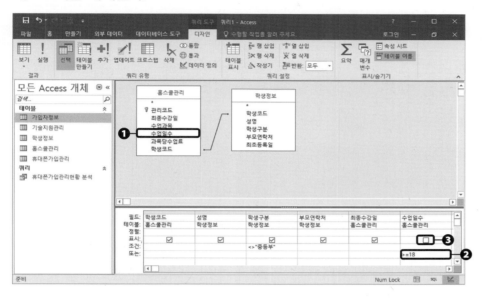

④ 성명을 기준으로 정렬하기 위해 '성명' 필드의 정렬을 '오름차순'으로 지 정한다.

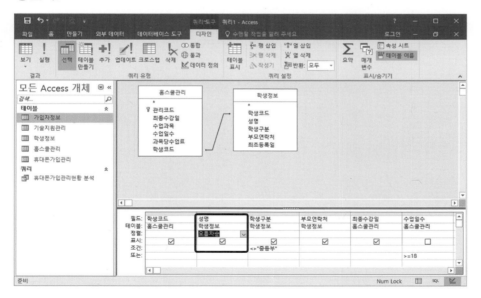

⑤ [디자인] 탭 – [결과] 그룹에서 [보기] – [데이터시트 보기](▦)를 클릭한 후 《출력형태》와 같은지 확인하고, [닫기](×)를 클릭한다.

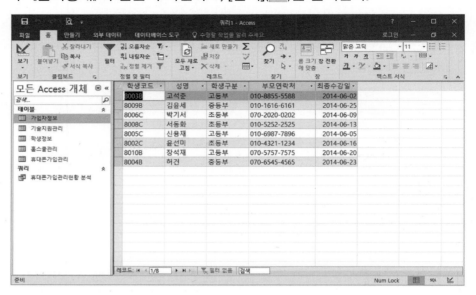

⑥ 저장 여부를 물으면 [예]를 클릭한 후, [다른 이름으로 저장] 대화상자의 [쿼리 이름]에 『홈스쿨관리현황 분석』을 입력하고 [확인]을 클릭한다.

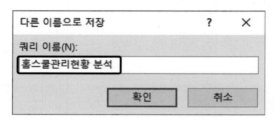

[테이블 : 기술지원관리]를 이용하여 다음과 같은 조건에 따라 쿼리를 완성하시오.

조건	(1) 쿼리 이름 : 총소요시간 관리 (2) 매개 변수 이름 : '소요시간', [표준] 형식(소수 자릿수 : 0)으로 지정하시오. (3) 조건 : 총소요시간이 '5'시간 이상인 고객을 '지원번호'의 내림차순으로 정렬하여 표시하시오.
출력형태	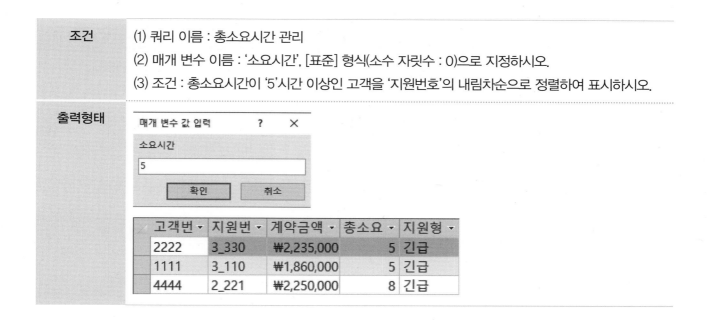

SECTION 01   새 쿼리 만들기

① [만들기] 탭 – [쿼리] 그룹에서 [쿼리 디자인](▦)을 선택한다.

② [테이블 표시] 대화상자의 [테이블] 탭에서 '기술지원관리'를 더블클릭하고 [닫기]를 클릭한다.

★ 설명해주세요

매개 변수 쿼리

매개 변수 쿼리는 실행할 때마다 사용자에게 조건을 입력받아 실행하는 쿼리로 매개 변수 쿼리를 만들려면 먼저 쿼리를 생성한 후 매개 변수를 입력받아 사용하려는 필드의 [조건]에 대괄호([ ])로 묶은 문자열을 입력한다.

① [기술지원관리] 테이블에서 '고객번호', '지원번호', '계약금액', '총소요시간', '지원형태'를 더블클릭한다.

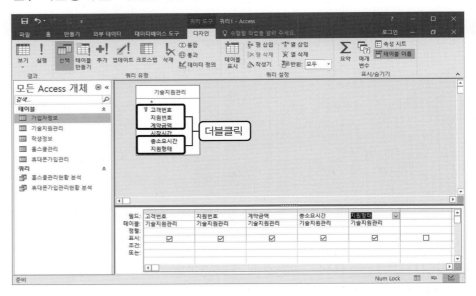

합격생의 비법

매개 변수로 지정되는 문자열은 [매개 변수 값 입력] 대화상자의 메시지로 나타나며 필드 이름을 포함할 수 있지만 필드 이름과 같아서는 안된다.

② 지원번호를 기준으로 정렬하기 위해 '지원번호' 필드의 정렬을 '내림차순'으로 지정한다. '총소요시간' 필드의 조건에 『>=[소요시간]』을 입력한다.

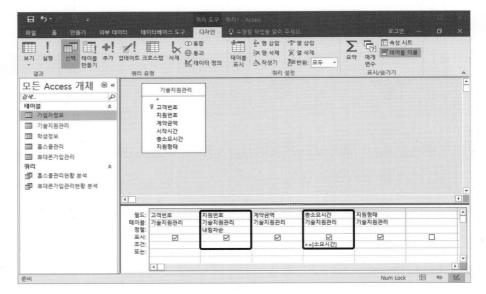

③ '총소요시간' 필드에서 마우스 오른쪽 버튼을 누르고 [속성]을 선택한 후 [일반] 탭의 [형식]을 '표준', [소수 자릿수]를 '0'으로 지정한다.

④ [디자인] 탭 – [결과] 그룹에서 [보기] – [데이터시트 보기]()를 클릭한다. [매개 변수 값 입력] 대화상자가 나타나면 『5』를 입력한 후 [확인]을 클릭한다.

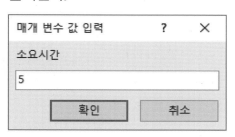

합격생의 비법

[매개 변수 값 입력] 대화상자에 5를 입력하면 매개변수에서 지정한 [소요시간]에 5가 입력되어 조건은 '>=5'로 지정이 된다.

⑤ ≪출력형태≫와 같은지 확인하고 [닫기](×)를 클릭한다.

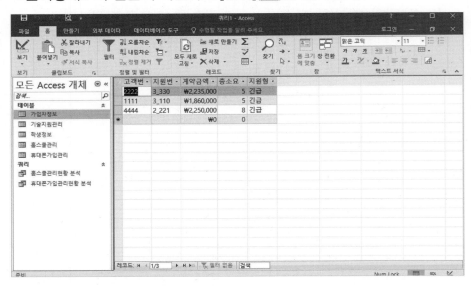

⑥ 저장 여부를 물으면 [예]를 클릭한 후, [다른 이름으로 저장] 대화상자의 [쿼리 이름]에 『총 소요시간 관리』를 입력하고 [확인]을 클릭한다.

유형을 확인하는 **기출문제**

문제유형 ① ▶ 문제파일 유형04.accdb 정답파일 유형04_정답.accdb

[테이블1 : 스포츠경기관리]와 [테이블2 : 경기장정보]를 이용하여 다음과 같은 조건에 따라 쿼리를 완성하시오.

조건	(1) 쿼리 이름 : 스포츠경기관리현황 분석 (2) 테이블 조인 : '경기번호'를 기준으로 관계 설정(조건 : 두 테이블의 조인된 필드가 일치하는 행만 포함) (3) 후원기관이 '두산베어스'이면서 경기장이 '체육'을 포함하는 데이터를 추출하고, 경기명을 기준으로 정렬하여 ≪출력형태≫와 같은 선택 쿼리를 작성하시오.
출력형태	<table><tr><th>경기번호</th><th>경기명</th><th>경기장</th><th>담당자</th><th>경기일자</th></tr><tr><td>S1474</td><td>대통령기배구대회</td><td>YMCA체육관</td><td>윤영주</td><td>2011-12-10</td></tr><tr><td>S4183</td><td>아세아선수권대회</td><td>성동구민체육관</td><td>최지은</td><td>2011-12-14</td></tr></table>

문제유형 ② ▶ 문제파일 유형04.accdb 정답파일 유형04_정답.accdb

[테이블1 : 주택거래관리]와 [테이블2 : 거래정보]를 이용하여 다음과 같은 조건에 따라 쿼리를 완성하시오.

조건	(1) 쿼리 이름 : 주택거래관리현황 분석 (2) 테이블 조인 : '관리번호'를 기준으로 관계 설정(조건 : 두 테이블의 조인된 필드가 일치하는 행만 포함) (3) 주소가 '경기도'에 속하고, 가격(천)이 '150,000 이상 ~ 250,000 이하'인 데이터를 추출하고, 주택명을 기준으로 정렬하여 ≪출력형태≫와 같은 선택 쿼리를 작성하시오.
출력형태	<table><tr><th>관리번호</th><th>주택명</th><th>가격(천)</th><th>거래일자</th><th>연락처</th></tr><tr><td>B30653</td><td>송림 2차 10-4</td><td>₩170,000</td><td>2011-11-14</td><td>019-8888-2469</td></tr><tr><td>C12304</td><td>신당 250-3</td><td>₩189,000</td><td>2011-11-30</td><td>016-6666-1234</td></tr><tr><td>A19061</td><td>오성 2동 305</td><td>₩155,000</td><td>2011-12-03</td><td>010-0000-4567</td></tr></table>

05 폼 작성

난이도 (상) (중) (하)

문제파일	Part 1 출제 유형으로 정리하는 꼼꼼이론\Chapter05.accdb
정답파일	Part 1 출제 유형으로 정리하는 꼼꼼이론\Chapter05_정답.accdb

문제보기 ❶

[쿼리 : 세탁물관리현황]을 이용하여 다음과 같은 모양의 폼을 설계하시오.

조건	(1) 폼 이름 : 세탁물관리현황 폼 (2) 폼 제목 : 굴림, 22pt, 가운데 맞춤, 특수 효과 : 그림자 (3) 서비스내용 : 서비스의 첫 글자가 'D'이면 '요일할인', 'S'이면 '계절할인'으로 적용(SWITCH, LEFT 함수 사용) (4) '세탁물관리현황 폼'의 머리글 영역에 제목과 회원번호를 작성하고, 본문에 '회원번호' 필드를 기준으로 연결하여 '세탁물관리' 폼을 하위 폼으로 추가하시오. (5) 회원번호 : 입력란을 '콤보 상자'로 변경하시오. (6) 로고 삽입(내 PC\문서\ITQ\Picture\로고3.jpg), 특수 효과―볼록, 크기(가로―2 cm, 세로―1 cm). (7) 보고서 : 클릭하면 '세탁물관리현황 보고서'로 이동하도록 작성하시오(가로―2 cm, 세로―1 cm).
출력형태	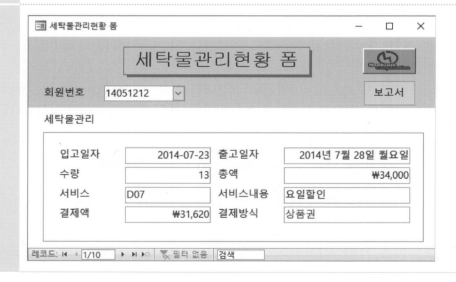

① [만들기] 탭 – [폼] 그룹에서 [폼 마법사](🖳)를 선택한다.

② [폼 마법사] 대화상자에서 [테이블/쿼리]를 '쿼리 : 세탁물관리현황'으로 선택한다.

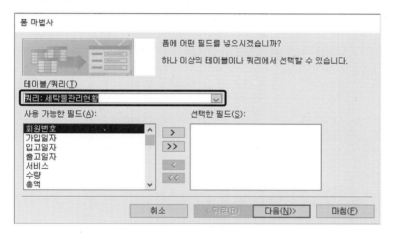

③ [사용 가능한 필드]에서 '입고일자', '수량', '서비스', '결제액', '출고일자', '총액', '결제방식' 필드를 순서대로 더블클릭하여 [선택한 필드]로 옮기고 [다음]을 클릭한다.

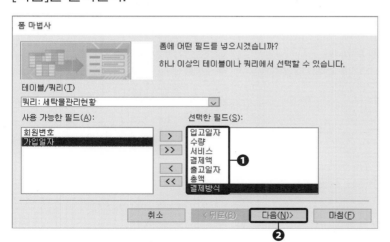

합격생의 비법

필드를 선택할 때 《출력형태》를 보고 왼쪽 열의 필드부터 순서대로 선택하는 것이 편집할 때 편리하다.

④ 폼의 모양을 '열 형식'으로 지정한 후 [다음]을 클릭한다.

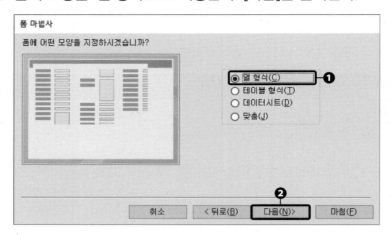

합격생의 비법

하위 폼의 이름은 《출력형태》를 보고 하위 폼 왼쪽 상단의 캡션을그대로 지정해준다.

세탁물

회원번호 14051212

세탁물관리

입고일자 2014-0

수량

⑤ 폼의 제목에 『세탁물관리』를 입력하고 '폼 디자인 수정'을 선택한 후 [마침]을 클릭한다.

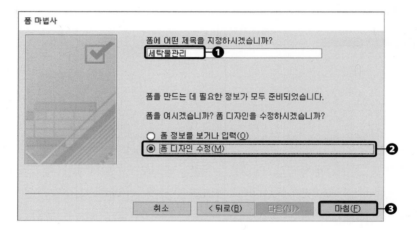

왜 안될까요?

[탐색] 창에 일부 개체만 표시될 때

[탐색] 창에서 목록 표시 단추를 클릭한 다음 '범주 탐색'에서 [개체 유형]을 선택하고, '그룹 기준 필터'에서 [모든 Access 개체]를 선택하면 모든 개체가 표시된다.

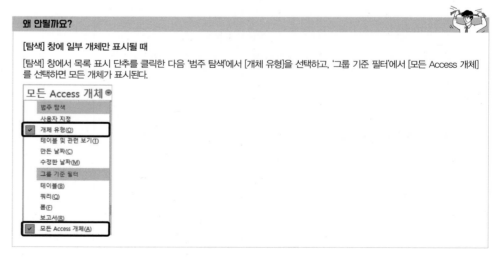

폼(Form)

폼은 데이터베이스의 사용자 인터페이스를 제공하는 개체로 데이터를 입력하거나 편집하기 위해 사용된다.

○ 폼의 구성

폼은 폼 머리글 영역, 본문 영역, 폼 바닥글 영역으로 구성된다. 폼의 본문 영역에는 주로 필드의 레이블과 입력란이 표시되며, 레코드가 변경될 때마다 폼에 표시되는 데이터도 변경된다. 폼 머리글에는 주로 제목을 나타내는 레이블이나 여러 가지 명령 단추를 표시한다.

기본 폼에 하위 폼을 삽입하면 하나의 폼에서 2개의 폼을 사용하는 것과 같은 효과를 얻을 수 있으며 기본 폼과 관련된 내용을 하위 폼에서 나타낼 수 있다.

폼 머리글 영역

폼 본문 영역

탐색 단추

○ 폼의 구성

- 열 형식 : 가장 일반적인 형식으로 한 화면에 하나의 레코드만 표시하는 단일 폼 형식
- 테이블 형식 : 맨 위에 필드의 이름을 표시하고 행 단위로 각 레코드의 정보를 표시하는 형식
- 데이터시트 : 테이블이나 쿼리에서 데이터시트 보기를 실행한 것과 동일한 화면으로 폼을 표시하는 형식
- 맞춤 : 행 단위로 데이터를 표시하는 형식

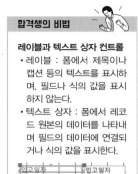

합격생의 비법

레이블과 텍스트 상자 컨트롤
- 레이블 : 폼에서 제목이나 캡션 등의 텍스트를 표시하며, 필드나 식의 값을 표시하지 않는다.
- 텍스트 상자 : 폼에서 레코드 원본의 데이터를 나타내며 필드의 데이터에 연결되거나 식의 값을 표시한다.

① Shift 를 누른 상태에서 레이블을 모두 선택하거나 레이블이 포함되도록 드래그하여 모두 선택하고 크기를 적당히 조절한다.

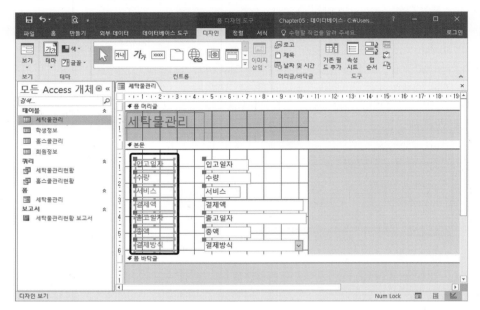

② 같은 방법으로 텍스트 상자를 모두 선택하고 [정렬] 탭 – [크기 및 순서 조정] 그룹의 [크기/공간] – [가장 좁은 너비에](🖳)를 선택한 다음 크기를 조정하면 선택된 텍스트 상자들의 크기가 동일하게 조절된다.

③ 출고일자, 총액, 결제방식을 선택하고 드래그하여 오른쪽으로 옮긴 후 위치와 크기를 조절한다.

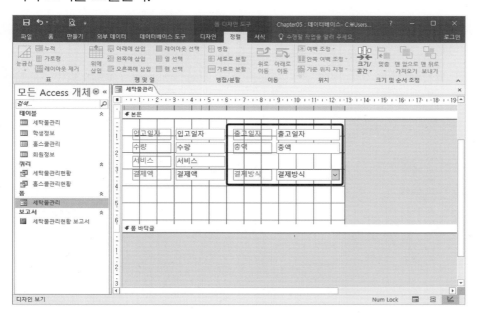

④ '서비스내용'을 추가하기 위해 [디자인] 탭 – [컨트롤] 그룹 – [텍스트 상자](가니)를 선택하고 '총액' 아래에 클릭한다. [텍스트 상자 마법사]가 나타나는 경우 [마침]을 클릭한다.

합격생의 비법

텍스트 상자 컨트롤을 추가하면 필드의 이름을 나타내는 레이블 컨트롤과 필드의 실제 데이터를 나타내는 텍스트 상자 컨트롤이 함께 만들어진다.

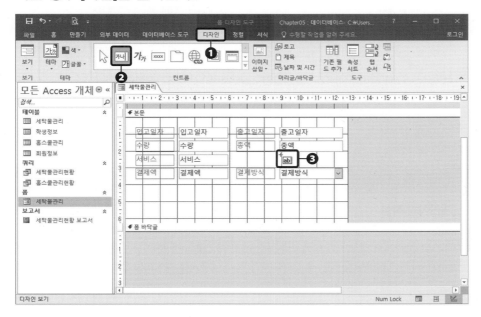

합격생의 비법

계산식의 입력
· 계산식은 항상 등호 =로 시작한다.
· 필드 이름은 대괄호[ ]로 감싸서 입력한다.
· 텍스트 앞뒤에는 큰 따옴표 " "를 입력한다.

합격생의 비법

새로 생긴 텍스트 상자의 위치를 맞추기 위해 출고일자, 총액, 서비스내용, 결제방식 레이블을 모두 선택하고 [정렬] 탭－[크기 및 순서 조정] 그룹의 [맞춤]－[왼쪽]을 선택하여 위치를 맞춘다. 다시 [정렬] 탭－[크기 및 순서 조정] 그룹의 [크기/공간]－[가장 좁은 너비에]를 선택하여 크기를 동일하게 지정한다. 같은 방법으로 텍스트 상자의 위치와 크기도 조절한다.

⑤ 레이블과 텍스트 상자의 크기를 조절한 후 새로 만든 레이블에 『서비스내용』이라고 입력하고 텍스트 상자에는 다음과 같이 계산식을 입력한다.

=Switch(Left([서비스],1)="D","요일할인",Left([서비스],1)="S","계절할인")

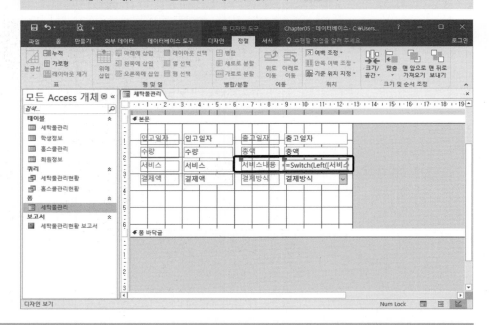

★ 설명해주세요

함수	설명
Left(텍스트,개수)	텍스트의 왼쪽부터 개수만큼 표시
Switch(식1,값1,식2,값2,…)	식의 목록을 평가한 후 True가 되는 처음 값을 반환

=Switch(Left([서비스],1)="D","요일할인",Left([서비스],1)="S","계절할인")
                    ①   ②

① 서비스의 첫 글자가 'D'이면 '요일할인'으로 표시
② 서비스의 첫 글자가 'S'이면 '계절할인'으로 표시

★ 설명해주세요

계산식의 작성

계산식은 텍스트 상자에 바로 입력해도 되지만 [식 작성기] 대화상자에서 입력할 수도 있다. 텍스트 상자에서 마우스 오른쪽 버튼을 누르고 [속성]을 선택한 다음 [데이터] 탭의 [컨트롤 원본]에서 [작성]([])을 클릭한 후 [식 작성기] 대화상자에서 계산식을 입력하고 [확인]을 클릭한다.

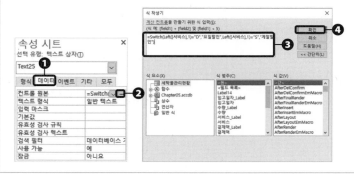

⑥ '결제방식' 콤보 상자에서 마우스 오른쪽 버튼을 클릭하고 [변경] – [텍스
트 상자]를 선택하여 콤보 상자를 텍스트 상자로 변경한다.

합격생의 비법

'결제방식' 콤보 상자는 원본
테이블에서 작성한 것으로 문
제에 별도의 지시사항이 없어
도 《출력형태》를 확인한 후 텍
스트 상자로 변경해야 한다.

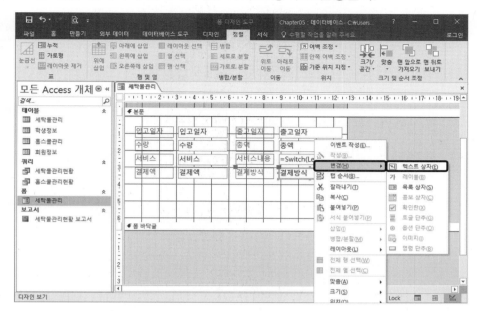

⑦ 폼의 속성을 지정하기 위해 눈금자 왼쪽의 [선택기](■)를 더블클릭한 후
[속성 시트]의 [형식] 탭에서 [레코드 선택기]와 [탐색 단추]를 '아니요'로
지정한다.

합격생의 비법

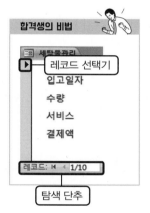

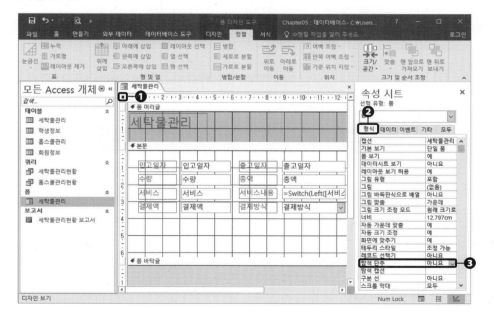

⑧ 폼 머리글을 숨기기 위해 폼에서 마우스 오른쪽 버튼을 누른 후 [폼 머리글/바닥글]을 선택한다.

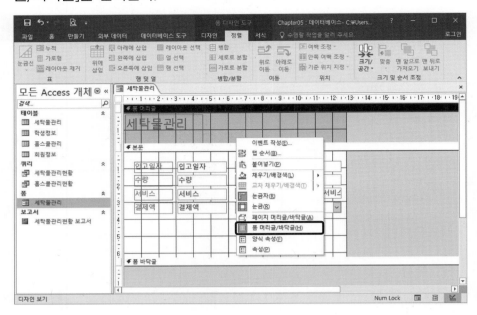

⑨ [다음과 같은 대화상자가 나타나면 [예]를 클릭한다.

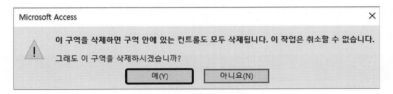

합격생의 비법

출고일자에 '#'이 표시될 때
열 너비가 좁을 때 #이 표시되므로 [디자인 보기]에서 출고일자 텍스트 상자의 너비를 늘려준다.

⑩ [홈] 탭 – [보기] – [폼 보기](▦)를 선택하여 ≪출력형태≫와 같은지 확인하고 [닫기](×)를 클릭한다.

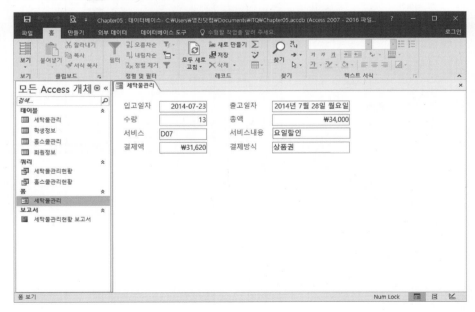

⑪ 저장 여부를 물으면 [예]를 클릭한다.

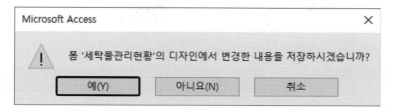

★ 설명해주세요

○ **컨트롤 선택하기**

• 컨트롤을 클릭하면 외곽선에 8개의 조절점이 나타난다.
• 여러 개의 컨트롤을 선택할 때는 Shift 를 누른 상태에서 컨트롤을 클릭하거나 빈 영역에서
  컨트롤을 포함하도록 드래그한다.

합격생의 비법

여러 개의 컨트롤을 선택한 후 특정 컨트롤의 선택을 취소하려고 할 때는 Shift 를 누른 상태에서 해당 컨트롤을 다시 클릭한다.

○ **컨트롤 이동하기**

• 컨트롤을 클릭한 후 컨트롤 테두리에 마우스 포인터를 놓고 화살표 모양이 되면 드래그하여
  컨트롤을 이동한다.

입고일자	입고일자	출고일자	출고일자
수량	수량	총액	총액
서비스	서비스	서비스내용	=Switch(Left([서
결제액	결제액	결제방식	결제방식

• 조절점 중에서 왼쪽 위 모서리에 있는 큰 조절점 위에 마우스 포인터를 놓고 화살표 모양이
  될 때 드래그하면 레이블과 텍스트 상자가 따로 움직인다.

입고일자	고일자	출고일자	출고일자
수량	수량	총액	총액
서비스	서비스	서비스내용	=Switch(Left([서
결제액	결제액	결제방식	결제방식

• 여러 개의 컨트롤을 선택하고 [정렬] 탭–[크기 및 순서 조정] 그룹–[맞춤]에서 [눈금에 맞춤],
  [왼쪽], [오른쪽], [위쪽], [아래쪽]을 이용하여 컨트롤을 정렬할 수 있다.

○ **컨트롤 크기 조절하기**

• 컨트롤을 선택하고 조절점에 마우스 포인터를 놓은 후 드래그하면 높이나 너비를 조절할 수
  있다.

• 컨트롤을 선택한 후 [정렬] 탭–[크기 및 순서 조정] 그룹에서 [크기/공간]–[가장 좁은 너비에]
  를 선택하면 선택한 컨트롤 중에서 가장 좁은 너비를 기준으로 변경된다.

① [만들기] 탭 – [폼] 그룹에서 [폼 마법사](⬛)을 선택한다.

② [폼 마법사] 대화상자에서 [테이블/쿼리]를 '쿼리: 세탁물관리현황'으로 선택한다. [사용 가능한 필드]에서 '회원번호'를 더블클릭하여 [선택한 필드]로 옮기고 [다음]을 클릭한다.

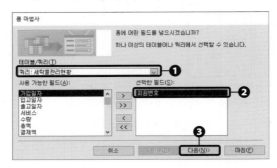

③ 폼의 모양을 '열 형식'으로 지정한 후 [다음]을 클릭한다.

④ 폼의 제목에 『세탁물관리현황 폼』을 입력하고 '폼 디자인 수정'을 선택한 후 [마침]을 클릭한다.

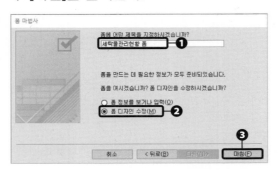

① 디자인 보기가 열리면 오른쪽 경계선을 드래그하여 작업할 공간을 만들
어준다.

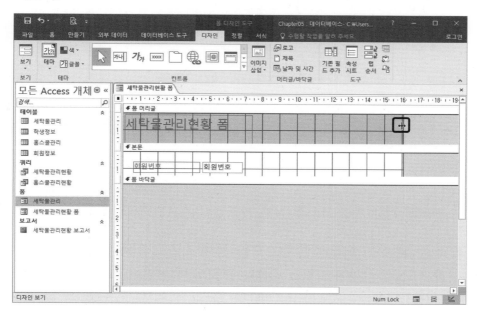

② 폼 제목 컨트롤을 선택하고 마우스 오른쪽 버튼을 눌러 [속성]을 선택한
다. [속성 시트]의 [형식] 탭에서 [특수 효과]는 '그림자', [글꼴 이름]은 '굴
림', [글꼴 크기]는 22, [텍스트 맞춤]은 '가운데'로 선택하고 속성 시트를
닫는다.

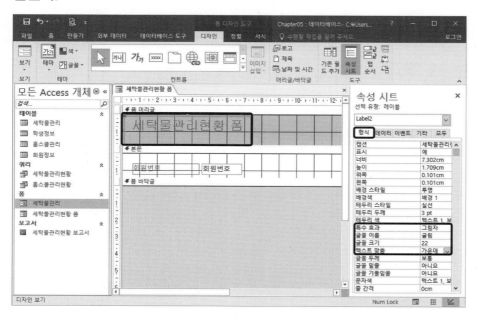

③ 폼 제목 컨트롤의 높이를 줄인 후 폼 머리글 가운데로 이동한다.

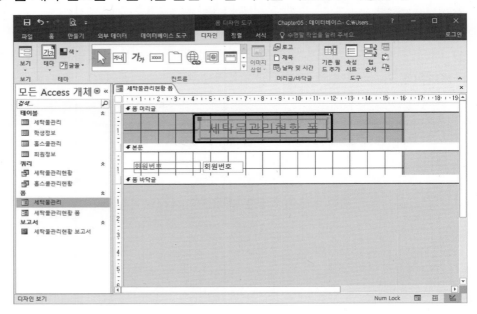

④ 본문 영역의 '회원번호' 컨트롤을 폼 머리글로 이동한다. 크기를 조절한 후 텍스트 상자에 마우스 오른쪽 클릭하면 나타나는 바로 가기 메뉴에서 [변경] – [콤보 상자](▦)를 선택한다.

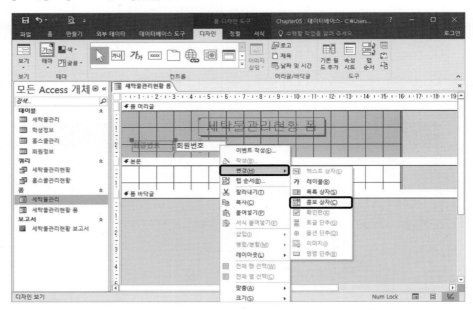

⑤ '회원번호' 콤보 상자에서 마우스 오른쪽 버튼을 누르고 [속성]을 선택한 후 [속성 시트]의 [데이터] 탭의 [컨트롤 원본]은 '회원번호', [행 원본]은 '세탁물관리현황', [행 원본 유형]은 '테이블/쿼리'로 선택한다.

합격생의 비법

• 행 원본 유형 : 컨트롤 데이터의 원본 유형을 지정하는 속성으로 테이블/쿼리, 값 목록, 필드 목록 중에서 선택한다.
• 행 원본 : 컨트롤 데이터 원본을 지정하는 속성으로 행 원본 형식에 따라 달라진다. 행 원본 형식을 '테이블/쿼리'로 지정했으므로 원본 쿼리인 '세탁물관리현황'을 선택하면 된다.

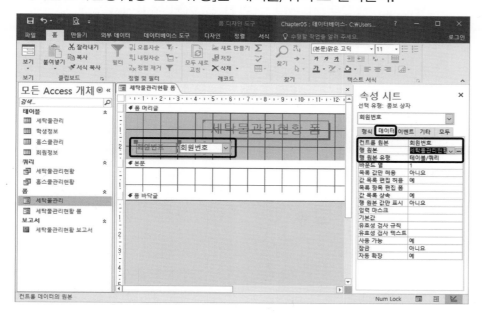

⑥ 레코드 선택기를 없애기 위해 눈금자 왼쪽의 [선택기](■)를 더블클릭하여 [속성 시트]의 [형식] 탭에서 [레코드 선택기]를 '아니요'로 지정한다.

합격생의 비법

기본 폼에서는 [탐색 단추]는 그대로 두고 [레코드 선택기]만 나타나지 않도록 지정한다.

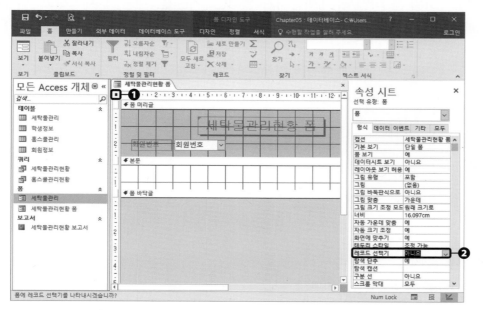

합격생의 비법

다중 폼
서로 다른 두 개의 폼을 하나
로 합치는 것을 다중 폼이라고
한다. 다중 폼을 만들려면 기
본 폼과 하위 폼으로 사용할
두 개의 폼이 필요하며 이 두
개의 폼을 연결하여 마치 하나
의 폼처럼 사용할 수 있다.

① [디자인] 탭 – [컨트롤] 그룹 – [하위 폼/하위 보고서](🗒)를 선택하고 본
   문 영역의 하위 폼 위치에서 클릭한다.

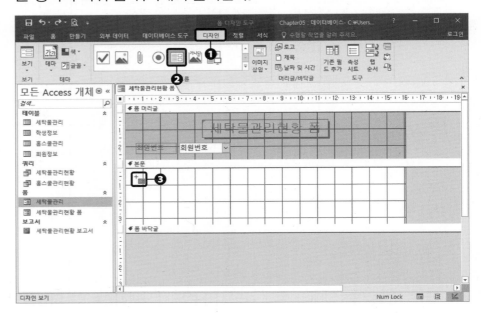

② [하위 폼 마법사] 대화상자가 열리면 [기존 폼 사용]에 체크하고 '세탁물
   관리'를 선택한 후 [다음]을 클릭한다.

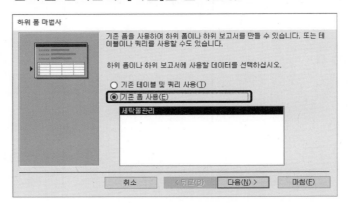

왜 안될까요?

[하위 폼 마법사] 대화상자가 열리지 않는 경우

[디자인] 탭–[컨트롤] 그룹–[컨트롤 마법사 사용](🔧)이 선택되어 있지 않은 경우 [하위 폼 마법사] 대화상자가 열리지 않으므로
미리 [컨트롤 마법사 사용]이 선택된 상태인지 확인한다.

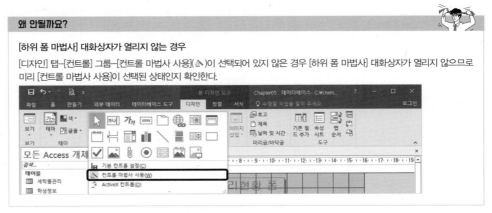

③ [목록에서 선택]을 체크하고 [회원번호를 사용하여 세탁물관리현황의 각
   레코드에 대해 세탁물관리현황을 표시합니다]를 선택한 후 [다음]을 클릭
   한다.

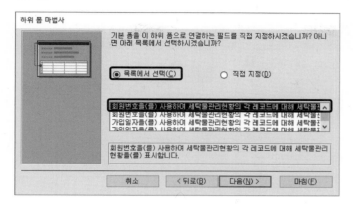

④ 하위 폼 이름에 『세탁물관리』를 입력하고 [마침]을 클릭한다.

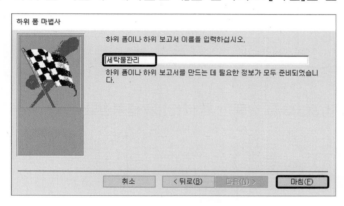

① [디자인] 탭 – [컨트롤] 그룹 – [이미지 삽입] – [찾아보기]를 선택한다.

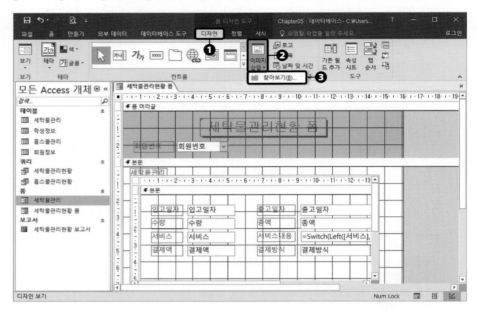

② [그림 삽입] 창에서 '로고3'을 선택한 후 [확인]을 클릭한다.

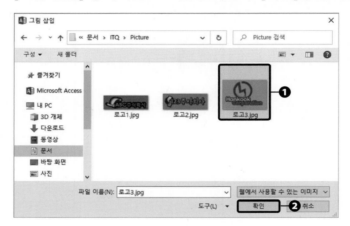

③ 로고를 넣을 위치에서 클릭한 후 삽입된 로고의 바로 가기 메뉴에서 [속성]을 선택하고 [속성 시트]의 [형식] 탭에서 [크기 조절 모드]는 '전체 확대/축소', [너비]는 2cm, [높이]는 1cm, [특수 효과]는 '볼록'을 지정한다.

합격생의 비법

로고의 크기 조절 모드
[속성 시트]에서 지정할 수 있는 크기 조절 모드는 '원래 크기로', '전체 확대/축소', '한 방향 확대/축소'의 세 가지가 있으며 《출력형태》와 같이 지정하려면 반드시 '전체 확대/축소'를 지정해야 한다.

▲ 원래 크기로

▲ 전체 확대/축소

▲ 한 방향 확대/축소

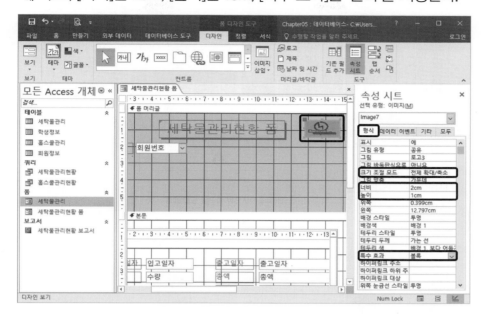

SECTION 07   명령 단추 만들기

① [디자인] 탭 – [컨트롤] 그룹 – [단추](xxxx)를 클릭하고 [폼 머리글] 영역의 로고 아래에서 클릭한다.

합격생의 비법

명령 단추는 폼에서 매크로나 함수 등을 지정하여 여러가지 기능을 수행할 때 사용하며 명령 단추를 클릭하면 지정된 명령을 수행하도록 지정한다.

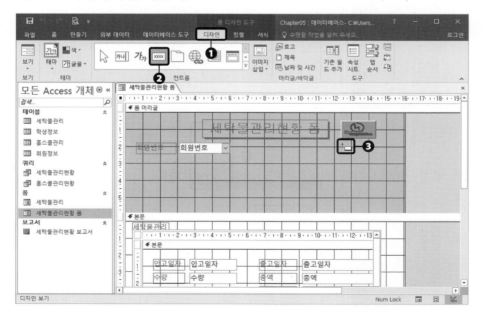

② [명령 단추 마법사]가 실행되면 [종류]에서 '보고서 작업'을 선택하고, [매크로 함수]에서 '보고서 미리 보기'를 선택한 후 [다음]을 클릭한다.

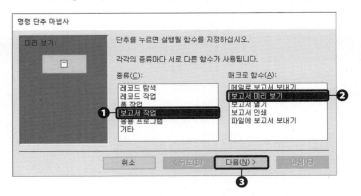

③ 미리 보기할 보고서로 '세탁물관리현황 보고서'를 선택하고 [다음]을 클릭한다.

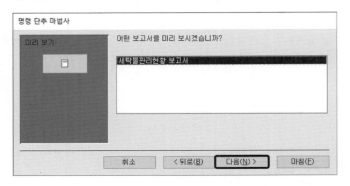

④ [텍스트]를 선택하고 『보고서』를 입력한 후 [다음]을 클릭한다.

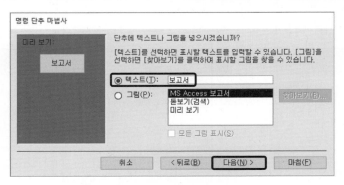

합격생의 비법

명령 단추의 이름은 지시 사항에 나와 있지 않으므로 따로 지정하지 않아도 된다.

⑤ 명령 단추의 이름을 확인하고 [마침]을 클릭한다.

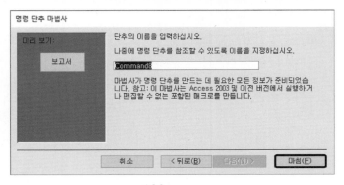

⑥ 명령 단추의 바로 가기 메뉴에서 [속성]을 선택하고 [형식] 탭의 [너비]를 '2cm', [높이]를 '1cm'로 지정한다.

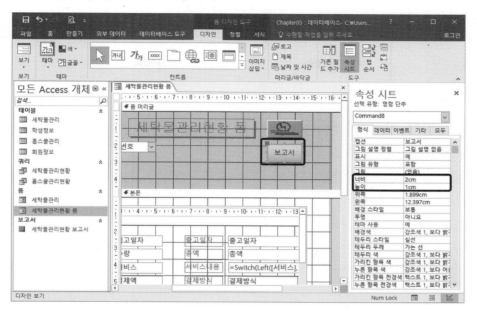

⑦ [디자인] 탭 – [보기] 그룹에서 [보기] – [폼 보기](▥)를 선택해 ≪출력형태≫와 같은지 확인해가며 마우스 드래그로 비슷하게 조절해준다.

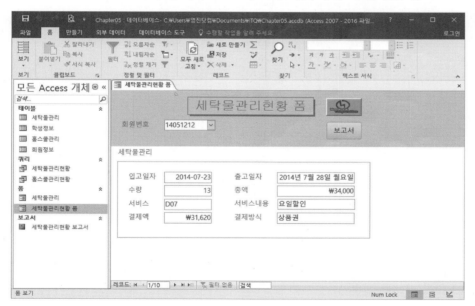

왜 안될까요?

폼을 닫을 때 오류가 발생하는 경우

다음과 같은 오류가 발생하는 경우에는 [확인]을 클릭하고 [Esc]를 눌러 콤보 상자의 값을 다시 첫 번째 값으로 지정한 후 닫는다.

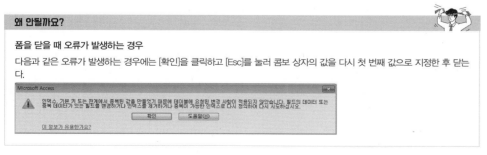

[쿼리 : 홈스쿨관리현황]을 이용하여 다음과 같은 모양의 폼을 설계하시오.

조건	(1) 폼 이름 : 홈스쿨관리현황 폼
	(2) 폼 제목 : 굴림, 22pt, 가운데 맞춤, 특수 효과 : 볼록
	(3) 장학금 : 관리코드의 두 번째 글자가 'T'이면 수업일수당 '100'원, 'W'이면 수업일수당 '200'원을 곱하여 계산(SWITCH, MID 함수 사용, 통화 형식)
	(4) '홈스쿨관리현황 폼'의 머리글 영역에 제목과 관리코드를 작성하고, 본문에 '관리코드' 필드를 기준으로 연결하여 '홈스쿨관리' 폼을 하위 폼으로 추가하시오.
	(5) 관리코드 : 입력란을 '콤보 상자'로 변경하시오.
	(6) 장학금은 수정할 수 없게 작성하고, 클릭할 경우 아래와 같은 메시지 폼을 출력하시오.
	(7) 로고 삽입(내 PC₩문서₩ITQ₩Picture₩로고2.jpg), 특수 효과─볼록, 크기(가로─2 cm, 세로─1 cm).
출력형태	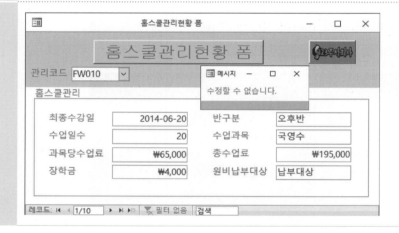

① [만들기] 탭 – [폼] 그룹에서 [폼 마법사](📝)를 선택한다.

② [폼 마법사] 대화상자에서 [테이블/쿼리]를 '쿼리 : 홈스쿨관리현황'으로 선택한다.

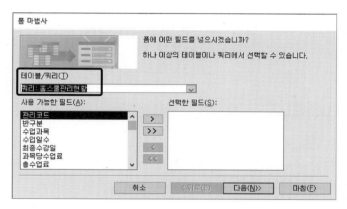

③ [사용 가능한 필드]에서 '최종수강일', '수업일수', '과목당수업료', '반구분', '수업과목', '총수업료', '원비납부대상' 필드를 순서대로 더블클릭하여 [선택한 필드]로 옮기고 [다음]을 클릭한다.

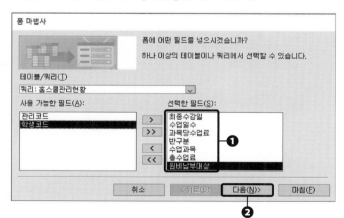

④ 폼의 모양을 '열 형식'으로 지정한 후 [다음]을 클릭한다.

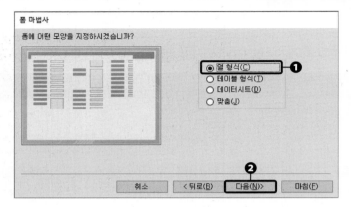

⑤ 폼의 제목에 『홈스쿨관리』를 입력하고 '폼 디자인 수정'을 선택한 후 [마침]을 클릭한다.

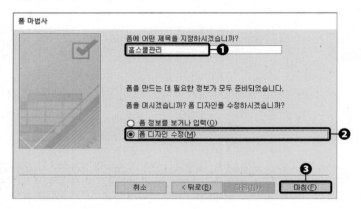

① [Shift]를 누른 상태에서 레이블을 모두 선택하거나 레이블이 포함되도록
드래그하여 모두 선택하고 크기를 적당히 조절한다.

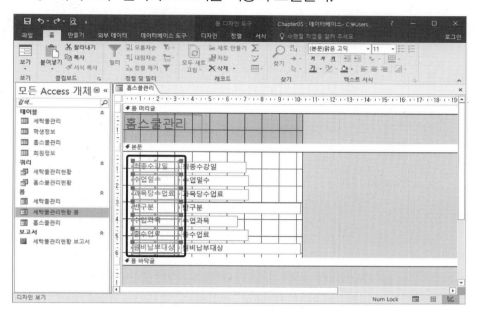

② 같은 방법으로 텍스트 상자를 모두 선택하고 [정렬] 탭 – [크기 및 순서
조정] 그룹의 [크기/공간] – [가장 좁은 너비에]( )를 선택한 다음 크기
를 조정하면 선택된 텍스트 상자들의 크기가 동일하게 조절된다.

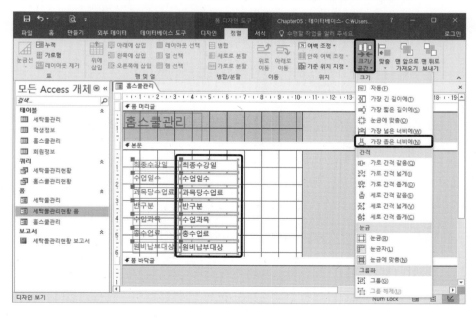

③ 반구분, 수업과목, 총수업료, 원비납부대상 컨트롤을 선택하고 드래그하여 오른쪽으로 옮긴다.

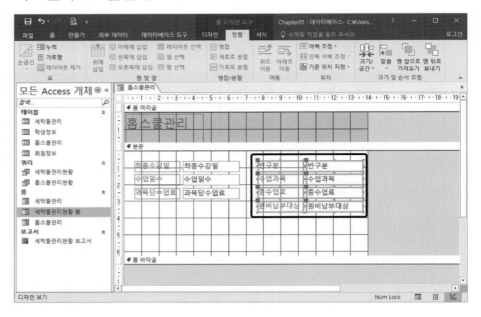

④ '장학금'을 추가하기 위해 [디자인] 탭 – [컨트롤] – [텍스트 상자](가ㅣ)를 선택하고 '과목당수업료' 아래에 클릭한다. [텍스트 상자 마법사]가 나타나는 경우 [마침]을 클릭한다.

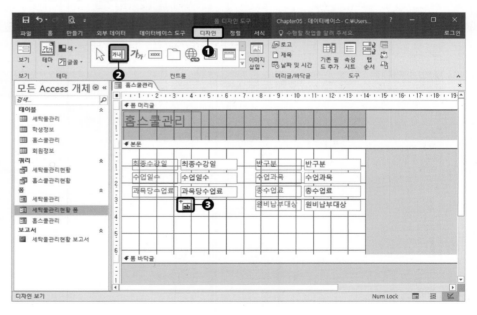

⑤ 레이블과 텍스트 상자의 크기를 조절한 후 새로 만든 레이블에 '장학금'
   이라고 입력하고 텍스트 상자에는 다음과 같이 계산식을 입력한다.

=Switch(Mid([관리코드],2,1)="T",[수업일수]*100,Mid([관리코드],2,1)="W",[수업일수]*200)

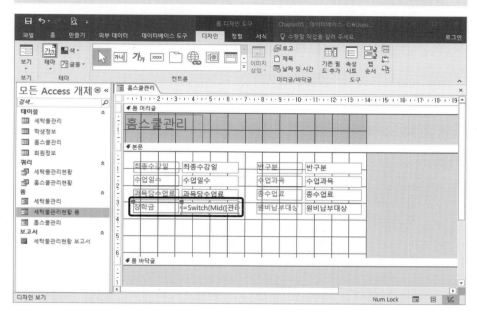

★ 설명해주세요

함수	설명
Switch(식1,값1,식2,값2,···)	식의 목록을 평가한 후 True가 되는 처음 값을 반환
Mid(텍스트,시작 위치,개수)	텍스트의 시작 위치에서 개수만큼 표시

=Switch(Mid([관리코드],2,1)="T",[수업일수]*100,Mid([관리코드],2,1)="W",[수업일수]*200)
                    ①   ②

① 관리코드의 두 번째 글자가 'T'이면 수업일수에 100을 곱하여 계산
② 관리코드의 두 번째 글자가 'W'이면 수업일수에 200을 곱하여 계산

⑥ '장학금' 텍스트 상자에서 마우스 오른쪽 버튼을 누르고 [속성]을 선택한 후 [형식] 탭의 [형식]을 '통화'로 지정한다.

⑦ 폼의 속성을 지정하기 위해 눈금자 왼쪽의 [선택기](■)를 더블클릭한 후 [속성 시트]의 [형식] 탭에서 [레코드 선택기]와 [탐색 단추]를 '아니요'로 지정한다.

⑧ 폼 머리글을 숨기기 위해 폼에서 마우스 오른쪽 버튼을 누른 후 [폼 머리
글/바닥글]을 선택하고 다음과 같은 대화상자가 나타나면 [예]를 클릭한다.

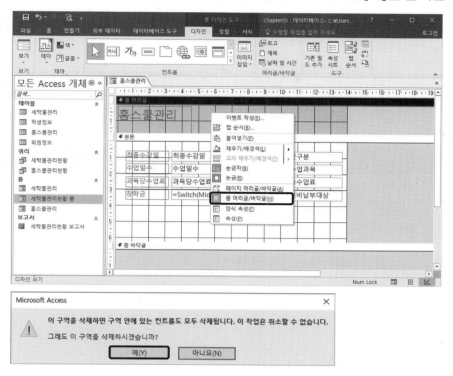

⑨ [홈] 탭 – [보기] 그룹 – [보기] – [폼 보기](🔳)를 선택하여 《출력형태》와
같은지 확인한 후 [닫기](×)를 클릭하고 저장 여부를 물으면 [예]를 클릭
한다.

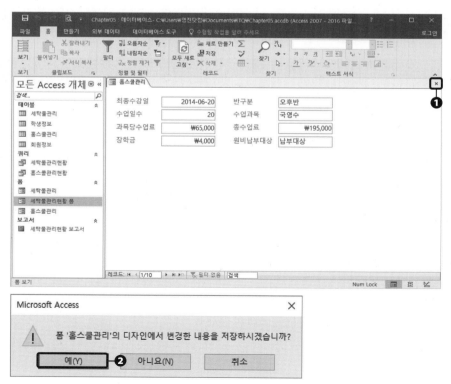

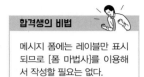

합격생의 비법

메시지 폼에는 레이블만 표시
되므로 [폼 마법사]를 이용해
서 작성할 필요는 없다.

① [만들기] 탭 – [폼] 그룹 – [폼 디자인](▤)을 선택한 후 본문 영역의 크기
를 조절한다.

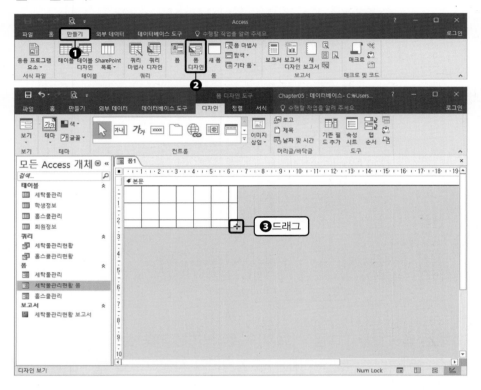

② [디자인] 탭 – [컨트롤] 그룹 – [레이블](가가)을 선택하고 본문 영역에 적당
한 크기로 드래그한다.

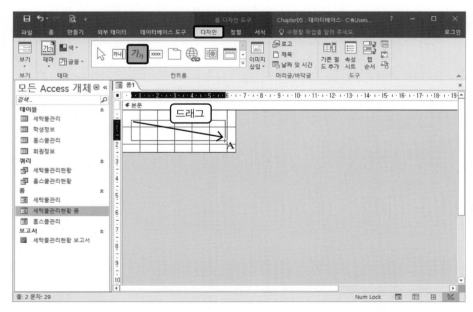

③ 출력할 메시지인 『수정할 수 없습니다.』를 입력한다.

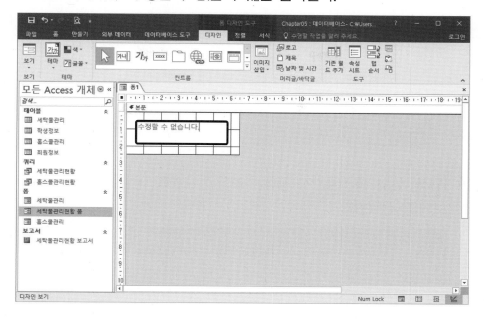

④ 폼의 속성을 지정하기 위해 눈금자 왼쪽의 [선택기](■)를 더블클릭한 후 [속성 시트]의 [형식] 탭에서 [레코드 선택기]와 [탐색 단추]를 '아니요'로 지정한다.

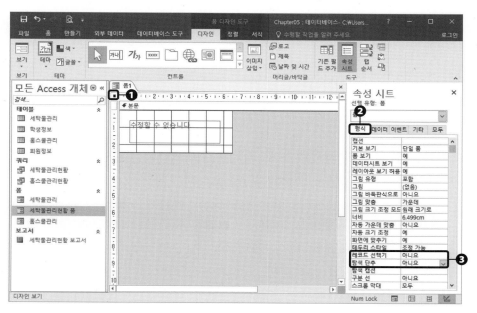

⑤ [닫기](×)를 클릭하고 저장 여부를 물으면 [예]를 클릭한 후, [다른 이름
으로 저장] 대화상자의 [폼 이름]에 『메시지』를 입력하고 [확인]을 클릭한
다.

⑥ [탐색] 창의 '홈스쿨관리' 폼에서 마우스 오른쪽 버튼을 클릭하고 [디자인
보기]를 선택한다.

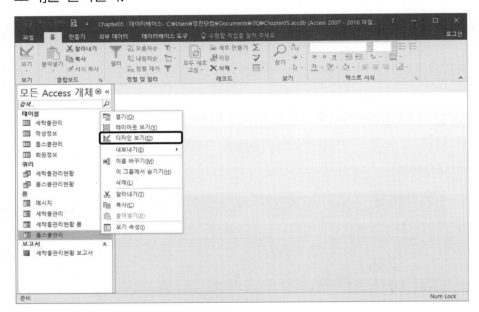

합격생의 비법

On Click 속성
사용자가 컨트롤을 마우스 왼
쪽 버튼을 클릭했다가 놓을 때
발생한다.

⑦ '장학금' 텍스트 상자의 바로 가기 메뉴에서 [속성]을 선택한 후 [이벤트]
탭의 [On Click]에서 [작성](···)을 클릭한다.

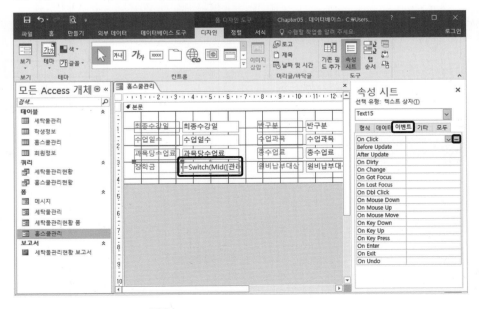

⑧ [작성기 선택] 대화상자에서 [코드 작성기]를 선택하고 [확인]을 클릭한다.

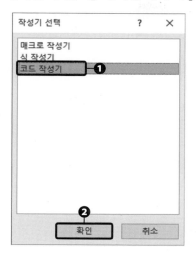

⑨ 다음과 같이 코드를 입력하고 [닫기]를 클릭하여 창을 닫는다.

```
Private Sub 장학금_Click()
DoCmd.OpenForm "메시지"
End Sub
```

합격생의 비법

영문은 대소문자 구분 없이 입력하고, 폼 이름은 반드시 큰따옴표로 지정한다.

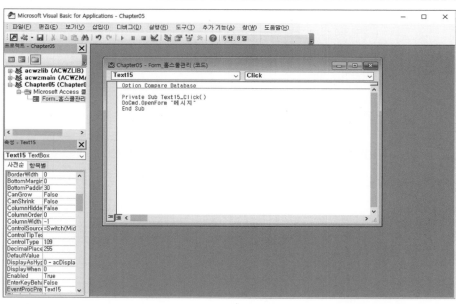

SECTION **04** 기본 폼 만들기

① [만들기] 탭 – [폼] 그룹에서 [폼 마법사](🗔)을 선택한다.

② [폼 마법사]에서 [테이블/쿼리]를 '쿼리: 홈스쿨관리현황'으로 선택한다.
　 [사용 가능한 필드]에서 '관리코드'를 더블클릭하여 [선택한 필드]로 옮기
　 고 [다음]을 클릭한다.

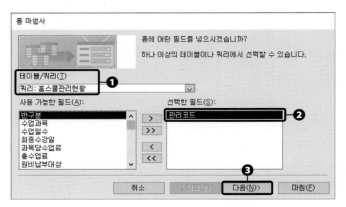

③ 폼의 모양을 '열 형식'으로 지정한 후 [다음]을 클릭한다.

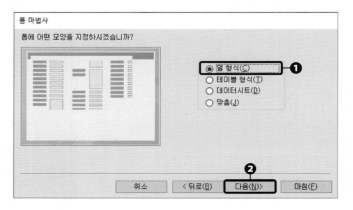

④ 폼의 제목에 『홈스쿨관리현황 폼』을 입력하고 '폼 디자인 수정'을 선택한
　 후 [마침]을 클릭한다.

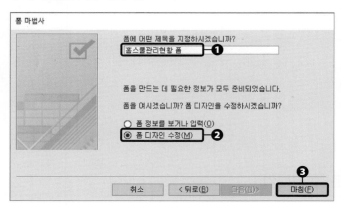

⑤ 폼 제목 컨트롤을 선택하고 마우스 오른쪽 버튼을 눌러 [속성]을 선택한
다. [형식] 탭에서 [특수 효과]는 '볼록', [글꼴 이름]은 '굴림', [글꼴 크기]는
22, [텍스트 맞춤]은 '가운데'로 선택하고 속성 시트를 닫는다.

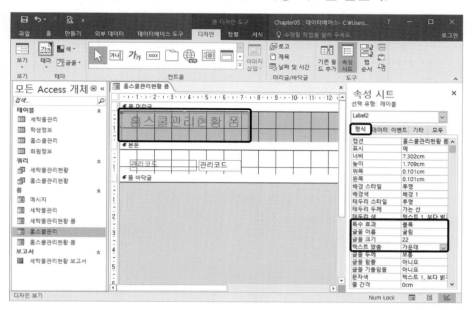

⑥ '폼 제목 컨트롤의 높이를 줄인 후 폼 머리글 가운데로 이동한다. 본문 영
역의 '관리코드' 컨트롤을 폼 머리글로 이동한다. 크기를 조절한 후 텍스
트 상자의 바로 가기 메뉴에서 [변경] – [콤보 상자](▦)를 선택한다.

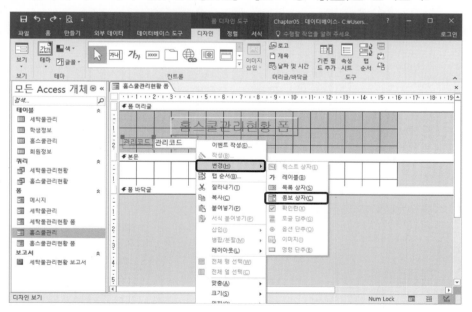

⑦ '관리코드' 콤보 상자의 바로 가기 메뉴에서 [속성]을 선택한 후 [속성 시트]의 [데이터] 탭에서 [컨트롤 원본]은 '관리코드', [행 원본]은 '홈스쿨관리현황', [행 원본 유형]은 '테이블/쿼리'로 선택한다.

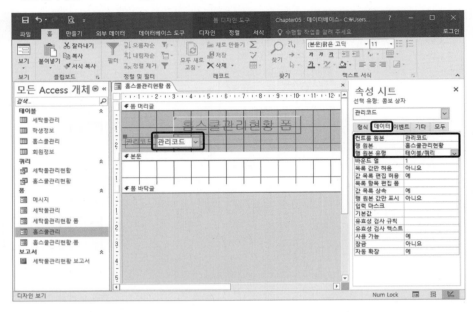

⑧ 레코드 선택기를 없애기 위해 눈금자 왼쪽의 [선택기](■)를 더블클릭하여 [속성 시트]의 [형식] 탭에서 [레코드 선택기]를 '아니요'로 지정한다.

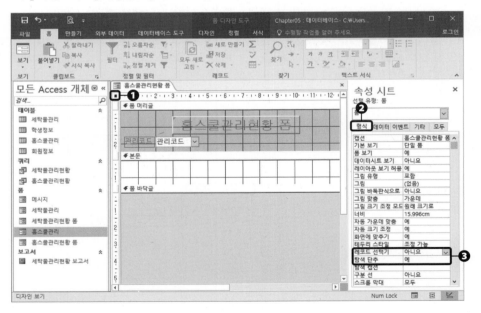

① [디자인] 탭 – [컨트롤] 그룹 – [하위 폼/하위 보고서](▤)를 선택하고 본
문 영역의 하위 폼 위치에서 클릭한다.

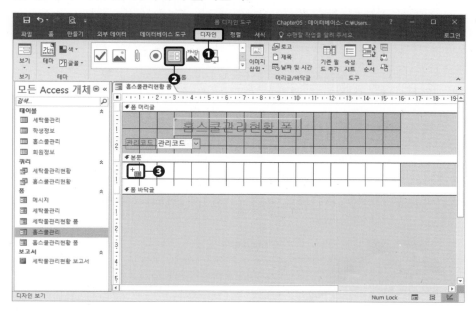

② [하위 폼 마법사] 대화상자가 열리면 [기존 폼 사용]에 체크하고 '홈스쿨
관리'를 선택한 후 [다음]을 클릭한다.

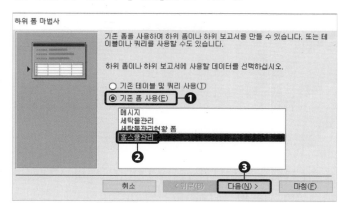

③ [목록에서 선택]을 체크하고 [관리코드를 사용하여 홈스쿨관리현황의 각 레코드에 대해 홈스쿨관리현황을 표시합니다]를 선택한 후 [다음]을 클릭한다.

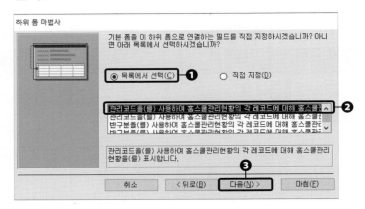

④ 하위 폼 이름에 『홈스쿨관리』를 입력하고 [마침]을 클릭한다.

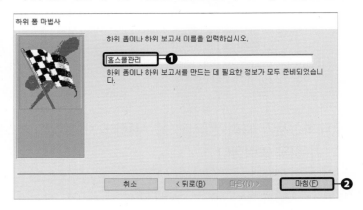

① [디자인] 탭 – [컨트롤] 그룹 – [이미지 삽입] – [찾아보기]를 선택하고 [그림 삽입] 창에서 '로고2'를 선택한 후 [확인]을 클릭한다.

② 삽입된 로고의 바로 가기 메뉴에서 [속성]을 선택하고 [속성 시트]의 [형식] 탭에서 [크기 조절 모드]는 '전체 확대/축소', [너비]는 '2cm', [높이]는 '1cm', [특수 효과]는 '볼록'을 지정한다.

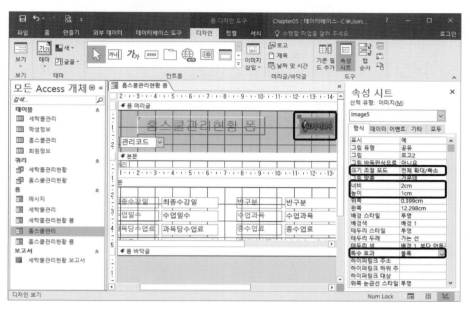

③ [디자인] 탭 – [보기] 그룹에서 [보기] – [폼 보기](📖)를 선택하여 ≪출력 형태≫와 비교하고 장학금 텍스트 상자를 클릭하면 메시지 폼이 출력되는지 확인한다.

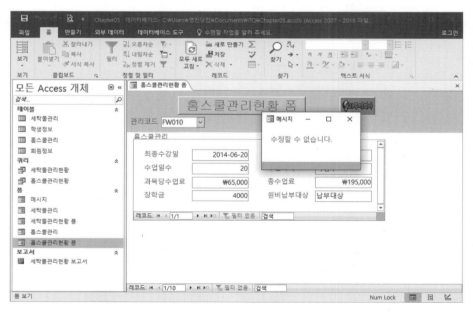

★ 설명해주세요

메세지 창을 팝업으로 표시

○ [속성 시트] 이용

[메시지] 폼의 [속성 시트] 창의 [기타] 탭에서 [팝업]을 '예'로 지정한다.

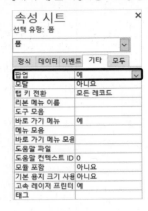

○ [옵션] 이용

[파일]-[옵션]을 선택하고 [현재 데이터베이스]의 [문서 창 옵션]을 [창 겹치기]로 선택한 후 [확인]을 클릭한다. 지정한 옵션을 적용하려면 현재의 데이터베이스를 닫은 후 다시 열어야 한다.

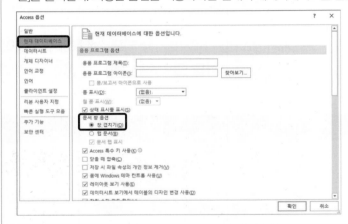

왜 안될까요?

장학금을 클릭할 때 오류가 발생한 경우

코드를 잘못 입력한 경우 다음과 같이 오류가 발생한다. 먼저 [확인]을 클릭하고 [Microsoft Visual Basic] 창에서 [재설정](■) 도구를 클릭한 후 잘못된 부분을 수정한다.

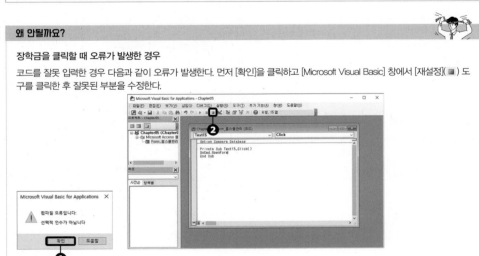

문제유형 ❶ ▶ 문제파일 유형05_1.accdb 정답파일 유형05_1_정답.accdb

[쿼리 : 스포츠경기관리현황]을 이용하여 다음과 같은 모양의 폼을 설계하시오.

조건	
	(1) 폼 이름 : 스포츠경기관리현황 폼
	(2) 폼 제목 : 궁서, 22pt, 가운데 맞춤, 특수 효과 : 그림자
	(3) 좌석구분 : 경기번호의 첫 글자가 'V'이면 "프리미엄석 보유", 'S'이면 "테이블석 보유", 'R' 이면 "전 좌석 일반석"으로 표시(IIF, LEFT 함수 사용)
	(4) '스포츠경기관리현황 폼'의 머리글 영역에 제목과 경기번호를 작성하고, 본문에 '경기번호' 필드를 기준으로 연결하여 '스포츠경기관리' 폼을 하위 폼으로 추가하시오.
	(5) 경기번호 : 입력란을 '콤보 상자'로 변경하시오.
	(6) 종목은 수정할 수 없게 작성하고, 클릭을 할 경우 아래와 같은 메시지 폼을 출력하시오.
	(7) 로고 삽입(내 PC₩문서₩ITQ₩Picture₩로고3.jpg), 특수 효과 - 볼록, 크기(가로 - 2cm, 세로 - 1cm).

출력형태

[쿼리 : 주택거래관리현황]을 이용하여 다음과 같은 모양의 폼을 설계하시오.

조건	(1) 폼 이름 : 주택거래관리현황 폼 (2) 폼 제목 : 궁서, 22pt, 가운데 맞춤, 특수 효과 : 볼록 (3) 계약금 : 가격(천) × 계약비율(단, 계약비율은 주택구분이 아파트이면 8%, 그렇지 않으면 10%로 적용)(IIF 함수 사용, 통화 형식) (4) '주택거래관리현황 폼'의 머리글 영역에 제목과 관리번호를 작성하고, 본문에 '관리번호' 필드를 기준으로 연결하여 '주택거래관리' 폼을 하위 폼으로 추가하시오. (5) 관리번호 : 입력란을 '콤보 상자'로 변경하시오. (6) 가격(천)은 수정할 수 없게 작성하고, 클릭을 할 경우 아래와 같은 메시지 폼을 출력하시오. (7) 로고 삽입(내 PC₩문서₩ITQ₩Picture₩로고3.jpg), 특수 효과 – 볼록, 크기(가로 – 2cm, 세로 – 1cm).
출력형태	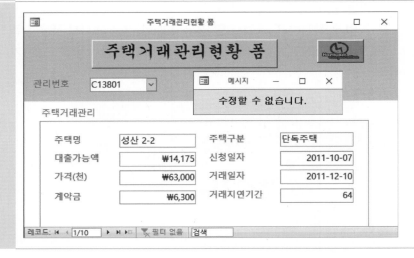

CHAPTER
06 보고서 작성

난이도  상 중 하

문제파일 Part 1 출제 유형으로 정리하는 꼼꼼이론₩Chapter06.accdb

정답파일 Part 1 출제 유형으로 정리하는 꼼꼼이론₩Chapter06_정답.accdb

문제보기 ❶

[쿼리 : 세탁물관리현황]을 이용하여 보고서를 작성하시오.

조건

(1) 보고서 이름 : 세탁물관리현황 보고서

(2) 보고서 제목 : 궁서, 24pt, 굵게, 밑줄, 가운데 맞춤

(3) 보고서 머리글 부분의 날짜는 DATESERIAL 함수를 이용하여 표시

(4) 결제방식으로 그룹화하고, 입고일자에 대해 내림차순으로 정렬

(5) 수량의 합계와 총합계는 함수를 이용하여 계산(굵게, SUM 함수 사용)

(6) 조건부 서식을 이용하여 입고일자가 '7월'인 경우 다음의 서식을 적용(글꼴-굵게, 빨강, 밑줄)

출력형태

세탁물관리현황 보고서

2014년 8월 9일 토요일

결제방식	회원번호	입고일자	출고일자	수량	결제액
상품권					
	13062203	2014-08-07	2014년 8월 11일 월요일	3	₩7,500
	14051212	**2014-07-23**	2014년 7월 28일 월요일	13	₩31,620
합계				**16**	
카드					
	14030812	2014-08-06	2014년 8월 11일 월요일	12	₩30,690
	13080104	2014-08-05	2014년 8월 9일 토요일	5	₩22,000
	14012204	**2014-07-26**	2014년 7월 30일 수요일	3	₩7,200
	13082005	**2014-07-22**	2014년 7월 26일 토요일	5	₩4,950
	12031317	**2014-07-16**	2014년 7월 21일 월요일	6	₩11,160
합계				**31**	
현금					
	13051503	2014-08-06	2014년 8월 11일 월요일	2	₩4,185
	12120301	2014-08-04	2014년 8월 8일 금요일	3	₩6,000
	13102208	2014-08-04	2014년 8월 8일 금요일	8	₩24,300
합계				**13**	
총 합계				**60**	

① [만들기] 탭 – [보고서] 그룹에서 [보고서 마법사](📷)를 선택한다.

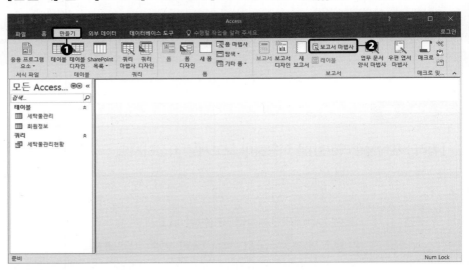

② [보고서 마법사]에서 [테이블/쿼리]를 '쿼리 : 세탁물관리현황'으로 선택한
다.

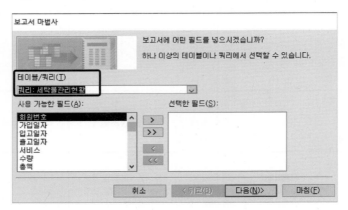

③ [사용 가능한 필드]에서 '결제방식', '회원번호', '입고일자', '출고일자', '수
량', '결제액' 필드를 순서대로 더블클릭하여 [선택한 필드]로 옮긴 후 [다
음]을 클릭한다.

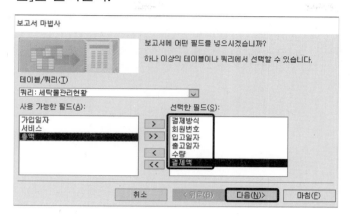

④ 그룹 수준을 '결제방식'으로 선택한 후 버튼을 클릭하여 그룹화하고
[다음]을 클릭한다.

합격생의 비법

그룹화 옵션
그룹화 옵션을 선택하면 좀 더
구체적인 그룹화 방식을 지정
할 수 있다. 텍스트 필드의 경
우에는 몇 번째 글자까지 정렬
의 기준으로 지정할지 선택할
수 있고, 날짜 필드의 경우에
는 연도별, 분기별, 월별 등을
정렬의 기준으로 지정할 수 있
다.

⑤ 정렬할 필드로 '입고일자'를 선택하고 [오름차순]을 클릭하여 [내림차순]
으로 바꿔준 후 [요약 옵션]을 클릭한다

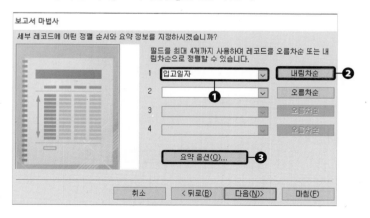

합격생의 비법

정렬은 오름차순이 기본이며,
내림차순이 지시된 경우에는
오른쪽의 정렬 단추를 눌러서
내림차순으로 바꿔준다.

합격생의 비법

• 상세 내용과 요약 : 각각의
  레코드와 계산된 요약 값을
  모두 표시한다.
• 요약만 : 계산된 요약 값만
  을 표시한다.

⑥ [요약 옵션] 대화상자가 나타나면 [수량]의 '합계'를 체크하고 [확인]을 클릭한 후, [다음]을 클릭한다.

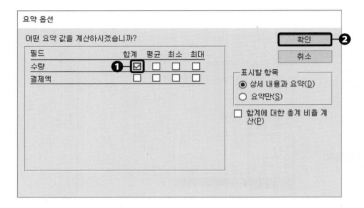

⑦ [모양]은 '단계', [용지 방향]은 '세로'로 지정하고, '모든 필드가 한 페이지에 들어가도록 필드 너비 조정'에 체크한 후 [다음]을 클릭한다.

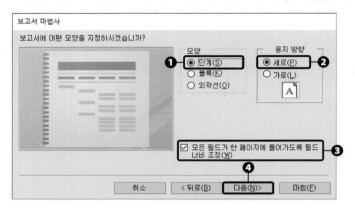

⑧ 보고서 제목에 『세탁물관리현황 보고서』를 입력하고 '보고서 디자인 수정'을 선택한 후 [마침]을 클릭한다.

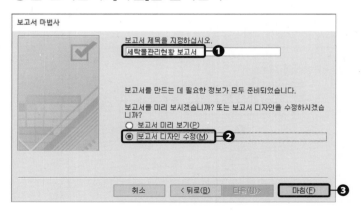

보고서(Report)

보고서는 테이블이나 쿼리를 기초로 하여 사용자가 필요로 하는 다양한 형태의 출력 자료를 작성해주는 개체이다. 폼과 마찬가지로 보고서는 마법사와 디자인 보기를 이용하여 만들 수 있으며 마법사를 이용하여 쉽고 빠르게 작성할 수 있다.

◦ 보고서의 구성

보고서는 보고서 머리글, 페이지 머리글, 그룹 머리글, 본문, 그룹 바닥글, 페이지 바닥글, 보고서 바닥글로 구성된다.

영역	설명
보고서 머리글	보고서의 시작 부분으로 보고서의 첫 번째 페이지에 나타나는 영역
페이지 머리글	각 페이지의 머리글로 각 페이지의 윗부분에 나타나는 영역
그룹 머리글	보고서에 그룹을 설정한 경우 해당 그룹의 머리글
본문	보고서의 본문 영역
그룹 바닥글	해당 그룹의 바닥글
페이지 바닥글	각 페이지의 바닥글
보고서 바닥글	보고서의 마지막 페이지의 끝부분에 나타나는 영역

세탁물관리현황 보고서

2014년 8월 9일 토요일

결제방식	회원번호	입고일자	출고일자	수량	결제액
상품권					
	13062203	2014-08-07	2014년 8월 11일 월요일	3	₩7,500
	14051212	2014-07-23	2014년 7월 28일 월요일	13	₩31,620
합계				16	
카드					
	14030812	2014-08-06	2014년 8월 11일 월요일	12	₩30,690
	13080104	2014-08-05	2014년 8월 9일 토요일	5	₩22,000
	14012204	2014-07-26	2014년 7월 30일 수요일	3	₩7,200
	13082005	2014-07-22	2014년 7월 26일 토요일	5	₩4,950
	12031317	2014-07-16	2014년 7월 21일 월요일	6	₩11,160
합계				31	
현금					
	13051503	2014-08-06	2014년 8월 11일 월요일	2	₩4,185
	12120301	2014-08-04	2014년 8월 8일 금요일	3	₩6,000
	13102208	2014-08-04	2014년 8월 8일 금요일	8	₩24,300
합계				13	
총 합계				60	

① ≪출력형태≫와 비교하여 '결제방식 바닥글'과 '페이지 바닥글'의 필요 없는 부분을 선택한 후 Delete 를 눌러 삭제하고 '페이지 바닥글'의 날짜 텍스트 상자를 보고서 머리글로 드래그하여 이동한다.

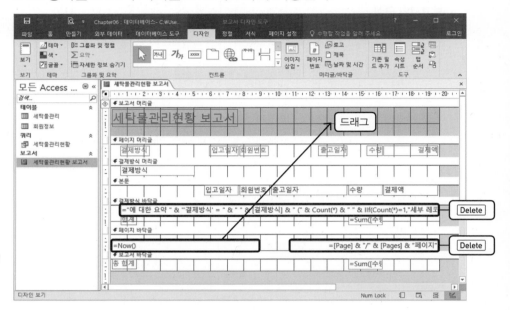

합격생의 비법

Dateserial(년,월,일)
지정된 년, 월, 일에 대한 날짜를 표시하는 함수

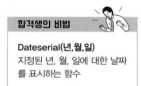

합격생의 비법

문제에서 제목 이외의 글꼴 크기는 별도로 지시되지 않으므로 ≪출력형태≫를 참고하여 비슷하게 지정하면 된다.

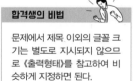

② 날짜 텍스트 상자의 내용을 지우고 『=DateSerial(2014,8,9)』를 입력한 후 [홈] 탭 – [텍스트 서식] 그룹 – [텍스트 오른쪽 맞춤](≡)을 선택한다.

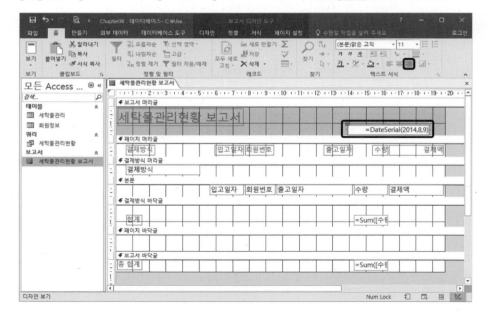

③ 보고서 제목을 선택하고 마우스 오른쪽 버튼을 클릭하여 바로 가기 메뉴의 [속성]을 선택한다. [속성 시트] 창의 [형식] 탭에서 [글꼴 이름]을 '궁서', [글꼴 크기]를 '24', [텍스트 맞춤]을 '가운데', [글꼴 두께]를 '굵게', [글꼴 밑줄]을 '예'로 지정한 후 드래그하여 가운데로 이동한다.

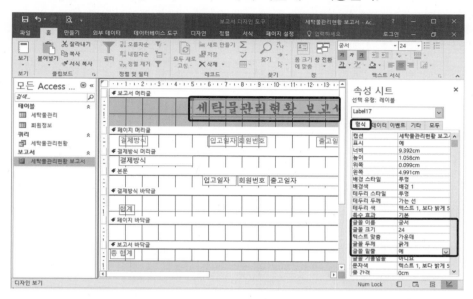

④ 날짜 텍스트 상자를 선택하고 [속성 시트] 창의 [형식] 탭에서 [배경 스타일]을 '투명'으로 지정한다.

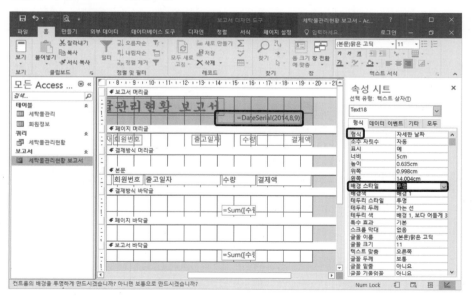

합격생의 비법

레이아웃 보기

디자인 보기보다 시각적인 보기 형태로 각 컨트롤은 실제 데이터를 표시하므로 컨트롤 크기나 위치를 지정하는 데 유용하다. 그러나 특정 작업은 레이아웃 보기에서 수행할 수 없으므로 디자인 보기로 전환해야 한다.

⑤ [디자인] 탭 – [보기] 그룹에서 [보기] – [레이아웃 보기](▤)를 선택한다.

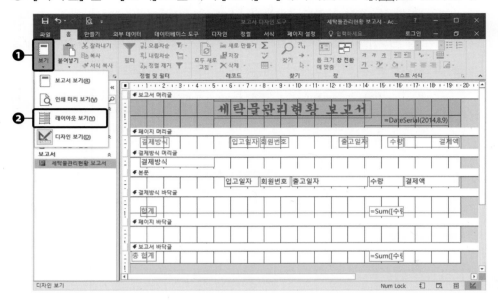

⑥ '결제방식' 레이블과 텍스트 상자의 크기를 조절하고 [홈] 탭 – [텍스트 서식] 그룹에서 [가운데 맞춤](▤)을 선택한다.

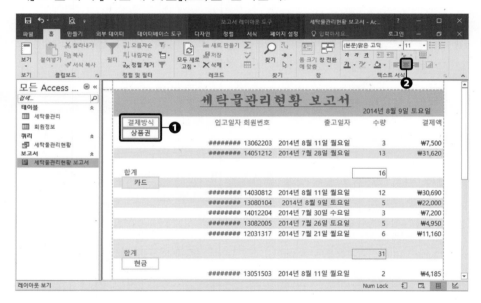

⑦ '회원번호' 레이블과 텍스트 상자를 선택한 후 '입고일자' 컨트롤의 왼쪽
으로 이동한 후 크기를 조절한다.

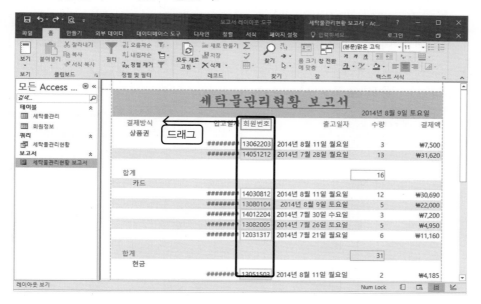

⑧ '입고일자' 텍스트 상자를 늘려서 내용이 표시되도록 하고 다른 컨트롤도
같은 방법으로 크기와 위치를 조절한다.

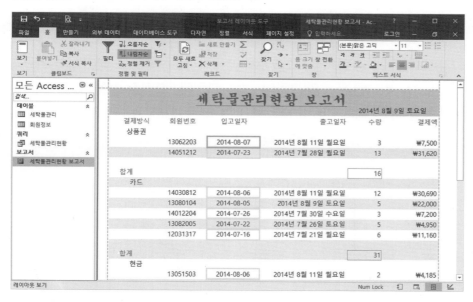

⑨ '합계'와 '총합계'의 레이블과 텍스트 상자의 크기와 위치를 조절한 후 [디자인] 탭 – [보기] 그룹에서 [보기] – [디자인 보기](✏)를 선택한다. '합계'와 '총합계'의 레이블과 텍스트 상자를 선택하고 [홈] 탭 – [텍스트 서식] 그룹에서 [굵게](**가**)를 클릭한다. 다음 '합계'와 '총합계'의 텍스트 상자만 선택하고 [속성 시트] 창의 [형식] 탭에서 [형식]은 '일반 숫자', [테두리 스타일]은 '투명'으로 지정한다.

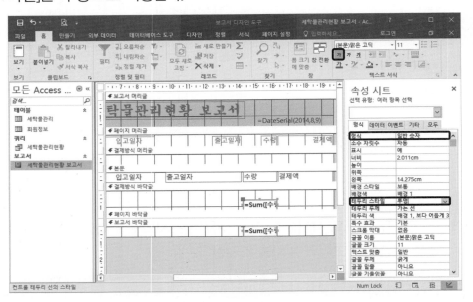

합격생의 비법

선을 그릴 때는 Shift 를 먼저 누른 채 드래그하면 똑바른 직선을 그릴 수 있다. 선을 하나 그린 후 Ctrl + C 를 눌러 복사하고 Ctrl + V 를 눌러 붙여넣기하면 쉽게 선을 작성할 수 있다.

⑩ [디자인] 탭 – [컨트롤] 그룹에서 [선](＼)을 선택하고 페이지 머리글과 결제방식 바닥글에 드래그하여 선을 그린다. 그려진 선을 모두 선택한 후 [속성 시트] 창의 [형식] 탭에서 [테두리 두께]를 '2pt'로 지정한다.

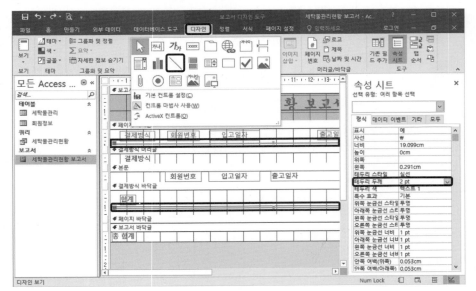

⑪ 본문 영역을 선택하고 [속성 시트] 창의 [형식] 탭에서 [다른 배경색]의
███을 눌러 '흰색'으로 지정한다. 같은 방법으로 결제방식 머리글과 결제
방식 바닥글의 [다른 배경색]도 '흰색'으로 지정한다.

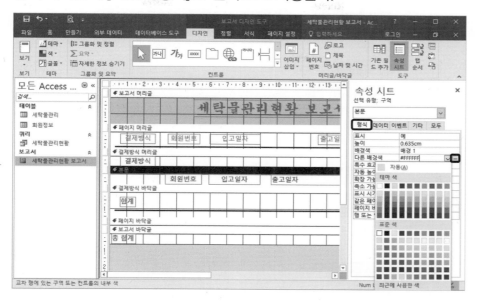

SECTION 03 조건부 서식 지정하기

① '입고일자'에 조건부 서식을 지정하기 위해 본문 영역의 '입고일자' 컨트
롤을 선택하고 [서식] 탭 – [컨트롤 서식] 그룹에서 [조건부 서식](████)을
선택한다.

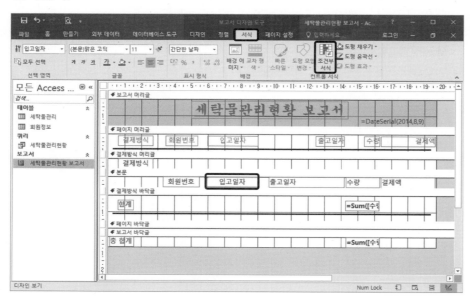

합격생의 비법

조건부 서식
폼이나 보고서에서 조건에 맞
는 데이터를 선택적으로 강조
표시할 수 있는 기능이다.

② [새 규칙] 단추를 클릭하고 [규칙 유형 선택]에 '현재 레코드의 값 확인 또는 식 사용'을 선택하고 [규칙 설명 편집]에 '식이'를 선택한 후 식 작성기에 『month([입고일자])=7』을 입력한다. [굵게](**가**)를 클릭하고 [글꼴 색] 목록 단추를 클릭하여 '빨강'을 선택한 후 [확인]을 클릭한다.

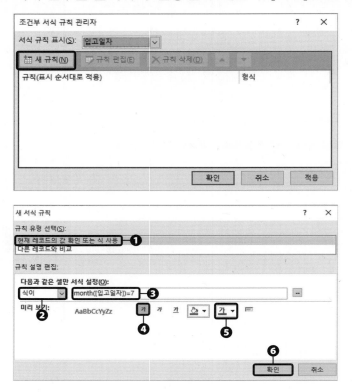

★ 설명해주세요	
함수	설명
Month(날짜)	날짜에서 월만 추출

Month([입고일자])=7
입고일자의 월이 '7'인 경우 서식을 적용

③ [조건부 서식 규칙 관리자] 대화상자에서 [확인]을 클릭하고 [디자인] 탭 – [보기] 그룹에서 [보기] – [보고서 보기(🔲)]를 선택하여 확인한 후 [닫기]를 클릭한다. 저장 여부를 물으면 [예]를 클릭한다.

합격생의 비법

《출력형태》와 비교하여 개체들을 적절히 배치하고 잘린 글자가 없는지 확인하여 수정한다.

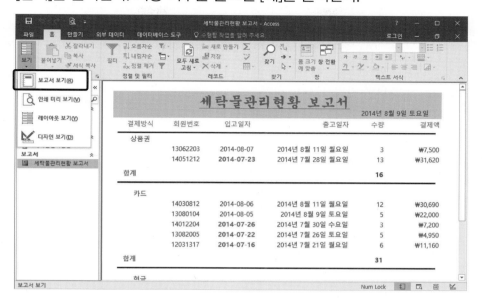

왜 안될까요?

정렬 순서가 《출력형태》와 다른 경우

[보고서 마법사]에서 정렬할 필드나 방법을 잘못 지정한 경우에는 [디자인] 탭–[그룹화 및 요약] 그룹에서 [그룹화 및 정렬]을 클릭하여 정렬 기준을 변경한다.

★ 설명해주세요

조건부 서식

[형식] 탭–[컨트롤 서식] 그룹에서 [조건부 서식](🖼)을 이용하여 폼이나 보고서에서 조건에 맞는 컨트롤의 글꼴 속성, 배경색, 글자색 등을 지정할 수 있다. 조건은 선택한 컨트롤의 값을 서식 조건으로 사용하는 '필드 값이'와 선택한 컨트롤의 값이 아닌 데이터를 조건으로 사용하는 '식이'의 방법으로 지정할 수 있다.

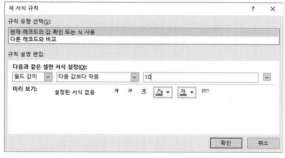

▲ 운행시간이 10시간 미만인 경우 조건부 서식을 적용

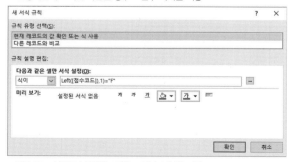

▲ 접수코드가 'F'로 시작하는 경우 조건부 서식을 적용

[쿼리 : 임대PC관리현황]을 이용하여 보고서를 작성하시오.

조건	(1) 보고서 이름 : 임대PC관리현황 보고서
	(2) 보고서 제목 : 굴림, 24pt, 밑줄, 굵게, 가운데 맞춤
	(3) 보고서 머리글 부분의 날짜는 DATESERIAL 함수를 이용하여 날짜를 표시
	(4) 고객구분에 대해 그룹화하고, 임대시작일에 대해 오름차순으로 정렬
	(5) 임대대수의 합계와 총합계는 함수를 이용하여 계산(굵게, SUM 함수 사용)
	(6) 조건부 서식을 이용하여 임대종료일이 '2012년'인 경우 다음의 서식을 적용(채우기/배경색 – 노랑)

출력형태

임대PC관리현황 보고서

2011년 12월 11일 일요일

고객구분	임대시작일	임대종료일	임대대수	임대요금	요금납부일
개인					
	2011-03-10	2011-04-10	30	₩2,325,000	2011-04-15
	2011-08-01	2012-09-01	1	₩992,500	2012-09-06
	2011-11-10	2011-12-25	10	₩1,125,000	2011-12-30
합계			41		
공공기관					
	2011-02-20	2011-09-20	30	₩15,900,000	2011-09-26
	2011-06-09	2011-08-29	66	₩12,028,500	2011-09-03
	2011-07-10	2011-09-10	25	₩3,875,000	2011-09-15
합계			121		
기업					
	2010-01-03	2012-12-30	22	₩60,060,000	2013-01-04
	2010-06-01	2011-06-30	50	₩44,325,000	2011-07-05
	2011-01-23	2011-06-23	10	₩3,775,000	2011-06-28
	2011-10-01	2011-12-20	73	₩13,140,000	2011-12-26
합계			155		
총합계			317		

[쿼리 : 스포츠경기관리현황]을 이용하여 보고서를 작성하시오.

조건	(1) 보고서 이름 : 스포츠경기관리현황 보고서 (2) 보고서 제목 : 굴림, 24pt, 밑줄, 굵게, 가운데 맞춤 (3) 보고서 머리글 부분의 날짜는 DATESERIAL 함수를 이용하여 날짜를 표시 (4) 종목에 대해 그룹화하고, 경기명에 대해 오름차순으로 정렬 (5) 경기명의 개수와 총개수는 함수를 이용하여 계산(굵게, COUNT 함수 사용) (6) 조건부 서식을 이용하여 경기일자가 '2012년' 이후(해당년도 포함)인 경우 다음의 서식을 　　적용(채우기/배경색 – 노랑)

출력형태	

스포츠경기관리현황 보고서

2011년 12월 11일 일요일

종목	경기명	경기일자	시작시간	입장료	후원기관
농구					
	아세아선수권대회	2011-12-14	14:30	₩12,000	두산베어스
	프로농구개막전	2011-12-04	10:30	₩15,000	삼성
개수	2				
배구					
	대통령기배구대회	2011-12-10	15:00	₩15,000	두산베어스
	전국실업배구대회	2011-12-29	18:00	₩12,000	한화기업
개수	2				
야구					
	초등야구대회	2012-01-10	19:30	₩12,000	대한야구협회
	프로야구대회	2012-12-18	16:20	₩12,000	두산베어스
개수	2				
축구					
	유소년축구	2012-01-04	13:40	₩12,000	한화기업
	한일축구경기	2012-01-08	17:00	₩15,000	두산베어스
	홈어린이축구	2011-12-17	12:00	₩15,000	홈플러스
	FC친선경기	2011-12-24	11:10	₩15,000	엘지전자
개수	4				
총 개수	10				

합격생의 비법

[요약 옵션]에서는 숫자 필드만 나타나므로 우선 입장료의 합계를 구한 후 [디자인 보기]에서 개수로 수정한다.

07 레이블 보고서 작성

난이도	상 中 하		

문제파일	Part 1 출제 유형으로 정리하는 꼼꼼이론₩Chapter07.accdb
정답파일	Part 1 출제 유형으로 정리하는 꼼꼼이론₩Chapter07_정답.accdb

문제보기 ❶

[테이블 : 회원정보]를 이용하여 레이블 보고서를 작성하시오.

조건

(1) 레이블 보고서 이름 : 회원정보 레이블

(2) 표준 레이블 : 제조업체 A−ONE, 제품번호 28315(세로*가로 : 34 mm × 64 mm/개수 : 3)

(3) 글꼴색과 크기 : 굴림, 10pt, 중간, 검정

(4) 레이블의 필드 순서 : 회원번호, 회원명, 통신사, 연락처

(5) 레이블 출력 순서 : 회원명에 대해 오름차순으로 정렬

(6) 필드 표현 방법

회원번호 − ≪출력형태≫와 같이 적용(& 연산자 사용)

회원명, 통신사 − ≪출력형태≫와 같이 적용(& 연산자 사용)

연락처 − 연락처의 뒤 4자리를 ≪출력형태≫와 같이 적용(RIGHT 함수, & 연산자 사용)

출력형태

회원번호 : 12031317
김마리 고객(STS)
연락처 : #######2222

회원번호 : 13080104
박영숙 고객(AGK)
연락처 : #######8888

회원번호 : 14012204
박지수 고객(AGK)
연락처 : #######2222

회원번호 : 12120301
이정호 고객(AGK)
연락처 : #######2222

회원번호 : 13102208
이하나 고객(STS)
연락처 : #######7777

회원번호 : 13062203
전수경 고객(TUB)
연락처 : #######5678

회원번호 : 14051212
정명훈 고객(TUB)
연락처 : #######9999

회원번호 : 14030812
진미숙 고객(TUB)
연락처 : #######1111

회원번호 : 13082005
최수정 고객(STS)
연락처 : #######5555

회원번호 : 13051503
한유정 고객(STS)
연락처 : #######3333

① [탐색] 창의 [테이블] 개체에서 [회원정보] 테이블을 선택하고 [만들기] 탭 – [보고서] 그룹에서 [레이블](🖹)을 선택한다.

합격생의 비법

레이블 보고서
레이블은 페이지 크기가 작은 보고서 형식으로 우편물을 보낼 때 일반적으로 사용된다. 레이블 보고서를 만들려면 [탐색] 창에서 테이블을 선택한 후 [만들기] 탭 – [보고서] 그룹에서 [레이블](🖹)을 선택한다.

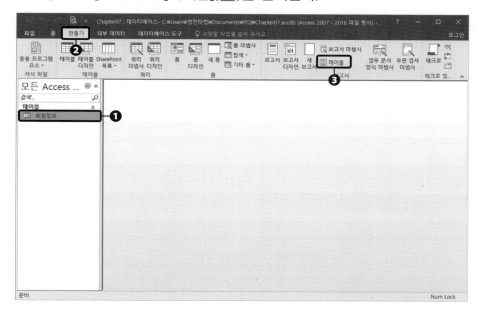

② [우편물 레이블 마법사]에서 [제조업체로 필터링]을 'A – ONE'으로 지정하고 [제품 번호]를 'AOne 28315(크기 : 34mm × 64mm, 열 개수 : 3)'로 선택한 후 [다음]을 클릭한다.

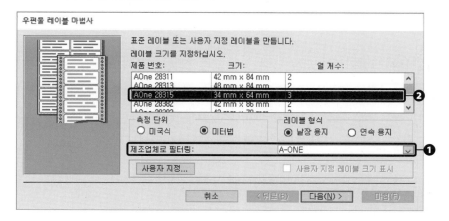

합격생의 비법

실수로 글꼴을 잘못 지정한 경우 레이블 보고서를 작성한 후 [디자인 보기]에서 수정이 가능하다.

③ 글꼴 이름, 글꼴 크기, 글꼴 두께, 텍스트 색을 지정하고 [다음]을 클릭한다(굴림, 10pt, 중간, 검정).

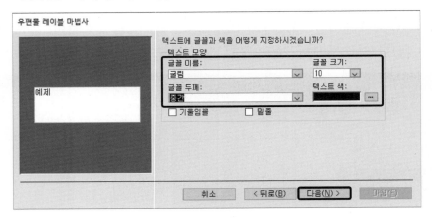

④ [예제] 영역에 『회원번호 : 』를 입력하고 [사용 가능한 필드]에서 '회원번호'를 더블클릭한다.

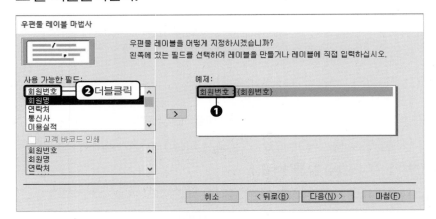

합격생의 비법

필드를 추가할 때 Space Bar 를 눌러서 필드 간의 간격을 조절하거나 임의의 문자열을 입력하는 것이 가능하므로 함수 이외의 문자열은 모두 입력하는 것이 편리하다.
[우편물 레이블 마법사]에서 필드는 중괄호{ }로 구분되므로 이를 유의해야 한다.

[예제] 영역에 필드 추가
· 공백을 추가하려면 Space Bar 를 누른다.
· 새줄을 추가하려면 Enter 를 누른다.
· 필드를 제거하려면 Back Space 를 누른다.
· 텍스트를 추가하려면 표시할 위치에 커서를 놓고 입력하며 큰 따옴표 " "는 넣지 않는다.

⑤ Enter 를 누른 후 [사용 가능한 필드]에서 '회원명'을 더블클릭하고 Space Bar 를 눌러 빈 칸을 넣고 『고객(』를 입력한 후 다시 [사용 가능한 필드]에서 '통신사'를 더블클릭하고 『)』를 입력한다.

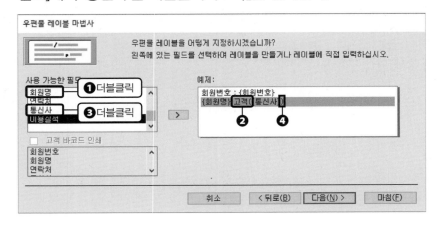

⑥ 다시 Enter 를 누른 후 『연락처 : 』를 입력하고 [사용 가능한 필드]에서 '연락처'를 더블클릭한 후 [다음]을 클릭한다.

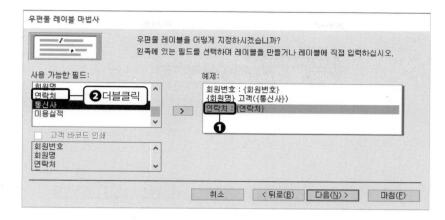

★ 설명해주세요

레이블 보고서를 작성할 때는 《출력형태》를 보고 필드와 문자열을 정확하게 구분해야 한다. 필드는 [우편물 레이블 마법사]의 [사용 가능한 필드]에서 선택하고 문자열은 따옴표 없이 [예제] 영역에 바로 입력할 수 있다.
연락처는 오른쪽 4자리만 나타내기 위해 함수를 사용해야 하므로 [우편물 레이블 마법사]를 마친 후 [디자인 보기]에서 수정한다.

⑦ 정렬 기준이 될 필드로 '회원명'을 선택하고 [다음]을 클릭한다.

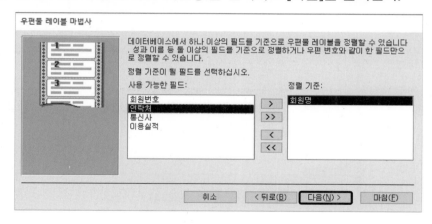

합격생의 비법

정렬을 내림차순으로 지정해야 하는 경우에는 [디자인 보기]에서 [디자인] 탭 – [그룹화 및 요약] 그룹에서 [그룹화 및 정렬]을 클릭하여 정렬을 내림차순으로 변경해야 한다.

⑧ 보고서 이름에 『회원정보 레이블』을 입력하고 '우편물 레이블의 디자인 수정'을 선택한 후 [마침]을 클릭한다.

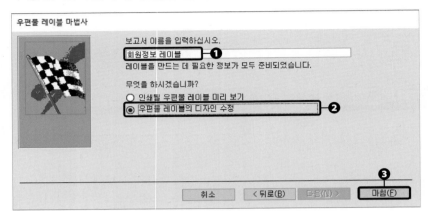

SECTION 02 레이블 보고서 수정하기

합격생의 비법

Trim 함수
문자열의 앞뒤 공백을 제거하고 값을 반환하는 함수로 [우편물 레이블 마법사]를 실행하면 자동으로 입력된다.

① 두 번째 텍스트 상자를 선택하고 [홈] 탭 – [텍스트 서식] 그룹에서 [굵게] (**가**)를 클릭한다.

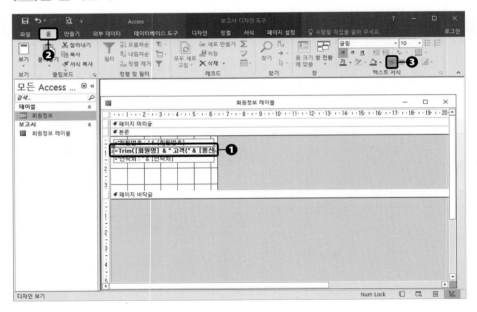

② 세 번째 텍스트 상자를 선택하고 다음과 같이 수식을 변경한다.

="연락처 : "&"######"& Right([연락처],4)

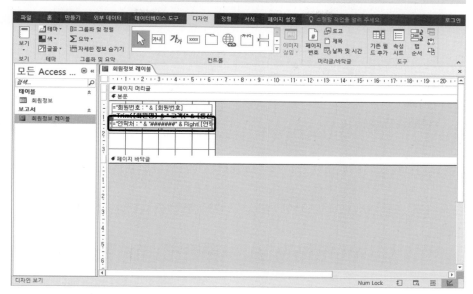

★ 설명해주세요

함수	설명
Right(텍스트,개수)	텍스트의 오른쪽부터 개수만큼 표시

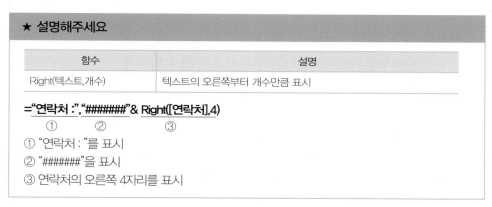

="연락처 : ","######"& Right([연락처],4)
    ①   ②   ③

① "연락처 : "를 표시
② "######"을 표시
③ 연락처의 오른쪽 4자리를 표시

합격생의 비법

[인쇄 미리 보기]에서만 배치한 그대로 열을 볼 수 있으며 [보고서 보기]나 [레이아웃 보기]에서 보고서를 보면 데이터가 한 열에 표시된다.

③ [디자인] 탭 – [보기] 그룹에서 [보기] – [인쇄 미리 보기](🔍)를 선택하여 ≪출력형태≫와 같은지 확인한다.

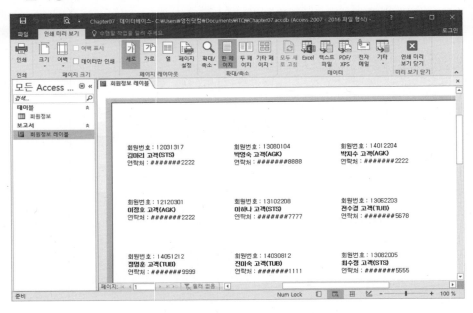

왜 안될까요?

다음과 같은 오류 메시지가 표시되는 경우에는 디자인 보기 상태에서 본문 영역의 폭을 조절하면 오류 메시지가 표시되지 않는다.

★ 설명해주세요

FORMAT 함수

레이블 보고서에서 FORMAT 함수를 이용하여 지정된 형식을 지정하는 문제가 출제되기도 하므로 FORMAT 함수의 사용법을 이해해야 한다.

> FORMAT(필드, 서식)

사용 예	결과
Format([출시일], "yyyy년 mm월 dd일")	2019년 12월 28일
Format([판매일], "mmmm dddd")	November Sunday
Format(31258, "#,##0.00")	31,258.00
Format(Left([카드번호],3), "@@@—")	H55—

합격생의 비법

서식을 지정하는 기호
- yyyy : 전체 연도를 표시
- mm : 월을 두 자리로 표시
- mmmm : 월을 영문 이름으로 표시
- dd : 일을 두 자리로 표시
- dddd : 일을 영문 이름으로 표시
- # : 0이 아닌 유효 숫자값만 표시
- 0 : 0을 포함한 유효 숫자를 표시(빈 자리는 0으로 표시)
- @ : @수만큼 해당 문자를 나열

문제유형 ❶ ▶ 문제파일 유형07_1.accdb 정답파일 유형07_1_정답.accdb

[테이블 : 경기장정보]를 이용하여 레이블 보고서를 작성하시오.

조건	
	(1) 레이블 보고서 이름 : 경기장정보 레이블
	(2) 표준 레이블 : 제조업체 A – ONE, 제품번호 28315(세로*가로 : 34 mm × 64 mm/개수 : 3)
	(3) 글꼴색과 크기 : 굴림, 10pt, 중간, 검정
	(4) 레이블의 필드 순서 : 담당자, 경기번호, 경기장, 수용인원, 연락처
	(5) 레이블 출력 순서 : 담당자에 대해 오름차순으로 정렬
	(6) 필드 표현 방법
	담당자, 경기번호 – ≪출력형태≫와 같이 적용(굵게, & 연산자 사용)
	경기장, 수용인원 – ≪출력형태≫와 같이 적용(& 연산자 사용)
	연락처 – ≪출력형태≫와 같이 적용(RIGHT 함수, & 연산자 사용)
출력형태	**(전체 데이터 출력물 중 일부만 캡처된 화면임)**

담당 : **강정욱 [R0472]** 북부종합경기장(24000명) 연락처 : 끝번호(8888)	담당 : **김기훈 [S1133]** 상암월드컵경기장(15000명) 연락처 : 끝번호(2222)	담당 : **김윤정 [R3421]** 잠실야구장(5600명) 연락처 : 끝번호(1111)
담당 : **유홍석 [V0721]** 잠실종합운동장(99000명) 연락처 : 끝번호(7777)	담당 : **윤영주 [S1474]** YMCA체육관(8500명) 연락처 : 끝번호(1234)	담당 : **이미진 [V3102]** 목동야구장(3000명) 연락처 : 끝번호(5678)

[테이블 : 거래정보]를 이용하여 레이블 보고서를 작성하시오.

조건	(1) 레이블 보고서 이름 : 거래정보 레이블
	(2) 표준 레이블 : 제조업체 A – ONE, 제품번호 28315(세로*가로 : 34 mm × 64 mm/개수 : 3)
	(3) 글꼴색과 크기 : 굴림, 10pt, 중간, 검정
	(4) 레이블의 필드 순서 : 관리번호, 매매자명, 주소, 연락처
	(5) 레이블 출력 순서 : 매매자명에 대해 오름차순으로 정렬
	(6) 필드 표현 방법
	관리번호, 매매자명 – ≪출력형태≫와 같이 적용(굵게, & 연산자 사용)
	주소 – ≪출력형태≫와 같이 적용(& 연산자 사용)
	연락처 – 연락처의 5번째 글자부터 4자리를 추출하여 ≪출력형태≫와 같이 적용(MID 함수, & 연산자 사용)
출력형태	**(전체 데이터 출력물 중 일부만 캡처된 화면임)**

[A20472] 고정환 님	[B23456] 김명철 님	[A10600] 김용만 님
주소 : 경기도 남양주시 퇴계원면	주소 : 서울시 성북구 삼선동	주소 : 서울시 마포구 원종동
TEL : 중간번호(3333)	TEL : 중간번호(7777)	TEL : 중간번호(1111)
[C12304] 노호현 님	[A19061] 신경림 님	[A24280] 전용호 님
주소 : 경기도 부천시 원미구 상동	주소 : 경기도 구리시 인창동	주소 : 서울시 강남구 우면동
TEL : 중간번호(6666)	TEL : 중간번호(0000)	TEL : 중간번호(4444)

PART

02

기출문제 따라하기

동영상
무료

CHAPTER
01 문제 보기

과목	코드	문제유형	시험시간	수험번호	성명
한글액세스	1132	B	60분		

······· 수험자 유의사항 ·······

- 수험자는 문제지를 받는 즉시 문제지와 **수험표상의 시험과목(프로그램)이 동일한지 반드시 확인**하여야 합니다.
- 파일명은 본인의 "수험번호–성명"으로 입력하여 답안폴더(내 PC₩문서₩ITQ)에 하나의 파일로 저장해야 하며, 답안문서 파일명이 "수험번호–성명"과 일치하지 않거나, 답안파일을 전송하지 않아 미제출로 처리될 경우 실격 처리합니다(예:12345678–홍길동. accdb).
- 답안 작성을 마치면 파일을 저장하고, '답안 전송' 버튼을 선택하여 감독위원 PC로 답안을 전송하십시오. 수험생 정보와 저장한 파일명이 다를 경우 전송되지 않으므로 주의하시기 바랍니다.
- 답안 작성 중에도 **주기적으로 저장하고, '답안 전송'**하여야 문제 발생을 줄일 수 있습니다. 작업한 내용을 저장하지 않고 전송할 경우 이전에 저장된 내용이 전송되오니 이점 유의하시기 바랍니다.
- 답안문서는 지정된 경로 외의 다른 보조기억장치에 저장하는 경우, 지정된 시험 시간 외에 작성된 파일을 활용할 경우, 기타 통신수단(이메일, 메신저, 네트워크 등)을 이용하여 타인에게 전달 또는 외부 반출하는 경우는 부정 처리합니다.
- 시험 중 부주의 또는 고의로 시스템을 파손한 경우는 수험자가 변상해야 하며, 〈수험자 유의사항〉에 기재된 방법대로 이행하지 않아 생기는 불이익은 수험생 당사자의 책임임을 알려 드립니다.
- 문제의 조건은 MS오피스 2016 버전으로 설정되어 있으니 유의하시기 바랍니다.
- 시험을 완료한 수험자는 답안파일이 전송되었는지 확인한 후 감독위원의 지시에 따라 문제지를 제출하고 퇴실합니다.

······· 답안 작성요령 ·······

- 온라인 답안 작성 절차
  수험자 등록 ⇒ 시험 시작 ⇒ 답안파일 저장 ⇒ 답안 전송 ⇒ 시험 종료
- 문제는 테이블/쿼리/폼/보고서로 구성하며 문제에서 제시한 테이블의 내용을 누락시켰을 경우에 0점 처리됩니다.
- 테이블의 데이터는 정확히 입력해야 하며 임의로 정렬(소트)시킬 경우 감점 처리됩니다.
- 각 문제에서 주어진 ≪조건≫에 맞게 작성하고 언급하지 않은 조건은 ≪출력형태≫와 같이 작성합니다.
- 글꼴 및 기타 사항에 대해 별도의 지시사항이 없는 경우 기본 설정값(Default)으로 처리합니다.
- 문제에서 제시한 테이블/쿼리/폼/보고서 이외에 추가로 작성한 경우나 테이블/쿼리/폼/보고서의 이름이 잘못되었을 경우 해당 항목에 감점 처리됩니다

다음은 ○○민원센터의 봉사활동을 관리할 데이터베이스를 작성하기 위한 내용이다.
주어진 ≪조건≫에 맞게 문서를 작성하시오.

문제 ❶ ▶ 주어진 엑셀 데이터와 다음 ≪조건≫을 이용하여 테이블을 작성하시오. |**100**점

조건

[테이블1] 이름 : 봉사활동관리

[테이블1] : 내 PC₩문서₩ITQ₩Picture₩기출따라하기_01.xlsx(시트명 : B유형)에 있는 엑셀 데이터를 가져와 테이블을 작성한 후, 다음 디자인을 적용하시오. 단, 소속구분은 목록값(학생, 주부, 직장인, 기타)만 허용하는 콤보 상자를 이용하여 직접 입력하시오.

필드 이름	기관코드	봉사자	누적봉사 시간	시작일자	종료일자	소속구분
데이터 형식	짧은 텍스트	짧은 텍스트	숫자	날짜/시간	날짜/시간	짧은 텍스트
크기(또는 형식)	7 기본 키 설정	6	정수	간단한 날짜	간단한 날짜	6 콤보 상자

출력형태

기관코드	봉사자	누적봉사시	시작일자	종료일자	소속구분
133778	이봉사	13	2014-04-18	2014-05-19	학생
144556	김안심	60	2014-04-28	2014-06-01	직장인
156677	강하나	32	2014-05-25	2014-05-25	기타
221133	김봉헌	0	2014-05-03	2014-06-13	주부
235566	김희생	25	2014-03-29	2014-05-27	학생
236688	송은혜	0	2014-06-09	2014-06-09	직장인
266789	최도움	10	2014-04-26	2014-05-21	주부
312345	정사랑	12	2014-06-02	2014-06-02	학생
377889	정공헌	42	2014-04-11	2014-05-22	직장인
388991	이효도	56	2014-04-06	2014-06-11	학생

조건

[테이블2] 이름 : 봉사기관정보

[테이블2] : 아래 ≪출력형태≫를 참고하여 테이블을 직접 작성하고 디자인을 적용하시오.
단, 분야는 '시설' 또는 '단체'로 끝나는 데이터만 입력받도록 유효성 검사를 이용하시오.

필드 이름	기관코드	기관명	주소	연락처	분야
데이터 형식	짧은 텍스트	짧은 텍스트	짧은 텍스트	짧은 텍스트	짧은 텍스트
크기(또는 형식)	6	10	20	13	10 유효성 검사

출력형태

기관코드	기관명	주소	연락처	분야
377889	요셉의원	서울 영등포구 여의대로	02-1111-1212	보건의료시설
156677	효자손요양원	경기 광명시 광복로	031-222-3333	노인복지시설
236688	국제아동돕기연합	서울 강남구 선릉로	02-9999-8880	아동복지시설
235566	사랑의전화	서울 서초구 반포대로	02-5555-6677	사회복지단체
266789	나라사랑복지재단	충남 천안시 동남구	041-777-6666	사회복지단체
388991	시립요양원	서울 노원구 상계로	02-1234-1234	노인복지시설
144556	두리함께	경기 안양시 만안구	031-987-5432	장애인지원시설
221133	한나어린이집	전남 순천시 서면	061-333-5555	아동복지시설
312345	중앙복지개발원	서울 서대문구 서소문로	02-1234-5678	사회복지단체
133778	들꽃사랑	강원도 영월군 중동면	033-323-7878	아동복지시설

문제 ❷ ▶ **[테이블1 : 봉사활동관리]를 이용하여 다음과 같은 조건에 따라 쿼리를 완성하시오.** | **90**점

조건

(1) 쿼리 이름 : 봉사활동관리현황

(2) 총봉사시간 : 「누적봉사시간 + 봉사시간」. 단 봉사시간은 시작일자와 종료일자가 같으면 '4'시간으로, 그렇지 않으면 「(시작일자와 종료일자 간의 차이값) × 4」시간으로 계산(IIF, DATEDIFF 함수 사용)

(3) 확인서발급 : 기관코드의 첫글자가 '1'이면 '개인', '2'이면 '단체', '3'이면 '전자문서'로 표기하고 뒤에 '발급'을 붙여 표시(CHOOSE, LEFT 함수, & 연산자 사용)

(4) 수상추천 : 소속구분이 '학생'이 아니면 공백으로, 소속구분이 '학생'이고 총봉사시간이 '100'시간 이상이면 '추천대상'으로 적용(SWITCH, AND 함수 사용)

(5) 시작일자와 종료일자는 보통 날짜 형식, 종료일자에 대해 내림차순으로 정렬

출력형태

기관코드	봉사자	누적봉사시간	시작일자	종료일자	총봉사시간	소속구분	확인서발급	수상추천
221133	김봉현	0	14년 05월 03일	14년 06월 13일	164	주부	단체발급	
388991	이효도	56	14년 04월 06일	14년 06월 11일	320	학생	전자문서발급	추천대상
236688	송은혜	0	14년 06월 09일	14년 06월 09일	4	직장인	단체발급	
312345	정사랑	12	14년 06월 02일	14년 06월 02일	16	학생	전자문서발급	
144556	김안심	60	14년 04월 28일	14년 06월 01일	196	직장인	개인발급	
235566	김희생	25	14년 03월 29일	14년 05월 27일	261	학생	개인발급	추천대상
156677	강하나	32	14년 05월 25일	14년 05월 25일	36	기타	개인발급	
377889	정공현	42	14년 04월 11일	14년 05월 22일	206	직장인	전자문서발급	
266789	최도웅	10	14년 04월 26일	14년 05월 21일	110	주부	단체발급	
133778	이봉사	13	14년 04월 18일	14년 05월 19일	137	학생	개인발급	추천대상

문제 ❸ ▶ **[테이블1 : 봉사활동관리]와 [테이블2 : 봉사기관정보]를 이용하여 다음과 같은 조건에 따라 쿼리를 완성하시오.** | **80**점

조건

(1) 쿼리 이름 : 봉사활동관리현황 분석

(2) 테이블 조인 : '기관코드'를 기준으로 관계 설정(조건 : 두 테이블의 조인된 필드가 일치하는 행만 포함)

(3) 분야가 '시설'로 끝나고, 종료일자가 '2014-06-01' 이후(해당일자 포함)인 데이터를 추출하고, 봉사자를 기준으로 정렬하여 ≪출력형태≫와 같이 선택 쿼리를 작성하시오.

출력형태

기관명	봉사자	소속구분	시작일자	종료일자
한나어린이집	김봉현	주부	2014-05-03	2014-06-13
두리함께	김안심	직장인	2014-04-28	2014-06-01
국제아동돕기연합	송은혜	직장인	2014-06-09	2014-06-09
시립요양원	이효도	학생	2014-04-06	2014-06-11

문제 ❹ ▶ **[쿼리 : 봉사활동관리현황]을 이용하여 다음과 같은 모양의 폼을 설계하시오.** | **80**점

조건

(1) 폼 이름 : 봉사활동관리현황 폼

(2) 폼 제목 : 굴림, 22pt, 가운데 맞춤, 특수 효과 : 그림자

(3) 안내사항 : 소속구분이 '학생'이면 '학교로 발송', 그렇지 않으면 '이메일 발송'으로 적용(IIF 함수 사용)

(4) '봉사활동관리현황 폼'의 머리글 영역에 제목과 기관코드를 작성하고, 본문에 '기관코드' 필드를 기준으로 연결하여 '봉사활동관리' 폼을 하위 폼으로 추가하시오.

(5) 기관코드 : 입력란을 '콤보 상자'로 변경하시오.

(6) 보고서 : 클릭하면 '봉사활동관리현황 보고서'로 이동하도록 작성하시오(가로−2 cm, 세로−1 cm).

(7) 로고 삽입(내 PC₩문서₩ITQ₩Picture₩로고2.jpg), 특수 효과−볼록, 크기(가로−2 cm, 세로−1 cm).

출력형태

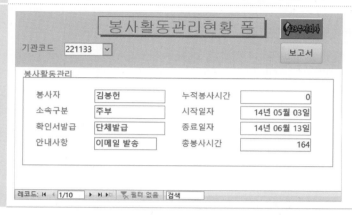

문제 ❺ ▶ [쿼리 : 봉사활동관리현황]을 이용하여 보고서를 작성하시오. | 80점

조건

(1) 보고서 이름 : 봉사활동관리현황 보고서

(2) 보고서 제목 : 궁서, 24pt, 굵게, 밑줄, 가운데 맞춤

(3) 보고서 머리글 부분의 날짜는 DATESERIAL 함수를 이용하여 표시

(4) 시작일자의 월로 그룹화하고, 종료일자에 대해 오름차순으로 정렬

(5) 봉사자의 인원수와 총 합계는 함수를 이용하여 계산(굵게, COUNT 함수 사용)

(6) 조건부 서식을 이용하여 종료일자가 6월에 해당되는 경우 다음의 서식을 적용(굵게, 채우기/배경색−노란색)

출력형태

봉사활동관리현황 보고서

2014년 6월 14일 토요일

시작일자(월)	종료일자	봉사자	소속구분	확인서발급	총봉사시간
03월					
	14년 05월 27일	김희생	학생	단체발급	261
인원수		1			
04월					
	14년 05월 19일	이봉사	학생	개인발급	137
	14년 05월 21일	최도움	주부	단체발급	110
	14년 05월 22일	정공헌	직장인	전자문서발급	206
	14년 06월 01일	김안심	직장인	개인발급	196
	14년 06월 11일	이효도	학생	전자문서발급	320
인원수		5			
05월					
	14년 05월 25일	강하나	기타	개인발급	36
	14년 06월 13일	김봉헌	주부	단체발급	164
인원수		2			
06월					
	14년 06월 02일	정사랑	학생	전자문서발급	16
	14년 06월 09일	송은혜	직장인	단체발급	4
인원수		2			
총 합계		10			

문제 ❻ ▶ **[테이블2 : 봉사기관정보]를 이용하여 레이블 보고서를 작성하시오.** | **70**점

조건	(1) 레이블 보고서 이름 : 봉사기관정보 레이블
	(2) 표준 레이블 : 제조업체 A–ONE, 제품번호 28315(세로*가로 : 34 mm × 64 mm/개수 : 3)
	(3) 글꼴색과 크기 : 굴림, 10pt, 중간, 검정
	(4) 레이블의 필드 순서 : 주소, 기관코드, 기관명, 연락처
	(5) 레이블 출력 순서 : 기관코드에 대해 오름차순으로 정렬
	(6) 필드 표현방법
	주소, 기관코드 – 주소의 앞 두 글자를 이용하여 《출력형태》와 같이 적용(LEFT 함수, & 연산자 사용)
	기관명 – 《출력형태》와 같이 적용(굵게, & 연산자 사용)
	연락처 – 《출력형태》와 같이 적용(& 연산자 사용)
출력형태	(전체 데이터 출력물 중 일부만 캡처된 화면임)

[지역 : 강원, 133778]
기관명 : 들꽃사랑
연락처 : 033-323-7878

[지역 : 경기, 144556]
기관명 : 두리함께
연락처 : 031-987-5432

[지역 : 경기, 156677]
기관명 : 효자손요양원
연락처 : 031-222-3333

[지역 : 전남, 221133]
기관명 : 한나어린이집
연락처 : 061-333-5555

[지역 : 서울, 235566]
기관명 : 사랑의전화
연락처 : 02-5555-6677

[지역 : 서울, 236688]
기관명 : 국제아동돕기연합
연락처 : 02-9999-8880

동영상
무료

CHAPTER
01 풀이 따라하기

··

정답파일   Part 2 기출문제 따라하기₩기출문제 따라하기 1회.accdb

문제 ❶ ▶ 테이블 작성 |100점

• 문제1의 [테이블1]은 외부 데이터 가져오기 기능을 이용하는 문제이다. 제공되는 엑셀 데이터를 가져오기하고 데이터 형식과 필드 크기, 형식 등을 확인한 후 빠진 필드를 삽입한다. 필드를 삽입한 후 콤보 상자나 유효성 검사 규칙 등의 속성을 지정해야 하므로 이 점을 유의해야 한다.

• 문제1의 [테이블2]는 직접 테이블을 작성하여 필드를 만들고 데이터 형식, 필드 크기, 형식, 유효성 검사 규칙이나 콤보 상자 등의 속성을 지정하는 문제이다. 기본 키설정이 지시되어 있지 않으므로 이 점을 유의해야 한다.

SECTION 01   새 데이터베이스 만들기

① Access 2016을 실행한 후 [새 데스크톱 데이터베이스]를 클릭한다.

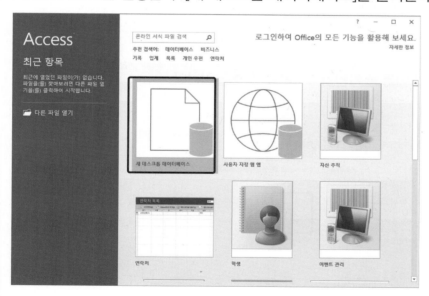

② [새 데스크톱 데이터베이스] 대화상자에서 [찾아보기]()를 클릭한다.

③ [새 데이터베이스 파일] 대화상자에서 [저장 위치]를 '내 PC₩문서₩ITQ'로 선택하고 [파일 이름]을 '수험번호 – 성명' 형식으로 입력한 후 [확인]을 클릭한다.

④ 파일 이름을 확인한 후 [만들기]를 클릭한다.

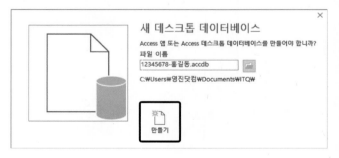

① [외부 데이터] 탭 – [가져오기 및 연결] 그룹의 [Excel](📊)을 클릭한다.

② [외부 데이터 가져오기 – Excel 스프레드시트] 대화상자에서 '현재 데이터베이스의 새 테이블로 원본 데이터 가져오기'에 체크하고 [찾아보기]를 클릭한다.

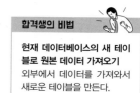

합격생의 비법

현재 데이터베이스의 새 테이블로 원본 데이터 가져오기
외부에서 데이터를 가져와서 새로운 테이블을 만든다.

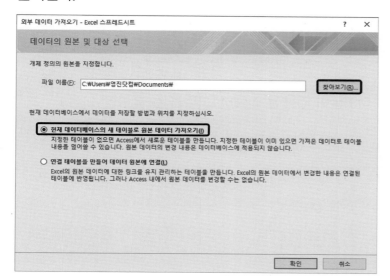

③ [파일 열기] 대화상자에서 [찾는 위치]를 'Part 2 기출문제 따라하기'로 지정하고 '기출따라하기_01' 파일을 선택한 후 [열기]를 클릭한다.

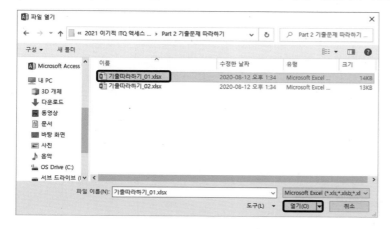

④ 다시 [외부 데이터 가져오기 – Excel 스프레드시트] 대화상자가 보이면 [확인]을 클릭한다.

합격생의 비법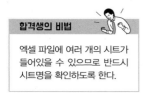

엑셀 파일에 여러 개의 시트가 들어있을 수 있으므로 반드시 시트명을 확인하도록 한다.

⑤ [스프레드시트 가져오기 마법사] 대화상자의 '워크시트 표시 : B유형'을 선택하고 [다음]을 클릭한다.

⑥ '첫 행에 열 머리글이 있음'을 선택하고 [다음]을 클릭한다.

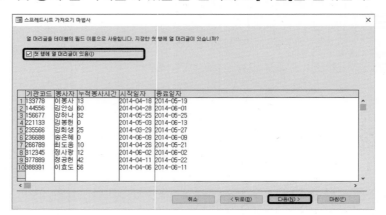

⑦ 필드 옵션은 선택하지 않고 [다음]을 클릭한다.

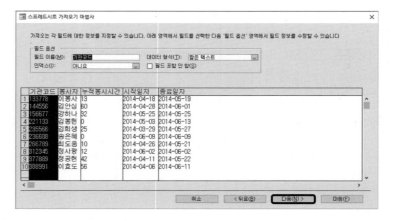

⑧ '기본 키 선택 : 기관코드'를 선택하고 [다음]을 클릭한다.

합격생의 비법

'기본 키 없음'을 지정하고 액세스로 가져온 후 디자인 보기에서 기본 키를 지정해도 된다.

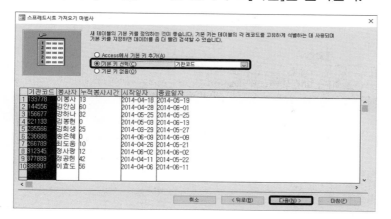

⑨ 테이블명 『봉사활동관리』를 입력하고 [마침]을 클릭한다.

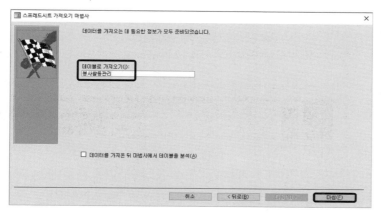

⑩ '가져오기 단계 저장'을 체크하지 않고 [닫기]를 클릭한다.

합격생의 비법

'가져오기 단계 저장'은 가져오기 작업을 다시 수행할 경우에 필요한 옵션이므로 선택할 필요가 없다.

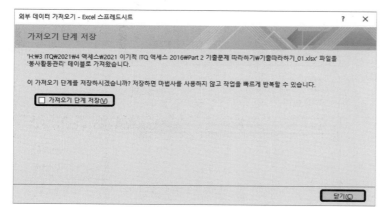

① 작성된 '봉사활동관리' 테이블에서 마우스 오른쪽 버튼을 클릭하여 바로 가기 메뉴의 [디자인 보기]를 선택한다.

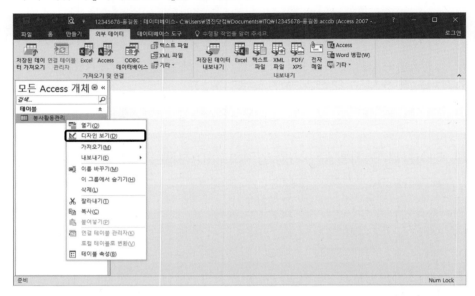

합격생의 비법

'형식'의 '@'는 텍스트를 의미한다.

② 문제에서 지시한 대로 '기관코드'의 필드 크기를 '7'로 지정하고, 기본 키가 설정되어 있는지 확인한다. 기본 키가 설정되지 않은 경우에는 마우스 오른쪽 버튼을 클릭하여 바로 가기 메뉴의 [기본 키]를 선택한다.

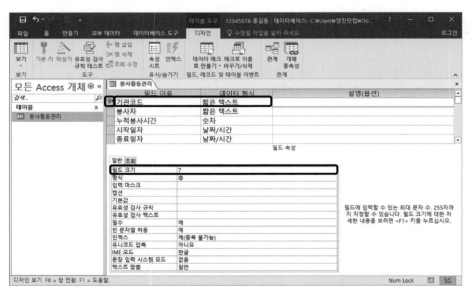

③ 문제에서 지시한 대로 나머지 필드의 '필드 이름', '데이터 형식', '필드 크기'를 지정한다.

- 봉사자 : 짧은 텍스트, 6
- 누적봉사시간 : 숫자, 정수
- 시작일자 : 날짜/시간, 간단한 날짜
- 종료일자 : 날짜/시간, 간단한 날짜

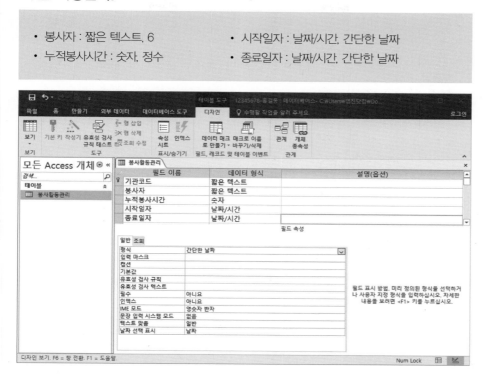

④ '소속구분'을 추가하기 위해 새로운 행의 [필드 이름]은 『소속구분』을 입력하고 [데이터 형식]을 '짧은 텍스트'로 지정한 후 [필드 속성] 창의 [일반] 탭에서 [필드 크기]를 '6'으로 지정한다.

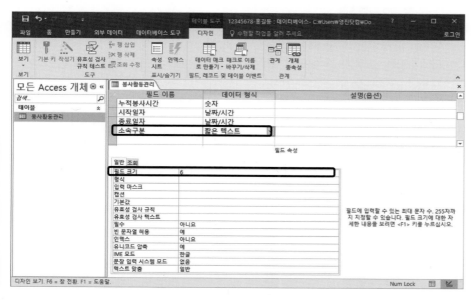

합격생의 비법

[행 원본 유형]을 '값 목록'으로 지정한 경우 [행 원본]을 입력할 때는 값 사이에 반드시 세미콜론(;)으로 구분해야 한다.

⑤ [조회] 탭에서 [컨트롤 표시]를 '콤보 상자', [행 원본 유형]을 '값 목록'으로 지정하고 [행 원본]에 『학생;주부;직장인;기타』를 입력한다.

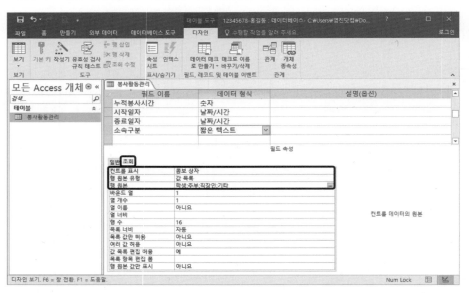

⑥ [디자인] 탭 – [보기] 그룹에서 [보기] – [데이터시트 보기](▦)를 선택하거나 [탐색] 창의 '봉사활동관리' 테이블을 선택하고 테이블 이름을 더블 클릭한 후 저장 여부를 물어보는 대화상자가 나타나면 [예]를 클릭한다.

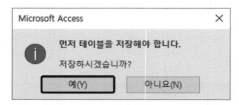

⑦ 데이터의 일부가 손실되었다는 메시지가 표시되면 [예]를 클릭한다.

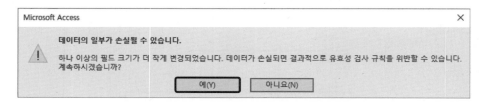

합격생의 비법

데이터의 일부가 손실되었다는 것은 '고객번호'와 '봉사자' 필드의 경우 텍스트의 기본 크기인 '255'가 '6'으로 변경되어 나타나는 메시지이다. 하지만 실제 데이터는 '6' 이하이므로 손실되지 않는다.

⑧ 데이터시트 보기로 전환되면 '소속구분'의 콤보 상자를 눌러 문제에 제시된 내용대로 '학생', '주부', '직장인', '기타'를 입력한다.

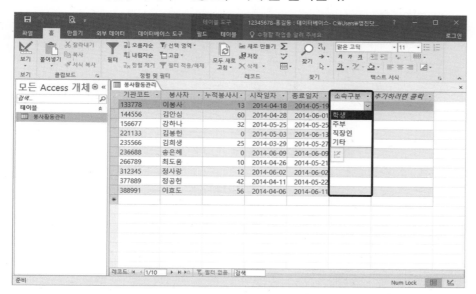

⑨ 입력이 완료되면 《출력형태》와 같은지 확인하고 [닫기]를 클릭한다.

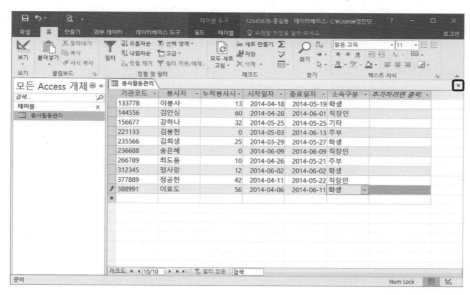

① [만들기] 탭 – [테이블] 그룹에서 [테이블 디자인]()을 선택한다.

합격생의 비법

기관코드처럼 숫자로 구성되어 있지만 계산에 사용하지 않는 데이터는 텍스트 형식으로 선택하는 것이 편리할 수 있다.

② [필드 이름]의 첫 번째 행에 『기관코드』를 입력하고 [데이터 형식]을 '짧은 텍스트'로 지정한 후 [필드 속성] 창의 [일반] 탭에서 [필드 크기]를 '6'으로 지정한다.

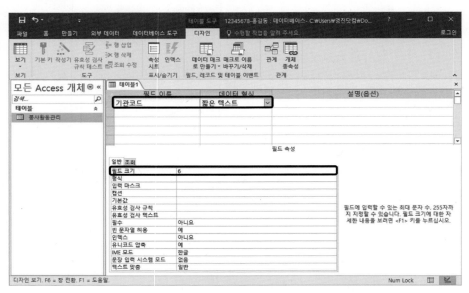

③ [필드 이름]의 두 번째 행에 『기관명』을 입력하고 [데이터 형식]을 '짧은 텍스트'로 지정한 후 [필드 속성] 창의 [일반] 탭에서 [필드 크기]를 '10'으로 지정한다.

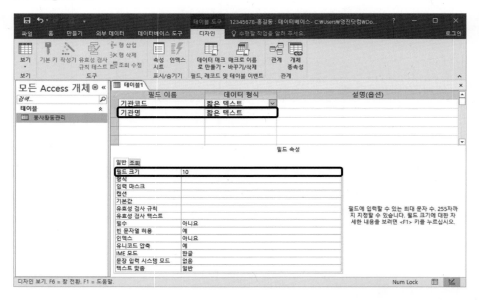

④ [필드 이름]의 세 번째 행에 『주소』를 입력하고 [데이터 형식]을 '짧은 텍스트'로 지정한 후 [필드 속성] 창의 [일반] 탭에서 [필드 크기]를 '20'으로 지정한다. [필드 이름]의 네 번째 행에 『연락처』를 입력하고 [데이터 형식]을 '짧은 텍스트'로 지정한 후 [필드 속성] 창의 [일반] 탭에서 [필드 크기]를 '13'으로 지정한다.

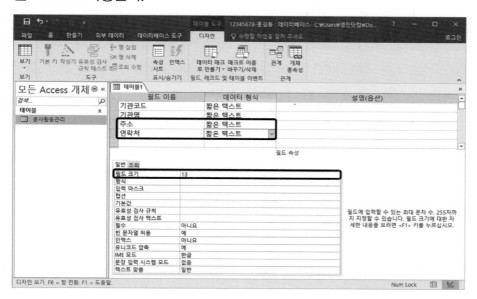

⑤ [필드 이름]의 다섯 번째 행에 『분야』를 입력하고 [데이터 형식]을 '짧은 텍스트'로 지정한 후 [필드 속성] 창의 [일반] 탭에서 [필드 크기]를 '10'으로 지정한다. [유효성 검사 규칙]에는 『"*시설" Or "*단체"』의 조건식을 입력하고 Enter 를 누르면 자동으로 'Like' 연산자가 표시된다.

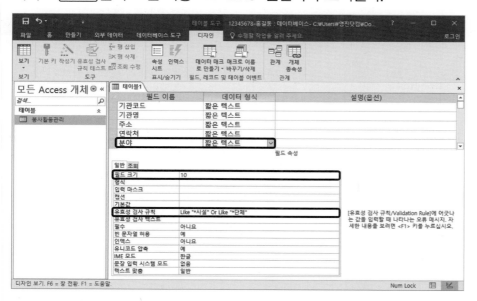

합격생의 비법

Like 연산자
Like 연산자 뒤에 지정한 문자열을 비교하고 검색하는 역할을 수행한다.

Like "*시설" Or Like "*단체" : '시설'이나 '단체'로 끝나는 값을 검색

⑥ [홈] 탭 – [보기] 그룹에서 [보기] – [데이터시트 보기](▦)를 선택한 후 저장 여부를 물어보면 [예]를 클릭한다.

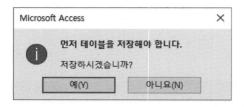

⑦ [다른 이름으로 저장] 대화상자의 [테이블 이름]에 『봉사기관정보』를 입력한 후 [확인]을 클릭한다.

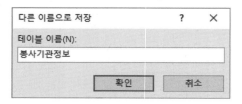

합격생의 비법

[예]를 누르게 되면 'ID'라는 일련번호 필드가 자동으로 만들어진다. [테이블2]에는 기본 키가 설정되어 있지 않으므로 기본 키를 만들지 않는다는 점을 유의한다.

⑧ 기본 키를 정의하지 않았다는 메시지가 표시되면 [아니요]를 클릭한다.

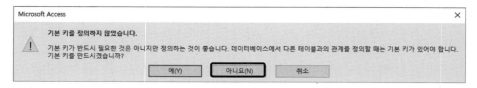

⑨ 데이터를 입력하고 Enter나 Tab을 눌러 다음 필드로 이동한다. 데이터를 순서대로 정확하게 입력한 후 [닫기]를 클릭한다.

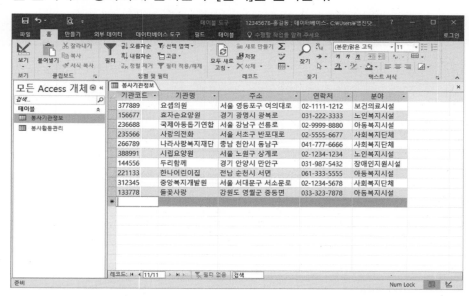

왜 안될까요?

유효성 검사 규칙이 위반될 때
데이터 입력 시 유효성 검사 규칙에 맞지 않으면 오류 메시지가 나타나므로 유효성 검사 규칙에 맞게 데이터를 입력해야 한다.

- 문제2는 선택 쿼리를 작성한 다음 지시된 함수를 이용하여 수식을 작성하고 정렬과 형식을 지정하는 문제이다. 다양한 함수가 출제되므로 함수 연습을 철저히 해야한다.

SECTION 01 새 쿼리 만들기

① [만들기] 탭 – [쿼리] 그룹에서 [쿼리 디자인]을 선택한다.

② [테이블 표시] 대화상자가 열리면 [테이블] 탭에서 '봉사활동관리'를 선택하고 [추가]를 클릭한 후 [닫기]를 클릭한다.

SECTION 02 쿼리에 필드 지정하기

① [봉사활동관리] 목록 창에서 '기관코드' 필드를 더블클릭하여 첫 번째 필드에 자동으로 입력되도록 한다. 차례대로 '봉사자', '누적봉사시간', '시작일자',' 종료일자' 필드를 더블클릭한다.

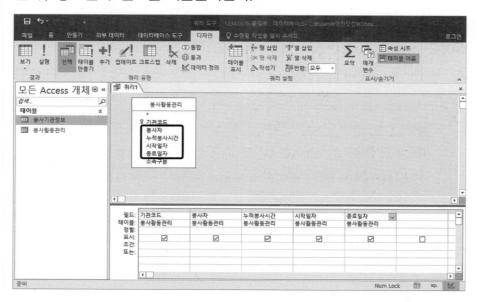

합격생의 비법

계산 필드 추가하기

• 계산 필드는 '필드명:계산식'
  의 형태로 작성된다.
• 함수는 대소문자를 구분할
  필요가 없으며 함수를 입
  력하면 첫 글자가 대문자로
  자동 변경된다.
• 필드 이름은 대괄호[ ]로 감
  싸서 입력한다.
• 텍스트 앞뒤에는 작은 따옴
  표' ' 또는 큰 따옴표" "를 입
  력한다.

② 새 필드에 '총봉사시간'의 계산식을 입력하기 위해 Shift+F2를 눌러 [확대/축소] 대화상자를 열고 다음과 같이 입력한 후 [확인]을 클릭한다.

총봉사시간: [누적봉사시간]+Iif([시작일자]=[종료일자],4,Datediff("d",[시작일자],[종료일자])*4)

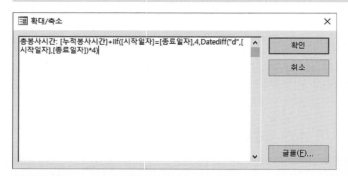

★ 설명해주세요

함수	설명
Iif(조건,값1,값2)	조건이 참이면 값1, 거짓이면 값2를 수행
DateDiff(간격,날짜1,날짜2)	간격을 기준으로 날짜1과 날짜2의 차이를 표시

총봉사시간:

[누적봉사시간]+Iif([시작일자]=[종료일자],4,Datediff("d",[시작일자],[종료일자])*4)
　　　　　　　　　　① 　　　　　　　　　　　　　　　②

① 시작일자와 종료일자가 같으면 누적봉사시간+4로 계산
② 그렇지 않으면 누적봉사시간+(시작일자와 종료일자 간의 차이값)*4로 계산

③ '소속구분' 필드를 더블클릭하여 입력한다.

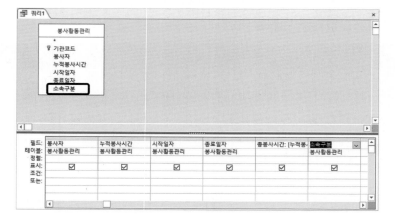

④ Enter 를 누르고 다음 필드에서 Shift + F2 를 눌러 [확대/축소] 대화상자
가 나타나면 '확인서발급'의 계산식을 다음과 같이 입력한 후 [확인]을 클
릭한다.

합격생의 비법

& 연산자
두 개의 텍스트를 결합하여 하
나의 텍스트로 만든다.

확인서발급: Choose(Left([기관코드],1),"개인","단체""전자문서")&"발급"

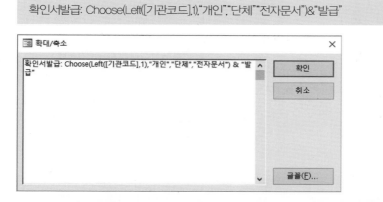

★ 설명해주세요

함수	설명
Choose(인수,값1,값2,…)	인수가 1이면 값1, 2이면 값2, …를 수행
Left(텍스트,개수)	텍스트의 왼쪽에서 개수만큼 표시

확인서발급: Choose(Left([기관코드],1),"개인","단체","전자문서") & "발급"
　　　　　　　　　　　　①　　　　　　　　　②　　　　　　　③
① 기관코드의 첫글자가
② '1'이면 '개인', '2'이면 '단체', '3'이면 '전자문서'로 표기
③ 뒤에 '발급'을 붙여 표시

⑤ Enter 를 누르고 다음 필드에서 Shift + F2 를 눌러 '수상추천'의 계산식을
다음과 같이 입력한 후 [확인]을 클릭한다.

수상추천: Switch([소속구분]<>"학생","",[소속구분]="학생" And [총봉사시간]>=100,"추천대상")

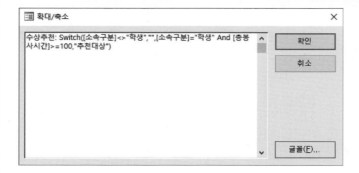

★ 설명해주세요

함수	설명
Switch(식1,값1,식2,값2,…)	식의 목록을 평가한 후 True가 되는 처음 값을 반환
And	두 식이 모두 참인 경우 참을 반환하는 연산자

수상추천:
Switch([소속구분]<>"학생","",[소속구분]="학생" And [총봉사시간]>=100,"추천대상")
　　　　　　　　①　　　　　　　　　　　　　　　　　　　　②

① 소속구분이 '학생'이 아니면 공백으로 표시
② 소속구분이 '학생'이고 총봉사시간이 '100'시간 이상이면 '추천대상'으로 표시

SECTION 03 정렬과 속성 지정하기

합격생의 비법

'시작일자'의 [속성 시트]가 열린 상태에서 '종료일자' 필드를 클릭하면 '종료일자' 필드의 [속성 시트]로 바뀌므로 다시 [속성]을 선택하지 않아도 된다.

① '시작일자' 필드에서 마우스 오른쪽 버튼을 누르고 [속성]을 선택한 후 [일반] 탭의 [형식]을 '보통 날짜'로 지정한다. '종료일자' 필드도 같은 방식으로 '보통 날짜'를 지정한다.

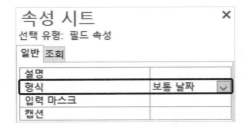

합격생의 비법

종료일자를 내림차순으로 정렬하면 최근의 날짜가 앞에 온다.

② '종료일자' 필드의 [정렬]을 '내림차순'으로 지정한다.

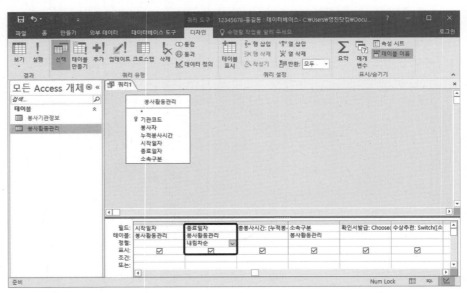

③ [디자인] 탭 – [결과] 그룹에서 [보기] – [데이터시트 보기](📱)를 클릭한
후 《출력형태》와 같은지 확인하고 [닫기]를 클릭한다.

기관코드	봉사자	누적봉사시간	시작일자	종료일자	총봉사시간	소속구분	확인서발급	수상추천
221133	김봉헌	0	14년 05월 03일	14년 06월 13일	164	주부	단체발급	
388991	이효도	56	14년 04월 06일	14년 06월 11일	320	학생	전자문서발급	추천대상
236688	송은혜	0	14년 06월 09일	14년 06월 09일	4	직장인	단체발급	
312345	정사랑	12	14년 06월 02일	14년 06월 02일	16	학생	전자문서발급	
144556	김안심	60	14년 04월 28일	14년 06월 01일	196	직장인	개인발급	
235566	김희생	25	14년 03월 29일	14년 05월 27일	261	학생	단체발급	추천대상
156677	강하나	32	14년 05월 25일	14년 05월 25일	36	기타	개인발급	
377889	정공헌	42	14년 04월 11일	14년 05월 22일	206	직장인	전자문서발급	
266789	최도움	10	14년 04월 26일	14년 05월 21일	110	주부	단체발급	
133778	이봉사	13	14년 04월 18일	14년 05월 19일	137	학생	개인발급	추천대상

레코드: 14 ◀ 11/11 ▶ ▶1 ▷ 🦢 필터 없음 │검색

왜 안될까요?

#이 표시될 때

열 너비가 좁으면 #으로 표시되므로 마우스로 드래그하여 열 너비를 조절한다.

④ 저장 여부를 물으면 [예]를 클릭한 후, [다른 이름으로 저장] 대화상자의
[쿼리 이름]에 『봉사활동관리현황』을 입력하고 [확인]을 클릭한다.

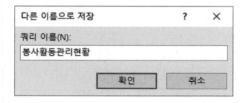

다른 이름으로 저장   ?   ✕

쿼리 이름(N):

봉사활동관리현황

확인   취소

• 문제3의 쿼리는 문제1에서 작성된 두 테이블을 대상으로 지시된 필드를 이용하여 테이블을 조인하는 문제가 출제된다. 쿼리를 작성한 다음 정렬을 지정하고 지시된 조건을 입력하여 ≪출력형태≫와 일치하는지 확인해야 한다.

SECTION 01 테이블 추가하기

① [만들기] 탭 – [쿼리] 그룹에서 [쿼리 디자인](▦)을 선택한다.

② [테이블 표시] 대화상자가 나타나면 [테이블] 탭에서 '봉사기관정보'와 '봉사활동관리'를 더블클릭하고 [닫기]를 클릭한다.

SECTION 02 관계 설정하기

합격생의 비법

관계 설정으로 연결되는 두 개의 기준 필드는 같은 데이터 형식을 가져야 하며, 같은 종류의 데이터가 들어있어야 한다.

① '기관코드'를 기준으로 관계를 설정하기 위해 [봉사활동관리] 테이블의 '기관코드' 필드를 [봉사기관정보] 테이블의 '기관코드' 필드로 드래그한다.

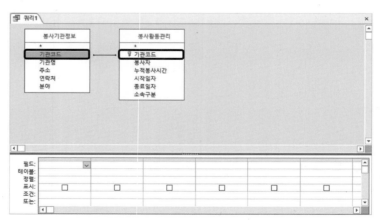

② 조인 속성을 설정하기 위해 관계 설정 선을 더블클릭한다. [조인 속성] 대
화상자에서 '두 테이블의 조인된 필드가 일치하는 행만 포함'을 선택하고
[확인]을 클릭한다.

합격생의 비법

조인 속성은 내부 조인뿐만 아
니라 왼쪽 외부 조인이나 오른
쪽 외부 조인도 출제될 수 있
으므로 문제의 조건을 꼼꼼히
읽은 후 지정하도록 한다.

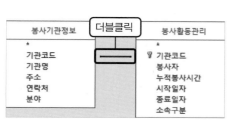

SECTION 03 필드 입력하기

① [봉사기관정보] 테이블에서 '기관명'을 더블클릭하고 [봉사활동관리] 테이
블에서 '봉사자', '소속구분', '시작일자', '종료일자'를 더블클릭하여 필드를
추가한다.

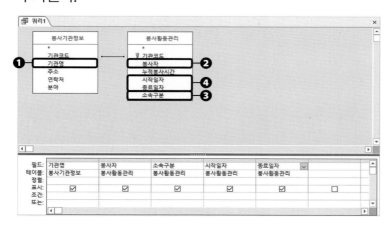

② 분야가 '시설'로 끝나는 데이터를 추출하기 위해 [봉사기관정보] 테이블의 '분야' 필드를 더블클릭한다. 조건에 『*시설』을 입력한 후 Enter 를 누르면 자동으로 'Like "*시설"'로 바뀐다. ≪출력형태≫에 '분야' 필드는 나타나지 않으므로 체크 표시를 해제한다.

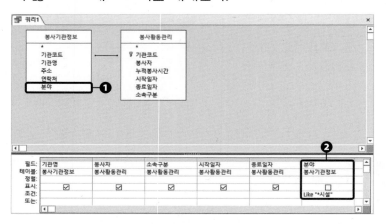

합격생의 비법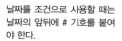

날짜를 조건으로 사용할 때는 날짜의 앞뒤에 # 기호를 붙여야 한다.

합격생의 비법

And 조건일 경우 같은 행에 조건을 입력하고 Or 조건일 경우 다른 행에 조건을 입력한다.

③ 종료일자가 '2014 – 06 – 01' 이후(해당일자 포함)인 데이터를 추출하기 위해 '종료일자' 필드의 조건에 『>=2014 – 06 – 01』을 입력하고 Enter 를 누르면 자동으로 '>=#2014 – 06 – 01#'으로 바뀐다. 이 때 '분야'와 '종료일자'는 And 조건이므로 같은 행에 조건을 입력한다.

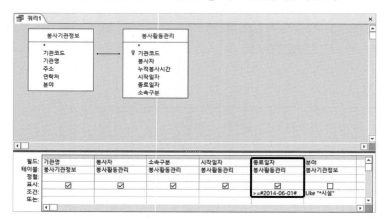

④ 봉사자를 기준으로 정렬하기 위해 '봉사자' 필드의 정렬을 '오름차순'으로
지정한다.

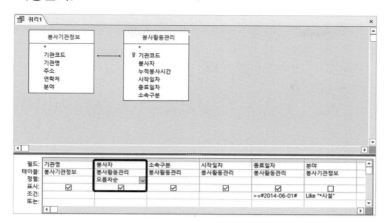

⑤ [디자인] 탭 – [결과] 그룹에서 [보기] – [데이터시트 보기](▦)를 선택한
후 ≪출력형태≫와 같은지 확인하고 [닫기]를 클릭한다.

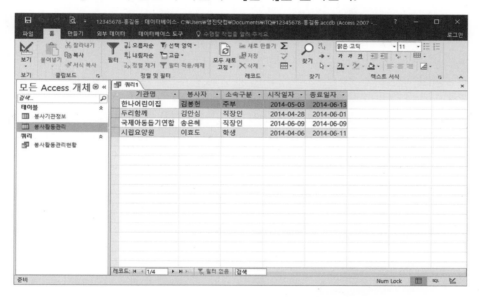

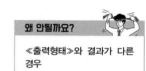

왜 안될까요?

≪출력형태≫와 결과가 다른
경우

우선 조건이 잘못 지정되었는
지 확인하고 이상이 없으면 쿼
리의 원본이 되는 테이블에 오
타가 있거나 데이터가 누락되
지 않았는지 확인한다.

⑥ 저장 여부를 물으면 [예]를 클릭한 후, [다른 이름으로 저장] 대화상자의
[쿼리 이름]에 『봉사활동관리현황 분석』을 입력하고 [확인]을 클릭한다.

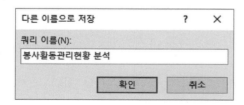

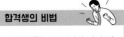

문제 ④ ▶ 보고서 작성 | **80**점

합격생의 비법

명령 단추는 보고서가 미리 작성되어 있어야 만들 수 있으므로 명령 단추가 포함된 문제가 출제되면 보고서를 먼저 작성한 후에 폼을 작성하는 문제를 푸는 것이 편리하다.

• 문제4의 보고서는 마법사를 사용하여 보고서를 작성한 후 제목 서식, 필드 위치 지정, 바닥글, 조건부 서식 등을 작성하는 문제이다. 필드 내용이 잘리지 않도록 필드의 위치를 세심하게 지정하고 특히 1페이지를 넘기지 않도록 주의한다.

SECTION 01 보고서 만들기

① [만들기] 탭 – [보고서] 그룹에서 [보고서 마법사](📊)을 선택한다.

② [보고서 마법사]에서 [테이블/쿼리]를 '쿼리 : 봉사활동관리현황'으로 선택한다.

③ [사용 가능한 필드]에서 '시작일자', '종료일자', '봉사자', '소속구분', '확인서발급', '총봉사시간' 필드를 순서대로 더블클릭하여 [선택한 필드]로 옮긴 후 [다음]을 클릭한다.

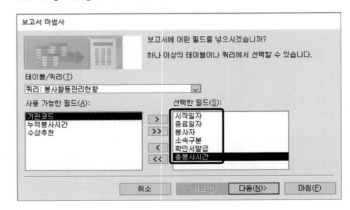

④ 그룹 수준을 '시작일자'로 선택한 후 버튼을 클릭하여 그룹화하고 [다음]을 클릭한다.

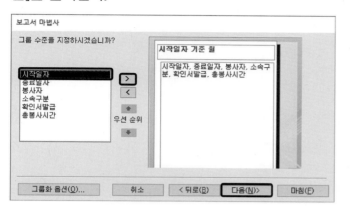

합격생의 비법

텍스트의 경우 몇 번째 글자를 기준으로 그룹을 지정하거나 날짜의 경우 연도별, 분기별, 월별 등으로 그룹을 지정하는 경우에는 [그룹화 옵션]을 클릭하여 그룹을 지정한다.

⑤ 정렬할 필드로 '종료일자'를 선택하고 [요약 옵션]을 클릭한다.

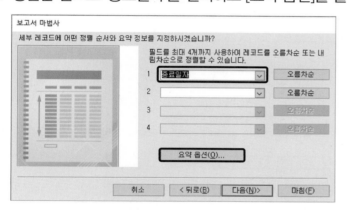

합격생의 비법

정렬은 오름차순이 기본이며, 내림차순이 지시된 경우에는 [오름차순] 단추를 클릭하여 [내림차순]으로 바꿔준다.

⑥ [요약 옵션] 대화상자에서는 봉사자의 인원수를 바로 구할 수 없으므로 [디자인 보기]에서 수정할 수 있도록 [총봉사시간]의 '합계'를 체크하고 [확인]을 클릭한 후 [다음]을 클릭한다.

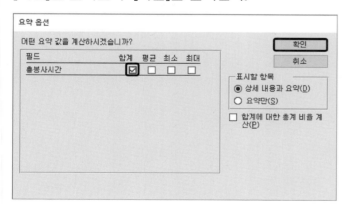

합격생의 비법

[요약 옵션]에서는 데이터 형식이 텍스트인 필드는 나타나지 않으므로, 개수를 구하는 경우에는 우선 다른 항목을 선택한 후 [디자인 보기]에서 수정하는 방법이 편리하다.

⑦ [모양]은 '단계', [용지 방향]은 '세로'로 지정하고, '모든 필드가 한 페이지에 들어가도록 필드 너비 조정'에 체크한 후 [다음]을 클릭한다.

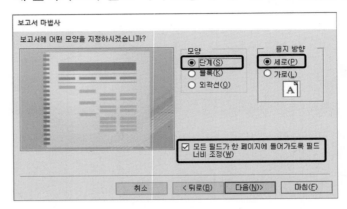

⑧ 보고서 제목에 『봉사활동관리현황 보고서』를 입력하고 '보고서 디자인 수정'을 선택한 후 [마침]을 클릭한다.

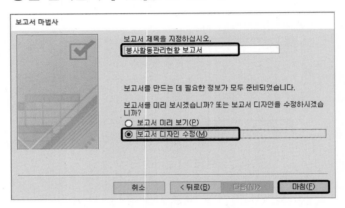

① ≪출력형태≫와 비교하여 '시작일자 바닥글'과 '페이지 바닥글'의 필요 없
는 부분을 [Delete]를 눌러 삭제한 후 '페이지 바닥글'의 날짜 텍스트 상자
를 보고서 머리글로 드래그하여 이동한다.

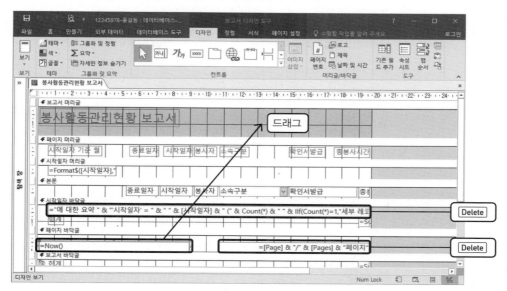

② 날짜 텍스트 상자의 내용을 지우고 『=DateSerial(2014,6,14)』를 입력한
후 [홈] 탭 – [텍스트 서식] 그룹에서 [텍스트 오른쪽 맞춤]](≡)을 선택한
다.

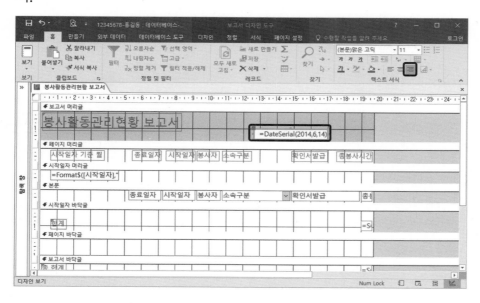

③ 보고서 제목을 선택하고 마우스 오른쪽 버튼을 클릭하여 [속성]을 선택한다. [속성 시트] 창의 [형식] 탭에서 [글꼴 이름]을 '궁서', [글꼴 크기]를 '24', [텍스트 맞춤]을 가운데, [글꼴 두께]를 '굵게', [글꼴 밑줄]을 '예'로 지정한 후 드래그하여 가운데로 이동한다.

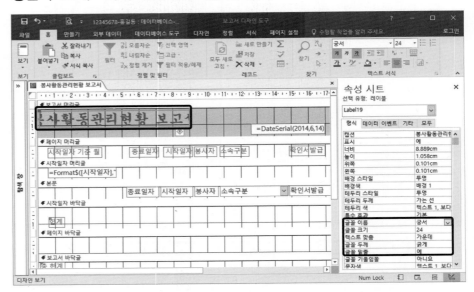

④ 날짜 텍스트 상자를 선택하고 [속성 시트] 창의 [형식] 탭에서 [배경 스타일]을 '투명'으로 지정한다.

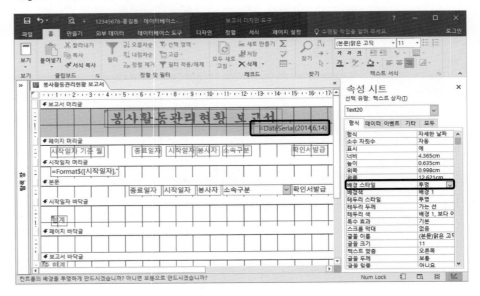

⑤ [디자인] 탭 – [보기] 그룹에서 [보기] – [레이아웃 보기](▤)를 선택한다.

합격생의 비법

레이아웃 보기
디자인 보기보다 시각적인 보기 형태로 각 컨트롤은 실제 데이터를 표시하므로 컨트롤 크기나 위치를 지정하는데 유용한 보기 형태이다.

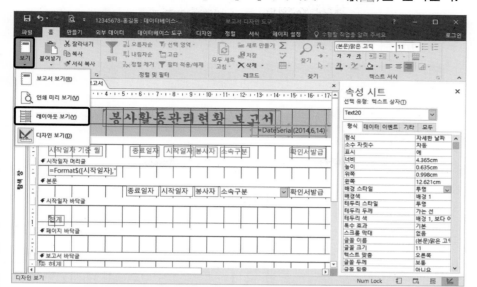

⑥ '시작일자 기준 월'을 『시작일자(월)』로 수정하고 텍스트 상자를 선택한 후 [속성 시트] 창의 [데이터] 탭에서 [컨트롤 원본]을 다음과 같이 수정한다. 레이블과 텍스트 상자의 크기를 조절하고 가운데 맞춤을 지정한다.

=Format$([시작일자],"mm",0,0)&"월"

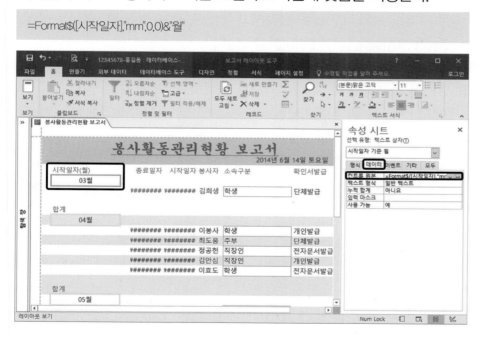

⑦ '시작일자' 레이블과 텍스트 상자를 삭제한 후 다른 필드의 너비를 조절한다. 소속구분의 텍스트 상자를 선택한 후 [속성 시트] 창의 [형식] 탭에서 [테두리 스타일]을 '투명', [텍스트 맞춤]을 '가운데'로 지정한다.

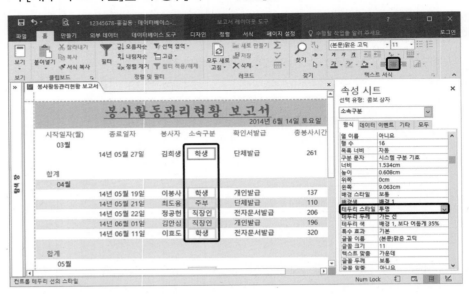

⑧ [디자인] 탭 – [보기] 그룹의 [보기] – [디자인 보기](✔)를 선택한다. 시작일자 바닥글의 레이블을 선택하고 '인원수'로 수정한 후 [홈] 탭 – [텍스트 서식] 그룹에서 [굵게](가)를 클릭한다.

합격생의 비법

=count([봉사자])
봉사자의 인원수를 구하는 수식으로 시작일자 바닥글에 위치하면 시작일자(월)이 같은 봉사자의 인원수를 구하고, 보고서 바닥글에 위치하면 전체 봉사자의 인원수를 구해준다.

⑨ 시작일과 바닥글의 텍스트 상자를 선택하고 [속성 시트] 창의 [데이터] 탭에서 [컨트롤 원본]을 『=count([봉사자])』로 수정한 후 [형식] 탭에서 [테두리 스타일]을 '투명'으로 지정한다. 같은 방법으로 보고서 바닥글의 레이블과 텍스트 상자를 수정하고 크기와 위치를 조절한다.

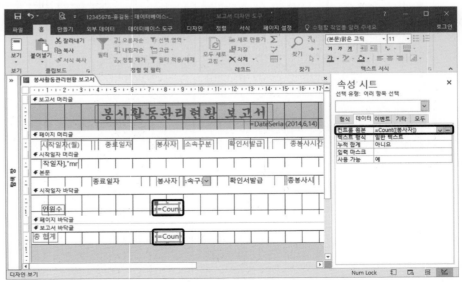

⑩ [디자인] 탭 – [컨트롤] 그룹에서 [선](＼)을 선택하고 페이지 머리글과 시
작일자 바닥글에 드래그하여 선을 그린다. 그려진 선을 모두 선택한 후
[속성 시트] 창의 [형식] 탭에서 [테두리 두께]를 '2pt'로 지정한다.

합격생의 비법

선을 그릴 때는 Shift 를 먼저
누른 채 드래그하면 똑바른 직
선을 그릴 수 있다. 선을 하나
그린 후 Ctrl + C 를 눌러 복
사하고 Ctrl + V 를 눌러 붙여
넣기하면 쉽게 선을 작성할 수
있다.

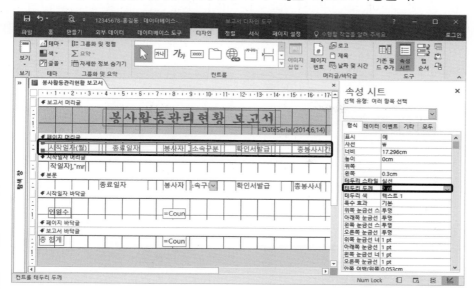

⑪ 본문 영역을 선택하고 [속성 시트] 창의 [형식] 탭에서 [다른 배경색]의
⋯ 을 눌러 '흰색'으로 지정한다. 같은 방법으로 시작일자 머리글과 시작
일자 바닥글의 [다른 배경색]도 '흰색'으로 지정한다.

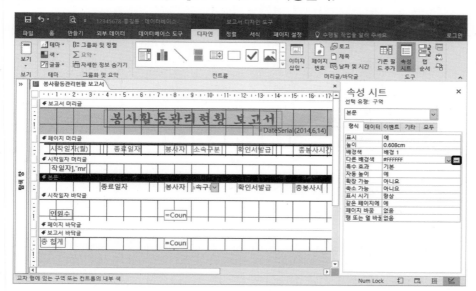

① '종료일자'에 조건부 서식을 지정하기 위해 본문 영역의 '종료일자' 컨트롤을 선택하고 [서식] 탭 – [컨트롤 서식] 그룹에서 [조건부 서식](▦)을 선택한 후 [새 규칙] 단추를 클릭한다.

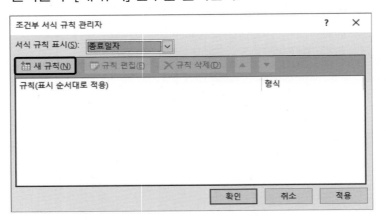

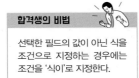

합격생의 비법

선택한 필드의 값이 아닌 식을 조건으로 지정하는 경우에는 조건을 '식이'로 지정한다.

② [규칙 유형 선택]에 '현재 레코드의 값 확인 또는 식 사용'을 선택하고 [규칙 설명 편집]에 '식이'를 선택한 후 식 작성기에 『month([종료일자])=6』을 입력한다. [굵게](가)를 클릭하고 [배경색] 목록 단추를 클릭하여 '노랑'을 선택한 후 [확인]을 클릭한다.

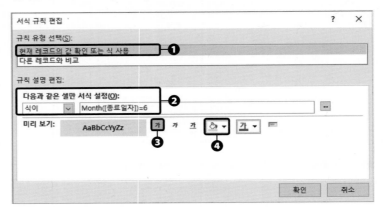

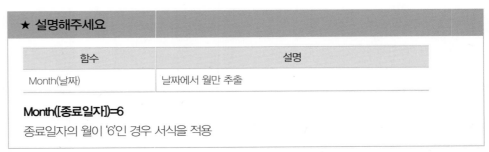

함수	설명
Month(날짜)	날짜에서 월만 추출

Month([종료일자])=6
종료일자의 월이 '6'인 경우 서식을 적용

③ [조건부 서식 규칙 관리자] 대화상자에서 [확인]을 클릭하고 [디자인] 탭 – [보기] 그룹에서 [보기] – [보고서 보기](▦)를 선택한 후 [닫기]를 클릭한다.

합격생의 비법

《출력형태》와 비교하여 개체들을 적절히 배치하고 잘린 글자가 없는지 확인하여 수정한다.

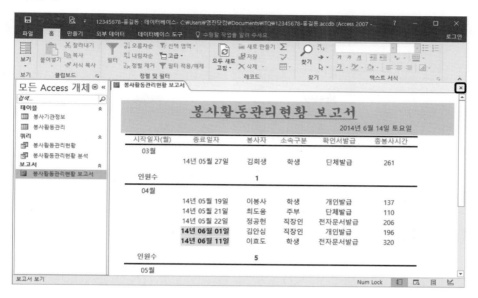

④ 저장 여부를 물으면 [예]를 클릭한다.

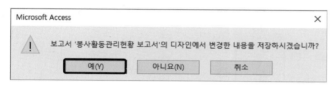

문제 ❺ ▶ 폼 작성 | 80점

• 폼 작성에서는 하위 폼을 작성하는 문제가 출제되며 명령 단추를 작성하거나 메시지 폼을 작성하는 두 가지 유형으로 출제된다. 폼 머리글 영역에는 콤보 상자가 출제되므로 텍스트 상자를 콤보 상자로 변경하는 방법을 알아두어야 한다.

합격생의 비법

보고서 명령 단추가 출제된 경우에는 폼을 작성하기 전에 보고서를 먼저 작성하는 것이 편리하다.

SECTION 01 하위 폼 만들기

① [만들기] 탭 – [폼] 그룹에서 [폼 마법사](🔲)를 선택한다.

② [폼 마법사] 대화상자에서 [테이블/쿼리]를 '쿼리: 봉사활동관리현황'으로 선택한다.

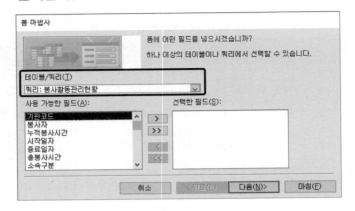

합격생의 비법

필드를 선택할 때 《출력형태》
를 보고 왼쪽 열의 필드부터
순서대로 선택하는 것이 편집
할 때 편리하다.

③ [사용 가능한 필드]에서 '봉사자', '소속구분', '확인서발급', '누적봉사시간', '시작일자', '종료일자', '총봉사시간' 필드를 순서대로 더블클릭하여 [선택한 필드]로 옮기고 [다음]을 클릭한다.

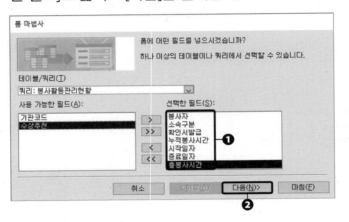

합격생의 비법

열 형식
가장 일반적인 형식으로 한 화
면에 하나의 레코드만 표시하
는 단일 폼 형식이다.

④ 폼의 모양을 '열 형식'으로 지정한 후 [다음]을 클릭한다.

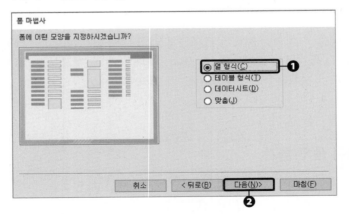

⑤ 폼의 제목에 『봉사활동관리』를 입력하고 '폼 디자인 수정'을 선택한 후 [마침]을 클릭한다.

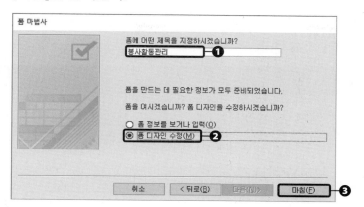

합격생의 비법

하위 폼의 이름은 《출력형태》를 보고 하위 폼 왼쪽 상단의 캡션을 그대로 지정해준다.

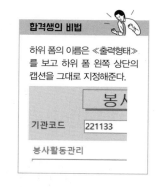

SECTION 02 하위 폼의 디자인 수정

① Shift 를 누른 상태에서 레이블을 모두 선택하거나 마우스 드래그하여 모두 선택하고 크기를 적당히 조절한다.

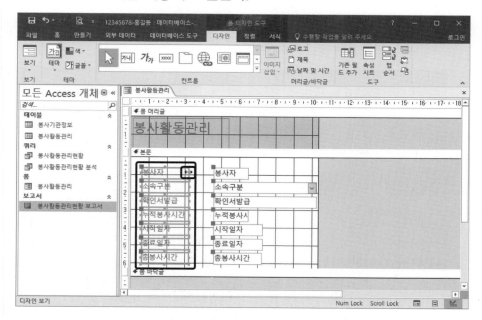

② 같은 방법으로 텍스트 상자를 모두 선택하고 [정렬] 탭 – [크기 및 순서 조정] 그룹에서 [크기/공간] – [가장 좁은 너비에](⬚)를 선택하여 모든 텍스트 상자의 크기를 같게 조절한 후 크기를 조정하면 모든 텍스트 상자의 크기가 동일하게 조절된다.

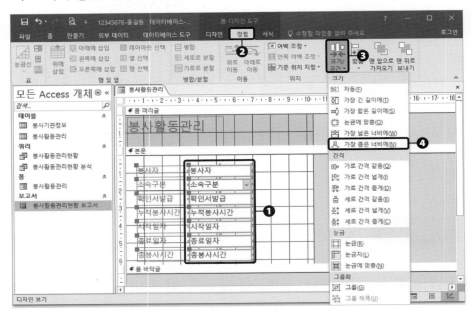

③ 누적봉사시간, 시작일자, 종료일자, 총봉사시간 컨트롤을 선택하고 드래그하여 오른쪽으로 옮긴다.

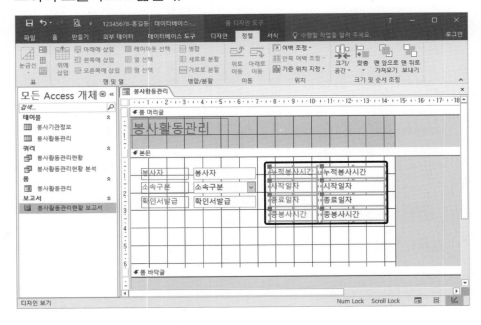

④ '안내사항'을 추가하기 위해 [디자인] 탭 – [컨트롤] 그룹의 [텍스트 상자] (|가비|)를 선택하고 '확인서발급' 아래에 클릭한다. [텍스트 상자 마법사]가 나타나면 [마침]을 클릭한다.

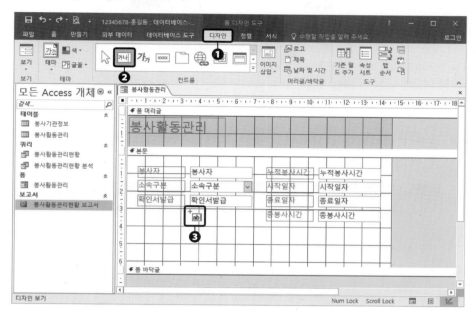

⑤ 레이블과 텍스트 상자의 크기를 조절한 후 새로 만든 레이블에 『안내사항』이라고 입력하고 텍스트 상자에는 다음과 같이 계산식을 입력한다.

=IIf([소속구분]="학생", "학교로 발송", "이메일 발송")

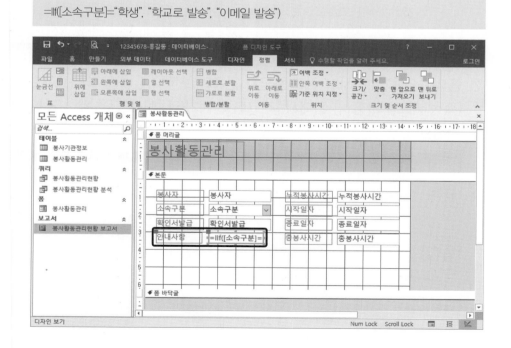

합격생의 비법

수식이 긴 경우에는 텍스트 상자에서 마우스 오른쪽 버튼을 클릭하여 [속성]을 선택한다. [속성 시트] 창에서 [데이터] 탭의 [컨트롤 원본]에서 [작성] ()을 클릭한 후 [식 작성기] 대화상자에서 계산식을 입력하고 [확인]을 클릭한다.

★ 설명해주세요

함수	설명
IIf(조건,값1,값2)	조건이 참이면 값1, 거짓이면 값2를 수행

=IIf([소속구분]="학생","학교로 발송","이메일 발송")
           ①   ②

① 소속구분이 '학생'이면 '학교로 발송'으로 표시
② 그렇지 않으면' 이메일 발송'으로 표시

⑥ '소속구분' 콤보 상자에서 마우스 오른쪽 버튼을 클릭하고 [변경] – [텍스트 상자](카네)를 선택하여 콤보 상자를 텍스트 상자로 변경한다.

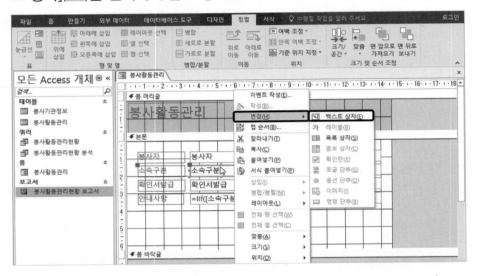

합격생의 비법

하위 폼의 [레코드 선택기]와 [탐색 단추]는 [속성 시트]의 [형식] 탭에서 '아니요'로 지정하여 표시되지 않도록 한다.

⑦ 폼의 속성을 지정하기 위해 눈금자 왼쪽의 [선택기](■)를 더블클릭한 후 [속성 시트]의 [형식] 탭에서 [레코드 선택기]와 [탐색 단추]를 '아니요'로 지정한다.

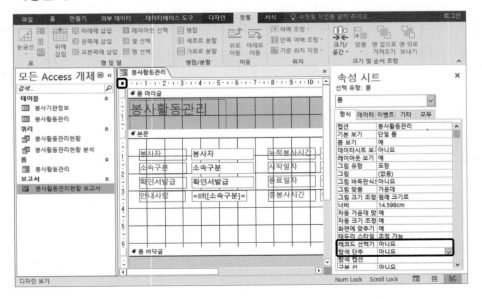

⑧ 폼 머리글을 숨기기 위해 폼에서 마우스 오른쪽 버튼을 누른 후 [폼 머리
글/바닥글]을 선택한다.

합격생의 비법

하위 폼의 폼 머리글은 삭제하
여 표시되지 않도록 한다.

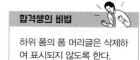
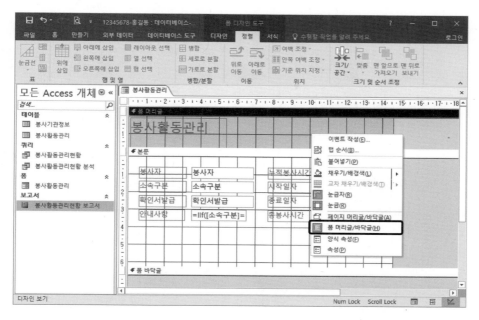

⑨ 다음과 같은 대화상자가 나타나면 [예]를 클릭한다.

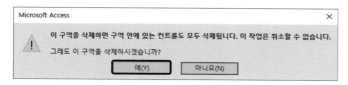

⑩ [홈] 탭 – [보기] 그룹에서 [보기] – [폼 보기](▤)를 선택하여 《출력형태》
와 같은지 확인하고 [닫기]를 클릭한다. 저장 여부를 물으면 [예]를 클릭
한다.

① [만들기] 탭 – [폼] 그룹에서 [폼 마법사](🔲)를 선택한다.

② [폼 마법사]에서 [테이블/쿼리]를 '쿼리: 봉사활동관리현황'으로 선택한다. [사용 가능한 필드]에서 '기관코드'를 더블클릭하여 [선택한 필드]로 옮기고 [다음]을 클릭한다.

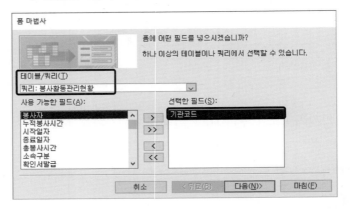

합격생의 비법

열 형식
한 화면에 하나의 레코드만 표시하는 단일 폼 형식이다.

③ 폼의 모양을 '열 형식'으로 지정한 후 [다음]을 클릭한다.

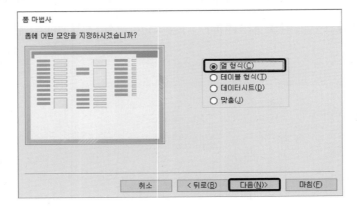

④ 폼의 제목에 『봉사활동관리현황 폼』을 입력하고 '폼 디자인 수정'을 선택
한 후 [마침]을 클릭한다.

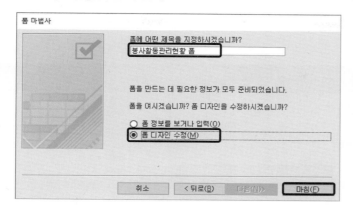

SECTION 04 기본 폼 수정하기

① 디자인 보기가 열리면 오른쪽 경계선을 드래그하여 작업할 공간을 만들
어준다.

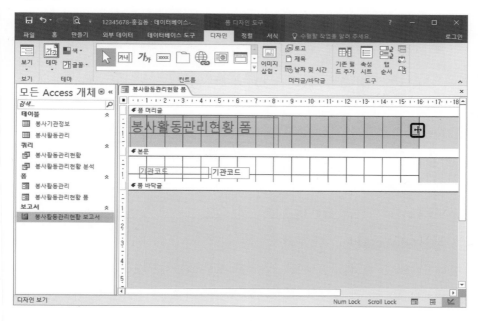

② 폼 제목 컨트롤을 선택하고 마우스 오른쪽 버튼을 눌러 [속성]을 선택한다. [속성 시트]의 [형식] 탭에서 [특수 효과]는 '그림자', [글꼴 이름]은 '굴림', [글꼴 크기]는 22, [텍스트 맞춤]은 '가운데'로 선택하고 속성 시트를 닫는다.

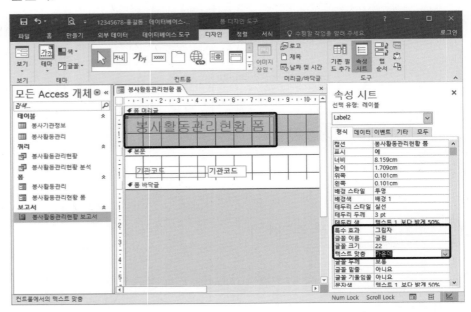

③ 폼 제목 컨트롤의 높이를 줄인 후 폼 머리글 가운데로 이동한다.

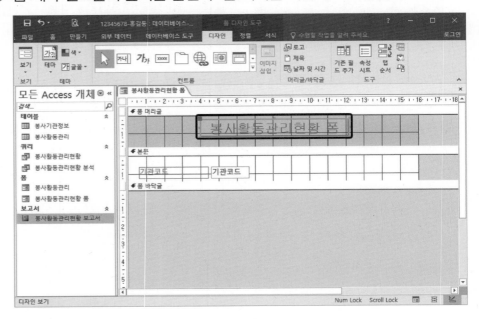

④ 본문 영역의 '기관코드' 컨트롤을 폼 머리글로 이동한다. 크기를 조절한 후 텍스트 상자의 바로 가기 메뉴에서 [변경] – [콤보 상자]()를 선택한다.

합격생의 비법

본문에는 미리 작성한 하위 폼이 들어가므로 본문에 만들어진 '기관코드' 레이블과 텍스트 상자는 반드시 폼 머리글로 이동한 후 콤보 상자로 변경해야 한다.

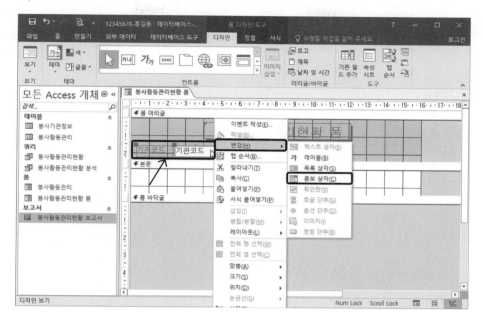

⑤ '기관코드' 콤보 상자에서 마우스 오른쪽 버튼을 누르고 [속성]을 선택한 후 [속성 시트]의 [데이터] 탭의 [컨트롤 원본]은 '기관코드', [행 원본]은 '봉사활동관리현황', [행 원본 유형]은 '테이블/쿼리'로 선택한다.

합격생의 비법

• 행 원본 유형 : 컨트롤 데이터의 원본 유형을 지정하는 속성으로 테이블/쿼리, 값 목록, 필드 목록 중에서 선택한다.
• 행 원본 : 컨트롤 데이터 원본을 지정하는 속성으로 행 원본 형식에 따라 달라진다. 행 원본 형식을 '테이블/쿼리'로 지정했으므로 원본 쿼리인 '봉사활동관리현황'을 선택하면 된다.

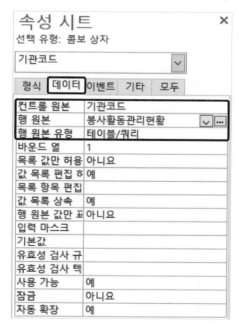

⑥ 레코드 선택기를 없애기 위해 눈금자 왼쪽의 [선택기](▪)를 더블클릭한
   후 [속성 시트]의 [형식] 탭에서 [레코드 선택기]를 '아니요'로 지정한다.

하위 폼 추가하기

① [디자인] 탭 – [컨트롤] 그룹에서 [하위 폼/하위 보고서](▦)를 선택하고
   본문영역의 하위 폼 위치에서 클릭한다.

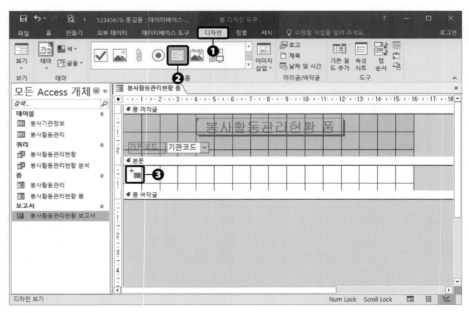

② [하위 폼 마법사] 대화상자가 열리면 [기존 폼 사용]에 체크하고 '봉사활동관리'를 선택한 후 [다음]을 클릭한다.

합격생의 비법

[하위 폼 마법사] 대화상자가 열리지 않으면 [디자인] 탭 – [컨트롤] 그룹에서 [컨트롤 마법사 사용]( )을 선택한다.

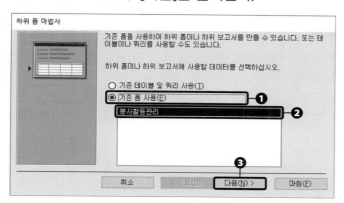

③ [목록에서 선택]을 체크하고 '기관코드를 사용하여 봉사활동관리현황의 각 레코드에 대해 봉사활동관리현황을 표시합니다'를 선택한 후 [다음]을 클릭한다.

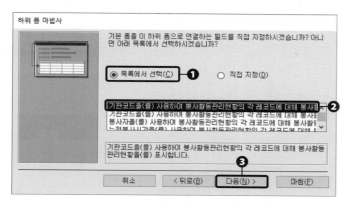

④ 하위 폼 이름에 『봉사활동관리』를 입력하고 [마침]을 클릭한다.

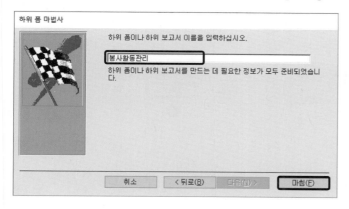

① [디자인] 탭 – [컨트롤] 그룹에서 [이미지 삽입] – [찾아보기]를 선택한다.

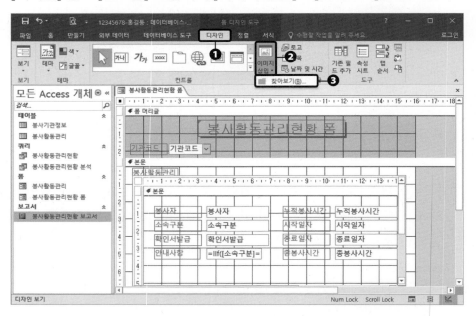

② [그림 삽입] 창에서 '로고2'를 선택한 후 [확인]을 클릭한다.

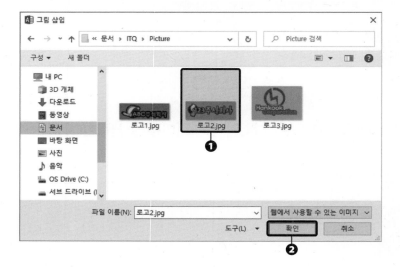

③ 삽입된 로고의 바로 가기 메뉴에서 [속성]을 선택하고 [속성 시트]의 [형식] 탭에서 [크기 조절 모드]는 '전체 확대/축소', [너비]는 2cm, [높이]는 1cm, [특수 효과]는 '볼록'을 지정한다.

합격생의 비법

로고의 크기 조절 모드는 반드시 '전체 확대/축소'로 지정한다.

---

① [디자인] 탭 – [컨트롤] 그룹에서 [단추](xxxx)를 클릭하고 [폼 머리글] 영역의 로고 아래에서 클릭한다.

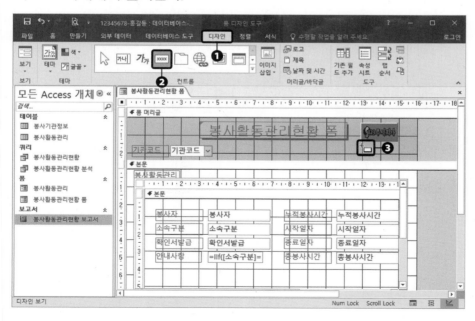

합격생의 비법

[디자인] 탭 – [컨트롤] 그룹 – [컨트롤 마법사 사용](⌂)이 선택되어 있지 않은 경우 [명령 단추 마법사] 대화상자가 열리지 않으므로 미리 선택된 상태인지 확인한다.

② [명령 단추 마법사]가 실행되면 [종류]에서 '보고서 작업'을 선택하고, [매크로 함수]에서 '보고서 미리 보기'를 선택한 후 [다음]을 클릭한다.

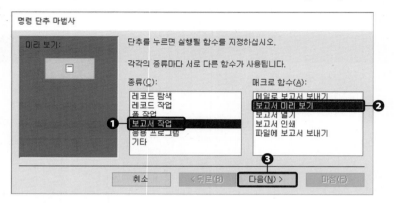

③ 미리 보기할 보고서로 '봉사활동관리현황 보고서'를 선택하고 [다음]을 클릭한다.

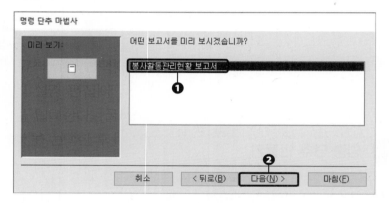

④ [텍스트]를 선택하고 『보고서』를 입력한 후 [다음]을 클릭한다.

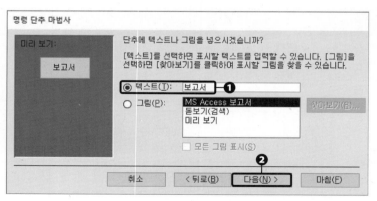

⑤ 명령 단추의 이름을 지정하고 [마침]을 클릭한다. 이름은 따로 지정하지
않아도 상관없다.

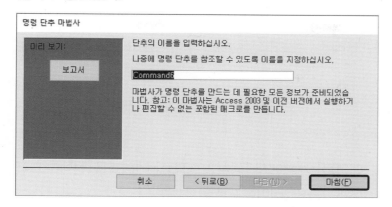

⑥ 명령 단추의 바로 가기 메뉴에서 [속성]을 선택하고 [형식] 탭의 [너비]를
2cm, [높이]를 1cm로 지정한다.

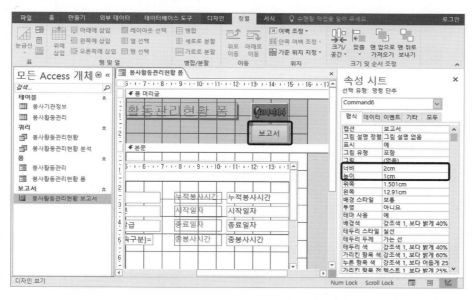

⑦ [디자인] 탭 – [보기] 그룹에서 [보기] – [폼 보기](▤)를 선택하여 ≪출력
형태≫와 같은지 확인한다.

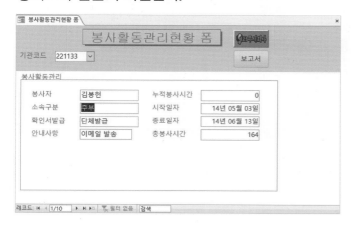

문제 ⑥ ▶ 레이블 보고서 작성 | **70**점

- 문제6은 우편물 레이블 마법사를 이용하여 레이블 보고서를 작성한다. 지정된 텍스트와 함께 함수를 이용하여 수식을 작성해야 하므로 이 점을 유의해야 한다.

SECTION 01 레이블 보고서 만들기

> **합격생의 비법**
>
> 레이블을 작성할 때는 반드시 [탐색] 창에서 레이블의 레코드 원본으로 사용할 테이블을 선택해야 한다.

① [탐색] 창의 [테이블] 개체에서 [봉사기관정보] 테이블을 선택하고 [만들기] 탭 – [보고서] 그룹의 [레이블](圖)을 선택한다.

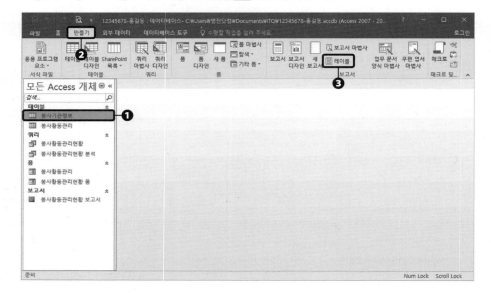

② [우편물 레이블 마법사]에서 [제조업체로 필터링]을 'A – ONE'으로 지정하고 [제품 번호]를 'AOne 28315(크기 : 34mm×64mm, 열 개수 :3)'로 선택한 후 [다음]을 클릭한다.

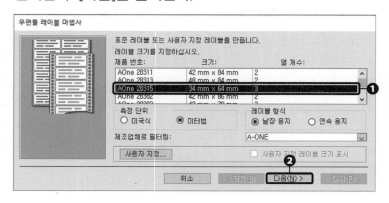

③ 글꼴 이름, 글꼴 크기, 글꼴 두께, 텍스트 색을 지정하고 [다음]을 클릭한
   다.(굴림, 10pt, 중간, 검정)

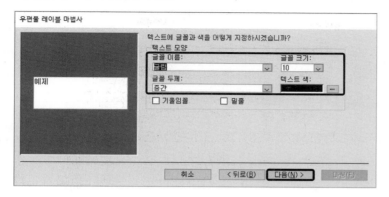

④ [예제] 영역에 『[지역 : 』을 입력하고 [사용 가능한 필드]에서 '주소'를 더
   블클릭한다. 『, 』를 입력하고 [사용 가능한 필드]에서 '기관코드'를 더블클
   릭한 후 다시 『]』를 입력한다.

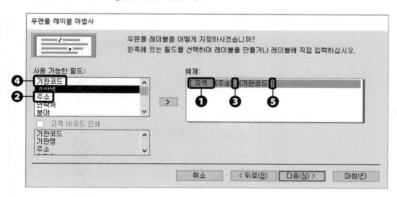

⑤ Enter 를 누른 후 『기관명 : 』을 입력하고 [사용 가능한 필드]에서 '기관명'
   을 더블클릭한다.

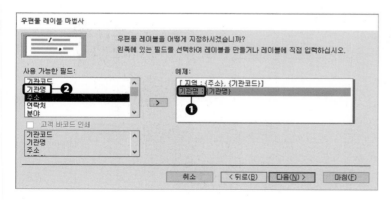

합격생의 비법

우편물 레이블 마법사에서는
함수를 사용할 수 없으므로 필
드와 텍스트만 입력하고 디자
인 보기에서 함수를 넣어 수정
한다.

⑥ Enter를 누른 후 『연락처 : 』를 입력하고 [사용 가능한 필드]에서 '연락처'
를 더블클릭한 후 [다음]을 클릭한다.

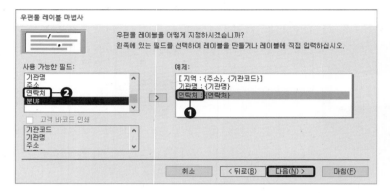

⑦ 정렬 기준이 될 필드로 '기관코드'를 선택하고 [다음]을 클릭한다.

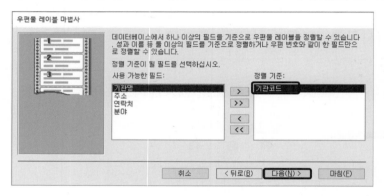

⑧ 보고서 이름에 '봉사기관정보 레이블'을 입력하고 '우편물 레이블의 디자
인 수정'을 선택한 후 [마침]을 클릭한다.

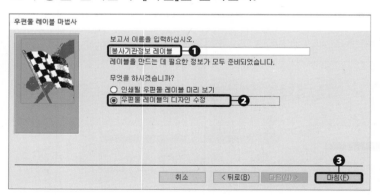

① 첫 번째 텍스트 상자를 선택하고 [주소]를 『Left([주소],2)』로 수정한다.

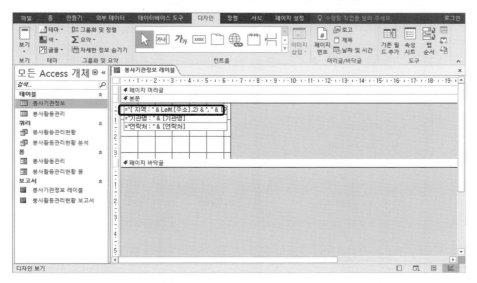

★ 설명해주세요

함수	설명
Left(텍스트,개수)	텍스트의 왼쪽부터 개수만큼 표시

="[지역 : " & Left([주소],2) & ", " & [기관코드] & "]"
　　①　　　　　　②　　　　　　　③

① "[지역 : "을 표시
② 주소의 왼쪽 두 글자를 표시하고 ","를 표시
③ 기관코드를 표시하고 "]"를 표시

② 두 번째 텍스트 상자를 선택하고 [홈] 탭 – [텍스트 서식] 그룹에서 [굵게]
(**가**)를 클릭한다.

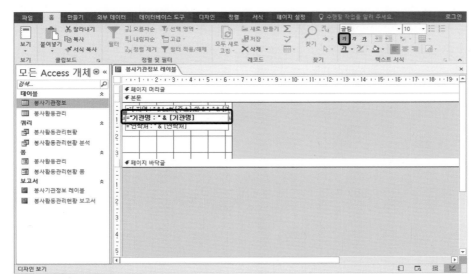

합격생의 비법

[인쇄 미리 보기]에서만 배치한 그대로 열을 볼 수 있으며 [보고서 보기]나 [레이아웃 보기]에서 보고서를 보면 데이터가 한 열에 표시된다.

③ [디자인] 탭 – [보기] 그룹에서 [보기] – [인쇄 미리 보기](🔍)를 선택하여 ≪출력형태≫와 같은지 확인한다.

📑 봉사기관정보 레이블

[지역 : 강원, 133778]
기관명 : 들꽃사랑
연락처 : 033-323-7878

[지역 : 경기, 144556]
기관명 : 두리함께
연락처 : 031-987-5432

[지역 : 경기, 156677]
기관명 : 효자손요양원
연락처 : 031-222-3333

[지역 : 전남, 221133]
기관명 : 한나어린이집
연락처 : 061-333-5555

[지역 : 서울, 235566]
기관명 : 사랑의전화
연락처 : 02-5555-6677

[지역 : 서울, 236688]
기관명 : 국제아동돕기연합
연락처 : 02-9999-8880

[지역 : 충남, 266789]
기관명 : 나라사랑복지재단
연락처 : 041-777-6666

[지역 : 서울, 312345]
기관명 : 중앙복지개발원
연락처 : 02-1234-5678

[지역 : 서울, 377889]
기관명 : 요셉의원
연락처 : 02-1111-1212

[지역 : 서울, 388991]
기관명 : 시립요양원
연락처 : 02-1234-1234

CHAPTER
02 문제 보기

과목	코드	문제유형	시험시간	수험번호	성명
한글액세스	1132	B	60분		

·················· **수험자 유의사항** ··················

• 수험자는 문제지를 받는 즉시 문제지와 <u>수험표상의 시험과목(프로그램)이 동일한지 반드시 확인</u>하여야 합니다.
• 파일명은 본인의 "수험번호–성명"으로 입력하여 답안폴더(내 PC\문서\ITQ)에 하나의 파일로 저장해야 하며, 답안문서 파일명이 "수험번호–성명"과 일치하지 않거나, 답안파일을 전송하지 않아 미제출로 처리될 경우 실격 처리합니다(예:12345678–홍길동. accdb).
• 답안 작성을 마치면 파일을 저장하고, '답안 전송' 버튼을 선택하여 감독위원 PC로 답안을 전송하십시오. 수험생 정보와 저장한 파일명이 다를 경우 전송되지 않으므로 주의하시기 바랍니다.
• 답안 작성 중에도 <u>주기적으로 저장하고, '답안 전송'</u>하여야 문제 발생을 줄일 수 있습니다. 작업한 내용을 저장하지 않고 전송할 경우 이전에 저장된 내용이 전송되오니 이점 유의하시기 바랍니다.
• 답안문서는 지정된 경로 외의 다른 보조기억장치에 저장하는 경우, 지정된 시험 시간 외에 작성된 파일을 활용할 경우, 기타 통신수단(이메일, 메신저, 네트워크 등)을 이용하여 타인에게 전달 또는 외부 반출하는 경우는 부정 처리합니다.
• 시험 중 부주의 또는 고의로 시스템을 파손한 경우는 수험자가 변상해야 하며, 〈수험자 유의사항〉에 기재된 방법대로 이행하지 않아 생기는 불이익은 수험생 당사자의 책임임을 알려 드립니다.
• 문제의 조건은 MS오피스 2016 버전으로 설정되어 있으니 유의하시기 바랍니다.
• 시험을 완료한 수험자는 답안파일이 전송되었는지 확인한 후 감독위원의 지시에 따라 문제지를 제출하고 퇴실합니다.

·················· **답안 작성요령** ··················

• 온라인 답안 작성 절차
  수험자 등록 ⇒ 시험 시작 ⇒ 답안파일 저장 ⇒ 답안 전송 ⇒ 시험 종료
• 문제는 테이블/쿼리/폼/보고서로 구성하며 문제에서 제시한 테이블의 내용을 누락시켰을 경우에 0점 처리됩니다.
• 테이블의 데이터는 정확히 입력해야 하며 임의로 정렬(소트)시킬 경우 감점 처리됩니다.
• 각 문제에서 주어진 ≪조건≫에 맞게 작성하고 언급하지 않은 조건은 ≪출력형태≫와 같이 작성합니다.
• 글꼴 및 기타 사항에 대해 별도의 지시사항이 없는 경우 기본 설정값(Default)으로 처리합니다.
• 문제에서 제시한 테이블/쿼리/폼/보고서 이외에 추가로 작성한 경우나 테이블/쿼리/폼/보고서의 이름이 잘못되었을 경우 해당 항목에 감점 처리됩니다

다음은 ABC 주식회사의 출판 사업부를 관리할 데이터베이스를 작성하기 위한 내용이다.
주어진 ≪조건≫에 맞게 문서를 작성하시오.

문제 ❶ ▶ 주어진 엑셀 데이터와 다음 ≪조건≫을 이용하여 테이블을 작성하시오. | 100점

조건

[테이블1] 이름 : 출판인쇄관리

[테이블1] : 내 PC₩문서₩ITQ₩Picture₩기출따라하기_02.xlsx(시트명:B유형)에 있는 엑셀 데이터를 가져와 테이블을 작성한 후, 다음 디자인을 적용하시오. 단, 판매부수는 '10' 이상의 값만 입력받도록 유효성 검사를 이용하여 직접 입력하시오.

필드 이름	관리코드	도서명	인세지급일	판매부수	누적부수	도서정가
데이터 형식	짧은 텍스트	짧은 텍스트	날짜/시간	숫자	숫자	숫자
크기(또는 형식)	5 기본 키 설정	30	간단한 날짜	정수 유효성 검사	정수 (Long)	정수(Long) 통화

출력형태

관리코드	도서명	인세지급일	판매부수	누적부수	도서정가
10001	병렬화 프로그래밍	2014-07-01	100	3,000	₩32,000
10002	자바 언어 정복	2014-05-01	500	4,000	₩28,000
10003	액세스 2013 따라하기	2014-05-30	1,200	5,000	₩24,000
20001	요롱 자가 치료법	2014-06-25	1,200	4,000	₩18,000
20002	30일 다이어트	2014-07-01	50	6,000	₩16,000
20003	몸짱 되는 법	2014-05-14	500	8,000	₩22,000
30001	우주 탄생의 비밀	2014-06-25	90	12,000	₩48,000
30002	한국의 기후 연구	2014-05-01	900	4,000	₩24,000
40001	최신 영어 회화	2014-05-14	600	20,000	₩16,000
40002	중국어 초보	2014-05-05	400	16,000	₩18,000

조건

[테이블2] 이름 : 저자정보

[테이블2] : 아래 ≪출력형태≫를 참고하여 테이블을 직접 작성하고 디자인을 적용하시오.
단, 저자등급은 목록값(초급, 중급, 고급, VIP)만 허용하는 콤보 상자를 이용하시오.

필드 이름	관리코드	저자명	소속기획사	연락처	저자등급
데이터 형식	짧은 텍스트	짧은 텍스트	짧은 텍스트	짧은 텍스트	짧은 텍스트
크기(또는 형식)	5	10	20	13	5 콤보 상자

출력형태

관리코드	저자명	소속기획사	연락처	저자등급
10001	현재호	우리 기획	010-0001-1111	고급
10002	장유진	굿프레스	010-0002-1112	중급
10003	신현진	개인	010-0003-1113	중급
20001	박제열	굿프레스	010-0004-1114	고급
20002	김진현	굿프레스	010-0005-1115	중급
20003	신동혁	개인	010-0006-1116	초급
30001	박민경	굿프레스	010-0007-1117	고급
30002	윤미정	개인	010-0008-1118	중급
40001	최호석	개인	010-0009-1119	고급
40002	김용구	우리 기획	010-0010-1120	VIP

문제 ❷ ▶ **[테이블1 : 출판인쇄관리]를 이용하여 다음과 같은 조건에 따라 쿼리를 완성하시오.** | **90**점

조건

(1) 쿼리 이름 : 출판인쇄관리현황

(2) 도서구분 : 관리코드의 첫 번째 글자가 '1'이면 '컴퓨터', '2'이면 '건강', '3'이면 '과학', '4'이면 '외국어'로 적용(CHOOSE, LEFT 함수 사용)

(3) 현재인세 : 판매부수에 인세를 곱하여 계산. 단, 인세는 누적부수가 10,000부 이상인 경우 도서정가의 15%, 5,000부 이상인 경우 10%, 5,000부 미만인 경우는 8%로 계산(SWITCH 함수 사용)

(4) 차기지급일 : 인세지급일로부터 60일을 더한 날짜로 계산. 단, 계산 결과가 일요일인 경우는 이전 날짜인 토요일로 계산(IIF, DATEADD, WEEKDAY 함수 사용)

(5) 현재인세는 통화 형식, 차기지급일은 간단한 날짜 형식, 도서명에 대해 내림차순으로 정렬

출력형태

관리코드	도서구분	도서명	판매부수	누적부수	인세지급일	도서정가	현재인세	차기지급일
30002	과학	한국의 기후 연구	900	4,000	2014-05-01	₩24,000	₩1,728,000	2014-06-30
40001	외국어	최신 영어 회화	600	20,000	2014-05-14	₩16,000	₩1,440,000	2014-07-12
40002	외국어	중국어 초보	400	16,000	2014-05-05	₩18,000	₩1,080,000	2014-07-04
10002	컴퓨터	자바 언어 정복	500	4,000	2014-05-01	₩28,000	₩1,120,000	2014-06-30
30001	과학	우주 탄생의 비밀	90	12,000	2014-06-25	₩48,000	₩648,000	2014-08-23
20001	건강	요통 자가 치료법	1,200	4,000	2014-06-25	₩18,000	₩1,728,000	2014-08-23
10003	컴퓨터	액세스 2013 따라하기	1,200	5,000	2014-05-30	₩24,000	₩2,880,000	2014-07-29
10001	컴퓨터	병렬화 프로그래밍	100	3,000	2014-07-01	₩32,000	₩256,000	2014-08-30
20003	건강	용짱 되는 법	500	8,000	2014-05-14	₩22,000	₩1,100,000	2014-07-12
20002	건강	30일 다이어트	50	6,000	2014-07-01	₩16,000	₩80,000	2014-08-30

문제 ❸ ▶ **[테이블1 : 출판인쇄관리]와 [테이블2 : 저자정보]를 이용하여 다음과 같은 조건에 따라 쿼리를 완성하시오.** | **80**점

조건

(1) 쿼리 이름 : 출판인쇄관리현황 분석

(2) 테이블 조인 : '관리코드'를 기준으로 관계 설정(조건 : 두 테이블의 조인된 필드가 일치하는 행만 포함)

(3) 저자의 소속기획사가 '개인'이고, 누적부수가 5,000부 이상인 데이터를 추출하고, 누적부수를 기준으로 정렬하여 ≪출력형태≫와 같이 표시되는 선택 쿼리를 작성하시오.

출력형태

관리코드	저자명	연락처	저자등급	누적부수
40001	최호석	010-0009-1119	고급	20,000
20003	신동혁	010-0006-1116	초급	8,000
10003	신현진	010-0003-1113	중급	5,000

문제 ❹ ▶ **[쿼리 : 출판인쇄관리현황]을 이용하여 다음과 같은 모양의 폼을 설계하시오.** | **80**점

조건

(1) 쿼리 이름 : 출판인쇄관리현황 폼

(2) 폼 제목 : 굴림, 22pt, 가운데 맞춤, 특수 효과 : 볼록

(3) 보너스 : 판매부수가 1000부 이상이면 '10만원 상품권', 500부 이상이면 '5만원 상품권'으로 적용(IIF 함수 사용)

(4) '출판인쇄관리현황 폼'의 머리글 영역에 제목과 관리코드를 작성하고, 본문에 '관리코드' 필드를 기준으로 연결하여 '출판인쇄관리' 폼을 하위 폼으로 추가하시오.

(5) 관리코드 : 입력란을 '콤보 상자'로 변경하시오.

(6) 판매부수는 수정할 수 없게 작성하고, 클릭할 경우 아래와 같은 메시지 폼을 출력하시오.

(7) 로고 삽입(내 PC₩문서₩ITQ₩Picture₩로고1.jpg), 특수 효과–볼록, 크기(가로–2 cm, 세로–1 cm).

출력형태

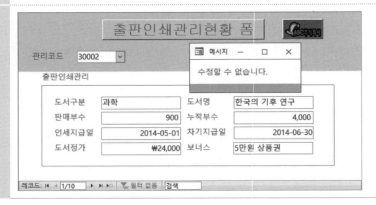

문제 ❺ ▶ **[쿼리 : 출판인쇄관리현황]을 이용하여 보고서를 작성하시오.** | **80**점

조건

(1) 보고서 이름 : 출판인쇄관리현황 보고서

(2) 보고서 제목 : 궁서, 24pt, 굵게, 밑줄, 가운데 맞춤

(3) 보고서 머리글 부분의 날짜는 DATESERIAL 함수를 이용하여 표시

(4) 도서구분으로 그룹화하고, 누적부수에 대해 내림차순으로 정렬

(5) 판매부수의 평균과 총평균은 함수를 이용하여 소수점 1자리로 표시(굵게, AVG 함수 사용)

(6) 조건부 서식을 이용하여 누적부수가 5,000부 미만인 경우 다음의 서식을 적용(밑줄, 글꼴/문자 색–빨강)

출력형태

출판인쇄관리현황 보고서

2014년 7월 12일 토요일

도서구분	판매부수	도서명	인세지급일	현재인세	누적부수
건강					
	500	몸짱 되는 법	2014-05-14	₩1,100,000	8,000
	50	30일 다이어트	2014-07-01	₩80,000	6,000
	1,200	요통 자가 치료법	2014-06-25	₩1,728,000	4,000
평균	583.3				
과학					
	90	우주 탄생의 비밀	2014-06-25	₩648,000	12,000
	900	한국의 기후 연구	2014-05-01	₩1,728,000	4,000
평균	495.0				
외국어					
	600	최신 영어 회화	2014-05-14	₩1,440,000	20,000
	400	중국어 초보	2014-05-05	₩1,080,000	16,000
평균	500.0				
컴퓨터					
	1,200	액세스 2013 따라하기	2014-05-30	₩2,880,000	5,000
	500	자바 언어 정복	2014-05-01	₩1,120,000	4,000
	100	병렬화 프로그래밍	2014-07-01	₩256,000	3,000
평균	600.0				
총평균	554.0				

조건

(1) 레이블 보고서 이름 : 저자정보 레이블

(2) 표준 레이블 : 제조업체 A-ONE, 제품번호 28315(세로*가로 : 34 mm × 64 mm/개수 : 3)

(3) 글꼴색과 크기 : 굴림, 10pt, 중간, 검정

(4) 레이블의 필드 순서 : 저자명, 관리코드, 소속기획사, 연락처

(5) 레이블 출력 순서 : 저자명에 대해 오름차순으로 정렬

(6) 필드 표현 방법

　　저자명, 관리코드 – ≪출력형태≫와 같이 적용(& 연산자 사용)

　　소속기획사 – ≪출력형태≫와 같이 적용(굵게, & 연산자 사용)

　　연락처 – ≪출력형태≫와 같이 뒷번호 4자리를 '*' 문자로 적용(LEFT 함수, & 연산자 사용)

출력형태 (전체 데이터 출력물 중 일부만 캡처된 화면임)

출력형태

저자 정보 : 김용구(40002) **소속기획사 : 우리 기획** 연락처 : 010-0010-****	저자 정보 : 김진현(20002) **소속기획사 : 굿프레스** 연락처 : 010-0005-****	저자 정보 : 박민경(30001) **소속기획사 : 굿프레스** 연락처 : 010-0007-****
저자 정보 : 박제열(20001) **소속기획사 : 굿프레스** 연락처 : 010-0004-****	저자 정보 : 신동혁(20003) **소속기획사 : 개인** 연락처 : 010-0006-****	저자 정보 : 신현진(10003) **소속기획사 : 개인** 연락처 : 010-0003-****

CHAPTER
02 풀이 따라하기

> 정답파일 Part 2 기출문제 따라하기\기출문제 따라하기 2회.accdb

문제 ❶ ▶ 테이블 작성 |100점

SECTION 01 엑셀 데이터 가져오기

① [외부 데이터] 탭 – [가져오기 및 연결] 그룹의 [Excel](⊞)을 클릭한다.

② [외부 데이터 가져오기 – Excel 스프레드시트] 대화상자에서 '현재 데이터베이스의 새 테이블로 원본 데이터 가져오기'에 체크하고 [찾아보기]를 클릭한다.

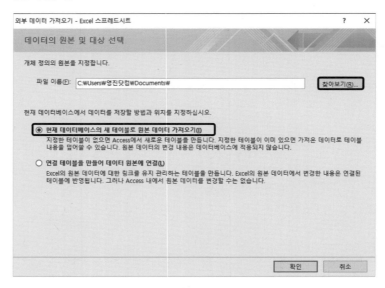

③ [파일 열기] 대화상자에서 [찾는 위치]를 'Part 2 기출문제 따라하기'로 지정하고 '기출따라하기_02' 파일을 선택한 후 [열기]를 클릭한다.

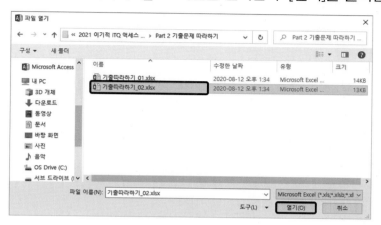

④ 다시 [외부 데이터 가져오기 – Excel 스프레드시트] 대화상자가 보이면 [확인]을 클릭한다.

⑤ [스프레드시트 가져오기 마법사] 대화상자의 '워크시트 표시 : B유형'을 선택하고 [다음]을 클릭한다.

합격생의 비법

엑셀 파일에 여러 개의 시트가 들어있을 수 있으므로 반드시 시트명을 확인하도록 한다.

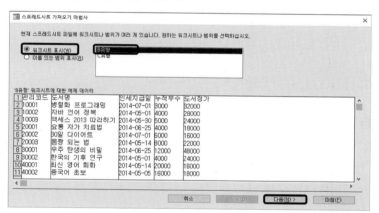

⑥ '첫 행에 열 머리글이 있음'을 선택하고 [다음]을 클릭한다.

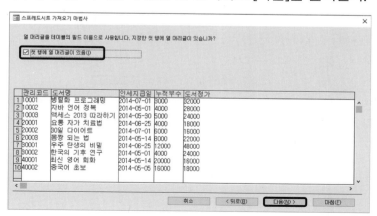

⑦ 필드 옵션은 선택하지 않고 [다음]을 클릭한다.

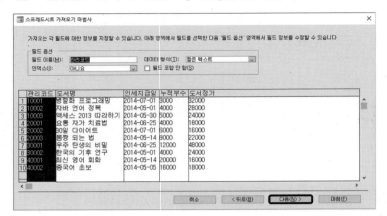

합격생의 비법

'Access에서 기본 키 추가'를 선택하면 'ID'라는 일련번호 필드가 자동으로 만들어지므로 이것을 선택하지 않도록 유의한다.

⑧ '기본 키 선택 : 관리코드'를 선택하고 [다음]을 클릭한다.

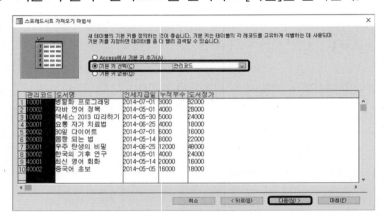

⑨ 테이블명 『출판인쇄관리』를 입력하고 [마침]을 클릭한다.

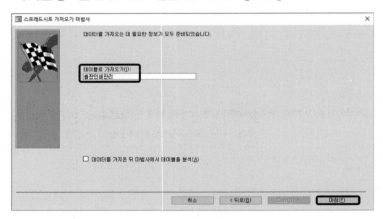

⑩ '가져오기 단계 저장'을 체크하지 않고 [닫기]를 클릭한다.

① 작성된 '출판인쇄관리' 테이블에서 마우스 오른쪽 버튼을 클릭하여 바로
  가기 메뉴의 [디자인 보기]를 선택한다.

② 문제에서 지시한 대로 다음과 같이 지정한다.

합격생의 비법

누적부수는 천 단위 구분기호
를 표시하기 위해 [형식]을 '표
준'으로 지정하며, 소수 자릿
수를 '자동'으로 지정하면 소
수 이하 두 자리로 표시되므로
소수 자릿수는 '0'으로 지정한
다.

> • 관리코드 : 짧은 텍스트, 5, 기본 키
> • 도서명 : 짧은 텍스트, 30
> • 인세지급일 : 날짜/시간, 간단한 날짜
> • 누적부수 : 숫자, 정수(Long), 표준, 소수 자릿수 0
> • 도서정가 : 정수(Long), 통화

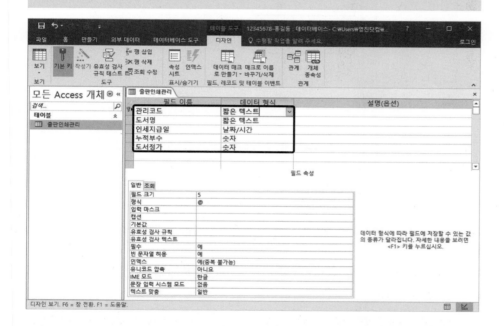

③ '판매부수'를 추가하기 위해 '누적부수'에서 마우스 오른쪽 버튼을 클릭하
  여 [행 삽입]( )을 선택한다.

합격생의 비법

판매부수는 천 단위 구분기호를 표시하기 위해 [형식]을 '표준'으로 지정하며, 소수 자릿수를 '자동'으로 지정하면 소수 이하 두 자리로 표시되므로 소수 자릿수는 '0'으로 지정한다.

④ [필드 이름]에 『판매부수』를 입력하고 [데이터 형식]을 '숫자'로 지정한 후 [필드 속성] 창의 [일반] 탭에서 [필드 크기]를 '정수', [형식]을 '표준', [소수 자릿수]를 『0』, [유효성 검사 규칙]에는 『>=10』의 조건식을 입력하고 [Enter]를 누른다.

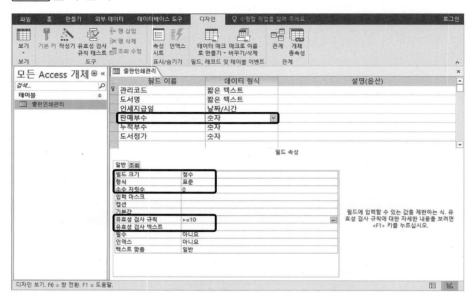

⑤ [디자인] 탭 – [보기] 그룹에서 [보기] – [데이터시트 보기](▦)를 선택하거나 [탐색] 창의 '출판인쇄관리' 테이블 이름을 더블클릭한 후 저장 대화 상자가 나타나면 [예]를 클릭한다.

⑥ 데이터의 일부가 손실되었다는 메시지가 표시되면 [예]를 클릭한다.

⑦ 데이터시트 보기 상태로 전환되면 《출력형태》를 보면서 '판매부수' 데이터를 입력한다.

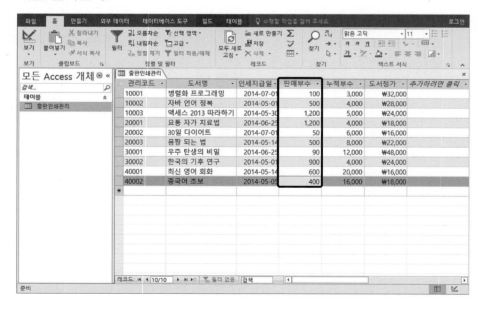

⑧ 입력이 완료되면 《출력형태》와 같은지 확인하고 [닫기]를 클릭한다.

SECTION 03 테이블 작성하기

① [만들기] 탭 – [테이블] 그룹에서 [테이블 디자인](▦)을 선택한다.

② [필드 이름]의 첫 번째 행에 『관리코드』를 입력하고 [데이터 형식]을 '짧은 텍스트'로 지정한 후 [필드 속성] 창의 [일반] 탭에서 [필드 크기]를 『5』로 지정한다.

> **합격생의 비법**
>
> 기본 키가 지정되어 있는 경우에는 [디자인] 탭 – [도구] 그룹에서 [기본 키](〈도구기본키.tif〉)를 클릭하여 해제한다.

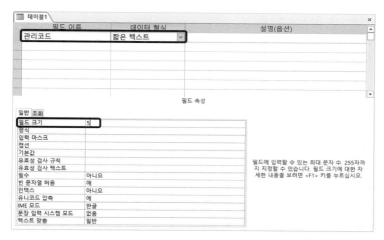

③ 문제에서 지시한 필드 이름, 데이터 형식, 필드 크기를 다음과 같이 지정한다.

> • 저자명 : 짧은 텍스트, 10
> • 소속기획사 : 짧은 텍스트, 20
> • 연락처 : 짧은 텍스트, 13

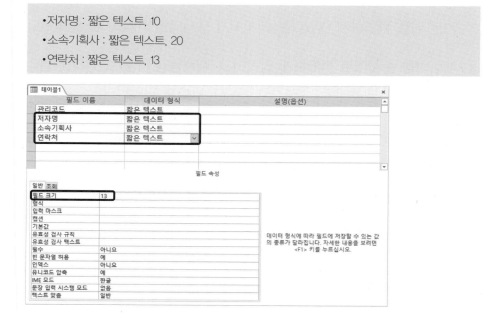

④ [필드 이름]에 '저자등급'을 입력하고 [데이터 형식]을 '짧은 텍스트'로 지정한 후 [조회] 탭에서 [컨트롤 표시]를 '콤보 상자', [행 원본 유형]을 '값 목록'으로 지정하고 [행 원본]에 『초급;중급;고급;VIP』를 입력한다.

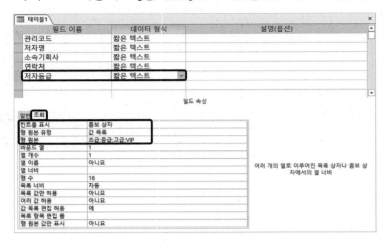

⑤ [홈] 탭 – [보기] 그룹에서 [보기] – [데이터시트 보기](⊞)를 선택한 후 저장 여부를 물어보면 [예]를 클릭한다.

⑥ [다른 이름으로 저장] 대화상자가 나타나면 [테이블 이름]에 『저자정보』를 입력한 후 [확인]을 클릭한다.

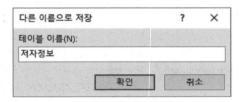

합격생의 비법

[테이블2]에는 기본 키가 설정되어 있지 않으므로 반드시 [아니요]를 클릭해야 한다.
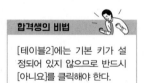

⑦ 기본 키를 정의하지 않았다는 메시지가 표시되면 [아니요]를 클릭한다.

⑧ 데이터를 순서대로 정확하게 입력하고 '저자등급'의 콤보 상자를 눌러 문제에 제시된 내용대로 『초급, 중급, 고급, VIP』를 입력한다.

관리코드 ▾	저자명 ▾	소속기획사 ▾	연락처 ▾	저자등급 ▾
10001	현재호	우리 기획	010-0001-1111	고급
10002	장유진	굿프레스	010-0002-1112	중급
10003	신현진	개인	010-0003-1113	중급
20001	박제열	굿프레스	010-0004-1114	고급
20002	김진현	굿프레스	010-0005-1115	중급
20003	신동혁	개인	010-0006-1116	초급
30001	박민경	굿프레스	010-0007-1117	고급
30002	윤미정	개인	010-0008-1118	중급
40001	최호석	개인	010-0009-1119	고급
40002	김용구	우리 기획	010-0010-1120	VIP
*				

① [만들기] 탭 – [쿼리] 그룹에서 [쿼리 디자인](▦)을 선택한다.

② [테이블 표시] 대화상자가 나타나면 [테이블] 탭에서 '출판인쇄관리'를 더블클릭한 후 [닫기]를 클릭한다.

③ [출판인쇄관리] 목록 창에서 '관리코드' 필드를 더블클릭하여 첫 번째 필드에 자동으로 입력되도록 한다.

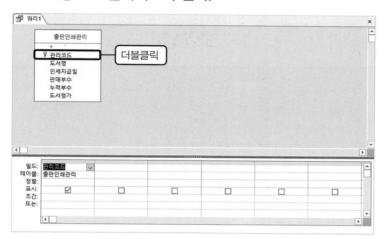

④ [Enter]를 누르고 다음 '도서구분'의 계산식을 입력하기 위해 [Shift]+[F2]를 눌러 [확대/축소] 대화상자를 열고 다음과 같이 입력한 후 [확인]을 클릭한다.

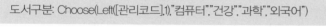

도서구분: Choose(Left([관리코드],1),"컴퓨터","건강","과학","외국어")

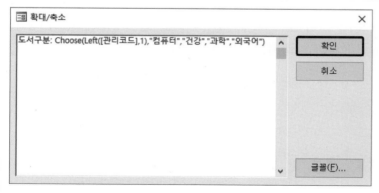

★ 설명해주세요

함수	설명
Choose(인수,값1,값2,…)	인수가 1이면 값1, 2이면 값2,…를 수행
Left(텍스트,개수)	텍스트의 왼쪽에서 개수만큼 표시

도서구분: Choose(Left([관리코드],1),"컴퓨터","건강","과학","외국어")
                  ①   ②

① 관리코드의 첫 글자가
② '1'이면 '컴퓨터', '2'이면 '건강', '3'이면 '과학', '4'이면 '외국어'로 표기

⑤ '도서명', '판매부수', '누적부수', '인세지급일', '도서정가' 필드를 더블클릭
하여 입력한다.

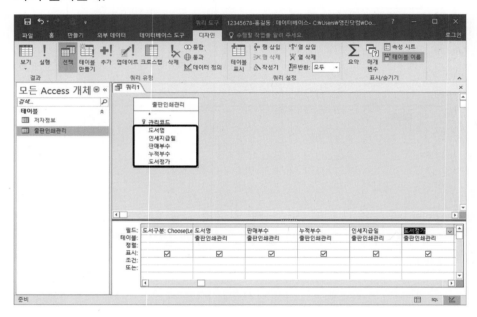

⑥ Enter 를 누르고 다음 필드에서 Shift + F2 를 눌러 [확대/축소] 대화상자
를 열고 다음과 같이 입력한 후 [확인]을 클릭한다.

현재인세: [판매부수]*Switch([누적부수]>=10000,0.15,[누적부수]>=5000,0.1,[
누적부수]<5000,0.08)*[도서정가]

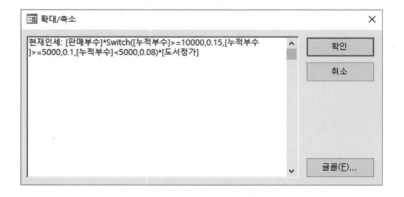

★ 설명해주세요

함수	설명
Switch(식1,값1,식2,값2,…)	식의 목록을 평가한 후 True가 되는 처음 값을 반환

현재인세: [판매부수]*Switch([누적부수])=10000,0.15,[누적부수])=5000,0.1,
         ①   ②   ③

     [누적부수]<5000,0.08)*[도서정가]
              ④

① 판매부수에 인세를 곱해서 계산
② 인세는 누적부수가 10000 이상이면 도서정가에 0.15를 곱해서 계산
③ 누적부수가 5000 이상이면 도서정가에 0.1을 곱해서 계산
④ 누적부수가 5000 미만이면 도서정가에 0.08을 곱해서 계산

합격생의 비법

액세스에서는 백분율 대신 소수로 환산해서 사용하므로 15%는 0.15, 10%는 0.1, 8%는 0.08로 입력한다.

⑦ Shift + F2 를 눌러 [확대/축소] 대화상자를 열고 다음과 같이 입력한 후 [확인]을 클릭한다.

차기지급일: IIf(Weekday(DateAdd("d",60,[인세지급일]))=1,DateAdd("d",59,[인세지급일]),DateAdd("d",60,[인세지급일]))

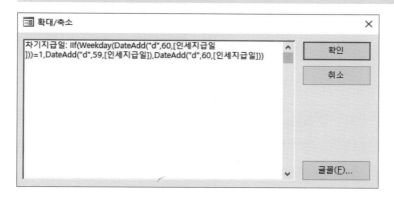

★ 설명해주세요

함수	설명
IIf(조건,값1,값2)	조건이 참이면 값1, 거짓이면 값2를 수행
Weekday(날짜)	날짜에 해당하는 요일을 표시(1:일요일~7:토요일)
DateAdd(간격,값,날짜)	간격을 기준으로 날짜에 값을 더한 후의 날짜를 표시 (m : 월 간격)

차기지급일: IIf(Weekday(DateAdd("d",60,[인세지급일]))=1,DateAdd("d",59,[인세지급일])
                         ①   ②

        DateAdd("d",60,[인세지급일]))
                  ③

① 인세지급일로부터 60일을 더한 날짜가 일요일이면
② 인세지급일로부터 59일을 더하여 토요일로 계산
③ 그렇지 않으면 인세지급일로부터 60일을 더한 날짜로 계산

⑧ '현재인세' 필드에서 마우스 오른쪽 버튼을 클릭하여 [속성]을 선택한 후 [속성 시트] 창의 [일반] 탭에서 [형식]을 '통화'로 지정한다.

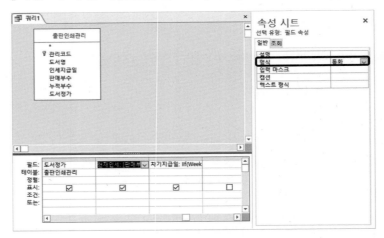

⑨ '도서명' 필드의 [정렬]을 '내림차순'으로 지정한다.

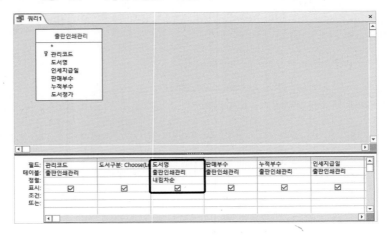

⑩ [디자인] 탭 – [보기] 그룹에서 [보기] – [데이터시트 보기](⊞)를 클릭한 후 《출력형태》와 같은지 확인한다.

⑪ [닫기]를 클릭하고 저장 여부를 물으면 [예]를 클릭한 후, [다른 이름으로 저장] 대화상자의 [쿼리 이름]에 '출판인쇄관리현황'을 입력하고 [확인]을 클릭한다.

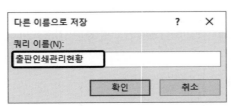

① [만들기] 탭 – [쿼리] 그룹에서 [쿼리 디자인](▦)을 선택한다.

② [테이블 표시] 대화상자가 나타나면 '출판인쇄관리'를 더블클릭하고 '저자
정보'를 더블클릭한 후 [닫기]를 클릭한다.

③ '관리코드'를 기준으로 관계를 설정하기 위해 [출판인쇄관리] 테이블의
'관리코드' 필드를 [저자정보] 테이블의 '관리코드' 필드로 드래그한다.

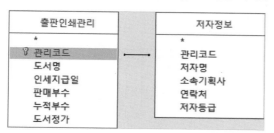

④ 조인 속성을 설정하기 위해 [관계 설정 선] 위에서 마우스 오른쪽 버튼을
누른 후 [조인 속성]을 클릭하거나 관계 설정 선을 더블클릭한 후 [조인
속성] 대화상자가 나타나면 '두 테이블의 조인된 필드가 일치하는 행만
포함'을 선택하고 [확인]을 클릭한다.

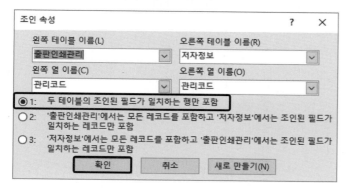

⑤ [출판인쇄관리] 테이블에서 '관리코드', [저자정보] 테이블에서 '저자명',
'연락처', '저자등급', [출판인쇄관리] 테이블에서 '누적부수'를 더블클릭하
여 입력한다.

⑥ 저자의 소속기획사가 '개인'인 데이터를 추출하기 위해 [저자정보] 테이블
의 '소속기획사'를 추가하고 조건에 『개인』을 입력한 후 [Enter]를 누른다.
이때 《출력형태》에 '소속기획사'는 나타나지 않으므로 체크 표시를 해제
한다.

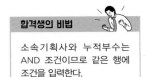

⑦ 누적부수가 5,000부 이상인 데이터를 추출하기 위해 '누적부수' 필드의
   조건에 『>=5000』를 입력한 후 Enter 를 누른다.

⑧ 누적부수를 기준으로 정렬하기 위해 '누적부수' 필드의 정렬을 '내림차순'
   으로 지정한다.

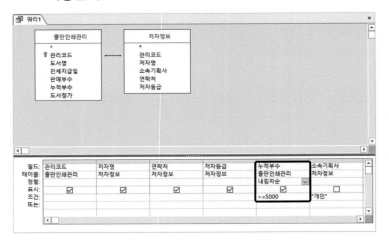

⑨ [디자인] 탭 – [결과] 그룹에서 [보기] – [데이터시트 보기](▦)를 선택한
   후 《출력형태》와 같은지 확인한다.

⑩ [닫기](×)를 클릭하고 저장 여부를 물으면 [예]를 클릭한 후, [다른 이름
   으로 저장] 대화상자가 나타나면 [쿼리 이름]에 『출판인쇄관리현황 분석』
   을 입력하고 [확인]을 클릭한다.

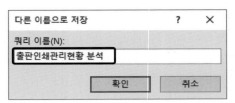

SECTION 01   하위 폼 만들기

① [만들기] 탭 – [폼] 그룹에서 [폼 마법사](🖼)을 선택한다.

② [폼 마법사] 대화상자에서 [테이블/쿼리]를 '쿼리: 출판인쇄관리현황'으로 선택한다.

③ [사용 가능한 필드]에서 '도서구분', '판매부수', '인세지급일', '도서정가', '도서명', '누적부수', '차기지급일'을 순서대로 더블클릭하여 [선택한 필드] 로 옮기고 [다음]을 클릭한다.

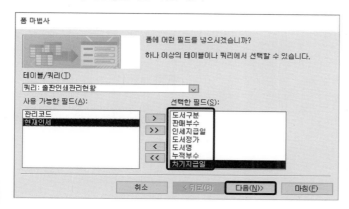

④ 폼의 모양을 '열 형식'으로 지정하고 [다음]을 클릭한다.

⑤ 폼의 제목에 『출판인쇄관리』를 입력하고 '폼 디자인 수정'을 선택한 후 [마침]을 클릭한다.

> **합격생의 비법**
>
> 하위 폼의 이름은 ≪출력형태
> ≫를 보고 하위 폼 왼쪽 상단
> 의 캡션을 그대로 지정해준다.

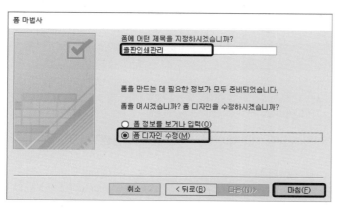

⑥ 본문의 레이블을 모두 선택하여 크기를 적당히 조절한다.

⑦ 같은 방법으로 텍스트 상자의 크기를 조절한다. [정렬] 탭 – [크기 및 순서 조정] 그룹에서 [크기/공간] – [가장 좁은 너비에](,且.)를 선택하여 모든 텍스트 상자의 크기를 같게 조절한 후 크기를 조정하면 동일하게 조절할 수 있다.

⑧ 도서명, 누적부수, 차기지급일을 선택하여 오른쪽으로 드래그한다.

⑨ '보너스'를 추가하기 위해 [디자인] 탭 – [컨트롤] 그룹의 [텍스트 상자] (가녜)를 선택하고 '차기지급일' 아래에 클릭한다.

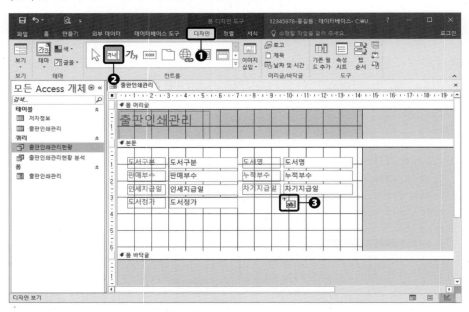

⑩ [텍스트 상자 마법사]에서 [마침]을 클릭한다.

⑪ 레이블과 텍스트 상자의 크기를 조절한 후 새로 만든 레이블에 『보너스』라고 입력하고 텍스트 상자에는 다음과 같이 계산식을 입력한다.

=IIf([판매부수]>=1000,"10만원 상품권",IIf([판매부수]>=500,"5만원 상품권"))

★ 설명해주세요

함수	설명
IIf(조건,값1,값2)	조건이 참이면 값1, 거짓이면 값2를 수행

=IIf([판매부수]>=1000,"10만원 상품권",IIf([판매부수]>=500,"5만원 상품권"))
           ①   ②

① 판매부수가 1000 이상이면 '10만원 상품권'으로 표시
② 판매부수가 500 이상이면 '5만원 상품권'으로 표시

⑫ 폼의 속성을 지정하기 위해 눈금자 왼쪽의 [선택기](■)를 더블클릭한 후
[속성 시트]의 [형식] 탭에서 [레코드 선택기]와 [탐색 단추]를 '아니요'로
지정한다.

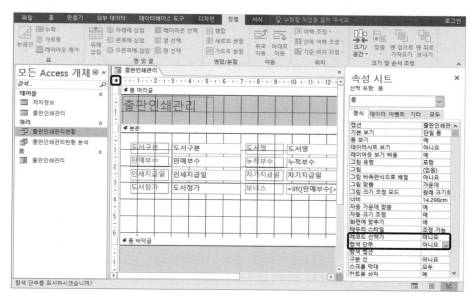

⑬ 폼 머리글을 숨기기 위해 폼에서 마우스 오른쪽 버튼을 누른 후 [폼 머리
글/바닥글]을 선택하고 대화상자가 나타나면 [예]를 클릭한다.

합격생의 비법

하위 폼의 폼 머리글은 반드시
삭제하여 표시되지 않도록 한
다.

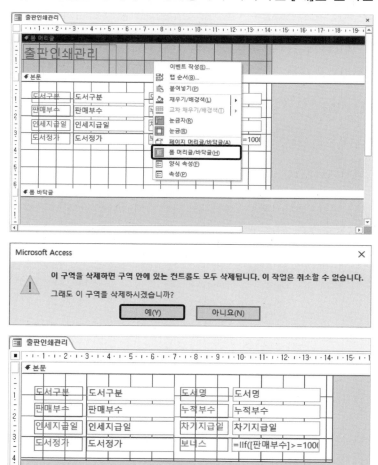

① [만들기] 탭 – [폼] 그룹에서 [폼 디자인]( )을 선택한다.

② 본문 영역의 크기를 조절한 후 [디자인] 탭 – [컨트롤] 그룹에서 [레이블]
( )을 선택하고 본문 영역에 적당한 크기로 드래그한다.

③ 『수정할 수 없습니다.』라고 출력할 메시지를 입력한다.

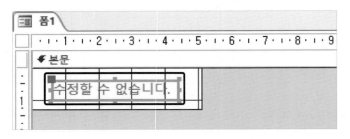

합격생의 비법

메시지 폼의 [레코드 선택기]
와 [탐색 단추]는 [속성 시트]
의 [형식] 탭에서 '아니요'로
지정하여 표시되지 않도록 한
다.

④ 폼의 속성을 지정하기 위해 눈금자 왼쪽의 [선택기](■)를 더블클릭한 후
[속성 시트]의 [형식] 탭에서 [레코드 선택기]와 [탐색 단추]를 '아니요'로
지정한다.

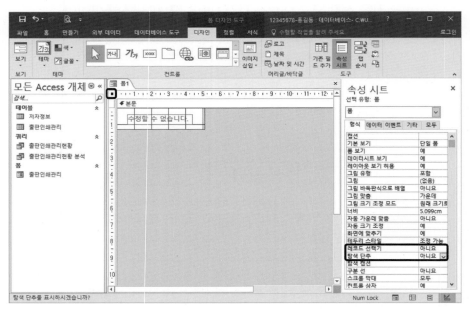

⑤ [닫기](×)를 클릭하고 저장 여부를 물으면 [예]를 클릭한 후, [다른 이름
으로 저장] 대화상자의 [폼 이름]에 『메시지』를 입력하고 [확인]을 클릭한
다.

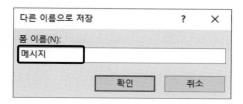

⑥ [탐색] 창의 '출판인쇄관리' 폼에서 마우스 오른쪽 버튼을 클릭하고 [디자
인 보기](◣)를 선택한다.

⑦ '판매부수' 텍스트 상자의 바로 가기 메뉴에서 [속성]을 선택한 후 [이벤
트] 탭의 [On Click]에서 [작성](...)을 클릭한다.

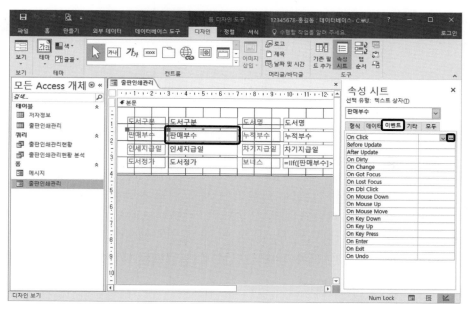

⑧ [작성기 선택] 대화상자에서 [코드 작성기]를 선택하고 [확인]을 클릭한다.

합격생의 비법

DoCmd.OpenForm
폼 개체를 열기 위한 매크로
함수를 실행한다.

⑨ 다음과 같이 코드를 입력하고 창을 닫는다.

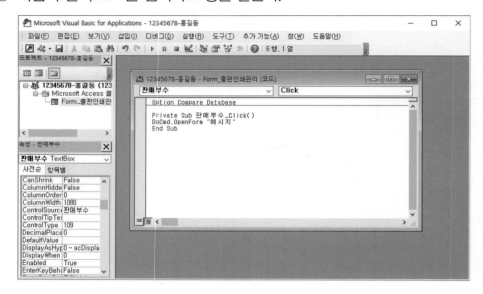

⑩ [홈] 탭 – [보기] 그룹에서 [보기] – [폼 보기](📋)를 선택하고 '판매부수' 필드를 클릭하여 메시지 폼이 열리는 것을 확인한다.

SECTION 03 기본 폼 만들기

① [만들기] 탭 – [폼] 그룹에서 [폼 마법사](📑)을 선택한다.

② 폼 마법사]에서 [테이블/쿼리]를 '쿼리: 출판인쇄관리현황'으로 선택한다. [사용 가능한 필드]에서 '관리코드'를 더블클릭하여 [선택한 필드]로 옮기고 [다음]을 클릭한다.

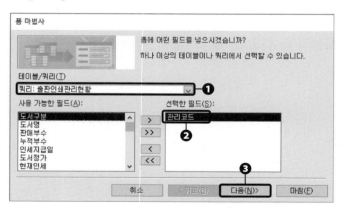

③ 폼의 모양을 '열 형식'으로 지정한 후 [다음]을 클릭한다.

④ 폼의 제목에 『출판인쇄관리현황 폼』을 입력하고 '폼 디자인 수정'을 선택한 후 [마침]을 클릭한다.

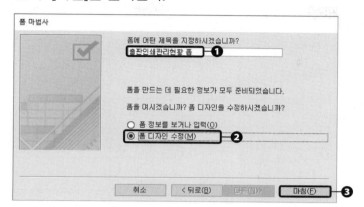

⑤ 디자인 보기가 열리면 오른쪽 경계선을 드래그하여 작업할 공간을 만들어준다.

⑥ 폼 제목 컨트롤을 선택하고 마우스 오른쪽 버튼을 눌러 [속성]을 선택한다. [속성 시트]의 [형식] 탭에서 [특수 효과]는 '볼록', [글꼴 이름]은 '굴림', [글꼴 크기]는 '22', [텍스트 맞춤]은 '가운데'로 선택하고 속성 시트를 닫는다.

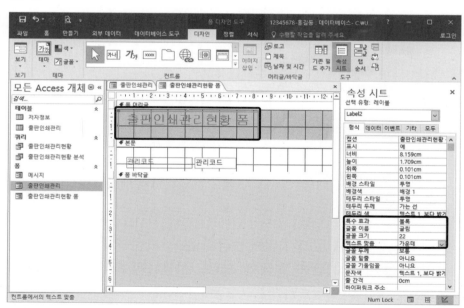

⑦ 폼 제목 컨트롤의 높이를 줄인 후 폼 머리글 가운데로 이동한다. 본문 영역의 '관리코드' 컨트롤을 폼 머리글로 이동한다. 크기를 조절한 후 텍스트 상자의 바로 가기 메뉴에서 [변경] – [콤보 상자](📋)를 선택한다.

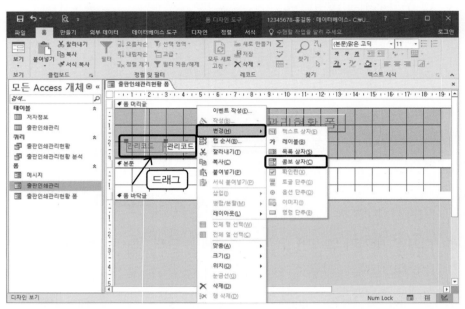

⑧ '관리코드' 콤보 상자에서 마우스 오른쪽 버튼을 누르고 [속성]을 선택한 후 [속성 시트]의 [데이터] 탭의 [컨트롤 원본]은 '관리코드', [행 원본]은 '출판인쇄관리현황', [행 원본 유형]은 '테이블/쿼리'로 선택한다.

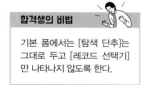

합격생의 비법

기본 폼에서는 [탐색 단추]는 그대로 두고 [레코드 선택기] 만 나타나지 않도록 한다.

⑨ 레코드 선택기를 없애기 위해 눈금자 왼쪽의 [선택기](■)를 더블클릭하여 [속성 시트]의 [형식] 탭에서 [레코드 선택기]를 '아니요'로 지정한다.

① [디자인] 탭 – [컨트롤] 그룹에서 [하위 폼/하위 보고서](🖿)를 선택하고
본문영역의 하위 폼 위치에서 클릭한다.

② [하위 폼 마법사] 대화상자가 열리면 [기존 폼 사용]에 체크하고 '출판인
쇄관리'를 선택한 후 [다음]을 클릭한다.

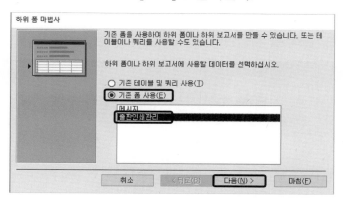

③ [목록에서 선택]을 체크하고 [관리코드를 사용하여 출판인쇄관리현황의
각 레코드에 대해 츌판인쇄관리현황을 표시합니다]를 선택한 후 [다음]을
클릭한다.

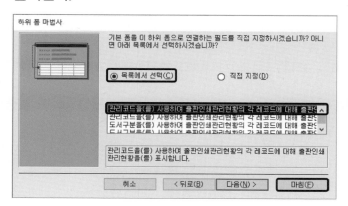

④ 하위 폼 이름에 『출판인쇄관리』를 입력하고 [마침]을 클릭한다.

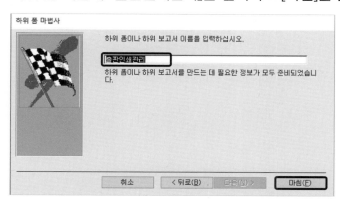

① [디자인] 탭 – [컨트롤] 그룹에서 [이미지 삽입] – [찾아보기]를 선택하고 [그림 삽입] 창에서 '내 PC₩문서₩ITQ₩Picture₩로고1'을 선택한 후 [확인]을 클릭한다.

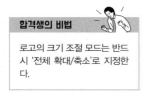

합격생의 비법

로고의 크기 조절 모드는 반드시 '전체 확대/축소'로 지정한다.

② 삽입된 로고의 바로 가기 메뉴에서 [속성]을 선택하고 [속성 시트]의 [형식] 탭에서 [크기 조절 모드]는 '전체 확대/축소', [너비]는 2cm, [높이]는 1cm, [특수 효과]는 '볼록'을 지정한다.

③ [디자인] 탭 – [보기] 그룹에서 [보기] – [폼 보기](▦)를 선택하여 ≪출력 형태≫와 같은지 확인한다.

① [만들기] 탭 – [보고서] 그룹에서 [보고서 마법사]( )을 선택한다.

② [보고서 마법사]에서 [테이블/쿼리]를 '쿼리: 출판인쇄관리현황'으로 선택한다.

③ [사용 가능한 필드]에서 '도서구분', '판매부수', '도서명', '인세지급일', '현재인세', '누적부수' 필드를 순서대로 더블클릭하여 [선택한 필드]로 옮긴 후 [다음]을 클릭한다.

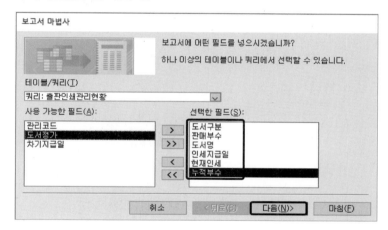

④ 그룹 수준을 '도서구분'으로 선택한 후 ▶ 버튼을 클릭하여 그룹화하고 [다음]을 클릭한다.

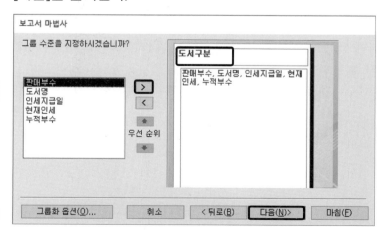

⑤ 정렬할 필드로 '누적부수'를 선택하고 [내림차순]으로 지정한 후 [요약 옵션]을 클릭한다.

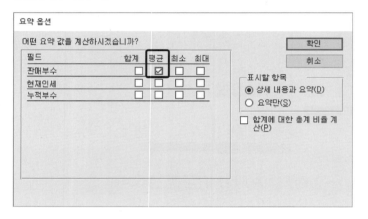

⑥ 요약 옵션에서는 [판매부수]의 '평균'을 체크하고 [확인]을 클릭한 후 [다음]을 클릭한다.

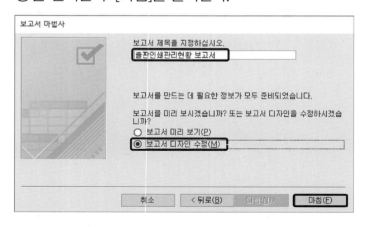

⑦ [모양]은 '단계', [용지 방향]은 '세로'로 지정하고, '모든 필드가 한 페이지에 들어가도록 필드 너비 조정'에 체크한 후 [다음]을 클릭한다.

⑧ 보고서 제목에 『출판인쇄관리현황 보고서』를 입력하고 '보고서 디자인 수정'을 선택한 후 [마침]을 클릭한다.

① ≪출력형태≫와 비교하여 '도서구분 바닥글'과 '페이지 바닥글'의 필요 없는 부분을 삭제한 후 '페이지 바닥글'의 날짜 텍스트 상자를 '보고서 머리글'로 드래그하여 이동한다.

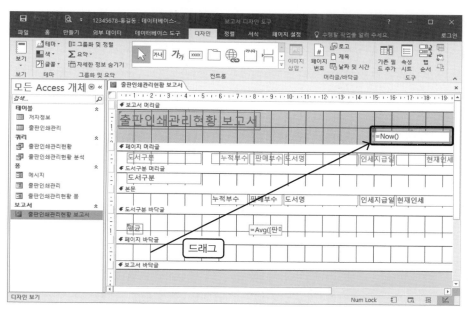

② 날짜 텍스트 상자의 내용을 지우고 『=DateSerial(2014,7,12)』를 입력한 후 [홈] 탭 – [텍스트 서식] 그룹에서 [텍스트 오른쪽 맞춤](≡)을 선택한다.

③ 날짜 텍스트 상자를 선택하고 [속성 시트] 창의 [형식] 탭에서 [배경 스타일]을 '투명'으로 지정한다.

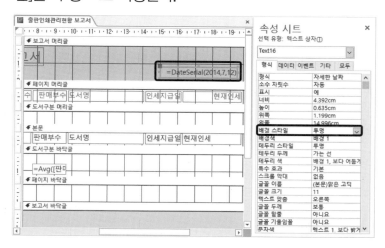

④ 보고서 제목을 선택하고 마우스 오른쪽 버튼을 클릭하여 [속성]을 선택한다. [속성 시트] 창의 [형식] 탭에서 [글꼴 이름]을 '궁서', [글꼴 크기]를 '24', [텍스트 맞춤]을 '가운데', [글꼴 두께]를 '굵게', [글꼴 밑줄]을 '예'로 지정한 후 드래그하여 가운데로 이동한다.

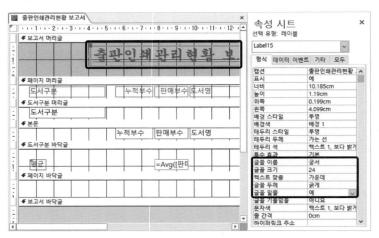

⑤ [디자인] 탭 – [보기] 그룹의 [보기] – [레이아웃 보기](▤)를 선택하고 레이블과 텍스트 상자의 위치를 ≪출력형태≫와 같이 조절한다.

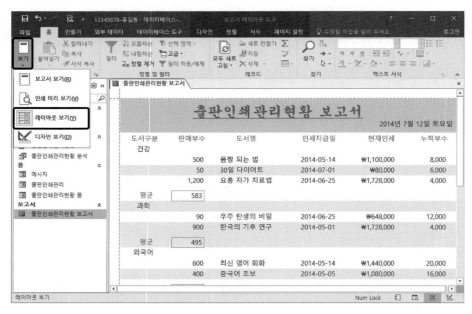

⑥ 디자인] 탭 – [보기] 그룹의 [디자인 보기](☑)를 선택한다. 도서구분 바닥글의 텍스트 상자를 선택하고 [속성 시트] 창의 [형식] 탭에서 [소수 자릿수]를 '1', [테두리 스타일]을 '투명', [글꼴 두께]를 '굵게'로 지정한다.

⑦ 도서구분 바닥글의 평균을 복사하여 보고서 바닥글에 붙여넣기한 다음 레이블을 『총평균』으로 수정한다.

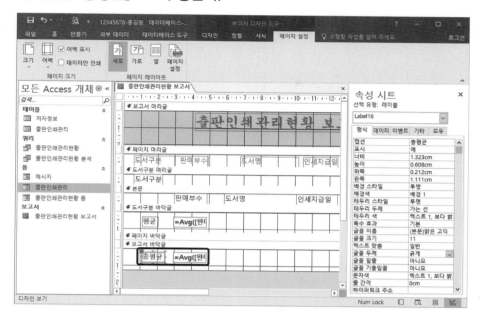

⑧ [디자인] 탭 – [컨트롤] 그룹에서 [선](＼)을 선택하고 페이지 머리글과 도서구분 바닥글에 드래그하여 선을 그린다. 그려진 선을 모두 선택한 후 [속성 시트] 창의 [형식] 탭에서 [테두리 두께]를 '2pt'로 지정한다.

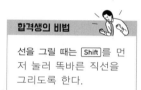

합격생의 비법

선을 그릴 때는 Shift 를 먼저 눌러 똑바른 직선을 그리도록 한다.

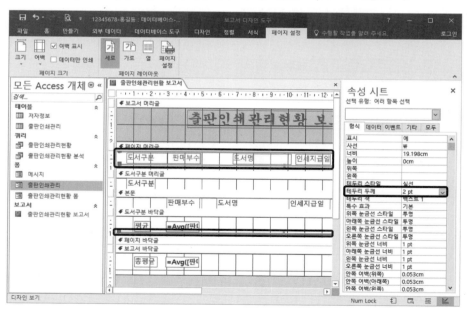

⑨ 본문 영역을 선택하고 [속성 시트] 창의 [형식] 탭에서 [다른 배경색]의 ▦을 눌러 '흰색'으로 지정한다. 같은 방법으로 도서구분 머리글과 도서구분 바닥글의 [다른 배경색]도 '흰색'으로 지정한다.

① '누적부수'에 조건부 서식을 지정하기 위해 본문 영역의 '누적부수' 컨트롤을 선택하고 [서식] 탭 – [컨트롤 서식] 그룹에서 [조건부 서식](▓)을 선택한 후 [새 규칙] 단추를 클릭한다.

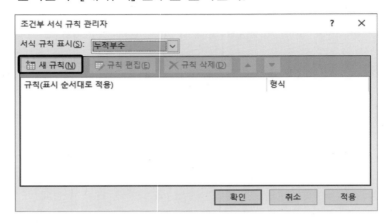

합격생의 비법

선택한 필드의 값이 아닌 식을 조건으로 지정하는 경우에는 조건을 '식이'로 지정한다.

② [규칙 유형 선택]에 '현재 레코드의 값 확인 또는 식 사용'을 선택하고 [규칙 설명 편집]에 '필드 값이'와 '다음 값보다 작음'을 선택하고 『5000』을 입력한다. [밑줄] 단추를 클릭하고 [글꼴색] 목록 단추를 클릭하여 '빨강'을 선택한 후 [확인]을 클릭한다.

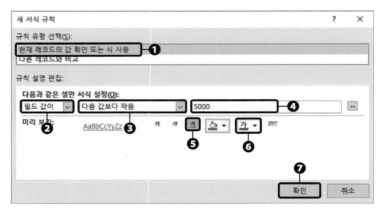

합격생의 비법

《출력형태》와 비교하여 개체들을 적절히 배치하고 잘린 글자가 없는지 확인하여 수정한다.

③ [조건부 서식 규칙 관리자] 대화상자에서 [확인]을 클릭하고 [디자인] 탭 – [보기] 그룹에서 [보기] – [보고서 보기](▢)를 선택하여 확인한다.

④ [닫기]를 클릭하고 저장 여부를 물으면 [예]를 클릭한다.

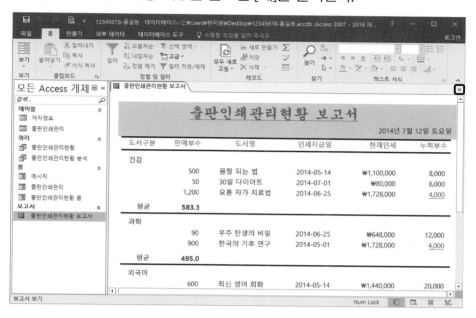

SECTION 01 | 레이블 보고서 만들기

① [탐색] 창의 [테이블] 개체에서 [저자정보] 테이블을 선택하고 [만들기]
탭 – [보고서] 그룹에서 [레이블]()을 선택한다.

합격생의 비법

레이블을 작성할 때는 반드시
[탐색] 창에서 레이블의 레코
드 원본으로 사용할 테이블을
선택해야 한다.

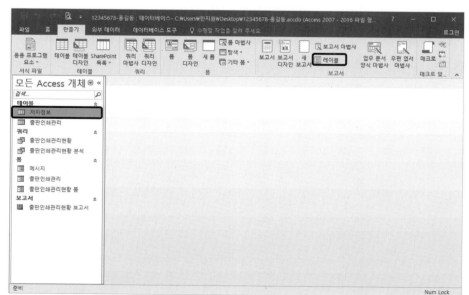

② [우편물 레이블 마법사]에서 [제조업체로 필터링]을 'A – ONE'으로 지정하고 [제품 번호]를 'AOne 28315(크기 : 34mm × 64mm, 열 개수 :3)'로 선택한 후 [다음]을 클릭한다.

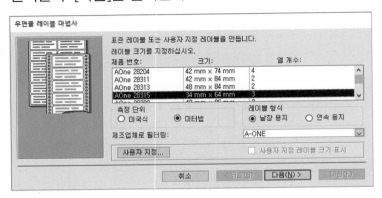

③ 글꼴 이름, 글꼴 크기, 글꼴 두께, 텍스트 색을 지정하고 [다음]을 클릭한다.(굴림, 10pt, 중간, 검정)

④ [예제] 영역에 『저자 정보 : 』를 입력하고 [사용 가능한 필드]에서 '저자명'을 더블클릭한다. 『(』를 입력하고 [사용 가능한 필드]에서 '관리코드'를 더블클릭한 후 다시 『)』를 입력한다.

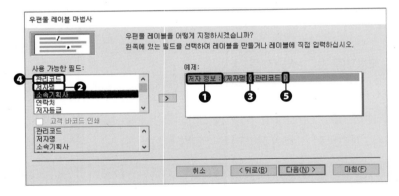

⑤ Enter 를 누른 후 『소속기획사 : 』를 입력하고 [사용 가능한 필드]에서 '소속기획사'를 더블클릭한다.

⑥ Enter 를 누른 후『연락처 : 』를 입력하고 [사용 가능한 필드]에서 '연락처'
를 더블클릭한 후 [다음]을 클릭한다.

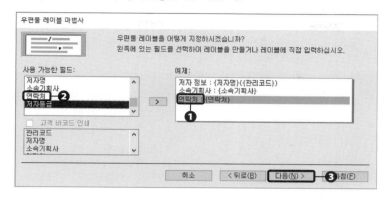

⑦ 정렬 기준이 될 필드로 '저자명'을 선택하고 [다음]을 클릭한다.

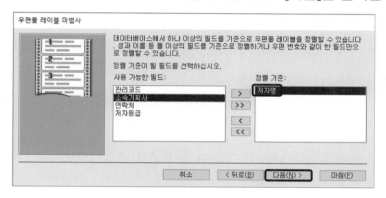

⑧ 보고서 이름에 '저자정보 레이블'을 입력하고 '우편물 레이블의 디자인 수
정'을 선택한 후 [마침]을 클릭한다.

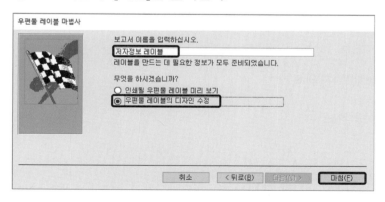

① 두 번째 텍스트 상자를 선택하고 [홈] 탭 – [텍스트 서식] 그룹에서 [굵게] (**가**)을 클릭한다.

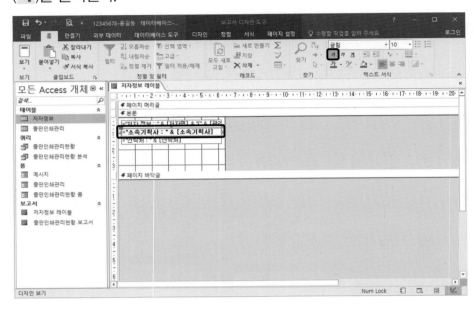

② 세 번째 텍스트 상자를 선택하고 다음과 같이 수식을 수정한다.

="연락처 : " & Left([연락처],9) & "****"

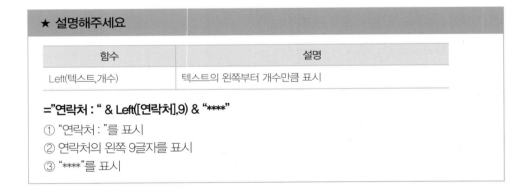

★ 설명해주세요

함수	설명
Left(텍스트,개수)	텍스트의 왼쪽부터 개수만큼 표시

="연락처 : " & Left([연락처],9) & "**"**
① "연락처 : "를 표시
② 연락처의 왼쪽 9글자를 표시
③ "****"를 표시

③ [디자인] 탭 – [보기] 그룹에서 [보기] – [인쇄 미리 보기]( )를 선택하여 ≪출력형태≫와 같은지 확인한다.

합격생의 비법

[보고서 보기]나 [레이아웃 보기]에서 보고서를 보면 데이터가 한 열에 표시되므로 [인쇄 미리 보기]로 확인한다.

모의고사

01 모의고사 1회

정답 및 해설 296p

과목	코드	문제유형	시험시간	수험번호	성명
한글액세스	1132	B	60분	20225001	홍길동

수험자 유의사항

- 수험자는 문제지를 받는 즉시 문제지와 <u>수험표상의 시험과목(프로그램)이 동일한지 반드시 확인</u>하여야 합니다.
- 파일명은 본인의 "수험번호—성명"으로 입력하여 답안폴더(내 PC₩문서₩ITQ)에 하나의 파일로 저장해야 하며, 답안문서 파일명이 "수험번호—성명"과 일치하지 않거나, 답안파일을 전송하지 않아 미제출로 처리될 경우 실격 처리합니다(예:12345678—홍길동.accdb).
- 답안 작성을 마치면 파일을 저장하고, '답안 전송' 버튼을 선택하여 감독위원 PC로 답안을 전송하십시오. 수험생 정보와 저장한 파일명이 다를 경우 전송되지 않으므로 주의하시기 바랍니다.
- 답안 작성 중에도 <u>주기적으로 저장하고, '답안 전송'</u>하여야 문제 발생을 줄일 수 있습니다. 작업한 내용을 저장하지 않고 전송할 경우 이전에 저장된 내용이 전송되오니 이점 유의하시기 바랍니다.
- 답안문서는 지정된 경로 외의 다른 보조기억장치에 저장하는 경우, 지정된 시험 시간 외에 작성된 파일을 활용할 경우, 기타 통신수단(이메일, 메신저, 네트워크 등)을 이용하여 타인에게 전달 또는 외부 반출하는 경우는 부정 처리합니다.
- 시험 중 부주의 또는 고의로 시스템을 파손한 경우는 수험자가 변상해야 하며, 〈수험자 유의사항〉에 기재된 방법대로 이행하지 않아 생기는 불이익은 수험생 당사자의 책임임을 알려 드립니다.
- 문제의 조건은 MS오피스 2016 버전으로 설정되어 있으니 유의하시기 바랍니다.
- 시험을 완료한 수험자는 답안파일이 전송되었는지 확인한 후 감독위원의 지시에 따라 문제지를 제출하고 퇴실합니다.

답안 작성요령

- 온라인 답안 작성 절차
  수험자 등록 ⇒ 시험 시작 ⇒ 답안파일 저장 ⇒ 답안 전송 ⇒ 시험 종료
- 문제는 테이블/쿼리/폼/보고서로 구성하며 문제에서 제시한 테이블의 내용을 누락시켰을 경우에 0점 처리됩니다.
- 테이블의 데이터는 정확히 입력해야 하며 임의로 정렬(소트)시킬 경우 감점 처리됩니다.
- 각 문제에서 주어진 ≪조건≫에 맞게 작성하고 언급하지 않은 조건은 ≪출력형태≫와 같이 작성합니다.
- 글꼴 및 기타 사항에 대해 별도의 지시사항이 없는 경우 기본 설정값(Default)으로 처리합니다.
- 문제에서 제시한 테이블/쿼리/폼/보고서 이외에 추가로 작성한 경우나 테이블/쿼리/폼/보고서의 이름이 잘못되었을 경우 해당 항목에 감점 처리됩니다

다음은 ○○백화점의 배송을 관리할 데이터베이스를 작성하기 위한 내용이다.
주어진 ≪조건≫에 맞게 문서를 작성하시오.

문제 ❶ ▶ 주어진 엑셀 데이터와 다음 ≪조건≫을 이용하여 테이블을 작성하시오. |100점

조건

[테이블1] 이름 : 배송관리

[테이블1] : PART 3 모의고사₩모의고사1회.xlsx(시트명: C유형)에 있는 엑셀 데이터를 가져와 테이블을 작성한 후, 다음 디자인을 적용하시오. 단, 출고기간(일)은 목록값(1, 3, 5)만 허용하는 콤보 상자를 이용하여 직접 입력하시오.

필드 이름	결제번호	결제일자	상품번호	주문수량	결제액	출고기간(일)
데이터 형식	짧은 텍스트	날짜/시간	짧은 텍스트	숫자	숫자	숫자
크기(또는 형식)	5 기본 키 설정	간단한 날짜	5	정수	정수(Long) 통화	정수 콤보 상자

출력형태

결제번호 ▾	결제일자 ▾	상품번호 ▾	주문수량 ▾	결제액 ▾	출고기간(일) ▾
10106	2014-01-10	O1934	2	₩98,000	5
10188	2014-01-21	U2311	10	₩700,000	5
10879	2014-01-15	U0186	5	₩637,500	3
11634	2014-01-19	C0089	3	₩360,000	5
20345	2014-01-11	U0655	1	₩340,000	1
21275	2014-01-16	C4423	20	₩255,000	5
21576	2014-01-18	C3399	6	₩400,000	3
30533	2014-01-13	C0699	2	₩540,000	3
31234	2014-01-17	O5367	1	₩72,000	1
32321	2014-01-23	U2567	13	₩580,000	1

조건

[테이블2] 이름 : 배송상품정보

[테이블2] : 아래 ≪출력형태≫를 참고하여 테이블을 직접 작성하고 디자인을 적용하시오. 단, 상품분류는 '과일'또는 '냉동' 또는 '가공'인 데이터만 입력받도록 유효성 검사를 이용하시오.

필드 이름	결제번호	상품명	주문자	연락처	상품분류
데이터 형식	짧은 텍스트	짧은 텍스트	짧은 텍스트	짧은 텍스트	짧은 텍스트
크기(또는 형식)	5	10	10	13	2 유효성 검사

출력형태

결제번호 ▾	상품명 ▾	주문자 ▾	연락처 ▾	상품분류 ▾
20345	참치세트5호	김선자	010-2525-8585	가공
10188	한우고기세트2호	김지호	010-2222-3333	냉동
10879	한우갈비세트7호	최현준	010-3333-4444	냉동
11634	사과배과일세트3호	이정숙	010-4444-5555	과일
21275	와인세트1호	장준	010-6666-7777	가공
21576	표고버섯세트5호	박정자	010-7777-8888	가공
30533	특산물과일세트1호	이미숙	010-8888-9999	과일
32321	전복세트2호	김수동	010-5555-6666	냉동
10106	햄세트3호	박선우	010-1111-2222	가공
31234	감귤세트1호	김사윤	010-2323-6677	과일

[테이블1 : 배송관리]를 이용하여 다음과 같은 조건에 따라 쿼리를 완성하시오. | **90**점

조건	(1) 쿼리 이름 : 배송관리현황
	(2) 결제방식 : 결제번호의 첫 번째 글자가 '1'이면 '카드', '2'이면 '현금', '3'이면 '상품권'으로 적용 (CHOOSE, LEFT 함수 사용)
	(3) 배송취급정보 : 상품번호의 첫 번째 글자가 'U'이면 '냉동배송', 'C'이면 '파손주의', 'O'이면 '일반 배송'으로 적용(SWITCH, LEFT 함수 사용)
	(4) 배송일자 : 결제일자에 출고기간(일)을 더하여 적용(DATEADD 함수 사용)
	(5) 결제일자에 대해 내림차순으로 정렬

출력형태								

결제번호	결제일자	결제방식	상품번호	배송취급정보	주문수량	결제액	출고기간(일)	배송일자
32321	2014-01-23	상품권	U2567	냉동배송	13	₩580,000	1	2014-01-24
10188	2014-01-21	카드	U2311	냉동배송	10	₩700,000	5	2014-01-26
11634	2014-01-19	카드	C0089	파손주의	3	₩360,000	5	2014-01-24
21576	2014-01-18	현금	C3399	파손주의	6	₩400,000	3	2014-01-21
31234	2014-01-17	상품권	O5367	일반배송	1	₩72,000	1	2014-01-18
21275	2014-01-16	현금	C4423	파손주의	20	₩255,000	5	2014-01-21
10879	2014-01-15	카드	U0186	냉동배송	5	₩637,500	3	2014-01-18
30533	2014-01-13	상품권	C0699	파손주의	2	₩540,000	3	2014-01-16
20345	2014-01-11	현금	U0655	냉동배송	1	₩340,000	1	2014-01-12
10106	2014-01-10	카드	O1934	일반배송	2	₩98,000	5	2014-01-15

문제 ❸ **[테이블1 : 배송관리]와 [테이블2 : 배송상품]을 이용하여 다음과 같은 조건에 따라 쿼리를 완성하시오.** | **80**점

조건	(1) 쿼리 이름 : 배송관리현황 분석
	(2) 테이블 조인 : '결제번호'를 기준으로 관계 설정(조건 : 두 테이블의 조인된 필드가 일치하는 행만 포함)
	(3) 상품분류가 '냉동' 또는 '과일'이고, 결제일자가 '2014-01-15' 이전(해당일자 포함)인 데이터를 추출하고, 상품분류를 기준으로 정렬하여 《출력형태》와 같이 선택 쿼리를 작성하시오.

출력형태				

결제번호	상품명	연락처	상품분류	주문수량
30533	특산물과일세트1호	010-8888-9999	과일	2
10879	한우갈비세트7호	010-3333-4444	냉동	5

문제 ❹ **[쿼리 : 배송관리현황]을 이용하여 다음과 같은 모양의 폼을 설계하시오.** | **80**점

조건	출력형태

(1) 폼 이름 : 배송관리현황 폼

(2) 폼 제목 : 굴림, 22pt, 가운데 맞춤, 특수 효과 : 볼록

(3) 상품단가 : 결제액을 주문수량으로 나누어 계산(통화 형식)

(4) '배송관리현황 폼'의 머리글 영역에 제목과 결제번호를 작성하고, 본문에 '결제번호' 필드를 기준으로 연결하여 '배송관리' 폼을 하위 폼으로 추가하시오.

(5) 결제번호 : 입력란을 '콤보 상자'로 변경하시오.

(6) 배송취급정보는 수정할 수 없게 작성하고, 클릭할 경우 아래와 같은 메시지 폼을 출력하시오.

(7) 로고 삽입(내 PC₩문서₩ITQ₩Picture₩로고2.jpg), 특수효과-볼록, 크기(가로-2 cm, 세로-1 cm).

문제 ❺ ▶ [쿼리 : 배송관리현황]을 이용하여 보고서를 작성하시오. | **80**점

조건	출력형태
(1) 보고서 이름 : 배송관리현황 보고서 (2) 보고서 제목 : 궁서, 24pt, 굵게, 밑줄, 가운데 맞춤 (3) 보고서 머리글 부분의 날짜는 DATESERIAL 함수를 이용하여 표시 (4) 결제방식으로 그룹화하고, 결제액에 대해 오름차순으로 정렬 (5) 결제액의 합계와 총합계는 함수를 이용하여 계산(굵게, SUM 함수 사용) (6) 조건부 서식을 이용하여 출고기간(일)이 '1'일인 경우 다음의 서식을 적용(글꼴-굵게, 빨강, 밑줄)	(표 참조)

배송관리현황 보고서

2014년 2월 8일 토요일

결제방식	결제번호	상품번호	결제액	배송취급정보	출고기간(일)
상품권					
	31234	O5367	₩72,000	일반배송	1
	30533	C0699	₩540,000	파손주의	3
	32321	U2567	₩580,000	냉동배송	1
합계			₩1,192,000		
카드					
	10106	O1934	₩98,000	일반배송	5
	11634	C0089	₩360,000	파손주의	5
	10879	U0186	₩637,500	냉동배송	3
	10188	U2311	₩700,000	냉동배송	5
합계			₩1,795,500		
현금					
	21275	C4423	₩255,000	파손주의	5
	20345	U0655	₩340,000	냉동배송	1
	21576	C3399	₩400,000	파손주의	3
합계			₩995,000		
총합계			₩3,982,500		

문제 ❻ ▶ [테이블2 : 배송상품정보]를 이용하여 레이블 보고서를 작성하시오. | **70**점

조건	
	(1) 레이블 보고서 이름 : 배송상품정보 레이블 (2) 표준 레이블 : 제조업체 A-ONE, 제품번호 28315(세로*가로 : 34 mm×64 mm/개수 : 3) (3) 글꼴색과 크기 : 굴림, 10pt, 중간, 검정 (4) 레이블의 필드 순서 : 상품명, 상품분류, 주문자, 연락처 (5) 레이블 출력 순서 : 상품명에 대해 오름차순으로 정렬 (6) 필드 표현방법 　　상품명, 상품분류 - ≪출력형태≫와 같이 적용(굵게, & 연산자 사용) 　　주문자 - ≪출력형태≫와 같이 적용(& 연산자 사용) 　　연락처 - ≪출력형태≫와 같이 적용(MID 함수, & 연산자 사용)
출력형태	(전체 데이터 출력물 중 일부만 캡처된 화면임)

감귤세트1호 [과일]
주문자 : 김사윤 고객님
연락처 : ###-2323-####

사과배과일세트3호 [과일]
주문자 : 이정숙 고객님
연락처 : ###-4444-####

와인세트1호 [가공]
주문자 : 장준 고객님
연락처 : ###-6666-####

전복세트2호 [냉동]
주문자 : 김수동 고객님
연락처 : ###-5555-####

참치세트5호 [가공]
주문자 : 김선자 고객님
연락처 : ###-2525-####

특산물과일세트1호 [과일]
주문자 : 이미숙 고객님
연락처 : ###-8888-####

과목	코드	문제유형	시험시간	수험번호	성명
한글액세스	1132	B	60분	20225002	홍길동

수험자 유의사항

- 수험자는 문제지를 받는 즉시 문제지와 **수험표상의 시험과목(프로그램)이 동일한지 반드시 확인**하여야 합니다.
- 파일명은 본인의 "수험번호-성명"으로 입력하여 답안폴더(내 PC₩문서₩ITQ)에 하나의 파일로 저장해야 하며, 답안문서 파일명이 "수험번호-성명"과 일치하지 않거나, 답안파일을 전송하지 않아 미제출로 처리될 경우 실격 처리합니다(예:12345678-홍길동.accdb).
- 답안 작성을 마치면 파일을 저장하고, '답안 전송' 버튼을 선택하여 감독위원 PC로 답안을 전송하십시오. 수험생 정보와 저장한 파일명이 다를 경우 전송되지 않으므로 주의하시기 바랍니다.
- 답안 작성 중에도 **주기적으로 저장하고, '답안 전송'**하여야 문제 발생을 줄일 수 있습니다. 작업한 내용을 저장하지 않고 전송할 경우 이전에 저장된 내용이 전송되니 이점 유의하시기 바랍니다.
- 답안문서는 지정된 경로 외의 다른 보조기억장치에 저장하는 경우, 지정된 시험 시간 외에 작성된 파일을 활용할 경우, 기타 통신수단(이메일, 메신저, 네트워크 등)을 이용하여 타인에게 전달 또는 외부 반출하는 경우는 부정 처리합니다.
- 시험 중 부주의 또는 고의로 시스템을 파손한 경우는 수험자가 변상해야 하며, 〈수험자 유의사항〉에 기재된 방법대로 이행하지 않아 생기는 불이익은 수험생 당사자의 책임임을 알려 드립니다.
- 문제의 조건은 MS오피스 2016 버전으로 설정되어 있으니 유의하시기 바랍니다.
- 시험을 완료한 수험자는 답안파일이 전송되었는지 확인한 후 감독위원의 지시에 따라 문제지를 제출하고 퇴실합니다.

답안 작성요령

- 온라인 답안 작성 절차
  수험자 등록 ⇒ 시험 시작 ⇒ 답안파일 저장 ⇒ 답안 전송 ⇒ 시험 종료
- 문제는 테이블/쿼리/폼/보고서로 구성하며 문제에서 제시한 테이블의 내용을 누락시켰을 경우에 0점 처리됩니다.
- 테이블의 데이터는 정확히 입력해야 하며 임의로 정렬(소트)시킬 경우 감점 처리됩니다.
- 각 문제에서 주어진 ≪조건≫에 맞게 작성하고 언급하지 않은 조건은 ≪출력형태≫와 같이 작성합니다.
- 글꼴 및 기타 사항에 대해 별도의 지시사항이 없는 경우 기본 설정값(Default)으로 처리합니다.
- 문제에서 제시한 테이블/쿼리/폼/보고서 이외에 추가로 작성한 경우나 테이블/쿼리/폼/보고서의 이름이 잘못되었을 경우 해당 항목에 감점 처리됩니다

다음은 가스요금을 관리할 데이터베이스를 작성하기 위한 내용이다.
주어진 ≪조건≫에 맞게 문서를 작성하시오.

문제 ❶ ▶ 주어진 엑셀 데이터와 다음 ≪조건≫을 이용하여 테이블을 작성하시오. |100점

조건

[테이블1] 이름 : 가스요금관리

[테이블1] : PART 3 모의고사\모의고사2회.xlsx(시트명: C유형)에 있는 엑셀 데이터를 가져와 테이블을 작성한 후, 다음 디자인을 적용하시오. 단, 납부방법은 목록값(지정계좌, 카드이체, 지로고지서)만 허용하는 콤보 상자를 이용하여 직접 입력하시오.

필드 이름	계약번호	지로번호	납부방법	납부마감일	사용요금	미납요금
데이터 형식	짧은 텍스트	짧은 텍스트	짧은 텍스트	날짜/시간	숫자	숫자
크기(또는 형식)	8 기본 키 설정	7	5 콤보 상자	간단한 날짜	정수(Long) 통화 형식	정수(Long) 통화 형식

출력형태

계약번호 ·	지로번호 ·	납부방법 ·	납입마감일 ·	사용요금 ·	
18198_51	3012972	지정계좌	2013-12-20	₩45,000	
22733_32	2735236	지로고지서	2013-12-15	₩108,000	
31954_12	1012942	지로고지서	2014-01-10	₩306,900	
39356_51	3012982	카드이체	2013-12-10	₩18,030	
48724_41	3012973	지정계좌	2013-12-31	₩92,010	
50362_35	2735235	지로고지서	2013-12-10	₩252,000	
64363_35	1735235	카드이체	2014-01-31	₩286,020	
77729_32	3735236	카드이체	2013-12-26	₩25,000	
85329_12	3012979	지로고지서	2014-01-31	₩30,080	
90321_41	1735260	지정계좌	2014-01-26	₩56,700	

조건

[테이블2] 이름 : 고객정보

[테이블2] : 아래 ≪출력형태≫를 참고하여 테이블을 직접 작성하고 디자인을 적용하시오. 단, 주소는 '종로구'로 시작하는 데이터만 입력받도록 유효성 검사를 이용하시오.

필드 이름	계약번호	고객번호	고객명	주소	청구방법
데이터 형식	짧은 텍스트	짧은 텍스트	짧은 텍스트	짧은 텍스트	짧은 텍스트
크기(또는 형식)	8	4	10	10 유효성 검사	6

출력형태

계약번호 ·	고객번호 ·	고객명 ·	주소 ·	청구방법 ·
31954_12	3604	세종실업	종로구 효자동	우편
39356_51	3598	수아인	종로구 세종로	e-mail
85329_12	3605	최홍민	종로구 종로2가	모바일
50362_35	3600	IT전신	종로구 숭인1동	우편
64363_35	3601	우리빵집	종로구 적선동	e-mail
77729_32	3602	옥현주	종로구 신문로1가	우편
22733_32	3603	고민규	종로구 청진동	우편
48724_41	3597	백가식	종로구 창신2동	모바일
90321_41	3599	조아상가	종로구 내자동	e-mail
18198_51	3606	사현우	종로구 명륜3가	모바일

문제 ❷ ▶ [테이블1 : 가스요금관리]를 이용하여 다음과 같은 조건에 따라 쿼리를 완성하시오. | 90점

조건

(1) 쿼리 이름 : 가스요금관리현황
(2) 용도 : 지로번호의 첫 글자가 '1'이면 '산업용', '2'이면 '냉난방용', '3'이면 '일반용'으로 적용 (CHOOSE, LEFT 함수 사용)
(3) 실마감일 : 납입마감일을 표시하되, 납입마감일이 일요일이면 납입마감일의 다음날로 표시(IIF, WEEKDAY, DATEADD 함수 사용)
(4) 청구요금 : 「사용요금 + 미납요금」으로 계산. 단, 납부방법이 '지정계좌'이면 사용요금을 1% 할인 하여 적용(IIF 함수 사용)
(5) 청구요금은 통화 형식, 사용요금에 대해 내림차순으로 정렬

출력형태

계약번호	지로번호	용도	납부방법	납입마감일	실마감일	사용요금	미납요금	청구요금
31954_12	1012942	산업용	지로고지서	2014-01-10	2014-01-10	₩306,900	₩480,000	₩786,900
64363_35	1735235	산업용	카드이체	2014-01-31	2014-01-31	₩286,020	₩327,000	₩613,020
50362_35	2735235	냉난방용	지로고지서	2013-12-10	2013-12-10	₩252,000	₩0	₩252,000
22733_32	2735236	냉난방용	지로고지서	2013-12-15	2013-12-16	₩108,000	₩20,000	₩128,000
48724_41	3012973	일반용	지정계좌	2013-12-31	2013-12-31	₩92,010	₩0	₩91,090
90321_41	1735260	산업용	지정계좌	2014-01-26	2014-01-27	₩56,700	₩56,000	₩112,133
18198_51	3012972	일반용	지정계좌	2013-12-20	2013-12-20	₩45,000	₩0	₩44,550
85329_12	3012979	일반용	지로고지서	2014-01-31	2014-01-31	₩30,080	₩0	₩30,080
77729_32	3735236	일반용	카드이체	2013-12-26	2013-12-26	₩25,000	₩33,000	₩58,000
39356_51	3012982	일반용	카드이체	2013-12-10	2013-12-10	₩18,030	₩0	₩18,030

문제 ❸ ▶ [테이블1 : 가스요금관리]와 [테이블2 : 고객정보]를 이용하여 다음과 같은 조건에 따라 쿼리를 완성하시오. | 80점

조건	출력형태
(1) 쿼리 이름 : 가스요금관리현황 분석 (2) 테이블 조인 : '계약번호'를 기준으로 관계 설정(조건 : 두 테이블의 조인된 필드가 일치하는 행만 포함) (3) 납입마감일이 '2014년 1월'이고, 미납요금이 '0'원이 아닌 데이터를 추출하고, 고객명을 기준으로 정렬하여 ≪출력형태≫와 같은 선택 쿼리를 작성하시오.	<table><tr><th>계약번호</th><th>고객명</th><th>사용요금</th><th>미납요금</th><th>청구방법</th></tr><tr><td>90321_41</td><td>조아상가</td><td>₩56,700</td><td>₩56,000</td><td>e-mail</td></tr><tr><td>64363_35</td><td>우리빵집</td><td>₩286,020</td><td>₩327,000</td><td>e-mail</td></tr><tr><td>31954_12</td><td>세종실업</td><td>₩306,900</td><td>₩480,000</td><td>우편</td></tr></table>

문제 ❹ ▶ [쿼리 : 가스요금관리현황]을 이용하여 다음과 같은 모양의 폼을 설계하시오. | 80점

조건	출력형태
(1) 폼 이름 : 가스요금관리현황 폼 (2) 폼 제목 : 굴림, 22pt, 가운데 맞춤, 특수 효과 : 그림자 (3) 연체요금 : 미납요금이 '0'원이면 '없음'으로, 그렇지 않으면 '미납요금의 5%'에 '원'을 덧붙여 적용 (IIF 함수, & 연산자 사용) (4) '가스요금관리현황 폼'의 머리글 영역에 제목과 계약번호를 작성하고, 본문에 '계약번호'필드를 기준으로 연결하여 '가스요금관리' 폼을 하위 폼으로 추가하시오.	가스요금관리현황 폼 계약번호 31954_12 ▼ 보고서 가스요금관리 지로번호 1012942 납부방법 지로고지서 용도 산업용 납입마감일 2014-01-10 사용요금 ₩306,900 실마감일 2014-01-10 미납요금 ₩480,000 연체요금 24000원 레코드: ◀ 1/10 ▶ ▶▶ 필터 없음 검색

(5) 계약번호 : 입력란을 '콤보 상자'로 변경하시오.

(6) 보고서 : 클릭하면 '가스요금관리현황 보고서'로 이동하도록 작성하시오(가로-2 cm, 세로-1 cm).

(7) 로고 삽입(내 PC\문서\ITQ\Picture\로고1.jpg), 특수효과-볼록, 크기(가로-2 cm, 세로-1 cm).

문제 ❺ ▶ **[쿼리 : 가스요금관리현황]을 이용하여 보고서를 작성하시오.** | **80**점

조건	출력형태
(1) 보고서 이름 : 가스요금관리현황 보고서	
(2) 보고서 제목 : 궁서체, 24pt, 굵게, 밑줄, 가운데 맞춤	
(3) 보고서 머리글 부분의 날짜는 DATESERIAL 함수를 이용하여 표시	
(4) 납부방법에 대해 그룹화하고, 지로번호에 대해 오름차순으로 정렬	
(5) 사용요금의 평균과 총평균은 함수를 이용하여 계산(굵게, AVG 함수 사용)	
(6 조건부 서식을 이용하여 용도가 '산업용'인 경우 다음의 서식을 적용(글꼴-빨강, 기울임꼴, 밑줄)	

가스요금관리현황 보고서

2014년 1월 11일 토요일

납부방법	지로번호	용도	납입마감일	사용요금	청구요금
지로고지서					
	1012942	*산업용*	2014-01-10	₩306,900	₩786,900
	2735235	냉난방용	2013-12-10	₩252,000	₩252,000
	2735236	냉난방용	2013-12-15	₩108,000	₩128,000
	3012979	일반용	2014-01-31	₩30,080	₩30,080
평균				₩174,245	
지정계좌					
	1735260	*산업용*	2014-01-26	₩56,700	₩112,133
	3012972	일반용	2013-12-20	₩45,000	₩44,550
	3012973	일반용	2013-12-31	₩92,010	₩91,090
평균				₩64,570	
카드이체					
	1735235	*산업용*	2014-01-31	₩286,020	₩613,020
	3012982	일반용	2013-12-10	₩18,030	₩18,030
	3735236	일반용	2013-12-26	₩25,000	₩58,000
평균				₩109,683	
총평균				₩121,974	

문제 ❻ ▶ **[테이블2 : 고객정보]를 이용하여 레이블 보고서를 작성하시오.** | **70**점

조건	
	(1) 레이블 보고서 이름 : 고객정보 레이블
	(2) 표준 레이블 : 제조업체 A-ONE, 제품번호 28315(세로*가로 : 34 mm×64 mm/개수 : 3)
	(3) 글꼴색과 크기 : 굴림, 10pt, 중간, 검정
	(4) 레이블의 필드순서 : 고객명, 고객번호, 청구방법, 주소
	(5) 레이블 출력순서 : 고객명에 대해 오름차순으로 정렬
	(6) 필드 표현방법
	고객명, 고객번호 – ≪출력형태≫와 같이 적용(& 연산자 사용)
	청구방법 – ≪출력형태≫와 같이 적용(굵게, & 연산자 사용)
	주소 – 종로구를 제외한 주소가 표시되도록 ≪출력형태≫와 같이 적용(MID 함수, & 연산자 사용)

출력형태 (전체 데이터 출력물 중 일부만 캡처된 화면임)

고객정보 : 고민규 (3603)
청구방법 : 우편
주소지 : 청진동

고객정보 : 백가식 (3597)
청구방법 : 모바일
주소지 : 창신2동

고객정보 : 사현우 (3606)
청구방법 : 모바일
주소지 : 명륜3가

고객정보 : 세종실업 (3604)
청구방법 : 우편
주소지 : 효자동

고객정보 : 수아인 (3598)
청구방법 : e-mail
주소지 : 세종로

고객정보 : 옥현주 (3602)
청구방법 : 우편
주소지 : 신문로1가

과목	코드	문제유형	시험시간	수험번호	성명
한글액세스	1132	B	60분	20225003	홍길동

⸻⸻⸻⸻ 수험자 유의사항 ⸻⸻⸻⸻

- 수험자는 문제지를 받는 즉시 문제지와 <u>수험표상의 시험과목(프로그램)이 동일한지 반드시 확인</u>하여야 합니다.
- 파일명은 본인의 "수험번호–성명"으로 입력하여 답안폴더(내 PC₩문서₩ITQ)에 하나의 파일로 저장해야 하며, 답안문서 파일명이 "수험번호–성명"과 일치하지 않거나, 답안파일을 전송하지 않아 미제출로 처리될 경우 실격 처리합니다(예:12345678–홍길동. accdb).
- 답안 작성을 마치면 파일을 저장하고, '답안 전송' 버튼을 선택하여 감독위원 PC로 답안을 전송하십시오. 수험생 정보와 저장한 파일명이 다를 경우 전송되지 않으므로 주의하시기 바랍니다.
- 답안 작성 중에도 **주기적으로 저장하고, '답안 전송'**하여야 문제 발생을 줄일 수 있습니다. 작업한 내용을 저장하지 않고 전송할 경우 이전에 저장된 내용이 전송되오니 이점 유의하시기 바랍니다.
- 답안문서는 지정된 경로 외의 다른 보조기억장치에 저장하는 경우, 지정된 시험 시간 외에 작성된 파일을 활용할 경우, 기타 통신수단(이메일, 메신저, 네트워크 등)을 이용하여 타인에게 전달 또는 외부 반출하는 경우는 부정 처리합니다.
- 시험 중 부주의 또는 고의로 시스템을 파손한 경우는 수험자가 변상해야 하며, 〈수험자 유의사항〉에 기재된 방법대로 이행하지 않아 생기는 불이익은 수험생 당사자의 책임임을 알려 드립니다.
- 문제의 조건은 MS오피스 2016 버전으로 설정되어 있으니 유의하시기 바랍니다.
- 시험을 완료한 수험자는 답안파일이 전송되었는지 확인한 후 감독위원의 지시에 따라 문제지를 제출하고 퇴실합니다.

⸻⸻⸻⸻ 답안 작성요령 ⸻⸻⸻⸻

- 온라인 답안 작성 절차
  수험자 등록 ⇒ 시험 시작 ⇒ 답안파일 저장 ⇒ 답안 전송 ⇒ 시험 종료
- 문제는 테이블/쿼리/폼/보고서로 구성하며 문제에서 제시한 테이블의 내용을 누락시켰을 경우에 0점 처리됩니다.
- 테이블의 데이터는 정확히 입력해야 하며 임의로 정렬(소트)시킬 경우 감점 처리됩니다.
- 각 문제에서 주어진 ≪조건≫에 맞게 작성하고 언급하지 않은 조건은 ≪출력형태≫와 같이 작성합니다.
- 글꼴 및 기타 사항에 대해 별도의 지시사항이 없는 경우 기본 설정값(Default)으로 처리합니다.
- 문제에서 제시한 테이블/쿼리/폼/보고서 이외에 추가로 작성한 경우나 테이블/쿼리/폼/보고서의 이름이 잘못되었을 경우 해당 항목에 감점 처리됩니다

다음은 건물임대를 관리할 데이터베이스를 작성하기 위한 내용이다.
주어진 ≪조건≫에 맞게 문서를 작성하시오.

문제 ① ▶ 주어진 엑셀 데이터와 다음 ≪조건≫을 이용하여 테이블을 작성하시오. |100점

조건

[테이블1] 이름 : 건물임대관리

[테이블1] : PART 3 모의고사₩모의고사3회.xlsx(시트명: C유형)에 있는 엑셀 데이터를 가져와 테이블을 작성한 후, 다음 디자인을 적용하시오. 단, 관리비는 목록값(300000, 200000, 150000)만 허용하는 콤보 상자를 이용하여 직접 입력하시오.

필드 이름	임대번호	임대계약일	계약기간(개월)	영업종류	임대보증금	관리비
데이터 형식	짧은 텍스트	날짜/시간	숫자	짧은 텍스트	숫자	숫자
크기(또는 형식)	6 기본 키 설정	간단한 날짜	정수(Long)	10	정수(Long) 통화 형식	정수(Long) 통화 형식 콤보 상자

출력형태

임대번호	임대계약일	계약기간(개월)	영업종류	임대보증금	관리비
A11-01	2011-05-11	36	음식점	₩7,800,000	₩300,000
A11-02	2011-01-19	36	음식점	₩8,400,000	₩300,000
A11-04	2011-10-25	24	약국	₩6,300,000	₩200,000
B12-02	2012-02-14	24	의류판매	₩5,000,000	₩150,000
B12-03	2012-11-03	36	의류판매	₩4,300,000	₩150,000
B12-08	2012-12-02	24	음식점	₩7,500,000	₩200,000
C11-11	2011-09-26	36	커피전문점	₩2,800,000	₩150,000
C11-12	2011-10-28	36	커피전문점	₩3,200,000	₩150,000
C12-05	2012-04-29	24	음식점	₩8,000,000	₩300,000
C12-12	2012-06-22	24	약국	₩5,500,000	₩200,000

조건

[테이블2] 이름 : 입주자정보

[테이블2] : 아래 ≪출력형태≫를 참고하여 테이블을 직접 작성하고 디자인을 적용하시오. 단, 연락처는 '070' 또는 '010'으로 시작하는 데이터만 입력받도록 유효성 검사를 이용하시오.

필드 이름	임대번호	입주자명	상호명	연락처	직원수
데이터 형식	짧은 텍스트	짧은 텍스트	짧은 텍스트	짧은 텍스트	숫자
크기(또는 형식)	6	8	15	13 유효성 검사	정수(Long)

출력형태

임대번호	입주자명	상호명	연락처	직원수
C12-12	민수경	해누리약국	070-5555-4422	3
B12-08	김철수	향토	070-9944-3131	10
C12-05	조연지	돈돈맛집	070-2235-6677	12
C11-11	이경영	커피팩토리	010-9797-8585	2
A11-04	박무결	다보약국	070-2121-7878	4
A11-01	윤숙자	우리한정식	070-8888-7722	9
A11-02	성지현	명품한우집	070-1133-2626	14
B12-02	김우주	다홍치마	010-4646-5858	3
B12-03	김자영	너랑나랑	010-9988-7575	4
C11-12	안상태	더치커피전문	010-6060-2323	4

조건	(1) 쿼리 이름 : 건물임대관리현황
	(2) 차기계약일 : 임대계약일에 계약기간(개월)을 더한 값으로 적용. 단, 임대보증금이 '7,000,000' 이 상이면 '1'개월을 더하여 적용(IIF, DATEADD 함수 사용)
	(3) 층별구분 : 임대번호의 첫 글자가 'A'이면 '로얄층', 'B'이면 '골드층', 'C'이면 '실버층'으로 적용 (SWITCH,LEFT 함수)
	(4) 임대료 : 「(15,000,000−임대보증금)/계약기간(개월)」으로 계산하여 정수로 표시. 단, 관리비가 '300,000'이면 10% 할인하여 적용(INT, IIF 함수 사용)
	(5) 임대료는 통화 형식, 임대번호에 대해 내림차순으로 정렬

출력형태	임대번호	임대계약일	계약기간(개월)	차기계약일	영업종류	층별구분	임대보증금	관리비	임대료
	C12-12	2012-06-22	24	2014-06-22	약국	실버층	₩5,500,000	₩200,000	₩395,833
	C12-05	2012-04-29	24	2014-05-29	음식점	실버층	₩8,000,000	₩300,000	₩262,500
	C11-12	2011-10-28	36	2014-10-28	커피전문점	실버층	₩3,200,000	₩150,000	₩327,777
	C11-11	2011-09-26	36	2014-09-26	커피전문점	실버층	₩2,800,000	₩150,000	₩338,888
	B12-08	2012-12-02	24	2015-01-02	음식점	골드층	₩7,500,000	₩200,000	₩312,500
	B12-03	2012-11-03	36	2015-11-03	의류판매	골드층	₩4,300,000	₩150,000	₩297,222
	B12-02	2012-02-14	24	2014-02-14	의류판매	골드층	₩5,000,000	₩150,000	₩416,666
	A11-04	2011-10-25	24	2013-10-25	약국	로얄층	₩6,300,000	₩200,000	₩362,500
	A11-02	2011-01-19	36	2014-02-19	음식점	로얄층	₩8,400,000	₩300,000	₩164,999
	A11-01	2011-05-11	36	2014-06-11	음식점	로얄층	₩7,800,000	₩300,000	₩180,000

문제 ❸ ▶ **[테이블1 : 건물임대관리]와 [테이블2 : 입주자정보]를 이용하여 다음과 같은 조건에 따라 쿼리를 완성하시오.** | **80**점

조건	(1) 쿼리 이름 : 건물임대관리현황 분석
	(2) 테이블 조인 : '임대번호'를 기준으로 관계 설정(조건 : 두 테이블의 조인된 필드가 일치하는 행만 포함)
	(3) 임대계약일이 '2012'년이면서 관리비가 '200,000'원 이상인 데이터를 추출하고, 상호명을 기준으로 정렬하여 ≪출력형태≫와 같이 표시하는 선택 쿼리를 작성하시오.

출력형태	임대번호	상호명	입주자명	임대계약일	영업종류
	C12-05	돈돈맛집	조연지	2012-04-29	음식점
	C12-12	해누리약국	민수경	2012-06-22	약국
	B12-08	향토	김철수	2012-12-02	음식점

문제 ❹ ▶ **[쿼리 : 건물임대관리현황]을 이용하여 다음과 같은 모양의 폼을 설계하시오.** | **80**점

조건	출력형태
(1) 폼 이름 : 건물임대관리현황 폼	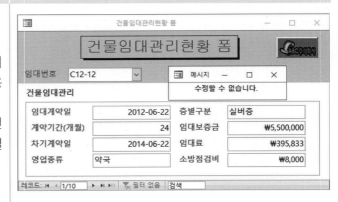
(2) 폼 제목 : 굴림, 22pt, 가운데 맞춤, 특수 효과 : 그림자	
(3) 소방점검비 : 영업종류가 '음식점'이거나 층별구분이 '로얄층'이면 '15,000', 그렇지 않으면 '8,000'으로 적용 (IIF, OR 함수 사용, 통화 형식)	
(4) '건물임대관리현황 폼'의 머리글 영역에 제목과 임대번호를 작성하고, 본문에 '임대번호' 필드를 기준으로 연결하여 '건물임대관리' 폼을 하위 폼으로 추가하시오.	

(5) 임대번호 : 입력란을 '콤보 상자'로 변경하시오.
(6) '계약기간(개월)'은 수정할 수 없게 작성하고 클릭할 경우 아래와 같은 메시지 폼을 출력하시오.
(7) 로고 삽입(내 PC₩문서₩ITQ₩Picture₩로고1.jpg), 특수효과—볼록, 크기(가로—2 cm, 세로—1 cm).

문제 ❺ ▶ [쿼리 : 건물임대관리현황]을 이용하여 보고서를 작성하시오. | **80**점

조건	출력형태

조건

(1) 보고서 이름 : 건물임대관리현황 보고서
(2) 보고서 제목 : 궁서, 24pt, 굵게, 밑줄, 가운데 맞춤
(3) 보고서 머리글 부분의 날짜는 DATESERIAL 함수를 이용하여 표시
(4) 층별구분에 대해 그룹화하고, 임대계약일에 대해 오름차순으로 정렬
(5) 임대보증금의 합계와 총합계는 함수를 이용하여 계산 (굵게, SUM 함수 사용)
(6) 조건부 서식을 이용하여 계약기간(개월)이 '24'개월인 경우 다음 서식을 적용(글꼴—굵게, 밑줄, 빨강)

출력형태

건물임대관리현황 보고서

2013년 12월 14일 토요일

층별구분	임대계약일	임대번호	차기계약일	임대보증금	계약기간(개월)
골드층					
	2012-02-14	B12-02	2014-02-14	₩5,000,000	24
	2012-11-03	B12-03	2015-11-03	₩4,300,000	36
	2012-12-02	B12-08	2015-01-02	₩7,500,000	24
합계				₩16,800,000	
로얄층					
	2011-01-19	A11-02	2014-02-19	₩8,400,000	36
	2011-05-11	A11-01	2014-06-11	₩7,800,000	36
	2011-10-25	A11-04	2013-10-25	₩6,300,000	24
합계				₩22,500,000	
실버층					
	2011-09-26	C11-11	2014-09-26	₩2,800,000	36
	2011-10-28	C11-12	2014-10-28	₩3,200,000	36
	2012-04-29	C12-05	2014-05-29	₩8,000,000	24
	2012-06-22	C12-12	2014-06-22	₩5,500,000	24
합계				₩19,500,000	
총 합계				₩58,800,000	

문제 ❻ ▶ [테이블2 : 입주자정보]를 이용하여 레이블 보고서를 작성하시오. | **70**점

조건

(1) 레이블 보고서 이름 : 입주자정보 레이블
(2) 표준 레이블 : 제조업체 A—ONE, 제품번호 28315(세로*가로 : 34 mm×64 mm/개수 : 3)
(3) 글꼴색과 크기 : 굴림, 10pt, 중간, 검정
(4) 레이블의 필드순서 : 임대번호, 상호명, 직원수, 연락처, 입주자명
(5) 레이블 출력순서 : 상호명에 대해 오름차순으로 정렬
(6) 필드 표현방법
　　임대번호 – ≪출력형태≫와 같이 적용(굵게, & 연산자 사용)
　　상호명, 직원수 – ≪출력형태≫와 같이 적용(& 연산자 사용)
　　연락처, 입주자명 – 연락처 뒤 4자리를 이용하여 ≪출력형태≫와 같이 적용(RIGHT 함수, & 연산자 사용)

출력형태

(전체 데이터 출력물 중 일부만 캡처된 화면임)

임대번호 : B12-03 너랑나랑(직원수 4명) 연락처 : 7575/김자영	**임대번호 : A11-04** 다보약국(직원수 4명) 연락처 : 7878/박무결	**임대번호 : B12-02** 다홍치마(직원수 3명) 연락처 : 5858/김우주
임대번호 : C11-12 더치커피전문(직원수 4명) 연락처 : 2323/안상태	**임대번호 : C12-05** 돈돈맛집(직원수 12명) 연락처 : 6677/조연지	**임대번호 : A11-02** 명품한우집(직원수 14명) 연락처 : 2626/성지현

04 모의고사 4회

정답 및 해설 320p

과목	코드	문제유형	시험시간	수험번호	성명
한글액세스	1132	B	60분	20225004	홍길동

수험자 유의사항

- 수험자는 문제지를 받는 즉시 문제지와 **수험표상의 시험과목(프로그램)이 동일한지 반드시 확인**하여야 합니다.
- 파일명은 본인의 "수험번호−성명"으로 입력하여 답안폴더(내 PC\문서\ITQ)에 하나의 파일로 저장해야 하며, 답안문서 파일명이 "수험번호−성명"과 일치하지 않거나, 답안파일을 전송하지 않아 미제출로 처리될 경우 실격 처리합니다(예:12345678−홍길동. accdb).
- 답안 작성을 마치면 파일을 저장하고, '답안 전송' 버튼을 선택하여 감독위원 PC로 답안을 전송하십시오. 수험생 정보와 저장한 파일명이 다를 경우 전송되지 않으므로 주의하시기 바랍니다.
- 답안 작성 중에도 **주기적으로 저장하고, '답안 전송'**하여야 문제 발생을 줄일 수 있습니다. 작업한 내용을 저장하지 않고 전송할 경우 이전에 저장된 내용이 전송되오니 이점 유의하시기 바랍니다.
- 답안문서는 지정된 경로 외의 다른 보조기억장치에 저장하는 경우, 지정된 시험 시간 외에 작성된 파일을 활용할 경우, 기타 통신수단(이메일, 메신저, 네트워크 등)을 이용하여 타인에게 전달 또는 외부 반출하는 경우는 부정 처리합니다.
- 시험 중 부주의 또는 고의로 시스템을 파손한 경우는 수험자가 변상해야 하며, 〈수험자 유의사항〉에 기재된 방법대로 이행하지 않아 생기는 불이익은 수험생 당사자의 책임임을 알려 드립니다.
- 문제의 조건은 MS오피스 2016 버전으로 설정되어 있으니 유의하시기 바랍니다.
- 시험을 완료한 수험자는 답안파일이 전송되었는지 확인한 후 감독위원의 지시에 따라 문제지를 제출하고 퇴실합니다.

답안 작성요령

- 온라인 답안 작성 절차
  수험자 등록 ⇒ 시험 시작 ⇒ 답안파일 저장 ⇒ 답안 전송 ⇒ 시험 종료
- 문제는 테이블/쿼리/폼/보고서로 구성하며 문제에서 제시한 테이블의 내용을 누락시켰을 경우에 0점 처리됩니다.
- 테이블의 데이터는 정확히 입력해야 하며 임의로 정렬(소트)시킬 경우 감점 처리됩니다.
- 각 문제에서 주어진 ≪조건≫에 맞게 작성하고 언급하지 않은 조건은 ≪출력형태≫와 같이 작성합니다.
- 글꼴 및 기타 사항에 대해 별도의 지시사항이 없는 경우 기본 설정값(Default)으로 처리합니다.
- 문제에서 제시한 테이블/쿼리/폼/보고서 이외에 추가로 작성한 경우나 테이블/쿼리/폼/보고서의 이름이 잘못되었을 경우 해당 항목에 감점 처리됩니다

다음은 전자기기주문을 관리할 데이터베이스를 작성하기 위한 내용이다.
주어진 ≪조건≫에 맞게 문서를 작성하시오.

문제 ❶ ▶ 주어진 엑셀 데이터와 다음 ≪조건≫을 이용하여 테이블을 작성하시오. | 100점

조건

[테이블1] 이름 : 전자주문관리

[테이블1] : PART 3 모의고사₩모의고사4회.xlsx(시트명: C유형)에 있는 엑셀 데이터를 가져와 테이블을 작성한 후, 다음 디자인을 적용하시오. 단, 결제방법은 목록값(무통장입금, 일시불, 할부)만 허용하는 콤보 상자를 이용하여 직접 입력하시오.

필드 이름	주문번호	상품코드	정상가	판매가	결제방법	할부개월수
데이터 형식	짧은 텍스트	짧은 텍스트	숫자	숫자	짧은 텍스트	숫자
크기(또는 형식)	8 기본 키 설정	8	정수(Long) 통화 형식	정수(Long) 통화 형식	5 콤보 상자	정수

출력형태

주문번호	상품코드	정상가	판매가	결제방법	할부개월수
11071987	G30-2412	₩1,380,000	₩890,000	무통장입금	0
11082998	G10-0611	₩2,130,000	₩1,680,000	할부	3
11100566	S05-0525	₩1,380,000	₩950,000	일시불	0
11101128	H07-0519	₩470,000	₩200,000	할부	6
11122223	H02-0404	₩1,128,000	₩770,000	일시불	0
11151628	S08-0622	₩1,860,000	₩1,180,000	할부	2
11180089	S04-0408	₩258,000	₩26,000	무통장입금	0
11201332	H06-0621	₩960,000	₩620,000	일시불	0
11210097	G03-0513	₩1,230,000	₩700,000	할부	4
11220665	S01-6521	₩1,860,000	₩1,400,000	일시불	0

조건

[테이블2] 이름 : 주문자정보

[테이블2] : 아래 ≪출력형태≫를 참고하여 테이블을 직접 작성하고 디자인을 적용하시오. 단, 포인트는 '0'이상의 데이터만 입력받도록 유효성 검사를 이용하시오.

필드 이름	상품코드	주문자명	주소	연락처	포인트
데이터 형식	짧은 텍스트	짧은 텍스트	짧은 텍스트	짧은 텍스트	숫자
크기(또는 형식)	8	10	20	13	정수(Long) 유효성 검사

출력형태

상품코드	주문자명	주소	연락처	포인트
G03-0513	장은영	서울 영등포구 당산1동	010-3302-9876	51,000
G10-0611	이대호	서울 중랑구 면목2동	010-3303-8765	94,000
G30-2412	최태식	서울 양천구 신월3동	010-3304-0123	62,000
H02-0404	명선아	서울 성북구 돈암1동	010-3310-2244	11,000
H06-0621	김선희	서울 용산구 한강로동	010-3301-5555	28,000
H07-0519	소희수	서울 마포구 신공덕동	010-3309-2121	57,000
S01-6521	최영재	서울 마포구 망원1동	010-3305-3333	43,000
S04-0408	박재민	서울 영등포구 대림2동	010-3308-2222	1,000
S05-0525	윤연화	서울 중랑구 중화1동	010-3306-1111	68,000
S08-0622	은성이	서울 성북구 정릉3동	010-3307-1234	71,000

| 문제 ❷ | ▶ | [테이블1 : 전자주문관리]를 이용하여 다음과 같은 조건에 따라 쿼리를 완성하시오. | 90점 |

조건

(1) 쿼리 이름 : 전자주문관리현황
(2) 주문일자 : 2013년도에 주문번호의 처음 4글자를 이용하여 두 글자씩 '월'과 '일'로 하여 적용 (DATESERIAL, MID 함수)
(3) 상품분류 : 상품코드의 첫 글자가 'G'이면 '태블릿', 'H'이면 '카메라', 'S'이면 '스마트폰'으로 적용 (SWITCH, LEFT 함수)
(4) 결제금액 : 할부개월수가 0보다 크면 판매가를 할부개월수로 나눈 값으로, 그렇지 않으면 판매 가로 표시(IIF 함수 사용)
(5) 결제금액은 통화 형식, 판매가에 대해 오름차순으로 정렬

출력형태

주문번호	주문일자	상품코드	상품분류	정상가	판매가	결제방법	할부개월수	결제금액
11180089	2013-11-18	S04-0408	스마트폰	₩258,000	₩26,000	무통장입금	0	₩26,000
11101128	2013-11-10	H07-0519	카메라	₩470,000	₩200,000	할부	6	₩33,333
11201332	2013-11-20	H06-0621	카메라	₩960,000	₩620,000	일시불	0	₩620,000
11210097	2013-11-21	G03-0513	태블릿	₩1,230,000	₩700,000	할부	4	₩175,000
11122223	2013-11-12	H02-0404	카메라	₩1,128,000	₩770,000	일시불	0	₩770,000
11071987	2013-11-07	G30-2412	태블릿	₩1,380,000	₩890,000	무통장입금	0	₩890,000
11100566	2013-11-10	S05-0525	스마트폰	₩1,380,000	₩950,000	일시불	0	₩950,000
11151628	2013-11-15	S08-0622	스마트폰	₩1,860,000	₩1,180,000	할부	2	₩590,000
11220665	2013-11-22	S01-6521	스마트폰	₩1,860,000	₩1,400,000	일시불	0	₩1,400,000
11082998	2013-11-08	G10-0611	태블릿	₩2,130,000	₩1,680,000	할부	3	₩560,000

| 문제 ❸ | ▶ | [테이블1 : 전자주문관리]와 [테이블2 : 주문자정보]를 이용하여 다음과 같은 조건에 따라 쿼리를 완성하시오. | 80점 |

조건

(1) 쿼리 이름 : 전자주문관리현황 분석
(2) 테이블 조인 : '상품코드'를 기준으로 관계 설정(조건 : 두 테이블의 조인된 필드가 일치하는 행만 포함)
(3) 결제방법이 '무통장입금'이 아니면서 포인트가 '50,000' 미만인 데이터를 추출하고, 주문자명을 기준으로 정렬하여 ≪출력형태≫와 같이 표시하는 선택 쿼리를 작성하시오.

출력형태

주문번호	주문자명	정상가	판매가	포인트
11201332	김선희	₩960,000	₩620,000	28,000
11122223	명선아	₩1,128,000	₩770,000	11,000
11220665	최영재	₩1,860,000	₩1,400,000	43,000

| 문제 ❹ | ▶ | [쿼리 : 전자주문관리현황]을 이용하여 다음과 같은 모양의 폼을 설계하시오. | 80점 |

조건	출력형태

(1) 폼 이름 : 전자주문관리현황 폼
(2) 폼 제목 : 굴림, 22pt, 가운데 맞춤, 특수 효과 : 그림자
(3) 적립포인트 : 결제방법이 '무통장입금'이거나 판매가가 '1,000,000'이상이면 판매가의 1%, 그렇지 않으면 판매 가의 0.5%로 계산하여 ≪출력형태≫와 같이 적용(IIF, OR 함수 사용).
(4) '전자주문관리현황 폼'의 머리글 영역에 제목과 주문번 호를 작성하고, 본문에 '주문번호' 필드를 기준으로 연결 하여 '전자주문관리' 폼을 하위 폼으로 추가하시오.

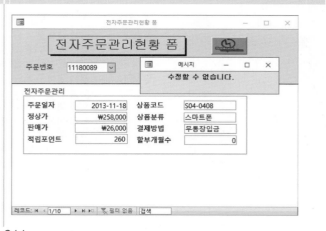

(5) 주문번호 : 입력란을 '콤보 상자'로 변경하시오.

(6) '할부개월수'는 수정할 수 없게 작성하고, 클릭할 경우 아래와 같은 메시지 폼을 출력하시오.

(7) 로고 삽입(내 PC₩문서₩ITQ₩Picture₩로고3.jpg), 특수효과-볼록, 크기(가로-2 cm, 세로-1 cm).

문제 ⑤ ▶ [쿼리 : 전자주문관리현황]을 이용하여 보고서를 작성하시오. | 80점

조건	출력형태
(1) 보고서 이름 : 전자주문관리현황 보고서 (2) 보고서 제목 : 궁서, 24pt, 굵게, 밑줄, 가운데 맞춤 (3) 보고서 머리글 부분의 날짜는 DATESERIAL 함수를 이용하여 표시 (4) 결제방법에 대해 그룹화하고, 상품코드에 대해 오름차순으로 정렬 (5) 판매가의 평균과 총평균은 함수를 이용하여 계산(굵게, AVG 함수 사용) (6) 조건부 서식을 이용하여 판매가가 정상가의 60% 미만인 경우 다음 서식을 적용(글꼴-굵게, 밑줄, 빨강)	(출력형태 표 참조)

전자주문관리현황 보고서

2013년 11월 9일 토요일

결제방법	상품코드	주문일자	판매가	정상가	결제금액
무통장입금					
	G30-2412	2013-11-07	₩890,000	₩1,380,000	₩890,000
	S04-0408	2013-11-18	₩26,000	₩258,000	₩26,000
평균			₩458,000		
일시불					
	H02-0404	2013-11-12	₩770,000	₩1,128,000	₩770,000
	H06-0621	2013-11-20	₩620,000	₩960,000	₩620,000
	S01-6521	2013-11-22	₩1,400,000	₩1,860,000	₩1,400,000
	S05-0525	2013-11-10	₩950,000	₩1,380,000	₩950,000
평균			₩935,000		
할부					
	G03-0513	2013-11-21	₩700,000	₩1,230,000	₩175,000
	G10-0611	2013-11-08	₩1,680,000	₩2,130,000	₩560,000
	H07-0519	2013-11-10	₩200,000	₩470,000	₩33,333
	S08-0622	2013-11-15	₩1,180,000	₩1,860,000	₩590,000
평균			₩940,000		
총평균			₩841,600		

문제 ⑥ ▶ [테이블2 : 주문자정보]를 이용하여 레이블 보고서를 작성하시오. | 70점

조건	(1) 레이블 보고서 이름 : 주문자정보 레이블 (2) 표준 레이블 : 제조업체 A-ONE, 제품번호 28315(세로*가로 : 34 mm×64 mm/개수 : 3) (3) 글꼴색과 크기 : 굴림, 10pt, 중간, 검정 (4) 레이블의 필드순서 : 상품코드, 주문자명, 포인트, 주소 (5) 레이블 출력순서 : 주문자명에 대해 오름차순으로 정렬 (6) 필드 표현방법 　　상품코드 - ≪출력형태≫와 같이 적용(굵게, & 연산자 사용) 　　주문자명, 포인트 - ≪출력형태≫와 같이 적용(& 연산자 사용) 　　주소 - 주소의 뒤 4자리를 ≪출력형태≫와 같이 적용(RIGHT 함수, & 연산자 사용)
출력형태	(전체 데이터 출력물 중 일부만 캡처된 화면임)

상품코드 : H06-0621
성명 : 김선희/ 28000점
배송지 : 한강로동

상품코드 : H02-0404
성명 : 명선아/ 11000점
배송지 : 돈암1동

상품코드 : S04-0408
성명 : 박재민/ 1000점
배송지 : 대림2동

상품코드 : H07-0519
성명 : 소희수/ 57000점
배송지 : 신공덕동

상품코드 : S05-0525
성명 : 윤연화/ 68000점
배송지 : 중화1동

상품코드 : S08-0622
성명 : 은성이/ 71000점
배송지 : 정릉3동

CHAPTER
05 모의고사 5회

정답 및 해설 328p

과목	코드	문제유형	시험시간	수험번호	성명
한글액세스	1132	B	60분	20225005	홍길동

수험자 유의사항

- 수험자는 문제지를 받는 즉시 문제지와 **수험표상의 시험과목(프로그램)이 동일한지 반드시 확인**하여야 합니다.
- 파일명은 본인의 "수험번호−성명"으로 입력하여 답안폴더(내 PC\문서\ITQ)에 하나의 파일로 저장해야 하며, 답안문서 파일명이 "수험번호−성명"과 일치하지 않거나, 답안파일을 전송하지 않아 미제출로 처리될 경우 실격 처리합니다(예:12345678−홍길동. accdb).
- 답안 작성을 마치면 파일을 저장하고, '답안 전송' 버튼을 선택하여 감독위원 PC로 답안을 전송하십시오. 수험생 정보와 저장한 파일명이 다를 경우 전송되지 않으므로 주의하시기 바랍니다.
- 답안 작성 중에도 **주기적으로 저장하고, '답안 전송'**하여야 문제 발생을 줄일 수 있습니다. 작업한 내용을 저장하지 않고 전송할 경우 이전에 저장된 내용이 전송되오니 이점 유의하시기 바랍니다.
- 답안문서는 지정된 경로 외의 다른 보조기억장치에 저장하는 경우, 지정된 시험 시간 외에 작성된 파일을 활용할 경우, 기타 통신수단(이메일, 메신저, 네트워크 등)을 이용하여 타인에게 전달 또는 외부 반출하는 경우는 부정 처리합니다.
- 시험 중 부주의 또는 고의로 시스템을 파손한 경우는 수험자가 변상해야 하며, 〈수험자 유의사항〉에 기재된 방법대로 이행하지 않아 생기는 불이익은 수험생 당사자의 책임임을 알려 드립니다.
- 문제의 조건은 MS오피스 2016 버전으로 설정되어 있으니 유의하시기 바랍니다.
- 시험을 완료한 수험자는 답안파일이 전송되었는지 확인한 후 감독위원의 지시에 따라 문제지를 제출하고 퇴실합니다.

답안 작성요령

- 온라인 답안 작성 절차
  수험자 등록 ⇒ 시험 시작 ⇒ 답안파일 저장 ⇒ 답안 전송 ⇒ 시험 종료
- 문제는 테이블/쿼리/폼/보고서로 구성하며 문제에서 제시한 테이블의 내용을 누락시켰을 경우에 0점 처리됩니다.
- 테이블의 데이터는 정확히 입력해야 하며 임의로 정렬(소트)시킬 경우 감점 처리됩니다.
- 각 문제에서 주어진 ≪조건≫에 맞게 작성하고 언급하지 않은 조건은 ≪출력형태≫와 같이 작성합니다.
- 글꼴 및 기타 사항에 대해 별도의 지시사항이 없는 경우 기본 설정값(Default)으로 처리합니다.
- 문제에서 제시한 테이블/쿼리/폼/보고서 이외에 추가로 작성한 경우나 테이블/쿼리/폼/보고서의 이름이 잘못되었을 경우 해당 항목에 감점 처리됩니다

다음은 ○○은행의 스마트폰뱅킹을 관리할 데이터베이스를 작성하기 위한 내용이다.
주어진 ≪조건≫에 맞게 문서를 작성하시오.

문제 ❶ ▶ 주어진 엑셀 데이터와 다음 ≪조건≫을 이용하여 테이블을 작성하시오. |**100**점

조건

[테이블1] 이름 : 스마트폰뱅킹관리

[테이블1] : PART 3 모의고사₩모의고사5회.xlsx(시트명: A유형)에 있는 엑셀 데이터를 가져와 테이블을 작성한 후, 다음 디자인을 적용하시오. 단, 인증방법은 목록값(비밀번호&아이디, 공인인증서)만 허용하는 콤보 상자를 이용하여 직접 입력하시오.

필드 이름	관리코드	핸드폰번호	이용실적	가입일	최근접속일	인증방법
데이터 형식	짧은 텍스트	짧은 텍스트	숫자	날짜/시간	날짜/시간	짧은 텍스트
크기(또는 형식)	4 기본 키 설정	13	정수(Long) 통화 형식	간단한 날짜	간단한 날짜	10 콤보 상자

출력형태

관리코드 ▾	핸드폰번호 ▾	이용실적 ▾	가입일 ▾	최근접속일 ▾	인증방법 ▾
1205	010-4949-5858	₩300,000	2012-11-20	2013-02-01	비밀번호&아이디
1252	010-6323-6523	₩800,000	2012-10-03	2013-01-14	비밀번호&아이디
1303	010-2580-8520	₩150,000	2012-12-30	2013-04-07	공인인증서
1305	010-6547-9870	₩1,000,000	2012-11-05	2013-01-20	공인인증서
2407	010-9865-6589	₩300,000	2012-11-01	2013-05-01	공인인증서
2562	010-4862-6248	₩1,000,000	2012-10-19	2013-03-10	비밀번호&아이디
2605	010-7095-9870	₩500,000	2012-09-23	2013-03-30	공인인증서
3404	010-6581-3210	₩100,000	2012-12-02	2013-04-02	공인인증서
3605	010-1006-0330	₩1,500,000	2012-10-10	2013-05-06	비밀번호&아이디
3707	010-5421-6500	₩160,000	2012-12-05	2013-04-30	비밀번호&아이디

조건

[테이블2] 이름 : 이용자정보

[테이블2] : 아래 ≪출력형태≫를 참고하여 테이블을 직접 작성하고 디자인을 적용하시오. 단, 통신사는 'SK' 또는 'LG' 또는 'KT'인 데이터만 입력받도록 유효성 검사를 이용하시오.

필드 이름	관리코드	이용자	통신사	접속망	사용량
데이터 형식	짧은 텍스트	짧은 텍스트	짧은 텍스트	짧은 텍스트	짧은 텍스트
크기(또는 형식)	4	10	5 유효성 검사	5	10

출력형태

관리코드 ▾	이용자 ▾	통신사 ▾	접속망 ▾	사용량 ▾
2407	강하나	SK	3G	0.1GB
1305	정예린	LG	WiFi	0.7GB
2562	김은수	SK	LTE	3.7GB
3404	김경민	LG	3G	0.2GB
3605	최하나	KT	WiFi	2.0GB
1303	전영철	SK	LTE	0.5GB
1205	홍사랑	LG	3G	1.0GB
1252	김한수	KT	WiFi	0.9GB
2605	나현창	SK	LTE	0.8GB
3707	최영덕	LG	3G	1.0GB

| 문제 ② | [테이블1 : 스마트폰뱅킹관리]를 이용하여 다음과 같은 조건에 따라 쿼리를 완성하시오 | 90점 |

조건

(1) 쿼리 이름 : 스마트폰뱅킹관리현황

(2) 운영체제 : 관리코드의 첫 번째 글자가 '1'이면 '안드로이드', '2'이면 '아이폰', '3'이면 '윈도우모바일'로 적용(CHOOSE, LEFT 함수 사용)

(3) 이용한도 : 가입일과 최근접속일 간의 개월 수 차이가 '5'이상이면 '이용실적', 그렇지 않으면 '이용실적의 50%'로 계산(IIF, DATEDIFF 함수 사용)

(4) 서비스 : 인증방법의 마지막 세 글자가 '아이디'이면 "계좌조회", '인증서'이면 "타행이체"로 표시(SWITCH, RIGHT 함수 사용)

(5) 이용한도는 통화 형식, 최근접속일은 보통 날짜 형식, 최근접속일에 대해 내림차순으로 정렬

출력형태

관리코드 ·	핸드폰번호 ·	운영체제 ·	이용실적 ·	가입일 ·	최근접속일 ·	이용한도 ·	인증방법 ·	서비스 ·
3605	010-1006-0330	윈도우모바일	₩1,500,000	2012-10-10	13년 05월 06일	₩1,500,000	비밀번호&아이디	계좌조회
2407	010-9865-6589	아이폰	₩300,000	2012-11-01	13년 05월 01일	₩300,000	공인인증서	타행이체
3707	010-5421-6500	윈도우모바일	₩160,000	2012-12-05	13년 04월 30일	₩80,000	비밀번호&아이디	계좌조회
1303	010-2580-8520	안드로이드	₩150,000	2012-12-30	13년 04월 07일	₩75,000	공인인증서	타행이체
3404	010-6581-3210	윈도우모바일	₩100,000	2012-12-02	13년 04월 02일	₩50,000	공인인증서	타행이체
2605	010-7095-9870	아이폰	₩500,000	2012-09-23	13년 03월 30일	₩500,000	공인인증서	타행이체
2562	010-4862-6248	아이폰	₩1,000,000	2012-10-19	13년 03월 10일	₩1,000,000	비밀번호&아이디	계좌조회
1205	010-4949-5858	안드로이드	₩300,000	2012-11-20	13년 02월 01일	₩150,000	비밀번호&아이디	계좌조회
1305	010-6547-9870	안드로이드	₩1,000,000	2012-11-05	13년 01월 20일	₩500,000	공인인증서	타행이체
1252	010-6323-6523	안드로이드	₩800,000	2012-10-03	13년 01월 14일	₩400,000	비밀번호&아이디	계좌조회

| 문제 ③ | [테이블1 : 스마트폰뱅킹관리]와 [테이블2 : 이용자정보]를 이용하여 다음과 같은 조건에 따라 쿼리를 완성하시오. | 80점 |

조건

(1) 쿼리 이름 : 스마트폰뱅킹관리현황 분석

(2) 테이블 조인 : '관리코드'를 기준으로 관계 설정(조건 : 두 테이블의 조인된 필드가 일치하는 행만 포함)

(3) 인증방법이 '공인인증서'이고, 최근접속일이 '2013-04-01'이후(해당일자 포함)인 데이터를 추출하고, 이용자를 기준으로 정렬하여 ≪출력형태≫와 같이 선택 쿼리를 작성하시오.

출력형태

관리코드 ·	이용자 ·	접속망 ·	사용량 ·	최근접속일 ·
2407	강하나	3G	0.1GB	2013-05-01
3404	김경민	3G	0.2GB	2013-04-02
1303	전영철	LTE	0.5GB	2013-04-07

| 문제 ④ | [쿼리 : 스마트폰뱅킹관리현황]을 이용하여 다음과 같은 모양의 폼을 설계하시오. | 80점 |

조건

(1) 폼 이름 : 스마트폰뱅킹관리현황 폼

(2) 폼 제목 : 굴림, 22pt, 가운데 맞춤, 특수 효과 : 볼록

(3) 보안서비스 : 최근접속일이 '5월'이면 '보안계좌', 그렇지 않으면 'SMS통지'로 적용(IF, MONTH 함수 사용)

(4) '스마트폰뱅킹관리현황 폼'의 머리글 영역에 제목과 관리코드를 작성하고, 본문에 '관리코드' 필드를 기준으로 연결하여 '스마트폰뱅킹관리' 폼을 하위 폼으로 추가하시오.

(5) 관리코드 : 입력란을 '콤보 상자'로 변경하시오.

(6) 최근접속일은 수정할 수 없게 작성하고, 클릭할 경우 아래와 같은 메시지 폼을 출력하시오.

(7) 로고 삽입(내 PC₩문서₩ITQ₩Picture₩로고2.jpg), 특수효과-볼록, 크기(가로-2 cm, 세로-1 cm).

출력형태	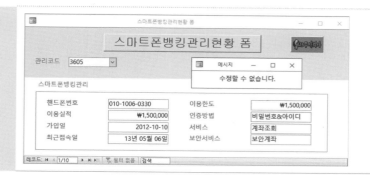

문제 ❺ ▶ [쿼리 : 스마트폰뱅킹관리현황]을 이용하여 보고서를 작성하시오. **80**점

조건	출력형태
(1) 보고서 이름 : 스마트폰뱅킹관리현황 보고서 (2) 보고서 제목 : 궁서, 24pt, 굵게, 밑줄, 가운데 맞춤 (3) 보고서 머리글 부분의 날짜는 DATESERIAL 함수를 이용하여 표시 (4) 운영체제로 그룹화하고, 이용실적에 대해 오름차순으로 정렬 (5) 이용실적의 합계와 총합계는 함수를 이용하여 계산(굵게, SUM 함수 사용) (6) 조건부 서식을 이용하여 인증방법이 '공인인증서'가 아닌 경우 다음의 서식을 적용(글꼴-굵게, 빨강, 밑줄)	**스마트폰뱅킹관리현황 보고서**

스마트폰뱅킹관리현황 보고서 표:

2013년 10월 12일 토요일

운영체제	이용실적	가입일	최근접속일	이용한도	인증방법
아이폰					
	₩300,000	2012-11-01	13년 05월 01일	₩300,000	공인인증서
	₩500,000	2012-09-23	13년 03월 30일	₩500,000	공인인증서
	₩1,000,000	2012-10-19	13년 03월 10일	₩1,000,000	비밀번호&아이디
합계	₩1,800,000				
안드로이드					
	₩150,000	2012-12-30	13년 04월 07일	₩75,000	공인인증서
	₩300,000	2012-11-20	13년 02월 01일	₩150,000	비밀번호&아이디
	₩800,000	2012-10-03	13년 01월 14일	₩400,000	비밀번호&아이디
	₩1,000,000	2012-11-05	13년 01월 20일	₩500,000	공인인증서
합계	₩2,250,000				
윈도우모바일					
	₩100,000	2012-12-02	13년 04월 02일	₩50,000	공인인증서
	₩160,000	2012-12-05	13년 04월 30일	₩80,000	비밀번호&아이디
	₩1,500,000	2012-10-10	13년 05월 06일	₩1,500,000	비밀번호&아이디
합계	₩1,760,000				
총합계	₩5,810,000				

문제 ❻ ▶ [테이블2 : 이용자정보]를 이용하여 레이블 보고서를 작성하시오. **70**점

조건	
	(1) 레이블 보고서 이름 : 이용자정보 레이블 (2) 표준 레이블 : 제조업체 A-ONE, 제품번호 28315(세로*가로 : 34 mm×64 mm/개수 : 3) (3) 글꼴색과 크기 : 굴림, 10pt, 중간, 검정 (4) 레이블의 필드 순서 : 이용자, 관리코드, 통신사, 사용량 (5) 레이블 출력 순서 : 이용자에 대해 오름차순으로 정렬 (6) 필드 표현방법 　　이용자, 관리코드 - 《출력형태》와 같이 적용(굵게, & 연산자 사용) 　　통신사 - 《출력형태》와 같이 적용(& 연산자 사용) 　　사용량 - 《출력형태》와 같이 적용(LEFT 함수, & 연산자 사용)

출력형태	

이용자 정보 : 강하나(2407)
통신사 : SK
사용량 : 0.1기가바이트

이용자 정보 : 김경민(3404)
통신사 : LG
사용량 : 0.2기가바이트

이용자 정보 : 김은수(2562)
통신사 : SK
사용량 : 3.7기가바이트

이용자 정보 : 김한수(1252)
통신사 : KT
사용량 : 0.9기가바이트

이용자 정보 : 나현창(2605)
통신사 : SK
사용량 : 0.8기가바이트

이용자 정보 : 전영철(1303)
통신사 : SK
사용량 : 0.5기가바이트

"

추구할 수 있는
용기가 있다면
우리의 모든 꿈은
이뤄질 수 있다.

"

- 월트디즈니 -

기출문제

정답 및 해설 336p

과목	코드	문제유형	시험시간	수험번호	성명
한글액세스	1132	B	60분	20225011	홍길동

수험자 유의사항

- 수험자는 문제지를 받는 즉시 문제지와 **수험표상의 시험과목(프로그램)이 동일한지 반드시 확인**하여야 합니다.
- 파일명은 본인의 "수험번호-성명"으로 입력하여 답안폴더(내 PC₩문서₩ITQ)에 하나의 파일로 저장해야 하며, 답안문서 파일명이 "수험번호-성명"과 일치하지 않거나, 답안파일을 전송하지 않아 미제출로 처리될 경우 실격 처리합니다(예:12345678-홍길동. accdb).
- 답안 작성을 마치면 파일을 저장하고, '답안 전송' 버튼을 선택하여 감독위원 PC로 답안을 전송하십시오. 수험생 정보와 저장한 파일명이 다를 경우 전송되지 않으므로 주의하시기 바랍니다.
- 답안 작성 중에도 **주기적으로 저장하고, '답안 전송'**하여야 문제 발생을 줄일 수 있습니다. 작업한 내용을 저장하지 않고 전송할 경우 이전에 저장된 내용이 전송되오니 이점 유의하시기 바랍니다.
- 답안문서는 지정된 경로 외의 다른 보조기억장치에 저장하는 경우, 지정된 시험 시간 외에 작성된 파일을 활용할 경우, 기타 통신수단(이메일, 메신저, 네트워크 등)을 이용하여 타인에게 전달 또는 외부 반출하는 경우는 부정 처리합니다.
- 시험 중 부주의 또는 고의로 시스템을 파손한 경우는 수험자가 변상해야 하며, 〈수험자 유의사항〉에 기재된 방법대로 이행하지 않아 생기는 불이익은 수험생 당사자의 책임임을 알려 드립니다.
- 문제의 조건은 MS오피스 2016 버전으로 설정되어 있으니 유의하시기 바랍니다.
- 시험을 완료한 수험자는 답안파일이 전송되었는지 확인한 후 감독위원의 지시에 따라 문제지를 제출하고 퇴실합니다.

답안 작성요령

- 온라인 답안 작성 절차
  수험자 등록 ⇒ 시험 시작 ⇒ 답안파일 저장 ⇒ 답안 전송 ⇒ 시험 종료
- 문제는 테이블/쿼리/폼/보고서로 구성하며 문제에서 제시한 테이블의 내용을 누락시켰을 경우에 0점 처리됩니다.
- 테이블의 데이터는 정확히 입력해야 하며 임의로 정렬(소트)시킬 경우 감점 처리됩니다.
- 각 문제에서 주어진 ≪조건≫에 맞게 작성하고 언급하지 않은 조건은 ≪출력형태≫와 같이 작성합니다.
- 글꼴 및 기타 사항에 대해 별도의 지시사항이 없는 경우 기본 설정값(Default)으로 처리합니다.
- 문제에서 제시한 테이블/쿼리/폼/보고서 이외에 추가로 작성한 경우나 테이블/쿼리/폼/보고서의 이름이 잘못되었을 경우 해당 항목에 감점 처리됩니다

다음은 ○○ 회사의 주차타워 관리를 위한 데이터베이스를 작성하기 위한 내용이다.
주어진 ≪조건≫에 맞게 문서를 작성하시오.

문제 ❶ ▶ 주어진 엑셀 데이터와 다음 ≪조건≫을 이용하여 테이블을 작성하시오. |100점

조건

[테이블1] 이름 : 주차관리

[테이블1] : PART 4 기출문제₩기출문제1회.xlsx(시트명:B유형)에 있는 엑셀 데이터를 가져와 테이블을 작성한 후, 다음 디자인을 적용하시오. 단, 회원등급은 목록값(일반, VIP, VVIP)만 허용하는 콤보 상자를 이용하여 직접 입력하시오.

필드 이름	관리번호	입차시간	출차시간	차종	차량번호	회원등급
데이터 형식	짧은 텍스트	날짜/시간	날짜/시간	짧은 텍스트	짧은 텍스트	짧은 텍스트
크기(또는 형식)	5 기본 키 설정	기본 날짜	기본 날짜	20	20	4 콤보 상자

출력형태

관리번호 ▾	입차시간 ▾	출차시간 ▾	차종	차량번호 ▾	회원등급 ▾
G0001	2019-10-04 오전 10:00:00	2019-10-04 오후 2:00:00	모닝	01다 0001	일반 ▾
G0002	2019-10-04 오후 3:30:00	2019-10-04 오후 3:50:00	BMW	01다 0002	VVIP
G0003	2019-10-04 오후 7:18:00	2019-10-05 오전 9:30:00	산타페	01다 0003	VIP
G0004	2019-10-04 오후 8:30:00	2019-10-05 오전 8:00:00	소나타	01다 0004	일반
R0001	2019-10-04 오후 1:33:00	2019-10-04 오후 4:30:00	소나타	01가 0001	VIP
R0002	2019-10-04 오전 11:30:00	2019-10-04 오후 1:35:00	에쿠스	01가 0002	VVIP
R0003	2019-10-04 오후 2:30:00	2019-10-04 오후 3:37:00	투싼	01가 0003	일반
R0004	2019-10-04 오전 10:30:00	2019-10-04 오후 1:30:00	레조	01나 0001	VIP
R0005	2019-10-04 오후 2:00:00	2019-10-04 오후 5:30:00	벤츠	01나 0002	VVIP
R0006	2019-10-04 오후 1:30:00	2019-10-04 오후 8:30:00	액센트	01나 0003	VIP

조건

[테이블2] 이름 : 주차타워정보

[테이블2] : 아래 ≪출력형태≫를 참고하여 테이블을 직접 작성하고 디자인을 적용하시오. 단, 연평균가동률은 '0'이상 '100%'이하인 데이터만 입력받도록 유효성 검사를 이용하시오.

필드 이름	관리번호	타워번호	지역	연락처	연평균가동률
데이터 형식	짧은 텍스트	짧은 텍스트	짧은 텍스트	짧은 텍스트	숫자
크기(또는 형식)	5	4	10	13	실수(Single), 백분율 유효성 검사

출력형태

관리번호 ▾	타워번호 ▾	지역 ▾	연락처 ▾	연평균가동률 ▾
R0004	1008	서울	010-????-**08	40%
G0003	1003	서울	010-????-**03	65%
R0002	1006	부산	010-????-**06	60%
G0004	1004	경기	010-????-**04	30%
R0001	1005	서울	010-????-**05	80%
G0002	1002	경기	010-????-**02	50%
G0001	1001	서울	010-????-**01	15%
R0005	1009	부산	010-????-**09	10%
R0006	1010	광주	010-????-**10	90%
R0003	1007	광주	010-????-**07	55%

문제 ② ▶ **[테이블1 : 주차관리]를 이용하여 다음과 같은 조건에 따라 쿼리를 완성하시오.** | **90**점

조건	(1) 쿼리 이름 : 주차관리현황 (2) 차량구분 : 관리번호의 첫 번째 글자가 'R'이면 '정기', 'G'이면 '방문'으로 적용(SWITCH, LEFT 함수 사용) (3) 출차한도 : 입차시간에 '1'일을 더하여 계산하되 차종이 '모닝'인 경우에는 '2'일을 더하여 계산 (DATEADD, IIF 함수 사용) (4) 주차비 : 입차 후 30분은 무료이고, 이후 출차시간까지 10분당 500원으로 계산하되 10분 단위로 내림하여 적용(예 : 주차시간 59분 → 50분)(IIF, INT, DATEDIFF 함수 사용) (5) 주차비는 통화 형식, 출차시간에 대해 내림차순으로 정렬

출력형태	

관리번호	차량구분	입차시간	출차시간	출차한도	주차비	차종	차량번호	회원등급
G0003	방문	2019-10-04 오후 7:18:00	2019-10-05 오전 9:30:00	2019-10-05 오후 7:18:00	₩41,000	산타페	01다 0003	VIP
G0004	방문	2019-10-04 오후 8:30:00	2019-10-05 오전 8:00:00	2019-10-05 오후 8:30:00	₩33,000	소나타	01다 0004	일반
R0006	정기	2019-10-04 오후 1:30:00	2019-10-04 오후 8:30:00	2019-10-05 오후 1:30:00	₩19,500	액센트	01나 0002	VVIP
R0005	정기	2019-10-04 오후 2:00:00	2019-10-04 오후 5:30:00	2019-10-05 오후 2:00:00	₩9,000	벤츠	01나 0002	VIP
R0001	정기	2019-10-04 오후 1:33:00	2019-10-04 오후 4:30:00	2019-10-05 오후 1:33:00	₩7,000	소나타	01가 0001	VIP
G0002	방문	2019-10-04 오후 3:30:00	2019-10-04 오후 3:50:00	2019-10-05 오후 3:30:00	₩0	BMW	01다 0002	VVIP
R0003	정기	2019-10-04 오후 2:30:00	2019-10-04 오후 3:37:00	2019-10-05 오후 2:30:00	₩1,500	투싼	01가 0003	일반
G0001	방문	2019-10-04 오전 10:00:00	2019-10-04 오후 2:00:00	2019-10-06 오전 10:00:00	₩10,500	모닝	01다 0001	일반
R0002	정기	2019-10-04 오전 11:30:00	2019-10-04 오후 1:35:00	2019-10-05 오전 11:30:00	₩4,500	에쿠스	01가 0002	VVIP
R0004	정기	2019-10-04 오전 10:30:00	2019-10-04 오후 1:30:00	2019-10-05 오전 10:30:00	₩7,500	레조	01나 0001	VIP

문제 ③ ▶ **[테이블1 : 주차관리]와 [테이블2 : 주차타워정보]를 이용하여 다음과 같은 조건에 따라 쿼리를 완성하시오.** | **80**점

조건	(1) 쿼리 이름 : 주차관리현황 분석 (2) 테이블 조인 : '관리번호'를 기준으로 관계 설정(조건 : 두 테이블의 조인된 필드가 일치하는 행만 포함) (3) 회원등급이 'VIP'이고, 연평균가동율이 '50%'이상인 데이터를 추출하고, 타워번호를 기준으로 정렬하여 ≪출력형태≫와 같이 선택 쿼리를 작성하시오.

출력형태	

관리번호	차종	타워번호	지역	연평균가동률
G0003	산타페	1003	서울	65%
R0001	소나타	1005	서울	80%
R0006	액센트	1010	광주	90%

문제 ④ ▶ **[쿼리 : 주차관리현황]을 이용하여 다음과 같은 모양의 폼을 설계하시오.** | **80**점

조건	출력형태

(1) 폼 이름 : 주차관리현황 폼
(2) 폼 제목 : 굴림, 22pt, 굵게, 가운데 맞춤, 특수 효과 : 그림자
(3) 할인쿠폰 : 회원등급이 'VIP'이면 '1,000', 'VVIP'이면 '2,000'으로 적용(SWITCH 함수 사용, 통화 형식)
(4) '주차관리현황 폼'의 머리글 영역에 제목과 관리번호를 작성하고, 본문에 '관리번호' 필드를 기준으로 연결하여 '주차관리' 폼을 하위 폼으로 추가하시오.

주차관리현황 폼

주차관리현황 폼

관리번호	G0003		보고서

주차관리

차량구분	방문	차량번호	01다 0003
입차시간			2019-10-04 오후 7:18:00
주차비	₩41,000	차종	산타페
회원등급	VIP	할인쿠폰	₩1,000

레코드: ◄ ◄ 1/10 ► ►► ► ▼ 필터 없음 검색

(5) 관리번호 : 입력란을 '콤보 상자'로 변경하시오.

(6) 보고서 : 클릭하면 '주차관리현황 보고서'로 이동하도록 작성하시오(가로–2 cm, 세로–1 cm).

(7) 로고 삽입(내 PC\문서\ITQ\Picture\로고3.jpg), 특수 효과–볼록, 크기(가로–2 cm, 세로–1 cm).

문제 ❺ ▶ **[쿼리 : 주차관리현황]을 이용하여 보고서를 작성하시오.** | **80**점

조건	출력형태
(1) 보고서 이름 : 주차관리현황 보고서 (2) 보고서 제목 : 궁서, 24pt, 굵게, 밑줄, 가운데 맞춤 (3) 보고서 머리글 부분의 날짜는 DATESERIAL 함수를 이용하여 표시 (4) 차량구분으로 그룹화하고, 입차시간에 대해 오름차순으로 정렬 (5) 차량번호의 건수와 총건수는 함수를 이용하여 계산(굵게, COUNT 함수 사용) (6) 조건부 서식을 이용하여 회원등급이 'VVIP'인 경우 다음의 서식을 적용(굵게, 배경색–노랑)	

문제 ❻ ▶ **[테이블2 : 주차타워정보]를 이용하여 레이블 보고서를 작성하시오.** | **70**점

조건	(1) 레이블 보고서 이름 : 주차타워정보 레이블
	
	(2) 표준 레이블 : 제조업체 A–ONE, 제품번호 28315(세로*가로 : 34 mm × 64 mm/개수 : 3)
	
	(3) 글꼴색과 크기 : 굴림, 10pt, 중간, 검정
	
	(4) 레이블의 필드 순서 : 관리번호, 타워번호, 연락처, 연평균가동률
	
	(5) 레이블 출력 순서 : 타워번호에 대해 오름차순으로 정렬
	
	(6) 필드 표현 방법 : 관리번호, 타워번호 – 《출력형태》와 같이 적용(굵게, & 연산자 사용)
	
	    연락처 – 《출력형태》와 같이 적용(& 연산자 사용)
	
	    연평균가동률 – 연평균가동률이 80%이상이면 '최우수', 50%이상이면 '우수', 그렇지 않으면
	                  '저조'로 《출력형태》와 같이 적용(IIF 함수, & 연산자 사용)

출력형태	(전체 데이터 출력물 중 일부만 캡처된 화면임)

과목	코드	문제유형	시험시간	수험번호	성명
한글액세스	1132	B	60분	20225012	홍길동

수험자 유의사항

- 수험자는 문제지를 받는 즉시 문제지와 <u>수험표상의 시험과목(프로그램)이 동일한지 반드시 확인</u>하여야 합니다.
- 파일명은 본인의 "수험번호—성명"으로 입력하여 답안폴더(내 PC₩문서₩ITQ)에 하나의 파일로 저장해야 하며, 답안문서 파일명이 "수험번호—성명"과 일치하지 않거나, 답안파일을 전송하지 않아 미제출로 처리될 경우 실격 처리합니다(예:12345678—홍길동. accdb).
- 답안 작성을 마치면 파일을 저장하고, '답안 전송' 버튼을 선택하여 감독위원 PC로 답안을 전송하십시오. 수험생 정보와 저장한 파일명이 다를 경우 전송되지 않으므로 주의하시기 바랍니다.
- 답안 작성 중에도 주기적으로 저장하고, '답안 전송'하여야 문제 발생을 줄일 수 있습니다. 작업한 내용을 저장하지 않고 전송할 경우 이전에 저장된 내용이 전송되오니 이점 유의하시기 바랍니다.
- 답안문서는 지정된 경로 외의 다른 보조기억장치에 저장하는 경우, 지정된 시험 시간 외에 작성된 파일을 활용할 경우, 기타 통신수단(이메일, 메신저, 네트워크 등)을 이용하여 타인에게 전달 또는 외부 반출하는 경우는 부정 처리합니다.
- 시험 중 부주의 또는 고의로 시스템을 파손한 경우는 수험자가 변상해야 하며, 〈수험자 유의사항〉에 기재된 방법대로 이행하지 않아 생기는 불이익은 수험생 당사자의 책임임을 알려 드립니다.
- 문제의 조건은 MS오피스 2016 버전으로 설정되어 있으니 유의하시기 바랍니다.
- 시험을 완료한 수험자는 답안파일이 전송되었는지 확인한 후 감독위원의 지시에 따라 문제지를 제출하고 퇴실합니다.

답안 작성요령

- 온라인 답안 작성 절차
  수험자 등록 ⇒ 시험 시작 ⇒ 답안파일 저장 ⇒ 답안 전송 ⇒ 시험 종료
- 문제는 테이블/쿼리/폼/보고서로 구성하며 문제에서 제시한 테이블의 내용을 누락시켰을 경우에 0점 처리됩니다.
- 테이블의 데이터는 정확히 입력해야 하며 임의로 정렬(소트)시킬 경우 감점 처리됩니다.
- 각 문제에서 주어진 ≪조건≫에 맞게 작성하고 언급하지 않은 조건은 ≪출력형태≫와 같이 작성합니다.
- 글꼴 및 기타 사항에 대해 별도의 지시사항이 없는 경우 기본 설정값(Default)으로 처리합니다.
- 문제에서 제시한 테이블/쿼리/폼/보고서 이외에 추가로 작성한 경우나 테이블/쿼리/폼/보고서의 이름이 잘못되었을 경우 해당 항목에 감점 처리됩니다

다음은 은행의 대출을 관리할 데이터베이스를 작성하기 위한 내용이다.
주어진 ≪조건≫에 맞게 문서를 작성하시오.

문제 ❶ ▶ 주어진 엑셀 데이터와 다음 ≪조건≫을 이용하여 테이블을 작성하시오. |100점

조건

[테이블1] 이름 : 대출관리

[테이블1] : PART 4 기출문제₩기출문제2회.xlsx(시트명 : B유형)에 있는 엑셀 데이터를 가져와 테이블을 작성한 후, 다음 디자인을 적용하시오. 단, 신청방식은 값 목록('모바일', '인터넷', '영업점')만 허용하는 콤보 상자를 이용하여 직접 입력하시오.

필드 이름	대출번호	대출일자	대출금(천)	기간(월)	연이율	신청방식
데이터 형식	짧은 텍스트	날짜/시간	숫자	숫자	숫자	짧은 텍스트
크기(또는 형식)	5 기본 키 설정	보통 날짜	정수(Long) 통화 형식	바이트	실수(Single) 백분율	3 콤보 상자

출력형태

대출번호	대출일자	대출금(천)	기간(월)	연이율	신청방식
137S2	18년 10월 04일	₩100,000	60	3.4%	영업점
189C1	18년 10월 22일	₩20,000	36	7.5%	영업점
205C3	18년 11월 19일	₩15,000	12	11.5%	인터넷
212S3	18년 11월 27일	₩56,000	60	4.8%	영업점
248S1	18년 12월 11일	₩170,000	120	3.9%	영업점
276C1	18년 12월 14일	₩5,000	12	10.0%	모바일
303C2	19년 01월 10일	₩10,000	12	7.9%	인터넷
328S2	19년 01월 10일	₩50,000	36	4.2%	영업점
424C1	19년 03월 13일	₩8,000	12	6.8%	모바일
453C2	19년 03월 15일	₩5,000	36	5.6%	인터넷

조건

[테이블2] 이름 : 대출자정보

[테이블2] : 아래 ≪출력형태≫를 참고하여 테이블을 직접 작성하고 디자인을 적용하시오. 단, 신용등급은 1 ~ 10 사이의 데이터만 입력받도록 유효성 검사를 이용하시오.

필드 이름	대출번호	대출자	연락처	계좌번호	신용등급
데이터 형식	짧은 텍스트	짧은 텍스트	짧은 텍스트	짧은 텍스트	숫자
크기(또는 형식)	5	10	11	7	바이트 유효성 검사

출력형태

대출번호	대출자	연락처	계좌번호	신용등급
276C1	김주형	010111122??	1112345	6
137S2	최미영	010222233??	1123456	4
189C1	한영수	010333344??	2231123	2
453C2	이명훈	010444455??	1126655	4
205C3	김광수	010555566??	1126838	7
328S2	정수정	010666677??	2233567	2
424C1	박진아	010777788??	1115487	6
248S1	장민호	010888899??	1123131	1
303C2	강우주	010999922??	2231090	3
212S3	지송희	010222288??	1118877	5

▶ **[테이블1 : 대출관리]를 이용하여 다음과 같은 조건에 따라 쿼리를 완성하시오.** | 90점

조건	(1) 쿼리 이름 : 대출관리현황
	(2) 방식 : 대출번호의 네 번째 글자가 'C'이면 '신용대출', 'S'이면 '담보대출'로 적용(SWITCH, MID 함수 사용)
	(3) 만료일자 : 대출일자에 기간(월)의 개월수를 더한 후 '1'일을 뺀 값으로 적용(DATEADD 함수 사용)
	(4) 상환액(천) : '2019-11-09'일과 대출일자간의 개월 수 차이를 월대출액에 곱하여 계산. 단, 월대출액은 대출번호의 마지막 글자가 '1'이면 '0', 그렇지 않으면 대출금(천)을 기간(월)으로 나눈 값으로 적용(IIF, RIGHT, DATEDIFF 함수 사용)
	(5) 만료일자는 간단한 날짜 형식, 상환액(천)은 통화 형식, 대출일자에 대해 내림차순으로 정렬

출력형태								
대출번호	방식	대출일자	기간(월)	만료일자	대출금(천)	연이율	상환액(천)	신청방식
453C2	신용대출	19년 03월 15일	36	2022-03-14	₩5,000	5.6%	₩1,111	인터넷
424C1	신용대출	19년 03월 13일	12	2020-03-12	₩8,000	6.8%	₩0	모바일
328S2	담보대출	19년 01월 10일	36	2022-01-09	₩50,000	4.2%	₩13,889	영업점
303C2	신용대출	19년 01월 10일	12	2020-01-09	₩10,000	7.9%	₩8,333	인터넷
276C1	신용대출	18년 12월 14일	12	2019-12-13	₩5,000	10.0%	₩0	모바일
248S1	담보대출	18년 12월 11일	120	2028-12-10	₩170,000	3.9%	₩0	영업점
212S3	담보대출	18년 11월 27일	60	2023-11-26	₩56,000	4.8%	₩11,200	영업점
205C3	신용대출	18년 11월 19일	12	2019-11-18	₩15,000	11.5%	₩15,000	인터넷
189C1	신용대출	18년 10월 22일	36	2021-10-21	₩20,000	7.5%	₩0	영업점
137S2	담보대출	18년 10월 04일	60	2023-10-03	₩100,000	3.4%	₩21,667	영업점

문제 ❸ ▶ **[테이블1 : 대출관리]와 [테이블2 : 대출자정보]를 이용하여 다음과 같은 조건에 따라 쿼리를 완성하시오.** | 80점

조건	(1) 쿼리 이름 : 대출관리현황 분석
	(2) 테이블조인 : '대출번호'를 기준으로 관계 설정(조건 : 두 테이블의 조인된 필드가 일치하는 행만 포함)
	(3) 신청방식이 '영업점'이 아니고, 신용등급이 '5' 이상인 데이터를 추출하고, 대출금(천)을 기준으로 정렬하여 ≪출력형태≫와 같이 선택 쿼리를 작성하시오.

출력형태				
대출번호	대출자	대출일자	대출금(천)	신용등급
205C3	김광수	18년 11월 19일	₩15,000	7
424C1	박진아	19년 03월 13일	₩8,000	6
276C1	김주형	18년 12월 14일	₩5,000	6

문제 ❹ ▶ **[쿼리 : 대출관리현황]을 이용하여 다음과 같은 모양의 폼을 설계하시오.** | 80점

조건	출력형태
(1) 폼 이름 : 대출관리현황 폼 (2) 폼 제목 : 굴림, 22pt, 가운데 맞춤, 특수 효과 : 볼록 (3) 상환방식 : 대출번호의 마지막 글자가 1이면 '거치식', 그렇지 않으면 '분할'로 적용(IIF, RIGHT 함수 사용) (4) '대출관리현황 폼'의 머리글 영역에 제목과 대출번호를 작성하고, 본문에 '대출번호' 필드를 기준으로 연결하여 '대출관리' 폼을 하위 폼으로 추가하시오. (5) 대출번호 : 입력란을 '콤보 상자'로 변경하시오.	

(6) 대출금(천)은 수정할 수 없게 작성하고, 클릭할 경우 아래와 같은 메시지 폼을 출력하시오.

(7) 로고 삽입(내 PC\문서\ITQ\Picture\로고1.jpg), 특수 효과-볼록, 크기(가로-2 cm, 세로-1 cm).

문제 ❺ ▶ **[쿼리 : 대출관리현황]을 이용하여 보고서를 작성하시오.** | **80**점

조건	출력형태
(1) 보고서 이름 : 대출관리현황 보고서 (2) 보고서 제목 : 궁서, 24pt, 굵게, 밑줄, 가운데 맞춤 (3) 보고서 머리글 부분의 날짜는 DATESERIAL 함수를 이용하여 표시 (4) 대출번호의 4번째 글자와 방식으로 그룹화하고, 대출번호에 대해 내림차순으로 정렬 (5) 대출금(천)의 합계와 총합계는 함수를 이용하여 계산 (굵게, SUM 함수 사용) (6) 조건부 서식을 이용하여 연이율이 '7%' 이상인 경우 다음의 서식을 적용(글꼴색 – 빨강, 굵게, 기울임꼴)	

대출관리현황 보고서

2019년 11월 9일 토요일

방식	대출번호	만료일자	대출금(천)	연이율	신청방식
S[담보대출]					
	328S2	2022-01-09	₩50,000	4.2%	영업점
	248S1	2028-12-10	₩170,000	3.9%	영업점
	212S3	2023-11-26	₩56,000	4.8%	영업점
	137S2	2023-10-03	₩100,000	3.4%	영업점
합계			₩376,000		
C[신용대출]					
	453C2	2022-03-14	₩5,000	5.6%	인터넷
	424C1	2020-03-12	₩8,000	6.8%	모바일
	303C2	2020-01-09	₩10,000	7.9%	인터넷
	276C1	2019-12-13	₩5,000	10.0%	모바일
	205C3	2019-11-18	₩15,000	11.5%	인터넷
	189C1	2021-10-21	₩20,000	7.5%	영업점
합계			₩63,000		
총합계			₩439,000		

문제 ❻ ▶ **[테이블2 : 대출자정보]를 이용하여 레이블 보고서를 작성하시오.** | **70**점

조건

(1) 레이블 보고서 이름 : 대출자정보 레이블
(2) 표준레이블 : 제조업체 A-ONE, 제품번호 28315(세로*가로 : 34 mm × 64 mm/개수 : 3)
(3) 글꼴색과 크기 : 굴림, 10pt, 중간, 검정
(4) 레이블의 필드 순서 : 대출번호, 대출자, 계좌번호, 신용등급
(5) 레이블 출력 순서 : 대출번호에 대해 오름차순으로 정렬
(6) 필드 표현방법 : 대출번호, 대출자 – ≪출력형태≫와 같이 적용(굵게, & 연산자 사용)
　　　　　계좌번호 – 계좌번호의 앞 5글자를 이용하여 ≪출력형태≫와 같이 적용
　　　　　　　　　(FORMAT, LEFT 함수, & 연산자 사용)
　　　　　신용등급 – ≪출력형태≫와 같이 적용(& 연산자 사용)

출력형태

(전체 데이터 출력물 중 일부만 캡처된 화면임)

NO : 137S2[최미영] 계좌번호 : 112-3-4** 신용등급 : 4등급	NO : 189C1[한영수] 계좌번호 : 223-1-1** 신용등급 : 2등급	NO : 205C3[김광수] 계좌번호 : 112-6-8** 신용등급 : 7등급
NO : 212S3[지송희] 계좌번호 : 111-8-8** 신용등급 : 5등급	NO : 248S1[장민호] 계좌번호 : 112-3-1** 신용등급 : 1등급	NO : 276C1[김주형] 계좌번호 : 111-2-3** 신용등급 : 6등급

CHAPTER
O3 기출문제 3회

정답 및 해설   352p

과목	코드	문제유형	시험시간	수험번호	성명
한글액세스	1132	B	60분	20225013	홍길동

·················· **수험자 유의사항** ··················

- 수험자는 문제지를 받는 즉시 문제지와 **수험표상의 시험과목(프로그램)이 동일한지 반드시 확인**하여야 합니다.
- 파일명은 본인의 "수험번호−성명"으로 입력하여 답안폴더(내 PC₩문서₩ITQ)에 하나의 파일로 저장해야 하며, 답안문서 파일명이 "수험번호−성명"과 일치하지 않거나, 답안파일을 전송하지 않아 미제출로 처리될 경우 실격 처리합니다(예:12345678−홍길동. accdb).
- 답안 작성을 마치면 파일을 저장하고, '답안 전송' 버튼을 선택하여 감독위원 PC로 답안을 전송하십시오. 수험생 정보와 저장한 파일명이 다를 경우 전송되지 않으므로 주의하시기 바랍니다.
- 답안 작성 중에도 **주기적으로 저장하고, '답안 전송'**하여야 문제 발생을 줄일 수 있습니다. 작업한 내용을 저장하지 않고 전송할 경우 이전에 저장된 내용이 전송되오니 이점 유의하시기 바랍니다.
- 답안문서는 지정된 경로 외의 다른 보조기억장치에 저장하는 경우, 지정된 시험 시간 외에 작성된 파일을 활용할 경우, 기타 통신수단(이메일, 메신저, 네트워크 등)을 이용하여 타인에게 전달 또는 외부 반출하는 경우는 부정 처리합니다.
- 시험 중 부주의 또는 고의로 시스템을 파손한 경우는 수험자가 변상해야 하며, 〈수험자 유의사항〉에 기재된 방법대로 이행하지 않아 생기는 불이익은 수험생 당사자의 책임임을 알려 드립니다.
- 문제의 조건은 MS오피스 2016 버전으로 설정되어 있으니 유의하시기 바랍니다.
- 시험을 완료한 수험자는 답안파일이 전송되었는지 확인한 후 감독위원의 지시에 따라 문제지를 제출하고 퇴실합니다.

·················· **답안 작성요령** ··················

- 온라인 답안 작성 절차
  수험자 등록 ⇒ 시험 시작 ⇒ 답안파일 저장 ⇒ 답안 전송 ⇒ 시험 종료
- 문제는 테이블/쿼리/폼/보고서로 구성하며 문제에서 제시한 테이블의 내용을 누락시켰을 경우에 0점 처리됩니다.
- 테이블의 데이터는 정확히 입력해야 하며 임의로 정렬(소트)시킬 경우 감점 처리됩니다.
- 각 문제에서 주어진 ≪조건≫에 맞게 작성하고 언급하지 않은 조건은 ≪출력형태≫와 같이 작성합니다.
- 글꼴 및 기타 사항에 대해 별도의 지시사항이 없는 경우 기본 설정값(Default)으로 처리합니다.
- 문제에서 제시한 테이블/쿼리/폼/보고서 이외에 추가로 작성한 경우나 테이블/쿼리/폼/보고서의 이름이 잘못되었을 경우 해당 항목에 감점 처리됩니다

다음은 한국상사의 전자사원증을 관리할 데이터베이스를 작성하기 위한 내용이다.
주어진 ≪조건≫에 맞게 문서를 작성하시오.

문제 ❶ ▶ 주어진 엑셀 데이터와 다음 ≪조건≫을 이용하여 테이블을 작성하시오. | **100**점

조건

[테이블1] 이름 : 전자사원증관리

[테이블1] : PART 4 기출문제₩기출문제3회.xlsx(시트명: B유형)에 있는 엑셀 데이터를 가져와 테이블을 작성한 후, 다음 디자인을 적용하시오. 단, 출입구분은 목록값(IN, OUT)만 허용하는 콤보 상자를 이용하여 직접 입력하시오.

필드 이름	사원번호	발급일자	접근코드	근속연수	출입구분	출입시간
데이터 형식	짧은 텍스트	날짜/시간	짧은 텍스트	숫자	짧은 텍스트	날짜/시간
크기(또는 형식)	5 기본 키 설정	간단한 날짜	3	정수	3 콤보 상자	기본 날짜

출력형태

사원번호	발급일자	접근코드	근속연수	출입구분	출입시간
10001	2019-05-10	111	17	IN	2019-07-11 오전 11:30:00
10002	2019-04-15	111	15	OUT	2019-07-11 오후 3:40:00
10003	2019-06-20	101	15	OUT	2019-07-11 오후 6:20:00
10004	2019-02-10	100	10	IN	2019-07-11 오전 8:30:00
10005	2019-04-01	110	8	OUT	2019-07-11 오후 9:10:00
20001	2019-04-10	110	4	IN	2019-07-11 오전 9:50:00
20002	2019-05-01	110	3	OUT	2019-07-11 오후 7:50:00
20003	2019-03-10	110	2	OUT	2019-07-11 오후 10:20:00
30001	2019-04-20	100	1	OUT	2019-07-11 오후 11:30:00
30002	2019-05-15	100	1	IN	2019-07-11 오후 8:30:00

조건

[테이블2] 이름 : 사원정보

[테이블2] : 아래 ≪출력형태≫를 참고하여 테이블을 직접 작성하고 디자인을 적용하시오. 단, 부서는 '영업부', '개발부', '관리부' 인 데이터만 입력받도록 유효성 검사를 이용하시오.

필드 이름	사원번호	성명	부서	직급	분실횟수
데이터 형식	짧은 텍스트	짧은 텍스트	짧은 텍스트	짧은 텍스트	숫자
크기(또는 형식)	5	20	20 유효성 검사	10	바이트

출력형태

사원번호	성명	부서	직급	분실횟수
10003	박경화	영업부	이사	1
10001	이준용	개발부	이사	2
10005	최우식	관리부	부장	0
30001	박미사	영업부	부장	0
10002	박제열	개발부	차장	1
10004	김진현	개발부	과장	2
20002	신현진	관리부	과장	1
20001	오승현	영업부	대리	0
30002	조연희	개발부	사원	1
20003	엄성욱	개발부	사원	0

문제 ② ▶ **[테이블1 : 전자사원증관리]를 이용하여 다음과 같은 조건에 따라 쿼리를 완성하시오.** **90**점

조건

(1) 쿼리 이름 : 전자사원증관리현황
(2) 분류 : 사원번호의 첫 번째 글자가 '1'이면 '정규직', '2'이면 '계약직', '3'이면 '인턴'으로 적용 (CHOOSE, LEFT, VAL 함수 사용)
(3) 갱신일자 : 발급일자에 유지기간을 더하여 계산. 단, 유지기간은 근속연수가 10년 이상이면 1년, 2년 이상이면 6개월, 그 이외에는 120일로 적용(IIF, DATEADD 함수 사용)
(4) 초과근무시간 : 출입구분이 'OUT'이고, 출입시간이 오후 6시 이후(해당시간 미포함)이면 초과 시간을 계산하여 '00시간 초과근무'로 적용(예 : 오후 9시 20분, OUT → '3시간 초과근무') (IIF, AND, HOUR 함수, &연산자 사용)
(5) 갱신일자는 간단한 날짜 형식, 발급일자에 대해 오름차순으로 정렬

출력형태

사원번호	분류	발급일자	갱신일자	초과근무시간	접근코드	근속연수	출입구분	출입시간
10004	정규직	2019-02-10	2020-02-10		100	10	IN	2019-07-11 오전 8:30:00
20003	계약직	2019-03-10	2019-09-10	4시간 초과근무	110	2	OUT	2019-07-11 오후 10:20:00
10005	정규직	2019-04-01	2019-10-01	3시간 초과근무	110	8	OUT	2019-07-11 오후 9:10:00
20001	계약직	2019-04-10	2019-10-10		110	4	IN	2019-07-11 오전 9:50:00
10002	정규직	2019-04-15	2020-04-15		111	15	OUT	2019-07-11 오후 3:40:00
30001	인턴	2019-04-20	2019-08-18	5시간 초과근무	100	1	OUT	2019-07-11 오후 11:30:00
20002	계약직	2019-05-01	2019-11-01	1시간 초과근무	110	3	OUT	2019-07-11 오후 7:50:00
10001	정규직	2019-05-10	2020-05-10		111	17	IN	2019-07-11 오전 11:30:00
30002	인턴	2019-05-15	2019-09-12		100	1	IN	2019-07-11 오전 8:30:00
10003	정규직	2019-06-20	2020-06-20		101	15	OUT	2019-07-11 오후 6:20:00

문제 ③ ▶ **[테이블1 : 전자사원증관리]와 [테이블2 : 사원정보]를 이용하여 다음과 같은 조건에 따라 쿼리를 완성하시오.** **80**점

조건

(1) 쿼리 이름 : 전자사원증관리현황 분석
(2) 테이블 조인 : '사원번호'를 기준으로 관계 설정(조건 : 두 테이블의 조인된 필드가 일치하는 행만 포함)
(3) 부서가 '영업부'가 아닌 데이터 중에서, 근속연수가 '5' 미만인 데이터를 추출하고, 발급일자를 기준으로 정렬하여 ≪출력형태≫와 같이 선택 쿼리를 작성하시오.

출력형태

사원번호	발급일자	성명	직급	근속연수
20003	2019-03-10	엄성욱	사원	2
20002	2019-05-01	신현진	과장	3
30002	2019-05-15	조연희	사원	1

문제 ④ ▶ **[쿼리 : 전자사원증관리현황]을 이용하여 다음과 같은 모양의 폼을 설계하시오.** **80**점

조건	출력형태
(1) 폼 이름 : 전자사원증관리현황 폼 (2) 폼 제목 : 굴림, 20pt, 굵게, 가운데 맞춤, 특수 효과 : 그림자 (3) 접근구역 : 접근코드의 첫 글자가 1이면 '정문', 두 번째가 1이면 '/후문', 세 번째가 1이면 '/창고'로 적용하고, 이를 연결하여 표시(예 : 101 → '정문/창고') (IIF, MID 함수, & 연산자 사용)	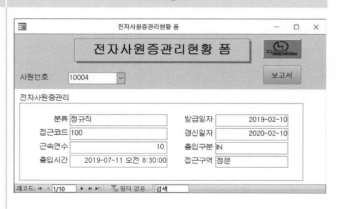

(4) '전자사원증관리현황 폼'의 머리글 영역에 제목과 사원번호를 작성하고, 본문에 '사원번호' 필드를 기준으로 연결하여 '전자사원증관리' 폼을 하위 폼으로 추가하시오.

(5) 사원번호 : 입력란을 '콤보 상자'로 변경하시오.

(6) 보고서 : 클릭하면 '전자사원증관리현황 보고서'로 이동하도록 작성하시오(가로–2 cm, 세로–1 cm).

(7) 로고 삽입(내 PC₩문서₩ITQ₩Picture₩로고1.jpg), 특수 효과–볼록, 크기(가로–2 cm, 세로–1 cm).

문제 ❺ ▶ **[쿼리 : 전자사원증관리현황]을 이용하여 보고서를 작성하시오.** | **80**점

조건	출력형태

조건

(1) 보고서 이름 : 전자사원증관리현황 보고서

(2) 보고서 제목 : 궁서, 24pt, 굵게, 밑줄, 가운데 맞춤

(3) 보고서 머리글 부분의 날짜는 DATESERIAL 함수를 이용하여 표시

(4) 분류로 그룹화하고, 발급일자에 대해 오름차순으로 정렬

(5) 사원번호의 건수와 총건수는 함수를 이용하여 계산(굵게, COUNT 함수 사용)

(6) 조건부 서식을 이용하여 근속연수가 '10'이상인 경우 다음의 서식을 적용(배경색 – 노랑)

출력형태

전자사원증관리현황 보고서

2019년 7월 13일 토요일

분류	사원번호	발급일자	갱신일자	근속연수	출입구분
계약직					
	20003	2019-03-10	2019-09-10	2	OUT
	20001	2019-04-10	2019-10-10	4	IN
	20002	2019-05-01	2019-11-01	3	OUT
건수	3				
인턴					
	30001	2019-04-20	2019-08-18	1	OUT
	30002	2019-05-15	2019-09-12	1	IN
건수	2				
정규직					
	10004	2019-02-10	2020-02-10	10	IN
	10005	2019-04-01	2019-10-01	8	OUT
	10002	2019-04-15	2020-04-15	15	OUT
	10001	2019-05-10	2020-05-10	17	IN
	10003	2019-06-20	2020-06-20	15	OUT
건수	5				
총건수	10				

문제 ❻ ▶ **[테이블2 : 사원정보]를 이용하여 레이블 보고서를 작성하시오** | **70**점

조건

(1) 레이블 보고서 이름 : 사원정보 레이블

(2) 표준 레이블 : 제조업체 A–ONE, 제품번호 28315(세로*가로 : 34 mm × 64 mm/개수 : 3)

(3) 글꼴색과 크기 : 굴림, 10pt, 중간, 검정

(4) 레이블의 필드 순서 : 사원번호, 성명, 부서, 분실횟수

(5) 레이블 출력 순서 : 사원번호에 대해 오름차순으로 정렬

(6) 필드 표현 방법 : 사원번호 – ≪출력형태≫와 같이 적용(굵게, & 연산자 사용)

　성명, 부서 – ≪출력형태≫와 같이 적용(& 연산자 사용)

　분실횟수 – 분실횟수만큼 '*'를 표시하여 ≪출력형태≫와 같이 적용(STRING 함수, & 연산자 사용)

출력형태 (전체 데이터 출력물 중 일부만 캡처된 화면임)

No : 10001 성명/부서 : 이준용 / 개발부 분실횟수 : **	No : 10002 성명/부서 : 박제열 / 개발부 분실횟수 : *	No : 10003 성명/부서 : 박경화 / 영업부 분실횟수 : *
No : 10004 성명/부서 : 김진현 / 개발부 분실횟수 : **	No : 10005 성명/부서 : 최우식 / 관리부 분실횟수 :	No : 20001 성명/부서 : 오승현 / 영업부 분실횟수 :

CHAPTER
04 기출문제 4회

정답 및 해설 360p

과목	코드	문제유형	시험시간	수험번호	성명
한글액세스	1132	B	60분	20225014	홍길동

수험자 유의사항

- 수험자는 문제지를 받는 즉시 문제지와 **수험표상의 시험과목(프로그램)이 동일한지 반드시 확인**하여야 합니다.
- 파일명은 본인의 "수험번호–성명"으로 입력하여 답안폴더(내 PC\문서\ITQ)에 하나의 파일로 저장해야 하며, 답안문서 파일명이 "수험번호–성명"과 일치하지 않거나, 답안파일을 전송하지 않아 미제출로 처리될 경우 실격 처리합니다(예:12345678–홍길동. accdb).
- 답안 작성을 마치면 파일을 저장하고, '답안 전송' 버튼을 선택하여 감독위원 PC로 답안을 전송하십시오. 수험생 정보와 저장한 파일명이 다를 경우 전송되지 않으므로 주의하시기 바랍니다.
- 답안 작성 중에도 **주기적으로 저장하고, '답안 전송'**하여야 문제 발생을 줄일 수 있습니다. 작업한 내용을 저장하지 않고 전송할 경우 이전에 저장된 내용이 전송되오니 이점 유의하시기 바랍니다.
- 답안문서는 지정된 경로 외의 다른 보조기억장치에 저장하는 경우, 지정된 시험 시간 외에 작성된 파일을 활용할 경우, 기타 통신수단(이메일, 메신저, 네트워크 등)을 이용하여 타인에게 전달 또는 외부 반출하는 경우는 부정 처리합니다.
- 시험 중 부주의 또는 고의로 시스템을 파손한 경우는 수험자가 변상해야 하며, 〈수험자 유의사항〉에 기재된 방법대로 이행하지 않아 생기는 불이익은 수험생 당사자의 책임임을 알려 드립니다.
- 문제의 조건은 MS오피스 2016 버전으로 설정되어 있으니 유의하시기 바랍니다.
- 시험을 완료한 수험자는 답안파일이 전송되었는지 확인한 후 감독위원의 지시에 따라 문제지를 제출하고 퇴실합니다.

답안 작성요령

- 온라인 답안 작성 절차
  수험자 등록 ⇒ 시험 시작 ⇒ 답안파일 저장 ⇒ 답안 전송 ⇒ 시험 종료
- 문제는 테이블/쿼리/폼/보고서로 구성하며 문제에서 제시한 테이블의 내용을 누락시켰을 경우에 0점 처리됩니다.
- 테이블의 데이터는 정확히 입력해야 하며 임의로 정렬(소트)시킬 경우 감점 처리됩니다.
- 각 문제에서 주어진 ≪조건≫에 맞게 작성하고 언급하지 않은 조건은 ≪출력형태≫와 같이 작성합니다.
- 글꼴 및 기타 사항에 대해 별도의 지시사항이 없는 경우 기본 설정값(Default)으로 처리합니다.
- 문제에서 제시한 테이블/쿼리/폼/보고서 이외에 추가로 작성한 경우나 테이블/쿼리/폼/보고서의 이름이 잘못되었을 경우 해당 항목에 감점 처리됩니다

다음은 회사의 거래처 상담업무 일정을 관리할 데이터베이스를 작성하기 위한 내용이다.
주어진 ≪조건≫에 맞게 문서를 작성하시오.

문제 ❶ ▶ 주어진 엑셀 데이터와 다음 ≪조건≫을 이용하여 테이블을 작성하시오. |100점

조건

[테이블1] 이름 : 업무일정관리

[테이블1] : PART 4 기출문제₩기출문제4회.xlsx(시트명: B유형)에 있는 엑셀 데이터를 가져와 테이블을 작성한 후, 다음 디자인을 적용하시오. 단, 중요도는 목록값(1, 2, 3, 4, 5)만 허용하는 콤보 상자를 이용하여 직접 입력하시오.

필드 이름	관리번호	작성일자	중요도	내용	상담일자	예상거래액
데이터 형식	짧은 텍스트	날짜/시간	숫자	짧은 텍스트	날짜/시간	통화
크기(또는 형식)	5 기본 키 설정	간단한 날짜	바이트 콤보 상자	20	간단한 날짜	통화

출력형태

관리번호	작성일자	중요도	내용	상담일자	예상거래액
A0001	2019-05-10	5	포장재 구매건	2019-06-07	₩5,000,000
A0002	2019-05-22	3	진공펌프 구매건	2019-06-11	₩30,000,000
B0001	2019-05-07	2	결산미팅	2019-06-17	₩1,200,000
B0002	2019-05-20	5	구매미팅	2019-07-01	₩25,000,000
B0003	2019-05-28	4	변압기 구매건	2019-07-04	₩6,000,000
C0001	2019-05-17	2	유지보수 계약건	2019-06-22	₩1,500,000
C0002	2019-05-30	3	생산설비 10대 구매건	2019-06-25	₩45,000,000
D0001	2019-05-15	1	유지보수 계약건	2019-06-12	₩7,500,000
D0002	2019-06-07	4	재계약 상담건	2019-07-02	₩20,000,000
D0003	2019-06-03	2	현장방문건	2019-06-18	₩1,100,000

조건

[테이블2] 이름 : 거래처정보

[테이블2] : 아래 ≪출력형태≫를 참고하여 테이블을 직접 작성하고 디자인을 적용하시오. 단, 누적 거래액은 '0' 이상의 데이터만 입력받도록 유효성 검사를 이용하시오.

필드 이름	관리번호	거래처명	담당자	이메일	누적거래액
데이터 형식	짧은 텍스트	짧은 텍스트	짧은 텍스트	짧은 텍스트	통화
크기(또는 형식)	5	20	20	20	통화 유효성 검사

출력형태

관리번호	거래처명	담당자	이메일	누적거래액
B0003	경기포장재	오용탁	yt2@aa0.com	₩17,000,000
C0001	한국진공펌프	이상우	sw92@bbb1.com	₩20,000,000
A0001	강원산업	김성순	ss@cccc2.com	₩250,000,000
D0001	부산전기	정희용	hy6@dd3.com	₩400,000,000
D0003	서울전기	박진희	jh@ee4.com	₩60,000,000
D0002	우주건설	이상준	sj358@fff5.com	₩50,000,000
B0001	한국산업	최현구	hg@gg6.com	₩180,000,000
B0002	전남산업	양병국	bk27@hhh7.com	₩40,000,000
C0002	대전상사	허영철	yc4@ii8.com	₩50,000,000
A0002	한국기계	임연진	yj@jjj9.com	₩350,000,000

▶ **[테이블1 : 업무일정관리]를 이용하여 다음과 같은 조건에 따라 쿼리를 완성하시오.** | **90**점

조건

(1) 쿼리 이름 : 업무일정관리현황
(2) 미팅구분 : 관리번호의 첫 번째 글자가 'A'이면 '주간미팅', 'B'이면 '월간미팅', 'C'이면 '분기미팅', 'D'이면 '기타'로 적용(SWITCH, LEFT 함수 사용)
(3) 알람시작일 : 상담일자에서 중요도 값 '1'마다 '2'일씩 적용한 값을 뺀 값으로 적용. 예를 들어, 중요도가 '5'이면 상담일자 '10'일 전으로 계산(DATEADD 함수 사용)
(4) 비용처리한도 : 예상거래액의 1%로 계산하되, 결과값이 '50,000'원 미만이면 '50,000'원으로 상향 적용하고, '200,000'원 초과하면 '200,000'원으로 하향 적용(IIF 함수 사용)
(5) 비용처리한도는 통화 형식, 상담일자에 대해 오름차순으로 정렬

출력형태

관리번호	미팅구분	작성일자	상담일자	알람시작일	중요도	내용	예상거래액	비용처리한도
A0001	주간미팅	2019-05-10	2019-06-07	2019-05-28	5	포장재 구매건	₩5,000,000	₩50,000
A0002	주간미팅	2019-05-22	2019-06-11	2019-06-05	3	진공펌프 구매건	₩30,000,000	₩200,000
D0001	기타	2019-05-15	2019-06-12	2019-06-10	1	유지보수 계약건	₩7,500,000	₩75,000
B0001	월간미팅	2019-05-07	2019-06-17	2019-06-13	2	결산미팅	₩1,200,000	₩50,000
D0003	기타	2019-06-03	2019-06-18	2019-06-14	2	현장방문건	₩1,100,000	₩50,000
C0001	분기미팅	2019-05-17	2019-06-22	2019-06-18	2	유지보수 계약건	₩1,500,000	₩50,000
C0002	분기미팅	2019-05-30	2019-06-25	2019-06-19	3	생산설비 10대 구매건	₩45,000,000	₩200,000
B0002	월간미팅	2019-05-20	2019-07-01	2019-06-21	5	구매미팅	₩25,000,000	₩200,000
D0002	기타	2019-06-07	2019-07-02	2019-06-24	4	재계약 상담건	₩20,000,000	₩200,000
B0003	월간미팅	2019-05-28	2019-07-04	2019-06-26	4	변압기 구매건	₩6,000,000	₩60,000

문제 ❸ ▶ **[테이블1 : 업무일정관리]와 [테이블2 : 거래처정보]를 이용하여 다음과 같은 조건에 따라 쿼리를 완성하시오.** | **80**점

조건

(1) 쿼리 이름 : 업무일정관리현황 분석
(2) 테이블 조인 : '관리번호'를 기준으로 관계 설정(조건 : 두 테이블의 조인된 필드가 일치하는 행만 포함)
(3) 중요도가 '3'이상인 데이터 중에서, 상담일자가 '2019년 6월'인 데이터를 추출하고, 예상거래액을 기준으로 정렬하여 ≪출력형태≫와 같이 선택 쿼리를 작성하시오.

출력형태

관리번호	거래처명	중요도	예상거래액	누적거래액
C0002	대전상사	3	₩45,000,000	₩50,000,000
A0002	한국기계	3	₩30,000,000	₩350,000,000
A0001	강원산업	5	₩5,000,000	₩250,000,000

문제 ❹ ▶ **[쿼리 : 업무일정관리현황]을 이용하여 다음과 같은 모양의 폼을 설계하시오.** | **80**점

조건	출력형태

(1) 폼 이름 : 업무일정관리현황 폼
(2) 폼 제목 : 굴림, 22pt, 굵게, 가운데 맞춤, 특수 효과 : 그림자
(3) 참여인원 : 중요도가 '4' 이상이면 '2명 이상', '3'이면 '2명', 그렇지 않으면 '1명'으로 적용(IIF 함수 사용)
(4) '업무일정관리현황 폼'의 머리글 영역에 제목과 관리번호를 작성하고, 본문에 '관리번호' 필드를 기준으로 연결하여 '업무일정관리' 폼을 하위 폼으로 추가하시오.

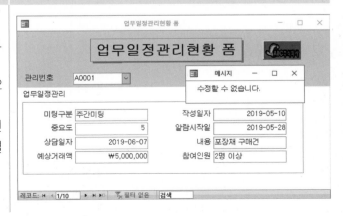

(5) 관리번호 : 입력란을 '콤보 상자'로 변경하시오.

(6) 내용은 수정할 수 없게 작성하고, 클릭할 경우 아래와 같은 메시지 폼을 출력하시오.

(7) 로고 삽입(내 PC\문서\ITQ\Picture\로고1.jpg), 특수 효과–볼록, 크기(가로–2 cm, 세로–1 cm).

문제 ❺ ▶ [쿼리 : 업무일정관리현황]을 이용하여 보고서를 작성하시오. | **80**점

조건	출력형태
(1) 보고서 이름 : 업무일정관리현황 보고서 (2) 보고서 제목 : 궁서, 24pt, 굵게, 밑줄, 가운데 맞춤 (3) 보고서 머리글 부분의 날짜는 DATESERIAL 함수를 이용하여 표시 (4) 미팅구분으로 그룹화하고, 상담일자에 대해 오름차순으로 정렬 (5) 예상거래액의 합계와 총합계는 함수를 이용하여 계산 (굵게, SUM 함수 사용) (6) 조건부 서식을 이용하여 중요도가 '4'이상인 경우 다음의 서식을 적용(글꼴/문자색 – 파랑, 굵게, 밑줄)	(출력형태 표)

업무일정관리현황 보고서

2019년 6월 8일 토요일

미팅구분	관리번호	상담일자	예상거래액	중요도	비용처리한도
기타					
	D0001	2019-06-12	₩7,500,000	1	₩75,000
	D0003	2019-06-18	₩1,100,000	2	₩50,000
	D0002	2019-07-02	₩20,000,000	4	₩200,000
합계			₩28,600,000		
분기미팅					
	C0001	2019-06-22	₩1,500,000	2	₩50,000
	C0002	2019-06-25	₩45,000,000	3	₩200,000
합계			₩46,500,000		
월간미팅					
	B0001	2019-06-17	₩1,200,000	2	₩50,000
	B0002	2019-07-01	₩25,000,000	5	₩200,000
	B0003	2019-07-04	₩6,000,000	4	₩60,000
합계			₩32,200,000		
주간미팅					
	A0001	2019-06-07	₩5,000,000	5	₩50,000
	A0002	2019-06-11	₩30,000,000	3	₩200,000
합계			₩35,000,000		
총합계			₩142,300,000		

문제 ❻ ▶ [테이블2 : 거래처정보]를 이용하여 레이블 보고서를 작성하시오. | **70**점

조건	
	(1) 레이블 보고서 이름 : 거래처정보 레이블 (2) 표준 레이블 : 제조업체 A–ONE, 제품번호 28315(세로*가로 : 34 mm × 64 mm/개수 : 3) (3) 글꼴색과 크기 : 굴림, 10pt, 중간, 검정 (4) 레이블의 필드 순서 : 거래처명, 관리번호, 담당자, 이메일 (5) 레이블 출력 순서 : 거래처명에 대해 오름차순으로 정렬 (6) 필드 표현 방법 : 거래처명, 관리번호 – ≪출력형태≫와 같이 적용(굵게, & 연산자 사용) 담당자 – ≪출력형태≫와 같이 적용(& 연산자 사용) 이메일 – '***'와 @ 뒤의 도메인 이름을 덧붙여 ≪출력형태≫와 같이 적용 (MID, INSTR 함수, & 연산자 사용)
출력형태	(전체 데이터 출력물 중 일부만 캡처된 화면임)

거래처 : 강원산업 (A0001)
담당자 : 김성순님
이메일 : ***@cccc2.com

거래처 : 경기포장재 (B0003)
담당자 : 오용탁님
이메일 : ***@aa0.com

거래처 : 대전상사 (C0002)
담당자 : 허영철님
이메일 : ***@ii8.com

거래처 : 부산전기 (D0001)
담당자 : 정회용님
이메일 : ***@dd3.com

거래처 : 서울전기 (D0003)
담당자 : 박진회님
이메일 : ***@ee4.com

거래처 : 우주건설 (D0002)
담당자 : 이상준님
이메일 : ***@fff5.com

과목	코드	문제유형	시험시간	수험번호	성명
한글액세스	1132	B	60분	20225015	홍길동

수험자 유의사항

- 수험자는 문제지를 받는 즉시 문제지와 **수험표상의 시험과목(프로그램)이 동일한지 반드시 확인**하여야 합니다.
- 파일명은 본인의 "수험번호–성명"으로 입력하여 답안폴더(내 PC\문서\ITQ)에 하나의 파일로 저장해야 하며, 답안문서 파일명이 "수험번호–성명"과 일치하지 않거나, 답안파일을 전송하지 않아 미제출로 처리될 경우 실격 처리합니다(예:12345678–홍길동. accdb).
- 답안 작성을 마치면 파일을 저장하고, '답안 전송' 버튼을 선택하여 감독위원 PC로 답안을 전송하십시오. 수험생 정보와 저장한 파일명이 다를 경우 전송되지 않으므로 주의하시기 바랍니다.
- 답안 작성 중에도 **주기적으로 저장하고, '답안 전송'**하여야 문제 발생을 줄일 수 있습니다. 작업한 내용을 저장하지 않고 전송할 경우 이전에 저장된 내용이 전송되오니 이점 유의하시기 바랍니다.
- 답안문서는 지정된 경로 외의 다른 보조기억장치에 저장하는 경우, 지정된 시험 시간 외에 작성된 파일을 활용할 경우, 기타 통신수단(이메일, 메신저, 네트워크 등)을 이용하여 타인에게 전달 또는 외부 반출하는 경우는 부정 처리합니다.
- 시험 중 부주의 또는 고의로 시스템을 파손한 경우는 수험자가 변상해야 하며, 〈수험자 유의사항〉에 기재된 방법대로 이행하지 않아 생기는 불이익은 수험생 당사자의 책임임을 알려 드립니다.
- 문제의 조건은 MS오피스 2016 버전으로 설정되어 있으니 유의하시기 바랍니다.
- 시험을 완료한 수험자는 답안파일이 전송되었는지 확인한 후 감독위원의 지시에 따라 문제지를 제출하고 퇴실합니다.

답안 작성요령

- 온라인 답안 작성 절차
  수험자 등록 ⇒ 시험 시작 ⇒ 답안파일 저장 ⇒ 답안 전송 ⇒ 시험 종료
- 문제는 테이블/쿼리/폼/보고서로 구성하며 문제에서 제시한 테이블의 내용을 누락시켰을 경우에 0점 처리됩니다.
- 테이블의 데이터는 정확히 입력해야 하며 임의로 정렬(소트)시킬 경우 감점 처리됩니다.
- 각 문제에서 주어진 ≪조건≫에 맞게 작성하고 언급하지 않은 조건은 ≪출력형태≫와 같이 작성합니다.
- 글꼴 및 기타 사항에 대해 별도의 지시사항이 없는 경우 기본 설정값(Default)으로 처리합니다.
- 문제에서 제시한 테이블/쿼리/폼/보고서 이외에 추가로 작성한 경우나 테이블/쿼리/폼/보고서의 이름이 잘못되었을 경우 해당 항목에 감점 처리됩니다

다음은 문화센터의 강좌를 관리할 데이터베이스를 작성하기 위한 내용이다.
주어진 ≪조건≫에 맞게 문서를 작성하시오.

문제 ❶ ▶ 주어진 엑셀 데이터와 다음 ≪조건≫을 이용하여 테이블을 작성하시오. │100점

조건

조건 : [테이블1] 이름 : 강좌관리

[테이블1] : PART 4 기출\기출문제5회.xlsx(시트명: B유형)에 있는 엑셀 데이터를 가져와 테이블을
작성한 후, 다음 디자인을 적용하시오. 단, 진행시간은 목록값(1, 2, 3)만 허용하는 콤보 상자를 이용
하여 직접 입력하시오.

필드 이름	강좌번호	강의일시	수강료	수강인원	시작시간	진행시간
데이터 형식	짧은 텍스트	날짜/시간	숫자	숫자	날짜/시간	숫자
크기(또는 형식)	5 기본 키 설정	간단한 날짜	정수(Long) 통화 형식	정수	보통시간	바이트 콤보 상자

출력형태

강좌번호 ▾	강의일시 ▾	수강료 ▾	수강인원 ▾	시작시간 ▾	진행시간 ▾
H045W	2019-05-01	₩80,000	20	오전 11:00	1 ⌄
H253W	2019-05-04	₩80,000	13	오후 7:30	1
H308M	2019-05-05	₩5,000	35	오후 1:00	2
H392W	2019-05-06	₩120,000	18	오전 10:30	1
L103W	2019-05-02	₩100,000	15	오전 10:30	1
L227W	2019-05-03	₩120,000	17	오후 2:30	1
L356M	2019-05-08	₩10,000	35	오후 1:30	3
S172W	2019-05-09	₩50,000	17	오후 4:00	1
S288M	2019-05-10	₩10,000	24	오전 11:00	2
S421W	2019-05-07	₩70,000	19	오후 7:00	1

조건

[테이블2] 이름 : 강좌정보

[테이블2] : 아래 ≪출력형태≫를 참고하여 테이블을 직접 작성하고 디자인을 적용하시오. 단, 지점
명은 '압구정', '신촌', '판교'인 데이터만 입력받도록 유효성 검사를 이용하시오.

필드 이름	강좌번호	강좌명	정원	강사명	지점명
데이터 형식	짧은 텍스트	짧은 텍스트	숫자	짧은 텍스트	짧은 텍스트
크기(또는 형식)	5	20	정수	10	3 유효성 검사

출력형태

강좌번호 ▾	강좌명 ▾	정원 ▾	강사명 ▾	지점명 ▾
H045W	유럽 건축양식 살펴보기	20	최민식	압구정
L103W	영어 프리토킹-중급	15	양미정	판교
S172W	핫요가 고급	20	이보라	신촌
L227W	일본어 첫걸음	20	박준	신촌
H253W	사진 배우기	20	장영수	압구정
S288M	피트니스 척추관절 체형교정	24	김하늘	압구정
H308M	수채화 엽서 만들기	35	이지은	신촌
L356M	스크린 영화 보기	40	정명우	판교
H392W	핸드메이드 가죽공예 만들기	18	김정훈	신촌
S421W	코어집중강화 필라테스	20	백지수	판교

문제 ② ▶ **[테이블1 : 강좌관리]를 이용하여 다음과 같은 조건에 따라 쿼리를 완성하시오.** | **90**점

조건	(1) 쿼리 이름 : 강좌관리현황 (2) 분류 : 강좌번호의 첫 글자가 'H'이면 '취미', 'L'이면 '외국어', 'S'이면 '스포츠'로 적용(SWITCH, LEFT 함수) (3) 강의요일 : 강좌번호의 마지막 글자가 'M'이면 '매달 ', 그렇지 않으면 '매주'로 표시하고 강의일시의 요일과 함께 적용(IIF, RIGHT, WEEKDAYNAME, WEEKDAY 함수, & 연산자 사용) (4) 종료시간 : 시작시간에 진행시간을 더한 값으로 적용(DATEADD 함수 사용) (5) 종료시간은 간단한 시간 형식, 강의일시에 대해 오름차순으로 정렬

출력형태	강좌번호	분류	강의일시	강의요일	수강료	수강인원	시작시간	종료시간	진행시간
	H045W	취미	2019-05-01	매주 수요일	₩80,000	20	오전 11:00	12:00	1
	L103W	외국어	2019-05-02	매주 목요일	₩100,000	15	오전 10:30	11:30	1
	L227W	외국어	2019-05-03	매주 금요일	₩120,000	17	오후 2:30	15:30	1
	H253W	취미	2019-05-04	매주 토요일	₩80,000	13	오후 7:30	20:30	1
	H308M	취미	2019-05-05	매달 일요일	₩5,000	35	오후 1:00	15:00	2
	H392M	취미	2019-05-06	매주 월요일	₩120,000	18	오전 10:30	11:30	1
	S421W	스포츠	2019-05-07	매주 화요일	₩70,000	19	오후 7:00	20:00	1
	L356M	외국어	2019-05-08	매달 수요일	₩10,000	35	오후 1:30	16:30	3
	S172W	스포츠	2019-05-09	매주 목요일	₩50,000	17	오후 4:00	17:00	1
	S288M	스포츠	2019-05-10	매달 금요일	₩10,000	24	오전 11:00	13:00	2

문제 ③ ▶ **[테이블1 : 강좌관리]와 [테이블2 : 강좌정보]를 이용하여 다음과 같은 조건에 따라 쿼리를 완성하시오.** | **80**점

조건	(1) 쿼리 이름 : 강좌관리현황 분석 (2) 테이블 조인 : '강좌번호'를 기준으로 관계 설정(조건 : 두 테이블의 조인된 필드가 일치하는 행만 포함) (3) 수강인원이 강좌정보의 '정원'과 같고, 지점명이 '신촌'이 아닌 데이터를 추출하고, 강사명을 기준으로 정렬하여 ≪출력형태≫와 같이 선택 쿼리를 작성하시오.

출력형태	강좌번호	강사명	강좌명	강의일시	수강인원
	S288M	김하늘	피트니스 척추관절 체형교정	2019-05-10	24
	L103W	양미정	영어 프리토킹-중급	2019-05-02	15
	H045W	최민식	유럽 건축양식 살펴보기	2019-05-01	20

문제 ④ ▶ **[쿼리 : 강좌관리현황]을 이용하여 다음과 같은 모양의 폼을 설계하시오.** | **80**점

조건	출력형태
(1) 폼 이름 : 강좌관리현황 폼 (2) 폼 제목 : 굴림, 22pt, 굵게, 가운데 맞춤, 특수 효과 : 볼록 (3) 총수강료 : 수강료에 수강인원을 곱하여 적용(통화 형식) (4) '강좌관리현황 폼'의 머리글 영역에 제목과 강좌번호를 작성하고, 본문에 '강좌번호' 필드를 기준으로 연결하여 '강좌관리' 폼을 하위 폼으로 추가하시오. (5) 강좌번호 : 입력란을 '콤보 상자'로 변경하시오. (6) 보고서 : 클릭하면 '강좌관리현황 보고서'로 이동하도록 작성하시오(가로-2 cm, 세로-1 cm).	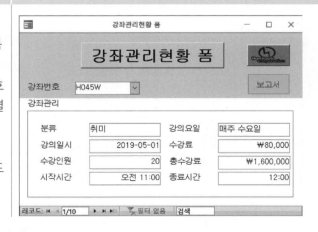

(7) 로고 삽입(내 PC\문서\ITQ\Picture\로고3.jpg), 특수 효과–볼록, 크기(가로–2 cm, 세로–1 cm).

문제 ❺ ▶ **[쿼리 : 강좌관리현황]을 이용하여 보고서를 작성하시오.** | **80**점

조건	출력형태
(1) 보고서 이름 : 강좌관리현황 보고서 (2) 보고서 제목 : 궁서, 24pt, 굵게, 밑줄, 가운데 맞춤 (3) 보고서 머리글 부분의 날짜는 DATESERIAL 함수를 이용하여 표시 (4) 강좌번호의 첫 글자와 분류로 그룹화하고, 수강인원에 대해 내림차순으로 정렬 (5) 수강료의 평균과 총평균은 함수를 이용하여 계산(굵게, AVG 함수 사용) (6) 조건부 서식을 이용하여 수강료가 '50,000' 미만인 경우 다음의 서식을 적용(글꼴/문자색 – 빨강, 굵게, 밑줄)	

강좌관리현황 보고서

2019년 5월 11일 토요일

분류	강좌번호	강의요일	수강료	수강인원	시작시간
H[취미]					
	H308M	매달 일요일	₩5,000	35	오후 1:00
	H045W	매주 수요일	₩80,000	20	오전 11:00
	H392W	매주 월요일	₩120,000	18	오전 10:30
	H253W	매주 토요일	₩80,000	13	오후 7:30
평균			₩80,000		
L[외국어]					
	L356M	매달 수요일	₩10,000	35	오후 1:30
	L227W	매주 금요일	₩120,000	17	오후 2:30
	L103W	매주 목요일	₩100,000	15	오전 10:30
평균			₩100,000		
S[스포츠]					
	S288M	매달 금요일	₩10,000	24	오전 11:00
	S421W	매주 화요일	₩70,000	19	오후 7:00
	S172W	매주 목요일	₩50,000	17	오후 4:00
평균			₩50,000		
총평균			₩50,000		

문제 ❻ ▶ **[테이블2 : 강좌정보]를 이용하여 레이블 보고서를 작성하시오.** | **70**점

조건	
	(1) 레이블 보고서 이름 : 강좌정보 레이블 (2) 표준 레이블 : 제조업체 A–ONE, 제품번호 28315(세로*가로 : 34 mm × 64 mm/개수 : 3) (3) 글꼴색과 크기 : 굴림, 10pt, 중간, 검정 (4) 레이블의 필드 순서 : 강좌번호, 지점명, 강좌명, 강사명 (5) 레이블 출력 순서 : 강좌번호에 대해 오름차순으로 정렬 (6) 필드 표현 방법 : 강좌번호, 지점명 – ≪출력형태≫와 같이 적용(굵게, & 연산자 사용) 　　　　　　　　강좌명 – 공백 앞의 첫 단어와 '...'을 덧붙여 ≪출력형태≫와 같이 적용 　　　　　　　　　　　　(LEFT, INSTR 함수, & 연산자 사용) 　　　　　　　강사명 – ≪출력형태≫와 같이 적용(& 연산자 사용)

출력형태

NO : H045W[압구정] 강좌 : 유럽... 담당 : 최민식 강사	NO : H253W[압구정] 강좌 : 사진... 담당 : 장영수 강사	NO : H308M[신촌] 강좌 : 수채화... 담당 : 이지은 강사
NO : H392W[신촌] 강좌 : 핸드메이드... 담당 : 김정훈 강사	NO : L103W[판교] 강좌 : 영어... 담당 : 양미정 강사	NO : L227W[신촌] 강좌 : 일본어... 담당 : 박준 강사

"

남들보다 더 잘하려고
고민하지 마라.
지금의 나보다 잘하려고
애쓰는 게 더 중요하다.

"

- 윌리엄 포크너 -

정답 및 해설

문제 ❶ ▶ 주어진 엑셀 데이터와 다음 ≪조건≫을 이용하여 테이블을 작성하시오. | 100점

[테이블1 : 배송관리]

① [외부 데이터] 탭–[가져오기 및 연결] 그룹–[Excel]을 클릭한다.

② [찾아보기]를 클릭하고 '모의고사1회.xlsx' 파일을 선택하고 [열기]를 클릭한다.

③ '현재 데이터베이스의 새 테이블로 원본 데이터 가져오기'를 선택한 후 [확인]을 클릭한다.

④ [스프레드시트 가져오기 마법사] 대화상자의 '워크시트 표시 : C유형'을 선택하고 [다음]을 클릭한다.

⑤ '첫 행에 열 머리글이 있음'을 체크하고 [다음]을 클릭한다.

⑥ '기본 키 선택'을 체크하고 '결제번호'를 선택한 후 [다음]을 클릭한다.

⑦ '테이블로 가져오기' 항목에 테이블명 '배송관리'를 입력하고 [마침]을 클릭하고 [닫기]를 클릭한다.

⑧ [탐색] 창의 '배송관리' 테이블에서 마우스 오른쪽 버튼을 클릭하고 [디자인 보기]를 선택한다.

⑨ 문제에서 지시한 대로 필드 크기와 형식을 지정한다.

⑩ [필드 이름]에 '출고기간(일)'을 입력하고 [데이터 형식]은 '숫자', [필드 크기]는 '정수'로 지정한다. [조회] 탭에서 [컨트롤 표시]를 '콤보 상자', [행 원본 유형]을 '값 목록', [행 원본]에 '1;3;5'를 입력한다.

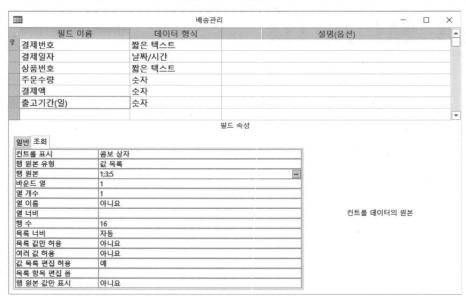

[테이블2 : 배송상품정보]

① [만들기] 탭–[테이블] 그룹–[테이블 디자인]을 클릭한다.

② 문제에서 지시한 대로 필드 이름, 필드 크기, 형식을 지정한다.

③ '상품분류' 필드의 [데이터 형식]은 '짧은 텍스트', [필드 크기]는 '2', [유효성 검사 규칙]은 'In ("과일","냉동","가공")'로 지정한다.

★ 설명해주세요

In ("과일","냉동","가공")(또는 "과일" Or "냉동" Or "가공")

"과일" 또는 "냉동" 또는 "가공"인 데이터만 입력

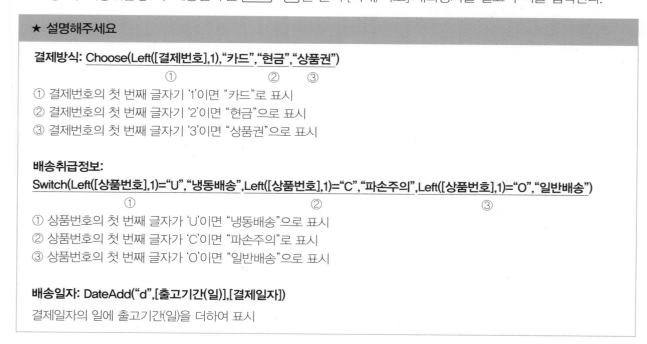

문제 ② ▶ **[테이블1 : 배송관리]를 이용하여 다음과 같은 조건에 따라 쿼리를 완성하시오.** | **90**점

[쿼리 : 배송관리현황]

① [만들기] 탭–[쿼리] 그룹–[쿼리 디자인]을 클릭한다.
② [테이블 표시] 대화상자의 [테이블] 탭에서 '배송관리'를 더블클릭하고 [닫기]를 클릭한다.
③ '결제번호', '결제일자', '상품번호', '주문수량', '결제액', '출고기간(일)' 필드를 더블클릭하여 추가한다.
④ '결제방식', '배송취급정보', '배송일자'는 Shift + F2 를 눌러 [확대/축소] 대화상자를 열고 수식을 입력한다.

★ 설명해주세요

결제방식: Choose(Left([결제번호],1),"카드","현금","상품권")
                         ①   ②   ③
① 결제번호의 첫 번째 글자기 '1'이면 "카드"로 표시
② 결제번호의 첫 번째 글자기 '2'이면 "현금"으로 표시
③ 결제번호의 첫 번째 글자기 '3'이면 "상품권"으로 표시

배송취급정보:
Switch(Left([상품번호],1)="U","냉동배송",Left([상품번호],1)="C","파손주의",Left([상품번호],1)="O","일반배송")
                ①   ②   ③
① 상품번호의 첫 번째 글자가 'U'이면 "냉동배송"으로 표시
② 상품번호의 첫 번째 글자가 'C'이면 "파손주의"로 표시
③ 상품번호의 첫 번째 글자가 'O'이면 "일반배송"으로 표시

배송일자: DateAdd("d",[출고기간(일)],[결제일자])
결제일자의 일에 출고기간(일)을 더하여 표시

⑤ '결제일자' 필드의 '정렬'을 '내림차순'으로 지정한다.

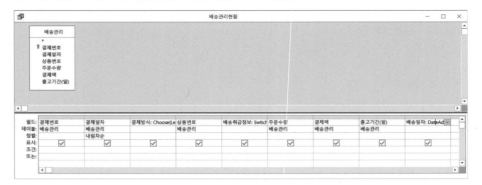

문제 ❸ ▶ [테이블1 : 배송관리]와 [테이블2 : 배송상품]을 이용하여 다음과 같은 조건에 따라 쿼리를 완성하시오. | 80점

[쿼리 : 배송관리현황 분석]

① [만들기] 탭-[쿼리] 그룹-[쿼리 디자인]을 클릭한다.
② [테이블 표시] 대화상자의 [테이블] 탭에서 '배송관리'를 더블클릭하고 [닫기]를 클릭한다.
③ [배송상품정보] 테이블의 '결제번호'를 [배송관리] 테이블의 '결제번호' 필드로 드래그한다.
④ 관계 설정 선을 더블클릭한 후 [조인 속성] 대화상자에서 '두 테이블의 조인된 필드가 일치하는 행만 포함'을 선택하고 [확인]을 클릭한다.

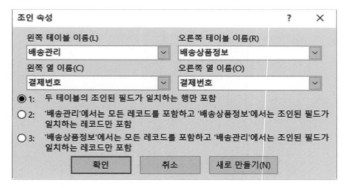

⑤ '결제번호', '상품명', '연락처', '상품분류', '주문수량', '결제일자' 필드를 더블클릭하여 추가한다.
⑥ '상품분류'의 조건에 'In ("냉동","과일")'을 입력한다.
⑦ '결제일자'의 조건에 '<=#2014-01-15#'을 입력하고 체크 표시를 해제한다.

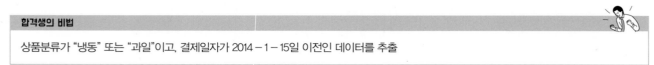

합격생의 비법

상품분류가 "냉동" 또는 "과일"이고, 결제일자가 2014-1-15일 이전인 데이터를 추출

⑧ '상품분류' 필드의 '정렬'을 '오름차순'으로 지정한다.

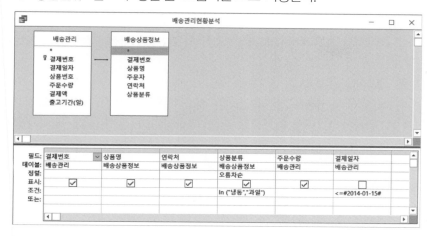

문제 ④ ▶ [쿼리 : 배송관리현황]을 이용하여 다음과 같은 모양의 폼을 설계하시오. | 80점

[폼 : 배송관리]

① [만들기] 탭–[폼] 그룹–[폼 마법사]를 클릭한다.
② [폼 마법사] 대화상자에서 [테이블/쿼리]를 '쿼리 : 배송관리현황'으로 선택하고 [사용 가능한 필드]에서 '결제일 자', '상품번호', '배송취급정보', '결제방식', '주문수량', '결제액', '배송일자'를 더블클릭하고 [다음]을 클릭한다.
③ 폼의 모양을 '열 형식'으로 지정하고 [다음]을 클릭한다.
④ 폼의 제목에 '배송관리'를 입력하고 '폼 디자인 수정'을 선택하고 [마침]을 클릭한다.
⑤ 텍스트 상자의 크기와 위치를 조절한다.
⑥ [디자인] 탭–[컨트롤] 그룹–[텍스트 상자]를 클릭하고 레이블에 '상품단가'를 입력하고 텍스트 상자에는 계산식을 입력한다.

★ 설명해주세요

=[결제액]/[주문수량]
결제액을 주문수량으로 나눈 값을 표시

---

⑦ 눈금자 왼쪽의 [선택기]를 더블클릭한 후 [형식] 탭에서 [레코드 선택기]와 [탐색 단추]를 '아니요'로 지정한다.
⑧ 폼에서 마우스 오른쪽 버튼을 누른 후 [폼 머리글/바닥글]을 선택하고 [예]를 클릭한다.

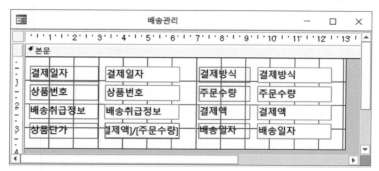

[폼 : 메시지]

① [만들기] 탭–[폼] 그룹–[폼 디자인]을 클릭한다.

② 본문 영역의 크기를 조절한 후 [디자인] 탭–[컨트롤] 그룹에서 [레이블]을 선택하고 본문 영역에 적당한 크기로 드래그한다.

③ '수정할 수 없습니다.'라고 출력할 메시지를 입력한다.

④ 눈금자 왼쪽의 [선택기]를 더블클릭한 후 [형식] 탭에서 [레코드 선택기]와 [탐색 단추]를 '아니요'로 지정한다.

⑤ [닫기]를 클릭하고 저장 여부를 물으면 [예]를 클릭한 후, [다른 이름으로 저장] 대화상자의 [폼 이름]에 '메시지'를 입력하고 [확인]을 클릭한다.

⑥ [탐색] 창의 '배송관리' 폼에서 마우스 오른쪽 버튼을 클릭하고 [디자인 보기]를 선택한다.

⑦ '배송취급정보' 텍스트 상자의 바로 가기 메뉴에서 [속성]을 선택한 후 [이벤트] 탭의 [On Click]에서 [작성](□)을 클릭한다.

⑧ 다음과 같이 코드를 입력한다.

```
Private Sub 배송취급정보_Click()
    DoCmd.OpenForm "메시지"
End Sub
```

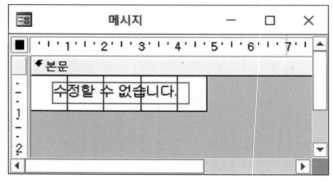

[폼 : 배송관리현황 폼]

① [만들기] 탭–[폼] 그룹–[폼 마법사]를 클릭한다.

② [폼 마법사] 대화상자에서 [테이블/쿼리]를 '쿼리 : 배송관리현황'으로 선택하고 [사용 가능한 필드]에서 '결제번호'를 더블클릭하고 [다음]을 클릭한다.

③ 폼의 모양을 '열 형식'으로 지정하고 [다음]을 클릭한다.

④ 폼의 제목에 '배송관리현황 폼'을 입력하고 '폼 디자인 수정'을 선택하고 [마침]을 클릭한다.

⑤ 폼 제목 컨트롤에서 마우스 오른쪽 버튼을 누르고 [속성]을 선택한 후 [특수 효과]는 '볼록', [글꼴 이름]은 '굴림', [글꼴 크기]는 '22', [텍스트 맞춤]은 '가운데'로 지정한다.

⑥ 본문 영역의 '결제번호' 컨트롤을 폼 머리글로 드래그하고 텍스트 상자에서 마우스 오른쪽 버튼을 누른 후 [변경]–[콤보 상자]를 선택한다.

⑦ '결제번호' 콤보 상자의 [속성 시트]에서 [행 원본]을 '배송관리현황'으로 지정한다.

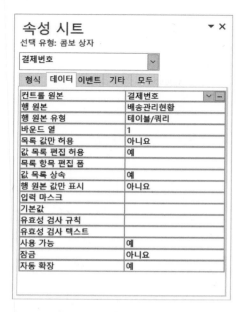

⑧ 폼의 [속성 시트]에서 [레코드 선택기]를 '아니요'로 지정한다.

⑨ [디자인] 탭–[컨트롤] 그룹–[하위 폼/하위 보고서] 클릭한다.

⑩ [하위 폼 마법사] 대화상자의 [기존 폼 사용]에 체크하고 '배송관리'를 선택한 후 [다음]을 클릭하고 다시 [다음]과 [마침]을 클릭한다.

⑪ [디자인] 탭–[컨트롤] 그룹–[이미지 삽입]–[찾아보기]를 클릭하고 '로고2'를 선택한 후 [확인]을 클릭한다.

⑫ 로고의 [속성 시트]에서 [그림]은 '로고2.jpg', [크기 조절 모드]는 '전체 확대/축소', [너비]는 '2', [높이]는 '1', [특수 효과]는 볼록으로 지정한다.

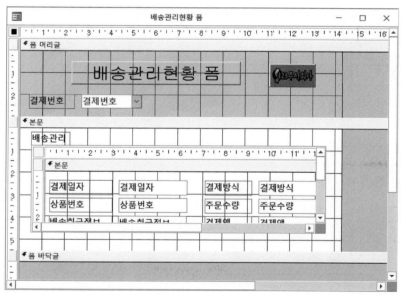

[보고서 : 배송관리현황 보고서]

① [만들기] 탭–[보고서] 그룹–[보고서 마법사] 클릭한다.

② [보고서 마법사]에서 [테이블/쿼리]를 '쿼리 : 배송관리현황'으로 선택한다.

③ [사용 가능한 필드]에서 '결제방식', '결제번호', '상품번호', '결제액', '배송취급정보', '출고기간(일)'을 더블클릭하고 [다음]을 클릭한다.

④ '결제방식'을 더블클릭하여 그룹 수준으로 지정하고 [다음]을 클릭한다.

⑤ 정렬할 필드로 '결제액'을 선택하고 [오름차순]을 지정한 후 [요약 옵션]을 클릭한다.

⑥ [결제액]의 '합계'를 체크하고 [확인]을 클릭한 후 [다음]을 클릭한다.

⑦ 보고서 제목에 '배송관리현황 보고서'를 입력하고 '보고서 디자인 수정'을 선택한 후 [마침]을 클릭한다.

⑧ 필요없는 부분을 삭제하고 '페이지 바닥글'의 날짜 텍스트 상자를 머리글로 이동한 후 '=DateSerial(2014,2,8)'을 입력한다.

⑨ 보고서 제목의 [속성 시트]에서 [글꼴 이름]은 '궁서', [글꼴 크기]는 '24', [텍스트 맞춤]은 '가운데', [글꼴 두께]는 '굵게', [글꼴 밑줄]을 '예'로 지정한 후 가운데로 이동한다.

⑩ 본문 영역의 '출고기간(일)'을 선택하고 [서식] 탭–[컨트롤 서식] 그룹–[조건부 서식] 클릭한 후 [새 규칙]을 클릭한다.

⑪ 다음과 같이 조건부 서식을 지정하고 [굵게]와 [밑줄]을 클릭하고 [글꼴 색]을 '빨강'으로 지정한 후 [확인]을 클릭한다.

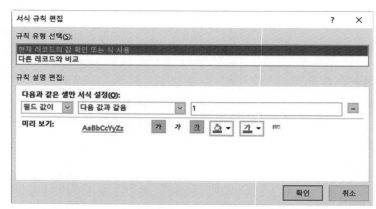

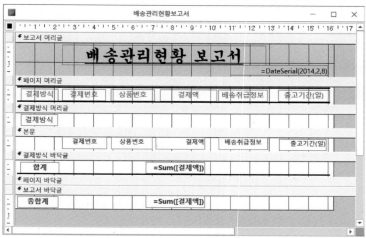

[보고서 : 배송상품정보 레이블]

① [탐색] 창의 [배송상품정보] 테이블을 선택하고 [만들기] 탭–[보고서] 그룹–[레이블]을 클릭한다.

② [우편물 레이블 마법사]에서 [제조업체]는 'A–ONE', [제품 번호]는 '28315'로 선택하고 [다음]을 클릭한다.

③ 굴림, 10pt, 중간, 검정을 지정하고 [다음]을 클릭한다.

④ 사용 가능한 필드에서 필드를 더블클릭하고 다음과 같이 작성한 후 [다음]을 클릭한다.

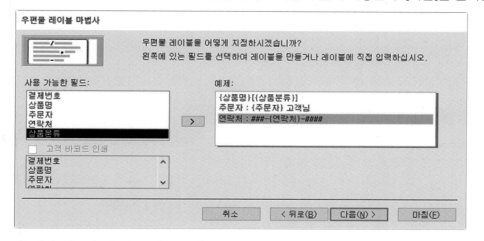

⑤ 정렬 기준이 될 필드로 '상품명'을 선택하고 [다음]을 클릭한다.

⑥ 보고서 이름에 '배송상품정보 레이블'을 입력하고 '우편물 레이블의 디자인 수정'을 선택한 후 [마침]을 클릭한다.

⑦ 첫 번째 텍스트 상자를 선택하고 [홈] 탭–[텍스트 서식] 그룹–[굵게]를 클릭한다.

⑧ 세 번째 텍스트 상자를 수정한다.

★ 설명해주세요

="연락처 : ###–" & Mid([연락처],5,4) & "–####"
         ①   ②

① '연락처 : ###–'를 표시

② 연락처의 다섯 번째에서 네 글자를 표시하고 "–####"을 연결하여 표시

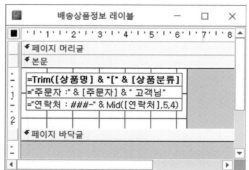

01 모의고사 해설 2회

문제 ① ▶ 주어진 엑셀 데이터와 다음 《조건》을 이용하여 테이블을 작성하시오.　**100점**

[테이블1 : 가스요금관리]

① [외부 데이터] 탭–[가져오기 및 연결] 그룹–[Excel]을 클릭한다.

② [찾아보기]를 클릭하고 '모의고사2회.xlsx' 파일을 선택하고 [열기]를 클릭한다.

③ '현재 데이터베이스의 새 테이블로 원본 데이터 가져오기'를 선택한 후 [확인]을 클릭한다.

④ [스프레드시트 가져오기 마법사] 대화상자의 '워크시트 표시 : C유형'을 선택하고 [다음]을 클릭한다.

⑤ '첫 행에 열 머리글이 있음'을 체크하고 [다음]을 클릭한다.

⑥ '기본 키 선택'을 체크하고 '계약번호'를 선택한 후 [다음]을 클릭한다.

⑦ '테이블로 가져오기' 항목에 테이블명 '가스요금관리'를 입력하고 [마침]을 클릭하고 [닫기]를 클릭한다.

⑧ [탐색] 창의 '가스요금관리' 테이블에서 마우스 오른쪽 버튼을 클릭하고 [디자인 보기]를 선택한다.

⑨ 문제에서 지시한 대로 필드 크기와 형식을 지정한다.

⑩ '납부마감일' 필드에서 마우스 오른쪽 버튼을 누른 후 [행 삽입]을 클릭한다. [필드 이름]에 '납부방법'을 입력하고 [데이터 형식]은 '짧은 텍스트', [필드 크기]는 '5'로 지정한다. [조회] 탭에서 [컨트롤 표시]를 '콤보 상자', [행 원본 유형]을 '값 목록', [행 원본]에 '지정계좌;카드이체;지로고지서'를 입력한다.

필드 이름	데이터 형식	설명(옵션)
계약번호	짧은 텍스트	
지로번호	짧은 텍스트	
납부방법	짧은 텍스트	
납입마감일	날짜/시간	
사용요금	숫자	
미납요금	숫자	

필드 속성

일반 조회	
컨트롤 표시	콤보 상자
행 원본 유형	값 목록
행 원본	지정계좌;카드이체;지로고지서
바운드 열	1
열 개수	1
열 이름	아니요
열 너비	
행 수	8
목록 너비	자동
목록 값만 허용	아니요
여러 값 허용	아니요
값 목록 편집 허용	아니요
목록 항목 편집 폼	
행 원본 값만 표시	아니요

컨트롤 데이터의 원본

[테이블2 : 고객정보]

① [만들기] 탭–[테이블] 그룹–[테이블 디자인]을 클릭한다.

② 문제에서 지시한 대로 필드 이름, 필드 크기, 형식을 지정한다.

③ '주소' 필드의 [데이터 형식]은 '짧은 텍스트', [필드 크기]는 '10', [유효성 검사 규칙]은 '종로구*'을 입력하고 Enter 를 누른다.

★ 설명해주세요

Like "종로구*"

'종로구'로 시작하는 데이터만 입력

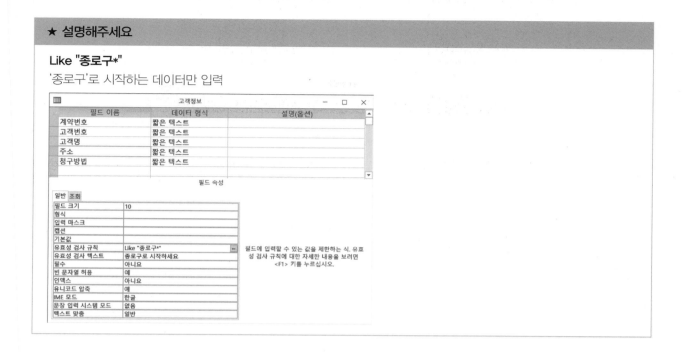

문제 ❷ ▶ [테이블1 : 가스요금관리]를 이용하여 다음과 같은 조건에 따라 쿼리를 완성하시오. | **90**점

[쿼리 : 가스요금관리현황]

① [만들기] 탭–[쿼리] 그룹–[쿼리 디자인]을 클릭한다.

② [테이블 표시] 대화상자의 [테이블] 탭에서 '가스요금관리'를 더블클릭하고 [닫기]를 클릭한다.

③ '계약번호', '지로번호', '납부방법', '납입마감일', '사용요금', '미납요금' 필드를 더블클릭하여 추가한다.

④ '용도', '실마감일', '청구요금'은 Shift + F2 를 눌러 [확대/축소] 대화상자를 열고 수식을 입력한다.

★ 설명해주세요

용도: Choose(Left([지로번호],1),"산업용","냉난방용","일반용")
　　　　　　　① 　　　　　　② 　　③

① 지로번호의 첫 번째 글자가 '1'이면 "산업용"으로 표시

② 지로번호의 첫 번째 글자가 '2'이면 "냉난방용"으로 표시

③ 지로번호의 첫 번째 글자가 '3'이면 "일반용"으로 표시

실마감일: IIf(Weekday([납입마감일])=1,DateAdd("d",1,[납입마감일]),([납입마감일]))
　　　　　　　　　　　　① 　　　　　　　　　　　　②

① 납부마감일의 요일번호가 1이면(1은 일요일) 납입마감일에 1을 더한 날짜를 표시

② 그렇지 않으면 납입마감일을 표시

청구요금: IIf([납부방법]="지정계좌",[사용요금]*0.99,[사용요금])+[미납요금]
　　　　　　　　① 　　　　　　　　　　　　②

① 납부방법이 '지정계좌'이면 사용요금에 0.99를 곱한 값에 미납요금을 더해서 표시

② 그렇지 않으면 사용요금에 미납요금을 더해서 표시

⑤ '사용요금' 필드의 '정렬'을 '내림차순'으로 지정한다.

⑥ '청구요금' 필드에서 마우스 오른쪽 버튼을 클릭하여 [속성]을 선택한 후 [형식]을 '통화'로 지정한다.

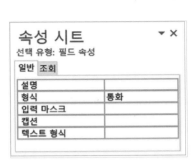

▶ [테이블1 : 가스요금관리]와 [테이블2 : 고객정보]를 이용하여 다음과 같은 조 건에 따라 쿼리를 완성하시오. **80**점

[쿼리 : 가스요금관리현황 분석]

① [만들기] 탭-[쿼리] 그룹-[쿼리 디자인]을 클릭한다.
② [테이블 표시] 대화상자의 [테이블] 탭에서 '가스요금관리'와 '고객정보'를 더블클릭하고 [닫기]를 클릭한다.
③ [고객정보] 테이블의 '계약번호'를 [가스요금관리] 테이블의 '계약번호' 필드로 드래그한다.
④ 관계 설정 선을 더블클릭한 후 [조인 속성] 대화상자에서 '두 테이블의 조인된 필드가 일치하는 행만 포함'을 선 택하고 [확인]을 클릭한다.

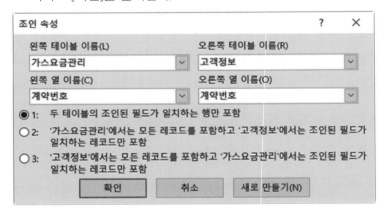

⑤ '계약번호', '고객명', '사용요금', '미납요금', '청구방법', '납입마감일' 필드를 더블클릭하여 추가한다.
⑥ '미납요금'의 조건에 '<>0'을 입력한다.
⑦ '납부마감일'의 조건에 '>=#2014-01-01# And <=#2014-01-31#'을 입력하고 체크 표시를 해제한다.

합격생의 비법

미납요금이 0이 아니고, 납부마감일이 2014년 1월인 데이터를 추출

⑧ '고객명' 필드의 '정렬'을 '내림차순'으로 지정한다.

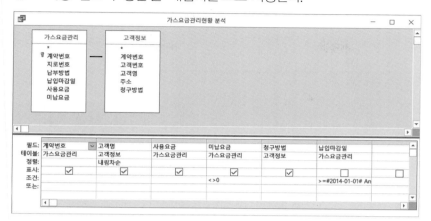

문제 ④ ▶ [쿼리 : 가스요금관리현황]을 이용하여 다음과 같은 모양의 폼을 설계하시오. | **80**점

[폼 : 가스요금관리]

① [만들기] 탭-[폼] 그룹-[폼 마법사]를 클릭한다.
② [폼 마법사] 대화상자에서 [테이블/쿼리]를 '쿼리 : 가스요금관리현황'으로 선택하고 [사용 가능한 필드]에서 '지로번호', '용도', '사용요금', '미납요금', '납부방법', '납입마감일', '실마감일'을 더블클릭하고 [다음]을 클릭한다.
③ 폼의 모양을 '열 형식'으로 지정하고 [다음]을 클릭한다.
④ 폼의 제목에 '가스요금관리'를 입력하고 '폼 디자인 수정'을 선택하고 [마침]을 클릭한다.
⑤ 텍스트 상자의 크기와 위치를 조절한다.
⑥ [디자인] 탭-[컨트롤] 그룹-[텍스트 상자]를 클릭하고 레이블에 '연체요금'을 입력하고 텍스트 상자에는 계산식을 입력한다.

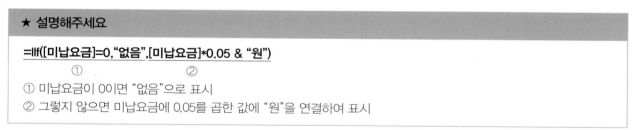

★ 설명해주세요

=IIf([미납요금]=0,"없음",[미납요금]*0.05 & "원")
   　　　①　　　　　　　②
① 미납요금이 0이면 "없음"으로 표시
② 그렇지 않으면 미납요금에 0.05를 곱한 값에 "원"을 연결하여 표시

⑦ 눈금자 왼쪽의 [선택기]를 더블클릭한 후 [형식] 탭에서 [레코드 선택기]와 [탐색 단추]를 '아니요'로 지정한다.
⑧ 폼에서 마우스 오른쪽 버튼을 누른 후 [폼 머리글/바닥글]을 선택하고 [예]를 클릭한다.

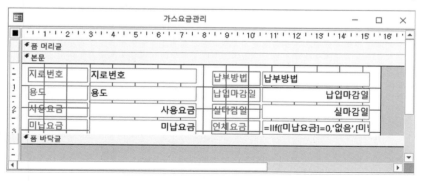

[폼 : 가스요금관리현황 폼]

① [만들기] 탭—[폼] 그룹—[폼 마법사]를 클릭한다.

② [폼 마법사] 대화상자에서 [테이블/쿼리]를 '쿼리 : 가스요금관리현황'으로 선택하고 [사용 가능한 필드]에서 '계약번호'를 더블클릭하고 [다음]을 클릭한다.

③ 폼의 모양을 '열 형식'으로 지정하고 [다음]을 클릭한다.

④ 폼의 제목에 '가스요금관리현황 폼'을 입력하고 '폼 디자인 수정'을 선택하고 [마침]을 클릭한다.

⑤ 폼 제목 컨트롤에서 마우스 오른쪽 버튼을 누르고 [속성]을 선택한 후 [특수 효과]는 '그림자', [글꼴 이름]은 '굴림', [글꼴 크기]는 '22', [텍스트 맞춤]은 '가운데'로 지정한다.

⑥ 본문 영역의 '계약번호' 컨트롤을 폼 머리글로 드래그하고 텍스트 상자에서 마우스 오른쪽 버튼을 누른 후 [변경]—[콤보 상자]를 선택한다.

⑦ '계약번호' 콤보 상자의 [속성 시트]에서 [행 원본]을 '가스요금관리현황'으로 지정한다.

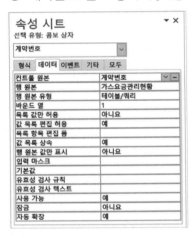

⑧ 폼의 [속성 시트]에서 [레코드 선택기]를 '아니요'로 지정한다.

⑨ [디자인] 탭—[컨트롤] 그룹—[하위 폼/하위 보고서] 클릭한다.

⑩ [하위 폼 마법사] 대화상자의 [기존 폼 사용]에 체크하고 '가스요금관리'를 선택한 후 [다음]을 클릭하고 다시 [다음]과 [마침]을 클릭한다.

⑪ [디자인] 탭—[컨트롤] 그룹—[이미지 삽입]—[찾아보기]를 클릭하고 '로고1'을 선택한 후 [확인]을 클릭한다.

⑫ 로고의 [속성 시트]에서 [그림]은 '로고1.jpg', [크기 조절 모드]는 '전체 확대/축소', [너비]는 '2', [높이]는 '1', [특수 효과]는 볼록으로 지정한다.

⑬ [디자인] 탭—[컨트롤] 그룹—[단추]를 클릭하고 [폼 머리글 영역]의 로고 아래에서 클릭한다.

⑭ [명령 단추 마법사]에서 [종류]는 '보고서 작업', [매크로 함수]는 '보고서 미리 보기'를 선택하고 [다음]을 클릭한다.

⑮ '가스요금관리현황 보고서'를 선택하고 [다음]을 클릭한다.

⑯ [텍스트]를 선택하고 '보고서'를 입력하고 [다음]을 클릭한 후 [마침]을 클릭한다.

⑰ 명령 단추의 [속성 시트]에서 [너비]는 '2', [높이]는 '1'로 지정한다.

[보고서 : 가스요금관리현황 보고서]

① [만들기] 탭–[보고서] 그룹–[보고서 마법사] 클릭한다.

② [보고서 마법사]에서 [테이블/쿼리]를 '쿼리 : 가스요금관리현황'으로 선택한다.

③ [사용 가능한 필드]에서 '납부방법', '지로번호', '용도', '납입마감일', '사용요금', '청구요금'을 더블클릭하고 [다음]을 클릭한다.

④ '납부방법'을 더블클릭하여 그룹 수준으로 지정하고 [다음]을 클릭한다.

⑤ 정렬할 필드로 '지로번호'를 선택하고 [오름차순]을 지정한 후 [요약 옵션]을 클릭한다.

⑥ [사용요금]의 '평균'을 체크하고 [확인]을 클릭한 후 [다음]을 클릭한다.

⑦ 보고서 제목에 '가스요금관리현황 보고서'를 입력하고 '보고서 디자인 수정'을 선택한 후 [마침]을 클릭한다.

⑧ 필요없는 부분을 삭제하고 '페이지 바닥글'의 날짜 텍스트 상자를 머리글로 이동한 후 '=DateSerial(2014,1,11)'을 입력한다.

⑨ 보고서 제목의 [속성 시트]에서 [글꼴 이름]은 '궁서체', [글꼴 크기]는 '24', [텍스트 맞춤]은 '가운데', [글꼴 두께]는 '굵게', [글꼴 밑줄]을 '예'로 지정한 후 가운데로 이동한다.

⑩ 본문 영역의 '용도'를 선택하고 [서식] 탭–[컨트롤 서식] 그룹–[조건부 서식] 클릭한 후 [새 규칙]을 클릭한다.

⑪ 다음과 같이 조건부 서식을 지정하고 [기울임꼴]과 [밑줄]을 클릭하고 [글꼴 색]을 '빨강'으로 지정한 후 [확인]을 클릭한다.

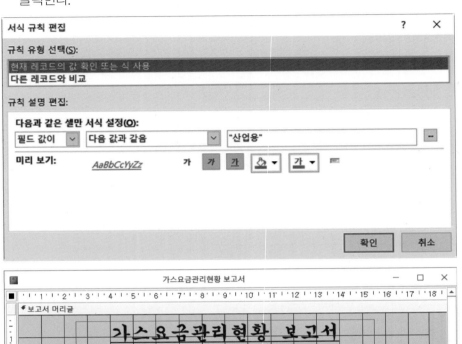

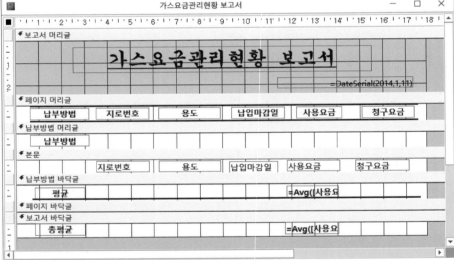

문제 ❻ ▶ **[테이블2 : 고객정보]를 이용하여 레이블 보고서를 작성하시오.** | **70**점

[보고서 : 고객정보 레이블]

① [탐색] 창의 [고객정보] 테이블을 선택하고 [만들기] 탭–[보고서] 그룹–[레이블]을 클릭한다.

② [우편물 레이블 마법사]에서 [제조업체]는 'A–ONE', [제품 번호]는 '28315'로 선택하고 [다음]을 클릭한다.

③ 굴림, 10pt, 중간, 검정을 지정하고 [다음]을 클릭한다.

④ 사용 가능한 필드에서 필드를 더블클릭하고 다음과 같이 작성한 후 [다음]을 클릭한다.

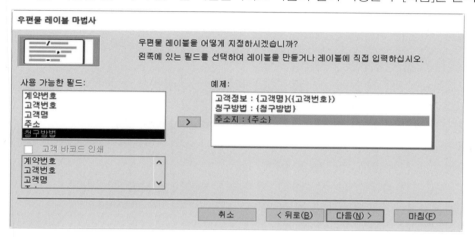

⑤ 정렬 기준이 될 필드로 '고객명'을 선택하고 [다음]을 클릭한다.

⑥ 보고서 이름에 '고객정보 레이블'을 입력하고 '우편물 레이블의 디자인 수정'을 선택한 후 [마침]을 클릭한다.

⑦ 두 번째 텍스트 상자를 선택하고 [홈] 탭–[텍스트 서식] 그룹–[굵게]를 클릭한다.

⑧ 세 번째 텍스트 상자를 수정한다.

★ 설명해주세요

<u>="주소지 : "</u> & <u>Mid([주소],5,6)</u>
　　　①　　　　　　②
① '주소지 : '를 표시
② 주소의 다섯 번째에서 6글자를 표시

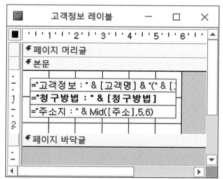

문제 ❶ ▶ 주어진 엑셀 데이터와 다음 ≪조건≫을 이용하여 테이블을 작성하시오. | 100점

[테이블1 : 건물임대관리]

① [외부 데이터] 탭–[가져오기 및 연결] 그룹–[Excel]을 클릭한다.

② [찾아보기]를 클릭하고 '모의고사3회.xlsx' 파일을 선택하고 [열기]를 클릭한다.

③ '현재 데이터베이스의 새 테이블로 원본 데이터 가져오기'를 선택한 후 [확인]을 클릭한다.

④ [스프레드시트 가져오기 마법사] 대화상자의 '워크시트 표시 : C유형'을 선택하고 [다음]을 클릭한다.

⑤ '첫 행에 열 머리글이 있음'을 체크하고 [다음]을 클릭한다.

⑥ '기본 키 선택'을 체크하고 '임대번호'를 선택한 후 [다음]을 클릭한다.

⑦ '테이블로 가져오기' 항목에 테이블명 '건물임대관리'를 입력하고 [마침]을 클릭하고 [닫기]를 클릭한다.

⑧ [탐색] 창의 '건물임대관리' 테이블에서 마우스 오른쪽 버튼을 클릭하고 [디자인 보기]를 선택한다.

⑨ 문제에서 지시한 대로 필드 크기와 형식을 지정한다.

⑩ [필드 이름]에 '관리비'를 입력하고 [데이터 형식]은 '숫자', [필드 크기]는 '정수(Long)', [형식]은 '통화'로 지정한다.
[조회] 탭에서 [컨트롤 표시]를 '콤보 상자', [행 원본 유형]을 '값 목록', [행 원본]에 '300000;200000;150000'을 입력한다.

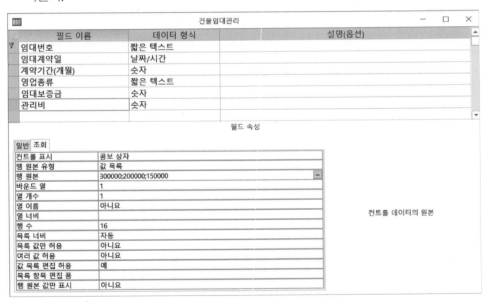

[테이블2 : 입주자정보]

① [만들기] 탭–[테이블] 그룹–[테이블 디자인]을 클릭한다.

② 문제에서 지시한 대로 필드 이름, 필드 크기, 형식을 지정한다.

③ '연락처' 필드의 [데이터 형식]은 '짧은 텍스트', [필드 크기]는 '13', [유효성 검사 규칙]은 "070*" Or "010*"로 입력하고 Enter 를 누른다.

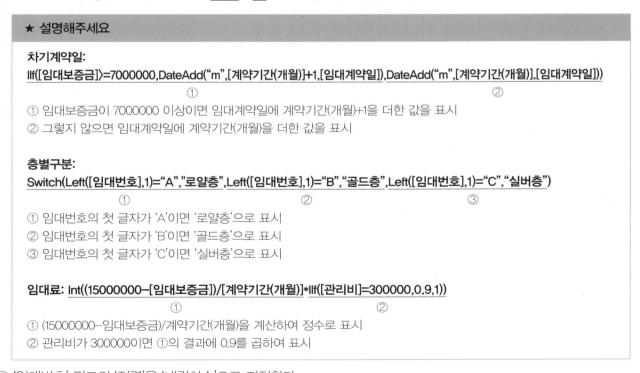

★ 설명해주세요

Like "070*" Or Like "010*"
'070' 또는 '010'으로 시작하는 데이터만 입력

문제 ❷ ▶ [테이블1 : 건물임대관리]를 이용하여 다음과 같은 조건에 따라 쿼리를 완성하시오. | **90**점

[쿼리 : 건물임대관리현황]

① [만들기] 탭–[쿼리] 그룹–[쿼리 디자인]을 클릭한다.
② [테이블 표시] 대화상자의 [테이블] 탭에서 '건물임대관리'를 더블클릭하고 [닫기]를 클릭한다.
③ '임대번호', '임대계약일', '계약기간(개월)', '영업종류', '임대보증금', '관리비' 필드를 더블클릭하여 추가한다.
④ '차기계약일', '층별구분', '임대료'는 Shift + F2 를 눌러 [확대/축소] 대화상자를 열고 수식을 입력한다.

★ 설명해주세요

차기계약일:
IIf([임대보증금])=7000000,DateAdd("m",[계약기간(개월)]+1,[임대계약일]),DateAdd("m",[계약기간(개월)],[임대계약일]))
　　　　　　　　　　　①　　　　　　　　　　　　　　　　　　　　　　　　　　　　②
① 임대보증금이 7000000 이상이면 임대계약일에 계약기간(개월)+1을 더한 값을 표시
② 그렇지 않으면 임대계약일에 계약기간(개월)을 더한 값을 표시

층별구분:
Switch(Left([임대번호],1)="A","로얄층",Left([임대번호],1)="B","골드층",Left([임대번호],1)="C","실버층")
　　　　　　　①　　　　　　　　　　　②　　　　　　　　　　　③
① 임대번호의 첫 글자가 'A'이면 '로얄층'으로 표시
② 임대번호의 첫 글자가 'B'이면 '골드층'으로 표시
③ 임대번호의 첫 글자가 'C'이면 '실버층'으로 표시

임대료: Int((15000000–[임대보증금])/[계약기간(개월)]*IIf([관리비]=300000,0.9,1))
　　　　　　　　　　　①　　　　　　　　　　　　　　　　②
① (15000000–임대보증금)/계약기간(개월)을 계산하여 정수로 표시
② 관리비가 300000이면 ①의 결과에 0.9를 곱하여 표시

---

⑤ '임대번호' 필드의 '정렬'을 '내림차순'으로 지정한다.

PART 05 ⚬ **313** ⚬ CHAPTER 01 모의고사 해설 3회

⑥ '임대료' 필드에서 마우스 오른쪽 버튼을 클릭하여 [속성]을 선택한 후 [형식]을 '통화'로 지정한다.

문제 ❸ ▶ [테이블1 : 건물임대관리]와 [테이블2 : 입주자정보]를 이용하여 다음과 같은 조건에 따라 쿼리를 완성하시오. | 80점

[쿼리 : 건물임대관리현황 분석]

① [만들기] 탭–[쿼리] 그룹–[쿼리 디자인]을 클릭한다.
② [테이블 표시] 대화상자의 [테이블] 탭에서 '건물임대관리'와 '입주자정보'를 더블클릭하고 [닫기]를 클릭한다.
③ [입주자정보] 테이블의 '임대번호'를 [건물임대관리] 테이블의 '임대번호' 필드로 드래그한다.
④ 관계 설정 선을 더블클릭한 후 [조인 속성] 대화상자에서 '두 테이블의 조인된 필드가 일치하는 행만 포함'을 선택하고 [확인]을 클릭한다.

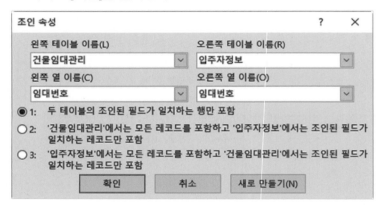

⑤ '임대번호', '상호명', '입주자명', '임대계약일', '영업종류', '관리비' 필드를 더블클릭하여 추가한다.
⑥ '임대계약일'의 조건에 'Between #2012–01–01# And #2012–12–31#'을 입력한다.
⑦ '관리비'의 조건에 '>=200000'을 입력하고 체크 표시를 해제한다.

합격생의 비법

임대계약일이 2012년이면서 관리비가 200000 이상인 데이터를 추출

⑧ '상호명' 필드의 '정렬'을 '오름차순'으로 지정한다.

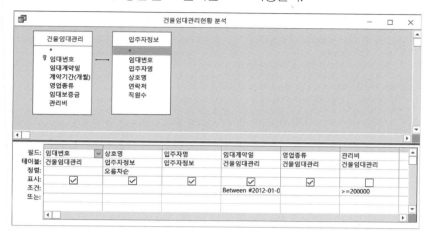

문제 ④ ▶ [쿼리 : 건물임대관리현황]을 이용하여 다음과 같은 모양의 폼을 설계하시오. | 80점

[폼 : 건물임대관리]

① [만들기] 탭–[폼] 그룹–[폼 마법사]를 클릭한다.
② [폼 마법사] 대화상자에서 [테이블/쿼리]를 '쿼리 : 건물임대관리현황'으로 선택하고 [사용 가능한 필드]에서 '임대
  계약일', '계약기간(개월)', '차기계약일', '영업종류', '층별구분', '임대보증금', '임대료'를 더블클릭하고 [다음]을 클
  릭한다.
③ 폼의 모양을 '열 형식'으로 지정하고 [다음]을 클릭한다.
④ 폼의 제목에 '건물임대관리'를 입력하고 '폼 디자인 수정'을 선택하고 [마침]을 클릭한다.
⑤ 텍스트 상자의 크기와 위치를 조절한다.
⑥ [디자인] 탭–[컨트롤] 그룹–[텍스트 상자]를 클릭하고 레이블에 '소방점검비'를 입력하고 텍스트 상자에는 계산식
  을 입력한다.

★ 설명해주세요

=IIf([영업종류]="음식점" Or [층별구분]="로얄층",15000,8000)
        ①   ②
① 영업종류가 '음식점'이거나 층별구분이 '로얄층'이면 15000으로 표시
② 그렇지 않으면 8000으로 표시

⑦ 눈금자 왼쪽의 [선택기]를 더블클릭한 후 [형식] 탭에서 [레코드 선택기]와 [탐색 단추]를 '아니요'로 지정한다.
⑧ 폼에서 마우스 오른쪽 버튼을 누른 후 [폼 머리글/바닥글]을 선택하고 [예]를 클릭한다.

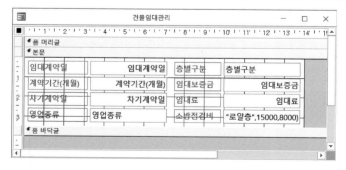

[폼 : 메시지]

① [만들기] 탭-[폼] 그룹-[폼 디자인]을 클릭한다.
② 본문 영역의 크기를 조절한 후 [디자인] 탭-[컨트롤] 그룹에서 [레이블]을 선택하고 본문 영역에 적당한 크기로 드래그한다.
③ '수정할 수 없습니다.'라고 출력할 메시지를 입력한다.
④ 눈금자 왼쪽의 [선택기]를 더블클릭한 후 [형식] 탭에서 [레코드 선택기]와 [탐색 단추]를 '아니요'로 지정한다.
⑤ [닫기]를 클릭하고 저장 여부를 물으면 [예]를 클릭한 후, [다른 이름으로 저장] 대화상자의 [폼 이름]에 '메시지'를 입력하고 [확인]을 클릭한다.
⑥ [탐색] 창의 '건물임대관리' 폼에서 마우스 오른쪽 버튼을 클릭하고 [디자인 보기]를 선택한다.
⑦ '계약기간(개월)' 텍스트 상자의 바로 가기 메뉴에서 [속성]을 선택한 후 [이벤트] 탭의 [On Click]에서 [작성](□)을 클릭한다.
⑧ 다음과 같이 코드를 입력한다.

```
Private Sub 계약기간_개월__Click()
    DoCmd.OpenForm "메시지"
End Sub
```

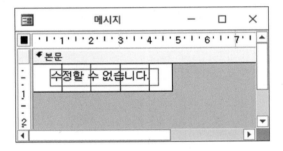

[폼 : 건물임대관리현황 폼]

① [만들기] 탭-[폼] 그룹-[폼 마법사]를 클릭한다.
② [폼 마법사] 대화상자에서 [테이블/쿼리]를 '쿼리 : 건물임대관리현황'으로 선택하고 [사용 가능한 필드]에서 '임대번호'를 더블클릭하고 [다음]을 클릭한다.
③ 폼의 모양을 '열 형식'으로 지정하고 [다음]을 클릭한다.
④ 폼의 제목에 '건물임대관리현황 폼'을 입력하고 '폼 디자인 수정'을 선택하고 [마침]을 클릭한다.
⑤ 폼 제목 컨트롤에서 마우스 오른쪽 버튼을 누르고 [속성]을 선택한 후 [특수 효과]는 '그림자', [글꼴 이름]은 '굴림', [글꼴 크기]는 '22', [텍스트 맞춤]은 '가운데'로 지정한다.
⑥ 본문 영역의 '임대번호' 컨트롤을 폼 머리글로 드래그하고 텍스트 상자에서 마우스 오른쪽 버튼을 누른 후 [변경]-[콤보 상자]를 선택한다.
⑦ '임대번호' 콤보 상자의 [속성 시트]에서 [행 원본]을 '건물임대관리현황'으로 지정한다.

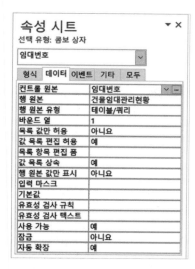

⑧ 폼의 [속성 시트]에서 [레코드 선택기]를 '아니요'로 지정한다.

⑨ [디자인] 탭–[컨트롤] 그룹–[하위 폼/하위 보고서] 클릭한다.

⑩ [하위 폼 마법사] 대화상자의 [기존 폼 사용]에 체크하고 '건물임대관리'를 선택한 후 [다음]을 클릭하고 다시 [다음]과 [마침]을 클릭한다.

⑪ [디자인] 탭–[컨트롤] 그룹–[이미지 삽입]–[찾아보기]를 클릭하고 '로고1'을 선택한 후 [확인]을 클릭한다.

⑫ 로고의 [속성 시트]에서 [그림]은 '로고3.jpg', [크기 조절 모드]는 '전체 확대/축소', [너비]는 '2', [높이]는 '1', [특수 효과]는 볼록으로 지정한다.

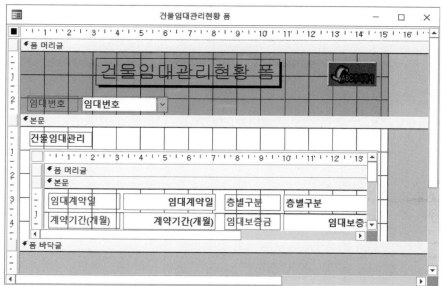

문제 ❺ ▶ **[쿼리 : 건물임대관리현황]을 이용하여 보고서를 작성하시오.** | **80**점

[보고서 : 건물임대관리현황 보고서]

① [만들기] 탭–[보고서] 그룹–[보고서 마법사] 클릭한다.

② [보고서 마법사]에서 [테이블/쿼리]를 '쿼리 : 건물임대관리현황'으로 선택한다.

③ [사용 가능한 필드]에서 '증별구분', '임대계약일', '임대번호', '차기계약일', '임대보증금', '계약기간(개월)'을 더블 클릭하고 [다음]을 클릭한다.

④ '증별구분'을 더블클릭하여 그룹 수준으로 지정하고 [다음]을 클릭한다.

⑤ 정렬할 필드로 '임대계약일'을 선택하고 [오름차순]을 지정한 후 [요약 옵션]을 클릭한다.

⑥ [임대보증금]의 '합계'를 체크하고 [확인]을 클릭한 후 [다음]을 클릭한다.

⑦ 보고서 제목에 '건물임대관리현황 보고서'를 입력하고 '보고서 디자인 수정'을 선택한 후 [마침]을 클릭한다.

⑧ 필요없는 부분을 삭제하고 '페이지 바닥글'의 날짜 텍스트 상자를 머리글로 이동한 후 '=DateSerial(2013,12,14)'을 입력한다.

⑨ 보고서 제목의 [속성 시트]에서 [글꼴 이름]은 '궁서', [글꼴 크기]는 '24', [텍스트 맞춤]은 '가운데', [글꼴 두께]는 '굵게', [글꼴 밑줄]을 '예'로 지정한 후 가운데로 이동한다.

⑩ 본문 영역의 '계약기간(개월)'을 선택하고 [서식] 탭–[컨트롤 서식] 그룹–[조건부 서식] 클릭한 후 [새 규칙]을 클릭한다.

⑪ 다음과 같이 조건부 서식을 지정하고 [굵게]와 [밑줄]을 클릭하고 [글꼴 색]을 '빨강'으로 지정한 후 [확인]을 클릭한다.

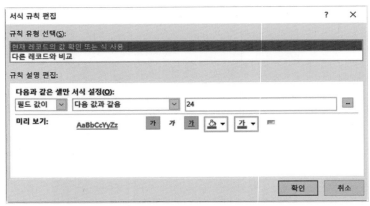

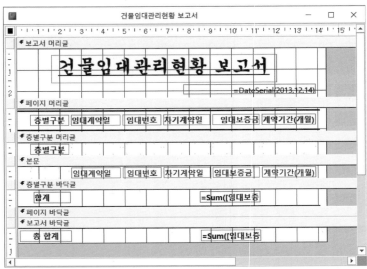

문제 ❻ ▶ [테이블2 : 입주자정보]를 이용하여 레이블 보고서를 작성하시오. | 70점

[보고서 : 입주자정보 레이블]

① [탐색] 창의 [입주자정보] 테이블을 선택하고 [만들기] 탭–[보고서] 그룹–[레이블]을 클릭한다.

② [우편물 레이블 마법사]에서 [제조업체]는 'A–ONE', [제품 번호]는 '28315'로 선택하고 [다음]을 클릭한다.

③ 굴림, 10pt, 중간, 검정을 지정하고 [다음]을 클릭한다.

④ 사용 가능한 필드에서 필드를 더블클릭하고 다음과 같이 작성한 후 [다음]을 클릭한다.

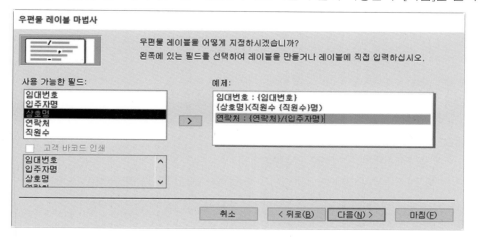

⑤ 정렬 기준이 될 필드로 '상호명'을 선택하고 [다음]을 클릭한다.

⑥ 보고서 이름에 '입주자정보 레이블'을 입력하고 '우편물 레이블의 디자인 수정'을 선택한 후 [마침]을 클릭한다.

⑦ 첫 번째 텍스트 상자를 선택하고 [홈] 탭–[텍스트 서식] 그룹–[굵게]를 클릭한다.

⑧ 세 번째 텍스트 상자를 수정한다.

★ 설명해주세요

="연락처 : " & Right([연락처],4) & "/" & [입주자명]
      ①   ②

① 연락처 : '를 표시

② 연락처의 맨 뒤 4자리와 '/' 뒤에 입주자명을 표시

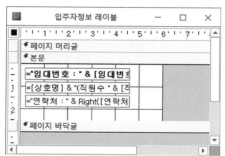

문제 ❶ ▶ 주어진 엑셀 데이터와 다음 《조건》을 이용하여 테이블을 작성하시오. │100점

[테이블1 : 전자주문관리]

① [외부 데이터] 탭–[가져오기 및 연결] 그룹–[Excel]을 클릭한다.

② [찾아보기]를 클릭하고 '모의고사4회.xlsx' 파일을 선택하고 [열기]를 클릭한다.

③ '현재 데이터베이스의 새 테이블로 원본 데이터 가져오기'를 선택한 후 [확인]을 클릭한다.

④ [스프레드시트 가져오기 마법사] 대화상자의 '워크시트 표시 : C유형'을 선택하고 [다음]을 클릭한다.

⑤ '첫 행에 열 머리글이 있음'을 체크하고 [다음]을 클릭한다.

⑥ '기본 키 선택'을 체크하고 '주문번호'를 선택한 후 [다음]을 클릭한다.

⑦ '테이블로 가져오기' 항목에 테이블명 '전자주문관리'를 입력하고 [마침]을 클릭하고 [닫기]를 클릭한다.

⑧ [탐색] 창의 '전자주문관리' 테이블에서 마우스 오른쪽 버튼을 클릭하고 [디자인 보기]를 선택한다.

⑨ 문제에서 지시한 대로 필드 크기와 형식을 지정한다.

⑩ '할부개월수' 필드에서 마우스 오른쪽 버튼을 누른 후 [행 삽입]을 클릭한다. [필드 이름]에 '결제방법'을 입력하고 [데이터 형식]은 '짧은 텍스트', [필드 크기]는 '5'로 지정한다. [조회] 탭에서 [컨트롤 표시]를 '콤보 상자', [행 원본 유형]을 '값 목록', [행 원본]에 '무통장입금;할부;일시불'을 입력한다.

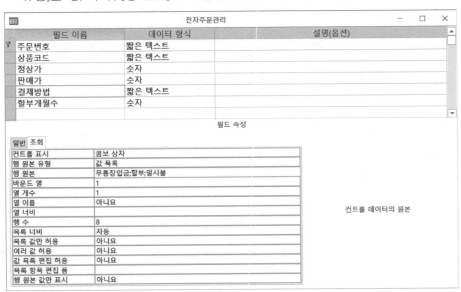

[테이블2 : 주문자정보]

① [만들기] 탭–[테이블] 그룹–[테이블 디자인]을 클릭한다.

② 문제에서 지시한 대로 필드 이름, 필드 크기, 형식을 지정한다.

③ '포인트' 필드의 [데이터 형식]은 '숫자', [필드 크기]는 '정수(Long)', [유효성 검사 규칙]은 '>=0'로 입력한다.

>=0

0 이상의 데이터만 입력

필드 이름	데이터 형식	설명(옵션)
상품코드	짧은 텍스트	
주문자명	짧은 텍스트	
주소	짧은 텍스트	
연락처	짧은 텍스트	
포인트	숫자	

필드 속성

일반 조회	
필드 크기	정수(Long)
형식	표준
소수 자릿수	0
입력 마스크	
캡션	
기본값	
유효성 검사 규칙	>=0
유효성 검사 텍스트	
필수	아니요
인덱스	아니요
텍스트 맞춤	일반

필드에 입력할 수 있는 값을 제한하는 식. 유효
성 검사 규칙에 대한 자세한 내용을 보려면
<F1> 키를 누르십시오.

문제 ❷ ▶ **[테이블1 : 전자주문관리]를 이용하여 다음과 같은 조건에 따라 쿼리를 완성하시오.** **90점**

[쿼리 : 전자주문관리현황]

① [만들기] 탭–[쿼리] 그룹–[쿼리 디자인]을 클릭한다.
② [테이블 표시] 대화상자의 [테이블] 탭에서 '전자주문관리'를 더블클릭하고 [닫기]를 클릭한다.
③ '주문번호', '상품코드', '정상가', '판매가', '결제방법', '할부개월수' 필드를 더블클릭하여 추가한다.
④ '주문일자', '상품분류', '결제금액'은 Shift +F2를 눌러 [확대/축소] 대화상자를 열고 수식을 입력한다.

★ 설명해주세요

주문일자: DateSerial(2013,Mid([주문번호],1,2),Mid([주문번호],3,2))
년은 2013, 월은 주문번호의 첫 두 글자, 일은 주문번호의 세 번째부터 두 글자를 표시

층별구분:
Switch(Left([상품코드],1)="G","태블릿",Left([상품코드],1)="H","카메라",Left([상품코드],1)="S","스마트폰")
　　　　　　　　　　①　　　　　　　　　　　　　　　②　　　　　　　　　　　　　　③
① 상품코드의 첫 글자가 'G'이면 '태블릿'으로 표시
② 상품코드의 첫 글자가 'H'이면 '카메라'로 표시
③ 상품코드의 첫 글자가 'S'이면 '스마트폰'으로 표시

결제금액: IIf([할부개월수]>0,[판매가]/[할부개월수],[판매가])
　　　　　　　　　　①　　　　　　　　　②
① 할부개월수가 0보다 크면 판매가를 할부개월수로 나눈 값으로 표시
② 그렇지 않으면 판매가로 표시

⑤ '판매가' 필드의 '정렬'을 '오름차순'으로 지정한다.

⑥ '결제금액' 필드에서 마우스 오른쪽 버튼을 클릭하여 [속성]을 선택한 후 [형식]을 '통화'로 지정한다.

문제 ❸ ▶ [테이블1 : 전자주문관리]와 [테이블2 : 주문자정보]를 이용하여 다음과 같은 조건에 따라 쿼리를 완성하시오. 80점

[쿼리 : 전자주문관리현황 분석]

① [만들기] 탭-[쿼리] 그룹-[쿼리 디자인]을 클릭한다.
② [테이블 표시] 대화상자의 [테이블] 탭에서 '전자주문관리'와 '주문자정보'를 더블클릭하고 [닫기]를 클릭한다.
③ [주문자정보] 테이블의 '상품코드'를 [전자주문관리] 테이블의 '상품코드' 필드로 드래그한다.
④ 관계 설정 선을 더블클릭한 후 [조인 속성] 대화상자에서 '두 테이블의 조인된 필드가 일치하는 행만 포함'을 선택하고 [확인]을 클릭한다.

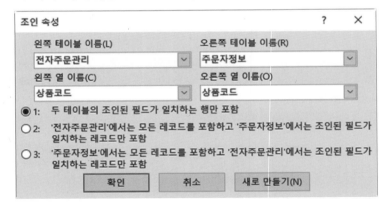

⑤ '주문번호', '주문자명', '정상가', '판매가', '포인트', '결제방법' 필드를 더블클릭하여 추가한다.
⑥ '포인트'의 조건에 '<50000'을 입력한다.
⑦ '결제방법'의 조건에 '<>"무통장입금"'을 입력하고 체크 표시를 해제한다.

합격생의 비법

포인트가 50000 미만이고 결제방법이 '무통장입금'이 아닌 데이터를 추출

⑧ '주문자명' 필드의 '정렬'을 '오름차순'으로 지정한다.

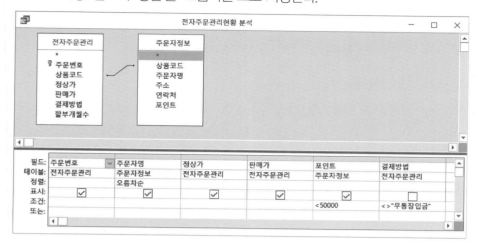

[폼 : 전자주문관리]

① [만들기] 탭–[폼] 그룹–[폼 마법사]를 클릭한다.

② [폼 마법사] 대화상자에서 [테이블/쿼리]를 '쿼리 : 전자주문관리현황'으로 선택하고 [사용 가능한 필드]에서 '주문일자', '정상가', '판매가', '상품코드', '상품분류', '결제방법', '할부개월수'를 더블클릭하고 [다음]을 클릭한다.

③ 폼의 모양을 '열 형식'으로 지정하고 [다음]을 클릭한다.

④ 폼의 제목에 '전자주문관리'를 입력하고 '폼 디자인 수정'을 선택하고 [마침]을 클릭한다.

⑤ 텍스트 상자의 크기와 위치를 조절한다.

⑥ [디자인] 탭–[컨트롤] 그룹–[텍스트 상자]를 클릭하고 레이블에 '적립포인트'를 입력하고 텍스트 상자에는 계산식을 입력한다.

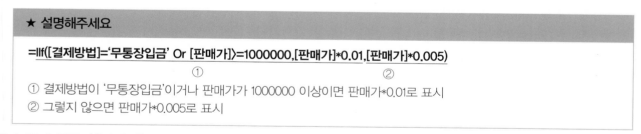

⑦ 눈금자 왼쪽의 [선택기]를 더블클릭한 후 [형식] 탭에서 [레코드 선택기]와 [탐색 단추]를 '아니요'로 지정한다.

⑧ 폼에서 마우스 오른쪽 버튼을 누른 후 [폼 머리글/바닥글]을 선택하고 [예]를 클릭한다.

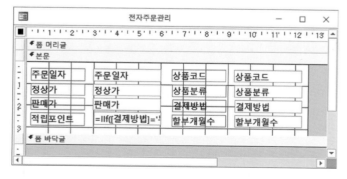

[폼 : 메시지]

① [만들기] 탭–[폼] 그룹–[폼 디자인]을 클릭한다.
② 본문 영역의 크기를 조절한 후 [디자인] 탭–[컨트롤] 그룹에서 [레이블]을 선택하고 본문 영역에 적당한 크기로 드래그한다.
③ '수정할 수 없습니다.'라고 출력할 메시지를 입력한다.
④ 눈금자 왼쪽의 [선택기]를 더블클릭한 후 [형식] 탭에서 [레코드 선택기]와 [탐색 단추]를 '아니요'로 지정한다.
⑤ [닫기]를 클릭하고 저장 여부를 물으면 [예]를 클릭한 후, [다른 이름으로 저장] 대화상자의 [폼 이름]에 '메시지'를 입력하고 [확인]을 클릭한다.
⑥ [탐색] 창의 '전자주문관리' 폼에서 마우스 오른쪽 버튼을 클릭하고 [디자인 보기]를 선택한다.
⑦ '할부개월수' 텍스트 상자의 바로 가기 메뉴에서 [속성]을 선택한 후 [이벤트] 탭의 [On Click]에서 [작성](□)을 클릭한다.
⑧ 다음과 같이 코드를 입력한다.

```
Private Sub 할부개월수_Click()
  DoCmd.OpenForm ("메시지")
End Sub
```

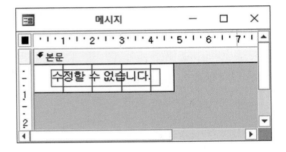

[폼 : 전자주문관리현황 폼]

① [만들기] 탭–[폼] 그룹–[폼 마법사]를 클릭한다.
② [폼 마법사] 대화상자에서 [테이블/쿼리]를 '쿼리 : 전자주문관리현황'으로 선택하고 [사용 가능한 필드]에서 '주문번호'를 더블클릭하고 [다음]을 클릭한다.
③ 폼의 모양을 '열 형식'으로 지정하고 [다음]을 클릭한다.
④ 폼의 제목에 '전자주문관리현황 폼'을 입력하고 '폼 디자인 수정'을 선택하고 [마침]을 클릭한다.
⑤ 폼 제목 컨트롤에서 마우스 오른쪽 버튼을 누르고 [속성]을 선택한 후 [특수 효과]는 '그림자', [글꼴 이름]은 '굴림', [글꼴 크기]는 '22', [텍스트 맞춤]은 '가운데'로 지정한다.
⑥ 본문 영역의 '주문번호' 컨트롤을 폼 머리글로 드래그하고 텍스트 상자에서 마우스 오른쪽 버튼을 누른 후 [변경]–[콤보 상자]를 선택한다.
⑦ '주문번호' 콤보 상자의 [속성 시트]에서 [행 원본]을 '전자주문관리현황'으로 지정한다.

⑧ 폼의 [속성 시트]에서 [레코드 선택기]를 '아니요'로 지정한다.

⑨ [디자인] 탭–[컨트롤] 그룹–[하위 폼/하위 보고서] 클릭한다.

⑩ [하위 폼 마법사] 대화상자의 [기존 폼 사용]에 체크하고 '전자주문관리'를 선택한 후 [다음]을 클릭하고 다시 [다음]과 [마침]을 클릭한다.

⑪ [디자인] 탭–[컨트롤] 그룹–[이미지 삽입]–[찾아보기]를 클릭하고 '로고1'을 선택한 후 [확인]을 클릭한다.

⑫ 로고의 [속성 시트]에서 [그림]은 '로고1.jpg', [크기 조절 모드]는 '전체 확대/축소', [너비]는 '2', [높이]는 '1', [특수 효과]는 볼록으로 지정한다.

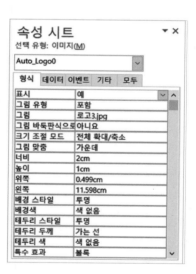

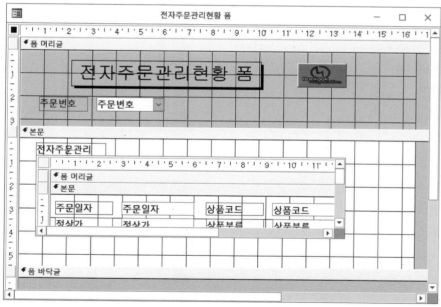

[보고서 : 전자주문관리현황 보고서]

① [만들기] 탭–[보고서] 그룹–[보고서 마법사] 클릭한다.
② [보고서 마법사]에서 [테이블/쿼리]를 '쿼리 : 전자주문관리현황'으로 선택한다.
③ [사용 가능한 필드]에서 '결제방법', '상품코드', '주문일자', '판매가', '정상가', '결제금액'을 더블클릭하고 [다음]을 클릭한다.
④ '결제방법'을 더블클릭하여 그룹 수준으로 지정하고 [다음]을 클릭한다.
⑤ 정렬할 필드로 '상품코드'를 선택하고 [오름차순]을 지정한 후 [요약 옵션]을 클릭한다.
⑥ [판매가]의 '평균'을 체크하고 [확인]을 클릭한 후 [다음]을 클릭한다.
⑦ 보고서 제목에 '전자주문관리현황 보고서'를 입력하고 '보고서 디자인 수정'을 선택한 후 [마침]을 클릭한다.
⑧ 필요없는 부분을 삭제하고 '페이지 바닥글'의 날짜 텍스트 상자를 머리글로 이동한 후 '=DateSerial(2013,11,9)'을 입력한다.
⑨ 보고서 제목의 [속성 시트]에서 [글꼴 이름]은 '궁서', [글꼴 크기]는 '24', [텍스트 맞춤]은 '가운데', [글꼴 두께]는 '굵게', [글꼴 밑줄]을 '예'로 지정한 후 가운데로 이동한다.
⑩ 본문 영역의 '판매가'를 선택하고 [서식] 탭–[컨트롤 서식] 그룹–[조건부 서식] 클릭한 후 [새 규칙]을 클릭한다.
⑪ 다음과 같이 조건부 서식을 지정하고 [굵게]와 [밑줄]을 클릭하고 [글꼴 색]을 '빨강'으로 지정한 후 [확인]을 클릭한다.

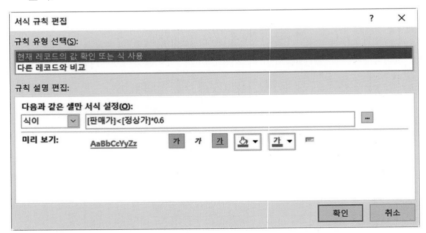

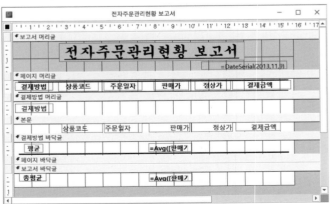

[보고서 : 주문자정보 레이블]

① [탐색] 창의 [주문자정보] 테이블을 선택하고 [만들기] 탭–[보고서] 그룹–[레이블]을 클릭한다.

② [우편물 레이블 마법사]에서 [제조업체]는 'A–ONE', [제품 번호]는 '28315'로 선택하고 [다음]을 클릭한다.

③ 굴림, 10pt, 중간, 검정을 지정하고 [다음]을 클릭한다.

④ 사용 가능한 필드에서 필드를 더블클릭하고 다음과 같이 작성한 후 [다음]을 클릭한다.

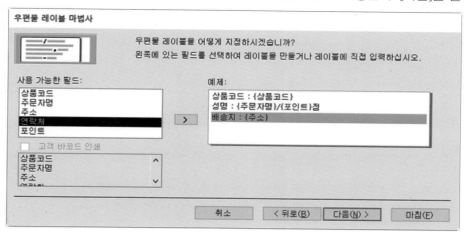

⑤ 정렬 기준이 될 필드로 '주문자명'을 선택하고 [다음]을 클릭한다.

⑥ 보고서 이름에 '주문자정보 레이블'을 입력하고 '우편물 레이블의 디자인 수정'을 선택한 후 [마침]을 클릭한다.

⑦ 첫 번째 텍스트 상자를 선택하고 [홈] 탭–[텍스트 서식] 그룹–[굵게]를 클릭한다.

⑧ 세 번째 텍스트 상자를 수정한다.

★ 설명해주세요

=``배송지 :  `` & Right([주소],4)
　　①　　　　　　②

① '연락처 : '를 표시

② 연락처의 맨 뒤 4자리와 '/' 뒤에 입주자명을 표시

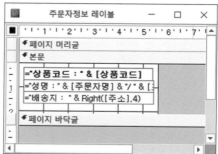

문제 ❶ ▶ 주어진 엑셀 데이터와 다음 ≪조건≫을 이용하여 테이블을 작성하시오. |100점

[테이블1 : 스마트폰뱅킹관리]

① [외부 데이터] 탭–[가져오기 및 연결] 그룹–[Excel]을 클릭한다.

② [찾아보기]를 클릭하고 '모의고사5회.xlsx' 파일을 선택하고 [열기]를 클릭한다.

③ '현재 데이터베이스의 새 테이블로 원본 데이터 가져오기'를 선택한 후 [확인]을 클릭한다.

④ [스프레드시트 가져오기 마법사] 대화상자의 '워크시트 표시 : A유형'을 선택하고 [다음]을 클릭한다.

⑤ '첫 행에 열 머리글이 있음'을 체크하고 [다음]을 클릭한다.

⑥ '기본 키 선택'을 체크하고 '관리코드'를 선택한 후 [다음]을 클릭한다.

⑦ '테이블로 가져오기' 항목에 테이블명 '스마트폰뱅킹관리'를 입력하고 [마침]을 클릭하고 [닫기]를 클릭한다.

⑧ [탐색] 창의 '스마트폰뱅킹관리' 테이블에서 마우스 오른쪽 버튼을 클릭하고 [디자인 보기]를 선택한다.

⑨ 문제에서 지시한 대로 필드 크기와 형식을 지정한다.

⑩ [필드 이름]에 '인증방법'을 입력하고 [데이터 형식]은 '짧은 텍스트', [필드 크기]는 '10'으로 지정한다. [조회] 탭에서 [컨트롤 표시]를 '콤보 상자', [행 원본 유형]을 '값 목록', [행 원본]에 '비밀번호&아이디;공인인증서'를 입력한다.

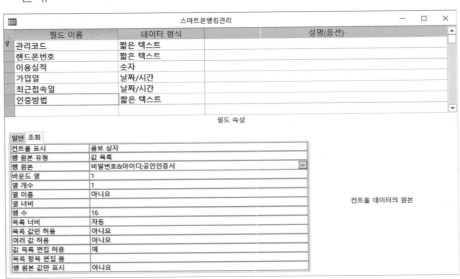

[테이블2 : 이용자정보]

① [만들기] 탭–[테이블] 그룹–[테이블 디자인]을 클릭한다.

② 문제에서 지시한 대로 필드 이름, 필드 크기, 형식을 지정한다.

③ '통신사' 필드의 [데이터 형식]은 '짧은 텍스트', [필드 크기]는 '5', [유효성 검사 규칙]은 "SK" Or "LG" Or "KT"로 입력한다.

★ 설명해주세요

"SK" Or "LG" Or "KT"

"SK" 또는 "LG" 또는 "KT"인 데이터만 입력

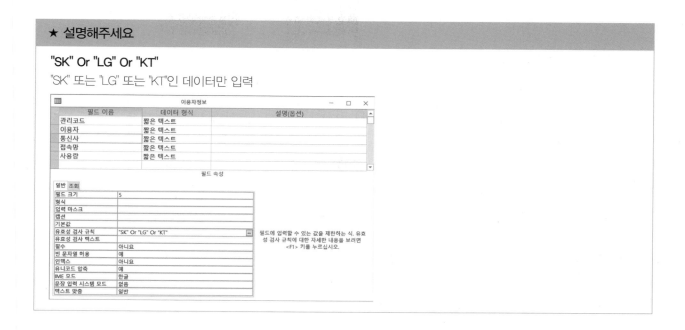

문제 ❷ ▶ [테이블1 : 스마트폰뱅킹관리]를 이용하여 다음과 같은 조건에 따라 쿼리를 완성하시오 | **90**점

[쿼리 : 스마트폰뱅킹관리현황]

① [만들기] 탭-[쿼리] 그룹-[쿼리 디자인]을 클릭한다.

② [테이블 표시] 대화상자의 [테이블] 탭에서 '스마트폰뱅킹관리'를 더블클릭하고 [닫기]를 클릭한다.

③ '관리코드', '핸드폰번호', '이용실적', '가입일', '최근접속일', '인증방법' 필드를 더블클릭하여 추가한다.

④ '운영체제', '이용한도', '서비스'는 Shift + F2 를 눌러 [확대/축소] 대화상자를 열고 수식을 입력한다.

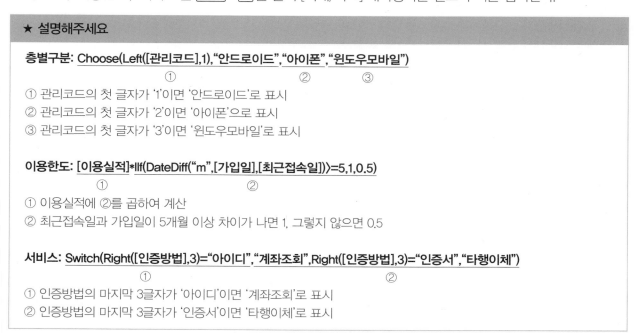

⑤ '최근접속일' 필드의 '정렬'을 '오름차순'으로 지정한다.

★ 설명해주세요

층별구분: Choose(Left([관리코드],1),"안드로이드","아이폰","윈도우모바일")
　　　　　　　　　　　　　①　　　　　　　　②　　　　③
① 관리코드의 첫 글자가 '1'이면 '안드로이드'로 표시
② 관리코드의 첫 글자가 '2'이면 '아이폰'으로 표시
③ 관리코드의 첫 글자가 '3'이면 '윈도우모바일'로 표시

이용한도: [이용실적]*Iif(DateDiff("m",[가입일],[최근접속일])>=5,1,0.5)
　　　　　　①　　　　　　　　　　②
① 이용실적에 ②를 곱하여 계산
② 최근접속일과 가입일이 5개월 이상 차이가 나면 1, 그렇지 않으면 0.5

서비스: Switch(Right([인증방법],3)="아이디","계좌조회",Right([인증방법],3)="인증서","타행이체")
　　　　　　　　　　　①　　　　　　　　　　　　　　②
① 인증방법의 마지막 3글자가 '아이디'이면 '계좌조회'로 표시
② 인증방법의 마지막 3글자가 '인증서'이면 '타행이체'로 표시

⑥ '이용한도' 필드에서 마우스 오른쪽 버튼을 클릭하여 [속성]을 선택한 후 [형식]을 '통화'로 지정한다.

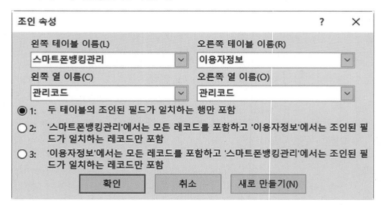

문제 ❸ ▶ [테이블1 : 스마트폰뱅킹관리]와 [테이블2 : 이용자정보]를 이용하여 다음과 같은 조건에 따라 쿼리를 완성하시오. **80**점

[쿼리 : 스마트폰뱅킹관리현황 분석]

① [만들기] 탭–[쿼리] 그룹–[쿼리 디자인]을 클릭한다.
② [테이블 표시] 대화상자의 [테이블] 탭에서 '스마트폰뱅킹관리'와 '이용자정보'를 더블클릭하고 [닫기]를 클릭한다.
③ [이용자정보] 테이블의 '관리코드'를 [스마트폰뱅킹관리] 테이블의 '관리코드' 필드로 드래그한다.
④ 관계 설정 선을 더블클릭한 후 [조인 속성] 대화상자에서 '두 테이블의 조인된 필드가 일치하는 행만 포함'을 선택하고 [확인]을 클릭한다.

⑤ '관리코드', '이용자', '접속망', '사용량', '최근접속일', '인증방법' 필드를 더블클릭하여 추가한다.
⑥ '최근접속일'의 조건에 '>=#2013–04–01#'을 입력한다.
⑦ '인증방법'의 조건에 '공인인증서'를 입력하고 체크 표시를 해제한다.

합격생의 비법

최근접속일이 2013년 4월 1일 이후이고 인증방법이 '공인인증서'인 데이터를 추출

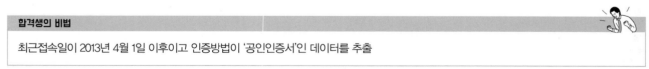

⑧ '이용자' 필드의 '정렬'을 '오름차순'으로 지정한다.

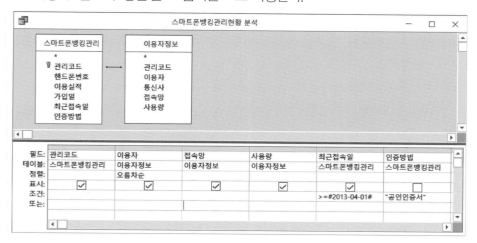

▶ [쿼리 : 스마트폰뱅킹관리현황]을 이용하여 다음과 같은 모양의 폼을 설계하시오. **80**점

[폼 : 스마트폰뱅킹관리]

① [만들기] 탭–[폼] 그룹–[폼 마법사]를 클릭한다.
② [폼 마법사] 대화상자에서 [테이블/쿼리]를 '쿼리 : 스마트폰뱅킹관리현황'으로 선택하고 [사용 가능한 필드]에서 '핸드폰번호', '이용실적', '가입일', '최근접속일', '이용한도', '인증방법', '서비스'를 더블클릭하고 [다음]을 클릭한다.
③ 폼의 모양을 '열 형식'으로 지정하고 [다음]을 클릭한다.
④ 폼의 제목에 '스마트폰뱅킹관리'를 입력하고 '폼 디자인 수정'을 선택하고 [마침]을 클릭한다.
⑤ 텍스트 상자의 크기와 위치를 조절한다.
⑥ [디자인] 탭–[컨트롤] 그룹–[텍스트 상자]를 클릭하고 레이블에 '보안서비스'를 입력하고 텍스트 상자에는 계산식을 입력한다.

★ 설명해주세요

=IIf(Month([최근접속일])=5,"보안계좌","SMS통지")
　　　　　　　　①　　　　　　　　　　②
① 최근접속일이 5이면 '보안계좌'로 표시
② 그렇지 않으면 'SMS통지'로 표시

⑦ 눈금자 왼쪽의 [선택기]를 더블클릭한 후 [형식] 탭에서 [레코드 선택기]와 [탐색 단추]를 '아니요'로 지정한다.
⑧ 폼에서 마우스 오른쪽 버튼을 누른 후 [폼 머리글/바닥글]을 선택하고 [예]를 클릭한다.

[폼 : 메시지]

① [만들기] 탭–[폼] 그룹–[폼 디자인]을 클릭한다.

② 본문 영역의 크기를 조절한 후 [디자인] 탭–[컨트롤] 그룹에서 [레이블]을 선택하고 본문 영역에 적당한 크기로 드래그한다.

③ '수정할 수 없습니다.'라고 출력할 메시지를 입력한다.

④ 눈금자 왼쪽의 [선택기]를 더블클릭한 후 [형식] 탭에서 [레코드 선택기]와 [탐색 단추]를 '아니요'로 지정한다.

⑤ [닫기]를 클릭하고 저장 여부를 물으면 [예]를 클릭한 후, [다른 이름으로 저장] 대화상자의 [폼 이름]에 '메시지'를 입력하고 [확인]을 클릭한다.

⑥ [탐색] 창의 '스마트폰뱅킹관리' 폼에서 마우스 오른쪽 버튼을 클릭하고 [디자인 보기]를 선택한다.

⑦ '최근접속일' 텍스트 상자의 바로 가기 메뉴에서 [속성]을 선택한 후 [이벤트] 탭의 [On Click]에서 [작성](■)을 클릭한다.

⑧ 다음과 같이 코드를 입력한다.

```
Private Sub 최근접속일_Click()
    DoCmd.OpenForm "메시지"
End Sub
```

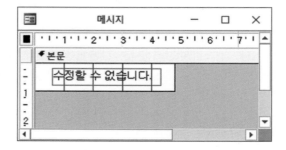

[폼 : 스마트폰뱅킹관리현황 폼]

① [만들기] 탭–[폼] 그룹–[폼 마법사]를 클릭한다.

② [폼 마법사] 대화상자에서 [테이블/쿼리]를 '쿼리 : 스마트폰뱅킹관리현황'으로 선택하고 [사용 가능한 필드]에서 '관리코드'를 더블클릭하고 [다음]을 클릭한다.

③ 폼의 모양을 '열 형식'으로 지정하고 [다음]을 클릭한다.

④ 폼의 제목에 '스마트폰뱅킹관리현황 폼'을 입력하고 '폼 디자인 수정'을 선택하고 [마침]을 클릭한다.

⑤ 폼 제목 컨트롤에서 마우스 오른쪽 버튼을 누르고 [속성]을 선택한 후 [특수 효과]는 '볼록', [글꼴 이름]은 '굴림', [글꼴 크기]는 '22', [텍스트 맞춤]은 '가운데'로 지정한다.

⑥ 본문 영역의 '관리코드' 컨트롤을 폼 머리글로 드래그하고 텍스트 상자에서 마우스 오른쪽 버튼을 누른 후 [변경]–[콤보 상자]를 선택한다.

⑦ '관리코드' 콤보 상자의 [속성 시트]에서 [행 원본]을 '스마트폰뱅킹관리현황'으로 지정한다.

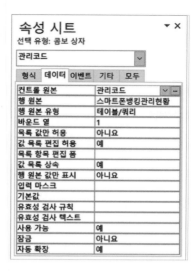

⑧ 폼의 [속성 시트]에서 [레코드 선택기]를 '아니요'로 지정한다.

⑨ [디자인] 탭-[컨트롤] 그룹-[하위 폼/하위 보고서] 클릭한다.

⑩ [하위 폼 마법사] 대화상자의 [기존 폼 사용]에 체크하고 '스마트폰뱅킹관리'를 선택한 후 [다음]을 클릭하고 다시 [다음]과 [마침]을 클릭한다.

⑪ [디자인] 탭-[컨트롤] 그룹-[이미지 삽입]-[찾아보기]를 클릭하고 '로고2'를 선택한 후 [확인]을 클릭한다.

⑫ 로고의 [속성 시트]에서 [그림]은 '로고2.jpg', [크기 조절 모드]는 '전체 확대/축소', [너비]는 '2', [높이]는 '1', [특수 효과]는 볼록으로 지정한다.

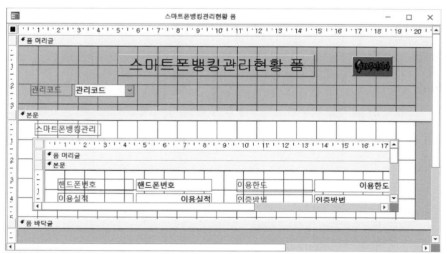

[보고서 : 스마트폰뱅킹관리현황 보고서]

① [만들기] 탭–[보고서] 그룹–[보고서 마법사] 클릭한다.

② [보고서 마법사]에서 [테이블/쿼리]를 '쿼리 : 스마트폰뱅킹관리현황'으로 선택한다.

③ [사용 가능한 필드]에서 '운영체제', '이용실적', '가입일', '최근접속일', '이용한도', '인증방법'을 더블클릭하고 [다음]을 클릭한다.

④ '운영체제'를 더블클릭하여 그룹 수준으로 지정하고 [다음]을 클릭한다.

⑤ 정렬할 필드로 '이용실적'을 선택하고 [오름차순]을 지정한 후 [요약 옵션]을 클릭한다.

⑥ [이용실적]의 '합계'를 체크하고 [확인]을 클릭한 후 [다음]을 클릭한다.

⑦ 보고서 제목에 '스마트폰뱅킹관리현황 보고서'를 입력하고 '보고서 디자인 수정'을 선택한 후 [마침]을 클릭한다.

⑧ 필요없는 부분을 삭제하고 '페이지 바닥글'의 날짜 텍스트 상자를 머리글로 이동한 후 '=DateSerial(2013,10,12)'을 입력한다.

⑨ 보고서 제목의 [속성 시트]에서 [글꼴 이름]은 '궁서', [글꼴 크기]는 '24', [텍스트 맞춤]은 '가운데', [글꼴 두께]는 '굵게', [글꼴 밑줄]을 '예'로 지정한 후 가운데로 이동한다.

⑩ 본문 영역의 '인증방법'을 선택하고 [서식] 탭–[컨트롤 서식] 그룹–[조건부 서식] 클릭한 후 [새 규칙]을 클릭한다.

⑪ 다음과 같이 조건부 서식을 지정하고 [굵게]와 [밑줄]을 클릭하고 [글꼴 색]을 '빨강'으로 지정한 후 [확인]을 클릭한다.

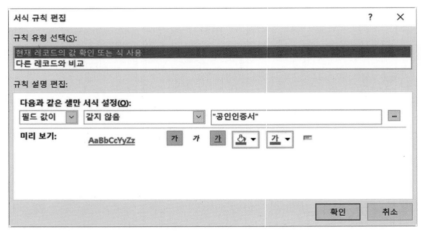

[보고서 : 이용자정보 레이블]

① [탐색] 창의 [이용자정보] 테이블을 선택하고 [만들기] 탭–[보고서] 그룹–[레이블]을 클릭한다.

② [우편물 레이블 마법사]에서 [제조업체]는 'A–ONE', [제품 번호]는 '28315'로 선택하고 [다음]을 클릭한다.

③ 굴림, 10pt, 중간, 검정을 지정하고 [다음]을 클릭한다.

④ 사용 가능한 필드에서 필드를 더블클릭하고 다음과 같이 작성한 후 [다음]을 클릭한다.

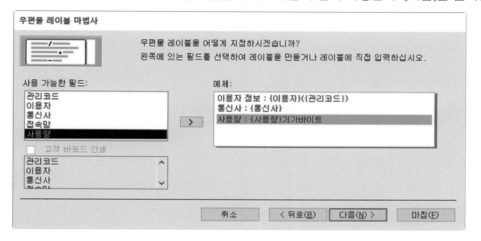

⑤ 정렬 기준이 될 필드로 '이용자'를 선택하고 [다음]을 클릭한다.

⑥ 보고서 이름에 '이용자정보 레이블'을 입력하고 '우편물 레이블의 디자인 수정'을 선택한 후 [마침]을 클릭한다.

⑦ 첫 번째 텍스트 상자를 선택하고 [홈] 탭–[텍스트 서식] 그룹–[굵게]를 클릭한다.

⑧ 세 번째 텍스트 상자를 수정한다.

★ **설명해주세요**

="사용량 : " & Left([사용량],3) & "기가바이트"
        ①   ②

① '사용량 : '을 표시
② 사용량의 맨 앞 세 글자와 '기가바이트'를 연결하여 표시

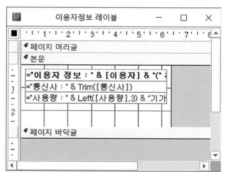

CHAPTER 02 기출문제 해설 1회

문제 ① ▶ 주어진 엑셀 데이터와 다음 ≪조건≫을 이용하여 테이블을 작성하시오. | 100점

[테이블1 : 주차관리]

① [외부 데이터] 탭–[가져오기 및 연결] 그룹–[Excel]을 클릭한다.

② [찾아보기]를 클릭하고 '기출문제1회.xlsx' 파일을 선택하고 [열기]를 클릭한다.

③ '현재 데이터베이스의 새 테이블로 원본 데이터 가져오기'를 선택한 후 [확인]을 클릭한다.

④ [스프레드시트 가져오기 마법사] 대화상자에서 '첫 행에 열 머리글이 있음'을 체크하고 [다음]을 클릭한다.

⑤ '기본 키 선택'을 체크하고 '관리번호'를 선택한 후 [다음]을 클릭한다.

⑥ '테이블로 가져오기' 항목에 테이블명 '주차관리'를 입력하고 [마침]을 클릭하고 [닫기]를 클릭한다.

⑦ [탐색] 창의 '주차관리' 테이블에서 마우스 오른쪽 버튼을 클릭하고 [디자인 보기]를 선택한다.

⑧ 문제에서 지시한 대로 필드 크기와 형식을 지정한다.

⑨ [필드 이름]에 '회원등급'을 입력하고 [데이터 형식]은 '짧은 텍스트', [필드 크기]는 4로 지정한다. [조회] 탭에서 [컨트롤 표시]를 '콤보 상자', [행 원본 유형]을 '값 목록', [행 원본]에 '일반;VIP;VVIP'를 입력한다.

필드 이름	데이터 형식	설명(옵션)
관리번호	짧은 텍스트	.
입차시간	날짜/시간	
출차시간	날짜/시간	
차종	짧은 텍스트	
차량번호	짧은 텍스트	
회원등급	짧은 텍스트	

필드 속성

일반 조회	
컨트롤 표시	콤보 상자
행 원본 유형	값 목록
행 원본	일반;VIP;VVIP
바운드 열	1
열 개수	1
열 이름	아니요
열 너비	
행 수	16
목록 너비	자동
목록 값만 허용	아니요
여러 값 허용	아니요
값 목록 편집 허용	예
목록 항목 편집 폼	
행 원본 값만 표시	아니요

폼에서 이 필드를 나타내는 데 사용할 컨트롤 종류

[테이블2 : 주차타워정보]

① [만들기] 탭–[테이블] 그룹–[테이블 디자인]을 클릭한다.

② 문제에서 지시한 대로 필드 이름, 필드 크기, 형식을 지정한다.

③ '연평균가동률' 필드의 [데이터 형식]은 '숫자', [필드 크기]는 '실수(Single)', [형식]은 '백분율', [유효성 검사 규칙]은 '>=0 And <=1'로 지정한다.

★ 설명해주세요

>=0 And <=1

0 이상이고 1 이하(100% 이하)의 데이터만 입력

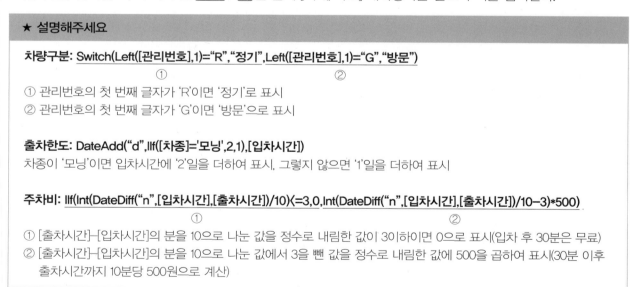

문제 ❷ ▶ **[테이블1 : 주차관리]를 이용하여 다음과 같은 조건에 따라 쿼리를 완성하시오.** | **90점**

[쿼리 : 주차관리현황]

① [만들기] 탭−[쿼리] 그룹−[쿼리 디자인]을 클릭한다.
② [테이블 표시] 대화상자의 [테이블] 탭에서 '주차관리'를 더블클릭하고 [닫기]를 클릭한다.
③ '관리번호', '입차시간', '출차시간', '차종', '차량번호', '회원등급' 필드를 더블클릭하여 추가한다.
④ '차량구분', '출차한도', '주차비'는 Shift + F2 를 눌러 [확대/축소] 대화상자를 열고 수식을 입력한다.

★ 설명해주세요

차량구분: Switch(Left([관리번호],1)="R","정기",Left([관리번호],1)="G","방문")
          ①   ②
① 관리번호의 첫 번째 글자가 'R'이면 '정기'로 표시
② 관리번호의 첫 번째 글자가 'G'이면 '방문'으로 표시

출차한도: DateAdd("d",IIf([차종]='모닝',2,1),[입차시간])
차종이 '모닝'이면 입차시간에 '2'일을 더하여 표시, 그렇지 않으면 '1'일을 더하여 표시

주차비: IIf(Int(DateDiff("n",[입차시간],[출차시간])/10)<=3,0,Int(DateDiff("n",[입차시간],[출차시간])/10−3)*500)
                     ①   ②
① [출차시간]−[입차시간]의 분을 10으로 나눈 값을 정수로 내림한 값이 3이하이면 0으로 표시(입차 후 30분은 무료)
② [출차시간]−[입차시간]의 분을 10으로 나눈 값에서 3을 뺀 값을 정수로 내림한 값에 500을 곱하여 표시(30분 이후 출차시간까지 10분당 500원으로 계산)

⑤ '출차시간' 필드의 '정렬'을 '내림차순'으로 지정한다.

⑥ '주차비' 필드에서 마우스 오른쪽 버튼을 클릭하여 [속성]을 선택한 후 [형식]을 '통화'로 지정한다.

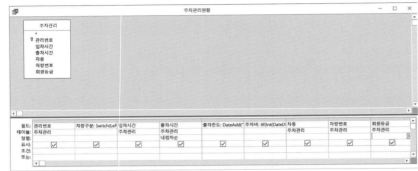

문제 ❸ [테이블1 : 주차관리]와 [테이블2 : 주차타워정보]를 이용하여 다음과 같은 조건에 따라 쿼리를 완성하시오. **80**점

[쿼리 : 주차관리현황분석]

① [만들기] 탭–[쿼리] 그룹–[쿼리 디자인]을 클릭한다.
② [테이블 표시] 대화상자의 [테이블] 탭에서 '주차타워정보'와 '주차관리'를 더블클릭하고 [닫기]를 클릭한다.
③ [주차타워정보] 테이블의 '관리번호'를 [주차관리] 테이블의 '관리번호' 필드로 드래그한다.
④ 관계 설정 선을 더블클릭한 후 [조인 속성] 대화상자에서 '두 테이블의 조인된 필드가 일치하는 행만 포함'을 선택하고 [확인]을 클릭한다.

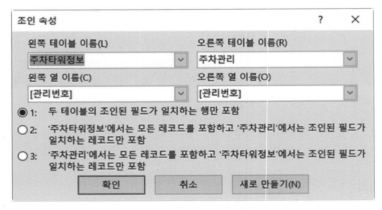

⑤ '관리번호', '차종', '타워번호', '지역', '연평균가동률', '회원등급' 필드를 더블클릭하여 추가한다.
⑥ '연평균가동률'의 조건에 '>=0.5'을 입력한다.
⑦ '회원등급'의 조건에 'VIP'를 입력하고 체크 표시를 해제한다.

합격생의 비법

연평균가동율이 '50%'이상이고 회원등급이 'VIP'인 데이터를 추출

⑧ '타워번호' 필드의 '정렬'을 '오름차순'으로 지정한다.

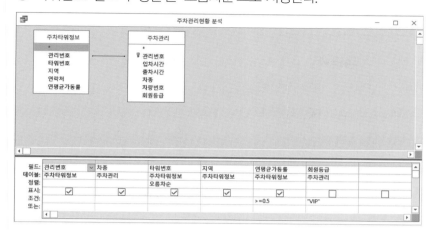

문제 ❹ ▶ [쿼리 : 주차관리현황]을 이용하여 다음과 같은 모양의 폼을 설계하시오. │ 80점

[폼 : 주차관리]

① [만들기] 탭–[폼] 그룹–[폼 마법사]를 클릭한다.
② [폼 마법사] 대화상자에서 [테이블/쿼리]를 '쿼리 : 주차관리현황'으로 선택하고 [사용 가능한 필드]에서 '차량구분', '입차시간', '주차비', '회원등급', '차량번호', '차종'을 더블클릭하고 [다음]을 클릭한다.
③ 폼의 모양을 '열 형식'으로 지정하고 [다음]을 클릭한다.
④ 폼의 제목에 '주차관리'를 입력하고 '폼 디자인 수정'을 선택하고 [마침]을 클릭한다.
⑤ 텍스트 상자의 크기와 위치를 조절한다.
⑥ [디자인] 탭–[컨트롤] 그룹–[텍스트 상자]를 클릭하고 레이블에 '할인쿠폰'을 입력하고 텍스트 상자에는 계산식을 입력한다.

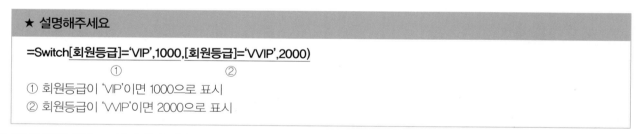

★ 설명해주세요

=Switch[회원등급]='VIP',1000,[회원등급]='VVIP',2000)
          ①   ②
① 회원등급이 'VIP'이면 1000으로 표시
② 회원등급이 'VVIP'이면 2000으로 표시

⑦ '할인쿠폰' 텍스트 상자에서 마우스 오른쪽 버튼을 클릭하여 [속성]을 선택한 후 [형식]을 '통화'로 지정한다.

속성 시트   ▾ ✕
선택 유형: 텍스트 상자(T)

할인쿠폰   ∨

형식 데이터 이벤트 기타 모두

형식	통화
소수 자릿수	자동
표시	예
날짜 선택 표시	날짜
너비	4.561cm
높이	0.608cm
위쪽	3.099cm
왼쪽	9.427cm

⑧ 눈금자 왼쪽의 [선택기]를 더블클릭한 후 [형식] 탭에서 [레코드 선택기]와 [탐색 단추]를 '아니요'로 지정한다.
⑨ 폼에서 마우스 오른쪽 버튼을 누른 후 [폼 머리글/바닥글]을 선택하고 [예]를 클릭한다.

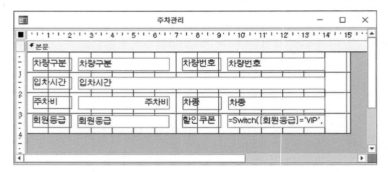

[폼 : 주차관리현황 폼]

① [만들기] 탭-[폼] 그룹-[폼 마법사] 클릭한다.
② [폼 마법사] 대화상자에서 [테이블/쿼리]를 '쿼리 : 주차관리현황'으로 선택하고 [사용 가능한 필드]에서 '관리번호'를 더블클릭하고 [다음]을 클릭한다.
③ 폼의 모양을 '열 형식'으로 지정하고 [다음]을 클릭한다.
④ 폼의 제목에 '주차관리현황 폼'을 입력하고 '폼 디자인 수정'을 선택하고 [마침]을 클릭한다.
⑤ 폼 제목 컨트롤에서 마우스 오른쪽 버튼을 누르고 [속성]을 선택한 후 [특수 효과]는 '그림자', [글꼴 이름]은 '굴림', [글꼴 크기]는 '22', [텍스트 맞춤]은 '가운데', [글꼴 두께]는 '굵게'로 지정한다.
⑥ 본문 영역의 '관리번호' 컨트롤을 폼 머리글로 드래그하고 텍스트 상자에서 마우스 오른쪽 버튼을 누른 후 [변경]-[콤보 상자]를 선택한다.
⑦ '관리번호' 콤보 상자의 [속성 시트]에서 [행 원본]을 '주차관리현황'으로 지정한다.

⑧ 폼의 [속성 시트]에서 [레코드 선택기]를 '아니요'로 지정한다.
⑨ [디자인] 탭-[컨트롤] 그룹-[하위 폼/하위 보고서] 클릭한다.
⑩ [하위 폼 마법사] 대화상자의 [기존 폼 사용]에 체크하고 '주차관리'를 선택한 후 [다음]을 클릭하고 다시 [다음]과 [마침]을 클릭한다.
⑪ [디자인] 탭-[컨트롤] 그룹-[이미지 삽입]-[찾아보기]를 클릭하고 '로고3'을 선택한 후 [확인]을 클릭한다.

⑫ 로고의 [속성 시트]에서 [그림]은 '로고3.jpg', [크기 조절 모드]는 '전체 확대/축소', [너비]는 '2', [높이]는 '1', [특수 효과]는 볼록으로 지정한다.

⑬ [디자인] 탭─[컨트롤] 그룹─[단추]를 클릭하고 [폼 머리글 영역]의 로고 아래에서 클릭한다.

⑭ [명령 단추 마법사]에서 [종류]는 '보고서 작업', [매크로 함수]는 '보고서 미리 보기'를 선택하고 [다음]을 클릭한다.

⑮ '주차관리현황 보고서'를 선택하고 [다음]을 클릭한다.

⑯ [텍스트]를 선택하고 '보고서'를 입력하고 [다음]을 클릭한 후 [마침]을 클릭한다.

⑰ 명령 단추의 [속성 시트]에서 [너비]는 '2', [높이]는 '1'로 지정한다.

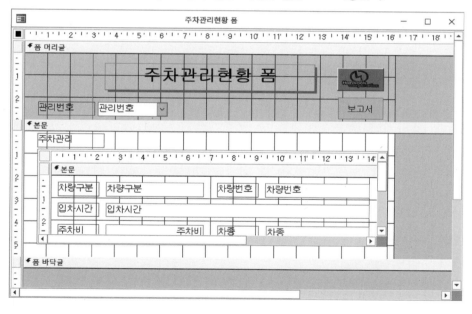

[보고서 : 주차관리현황 보고서]

① [만들기] 탭–[보고서] 그룹–[보고서 마법사] 클릭한다.

② [보고서 마법사]에서 [테이블/쿼리]를 '쿼리 : 주차관리현황'으로 선택한다.

③ [사용 가능한 필드]에서 '차량구분', '관리번호', '입차시간', '주차비', '차량번호', '회원등급'을 더블클릭하고 [다음]을 클릭한다.

④ '차량구분'을 더블클릭하여 그룹 수준으로 지정하고 [다음]을 클릭한다.

⑤ 정렬할 필드로 '입차시간'을 선택하고 [요약 옵션]을 클릭한다.

⑥ '차량번호'의 건수를 바로 구할 수 없으므로 [주차비]의 '합계'를 체크하고 [확인]을 클릭한 후 [다음]을 클릭한다.

⑦ 보고서 제목에 '주차관리현황 보고서'를 입력하고 '보고서 디자인 수정'을 선택한 후 [마침]을 클릭한다.

⑧ 필요없는 부분을 삭제하고 '페이지 바닥글'의 날짜 텍스트 상자를 머리글로 이동한 후 '=DateSerial(2020,1,11)'를 입력한다.

⑨ 보고서 제목의 [속성 시트]에서 [글꼴 이름]은 '궁서', [글꼴 크기]는 '24', [텍스트 맞춤]은 '가운데', [글꼴 두께]는 '굵게', [글꼴 밑줄]을 '예'로 지정한 후 가운데로 이동한다.

⑩ 차량구분 바닥글의 레이블을 '건수'로, 텍스트 상자는 '=Count([차량번호])'로 수정한다. 같은 방법으로 보고서 바닥글도 수정한다.

⑪ 본문 영역의 '회원등급'을 선택하고 [서식] 탭–[컨트롤 서식] 그룹–[조건부 서식] 클릭한 후 [새 규칙]을 클릭한다.

⑫ 다음과 같이 조건부 서식을 지정하고 [굵게]를 클릭하고 [배경색]을 '노랑'으로 지정한 후 [확인]을 클릭한다.

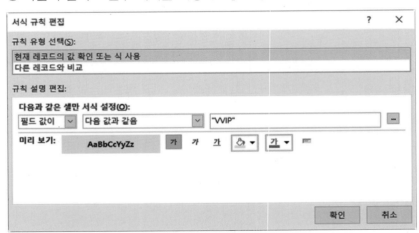

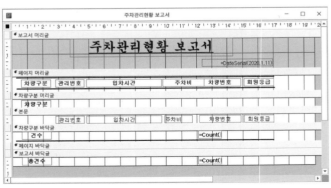

[보고서 : 주차타워정보 레이블]

① [탐색] 창의 [주차타워정보] 테이블을 선택하고 [만들기] 탭–[보고서] 그룹–[레이블]을 클릭한다.
② [우편물 레이블 마법사]에서 [제조업체]는 'A–ONE', [제품 번호]는 '28315'로 선택하고 [다음]을 클릭한다.
③ 굴림, 10pt, 중간, 검정을 지정하고 [다음]을 클릭한다.
④ 사용 가능한 필드에서 필드를 더블클릭하고 다음과 같이 작성한 후 [다음]을 클릭한다.

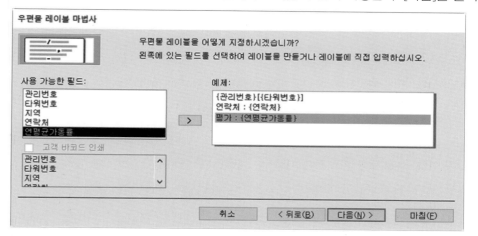

⑤ 정렬 기준이 될 필드로 '타워번호'를 선택하고 [다음]을 클릭한다.
⑥ 보고서 이름에 '주차타워정보 레이블'을 입력하고 '우편물 레이블의 디자인 수정'을 선택한 후 [마침]을 클릭한다.
⑦ 첫 번째 텍스트 상자를 선택하고 [홈] 탭–[텍스트 서식] 그룹–[굵게]를 클릭한다.
⑧ 세 번째 텍스트 상자를 수정한다.

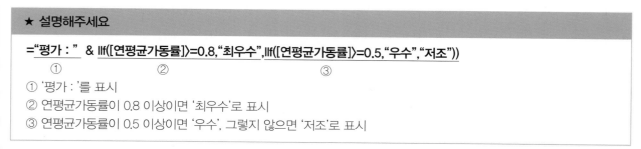

★ 설명해주세요

="평가 : " & IIf([연평균가동률]>=0.8,"최우수",IIf([연평균가동률]>=0.5,"우수","저조"))
      ①   ②   ③

① '평가 : '를 표시
② 연평균가동률이 0.8 이상이면 '최우수'로 표시
③ 연평균가동률이 0.5 이상이면 '우수', 그렇지 않으면 '저조'로 표시

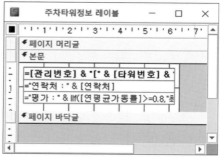

문제 ❶ ▶ 주어진 엑셀 데이터와 다음 ≪조건≫을 이용하여 테이블을 작성하시오.　| 100점

[테이블1 : 대출관리]

① 외부 데이터] 탭–[가져오기 및 연결] 그룹–[Excel]을 클릭한다.

② [찾아보기]를 클릭하고 '기출문제2회.xlsx' 파일을 선택하고 [열기]를 클릭한다.

③ '현재 데이터베이스의 새 테이블로 원본 데이터 가져오기'를 선택한 후 [확인]을 클릭한다.

④ [스프레드시트 가져오기 마법사] 대화상자에서 '첫 행에 열 머리글이 있음'을 체크하고 [다음]을 클릭한다.

⑤ '기본 키 선택'을 체크하고 '대출번호'를 선택한 후 [다음]을 클릭한다.

⑥ '테이블로 가져오기' 항목에 테이블명 '대출관리'를 입력하고 [마침]을 클릭하고 [닫기]를 클릭한다.

⑦ [탐색] 창의 '대출관리' 테이블에서 마우스 오른쪽 버튼을 클릭하고 [디자인 보기]를 선택한다.

⑧ 문제에서 지시한 대로 필드 크기와 형식을 지정한다.

⑨ [필드 이름]에 '신청방식'을 입력하고 [데이터 형식]은 '짧은 텍스트', [필드 크기]는 3으로 지정한다. [조회] 탭에서 [컨트롤 표시]를 '콤보 상자', [행 원본 유형]을 '값 목록', [행 원본]에 '모바일;인터넷;영업점'을 입력한다.

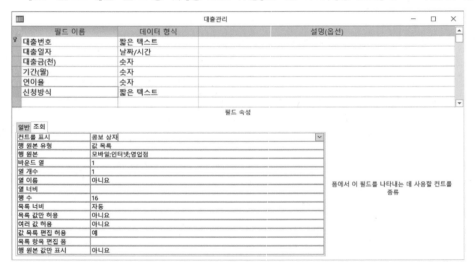

[테이블2 : 대출자정보]

① [만들기] 탭–[테이블] 그룹–[테이블 디자인]을 클릭한다.

② 문제에서 지시한 대로 필드 이름, 필드 크기, 형식을 지정한다.

③ '신용등급' 필드의 [데이터 형식]은 '숫자', [필드 크기]는 '바이트', [유효성 검사 규칙]은 'Between 1 And 10'으로 지정한다.

Between 1 And 10(또는 〉=1 And 〈=10)

1 이상이고 10 이하의 데이터만 입력

필드 이름	데이터 형식	설명(옵션)
대출번호	짧은 텍스트	
대출자	짧은 텍스트	
연락처	짧은 텍스트	
계좌번호	짧은 텍스트	
신용등급	숫자	

필드 속성

일반 조회

필드 크기	바이트
형식	
소수 자릿수	자동
입력 마스크	
캡션	
기본값	
유효성 검사 규칙	Between 1 And 10
유효성 검사 텍스트	
필수	아니요
인덱스	아니요
텍스트 맞춤	일반

필드에 입력할 수 있는 값을 제한하는 식. 유효성 검사 규칙에 대한 자세한 내용을 보려면 <F1> 키를 누르십시오.

문제 ❷ ▶ **[테이블1 : 대출관리]를 이용하여 다음과 같은 조건에 따라 쿼리를 완성하시오.** **90점**

[쿼리 : 대출관리현황]

① [만들기] 탭–[쿼리] 그룹–[쿼리 디자인]을 클릭한다.
② [테이블 표시] 대화상자의 [테이블] 탭에서 '대출관리'를 더블클릭하고 [닫기]를 클릭한다.
③ '대출번호', '대출일자', '기간(월)', '대출금(천)', '연이율', '신청방식' 필드를 더블클릭하여 추가한다.
④ '방식', '만료일자', '상환액(천)'은 Shift + F2 를 눌러 [확대/축소] 대화상자를 열고 수식을 입력한다.

방식: Switch(Mid([대출번호],4,1)="C","신용대출",Mid([대출번호],4,1)="S","담보대출")
       ①   ②

① 대출번호의 네 번째 글자가 'C'이면 '신용대출'로 표시
② 대출번호의 네 번째 글자가 'S'이면 '담보대출'로 표시

만료일자: DateAdd("m",[기간(월)],[대출일자]–1)
대출일자에서 1을 뺀 값에 기간(월)을 더하여 표시

상환액(천): Iif(Right([대출번호],1)=1,0,[대출금(천)]/[기간(월)]*DateDiff('m',[대출일자],'2019–11–09'))
        ①   ②

① 대출번호의 마지막 글자가 '1'이면 0으로 표시
② 대출번호의 마지막 글자가 '1'이 아니면 대출금(천)을 기간(월)로 나눈 값에 '2019–11–09'일과 대출일자간의 개월 수 차이를 곱하여 계산

⑤ '대출일자' 필드의 '정렬'을 '내림차순'으로 지정한다.

⑥ '만료일자' 필드에서 마우스 오른쪽 버튼을 클릭하여 [속성]을 선택한 후 [형식]을 '간단한 날짜'로 지정한다.

⑦ '상환액(천)' 필드에서 마우스 오른쪽 버튼을 클릭하여 [속성]을 선택한 후 [형식]을 '통화'로 지정한다.

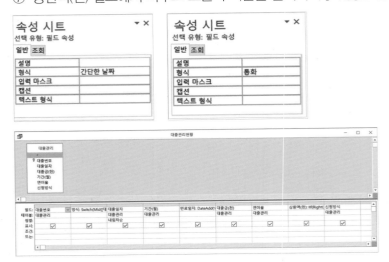

문제 ❸ ▶ [테이블1 : 대출관리]와 [테이블2 : 대출자정보]를 이용하여 다음과 같은 조건 에 따라 쿼리를 완성하시오.   80점

[쿼리 : 대출관리현황 분석]

① [만들기] 탭-[쿼리] 그룹-[쿼리 디자인]을 클릭한다.

② [테이블 표시] 대화상자의 [테이블] 탭에서 '대출관리'와 '대출자정보'를 더블클릭하고 [닫기]를 클릭한다.

③ [대출자정보] 테이블의 '대출번호'를 [대출관리] 테이블의 '대출번호' 필드로 드래그한다.

④ 관계 설정 선을 더블클릭한 후 [조인 속성] 대화상자에서 '두 테이블의 조인된 필드가 일치하는 행만 포함'을 선 택하고 [확인]을 클릭한다.

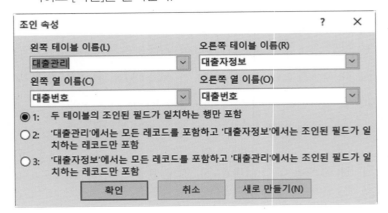

⑤ '대출번호', '대출자', '대출일자', '대출금(천)', '신용등급', '신청방식' 필드를 더블클릭하여 추가한다.

⑥ '신용등급'의 조건에 '>=5'을 입력한다.

⑦ '신청방식'의 조건에 '<>"영업점"'을 입력하고 체크 표시를 해제한다.

합격생의 비법

신용등급이 '5' 이상이고 신청방식이 '영업점'이 아닌 데이터를 추출

⑧ '대출금(천)' 필드의 '정렬'을 '내림차순'으로 지정한다.

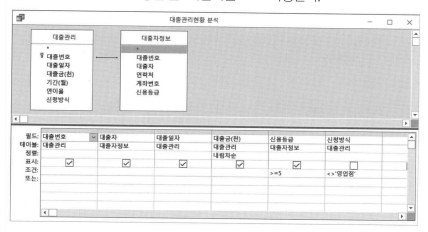

문제 ④ ▶ **[쿼리 : 대출관리현황]을 이용하여 다음과 같은 모양의 폼을 설계하시오.** | **80점**

[폼 : 대출관리]

① [만들기] 탭–[폼] 그룹–[폼 마법사]를 클릭한다.

② [폼 마법사] 대화상자에서 [테이블/쿼리]를 '쿼리 : 대출관리현황'으로 선택하고 [사용 가능한 필드]에서 '방식', '대출일자', '대출금(천)', '신청방식', '기간(월)', '만료일자', '연이율'을 더블클릭하고 [다음]을 클릭한다.

③ 폼의 모양을 '열 형식'으로 지정하고 [다음]을 클릭한다.

④ 폼의 제목에 '대출관리'를 입력하고 '폼 디자인 수정'을 선택하고 [마침]을 클릭한다.

⑤ 텍스트 상자의 크기와 위치를 조절한다.(레이블은 모두 오른쪽 맞춤으로 지정)

⑥ [디자인] 탭–[컨트롤] 그룹–[텍스트 상자]를 클릭하고 레이블에 '상환방식'을 입력하고 텍스트 상자에는 계산식을 입력한다.

★ 설명해주세요

=IIf(Right([대출번호],1)="1","거치식","분할")
　　　　　　　　　① 　　　　　　　 ②

① 대출번호의 마지막 글자가 1이면 '거치식'으로 표시
② 그렇지 않으면 '분할'로 표시

⑦ 눈금자 왼쪽의 [선택기]를 더블클릭한 후 [형식] 탭에서 [레코드 선택기]와 [탐색 단추]를 '아니요'로 지정한다.

⑧ 폼에서 마우스 오른쪽 버튼을 누른 후 [폼 머리글/바닥글]을 선택하고 [예]를 클릭한다.

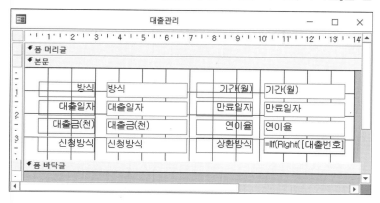

[폼 : 메시지]

① [만들기] 탭-[폼] 그룹-[폼 디자인]을 클릭한다.

② 본문 영역의 크기를 조절한 후 [디자인] 탭-[컨트롤] 그룹에서 [레이블]을 선택하고 본문 영역에 적당한 크기로 드래그한다.

③ '수정할 수 없습니다.'라고 출력할 메시지를 입력한다.

④ 눈금자 왼쪽의 [선택기]를 더블클릭한 후 [형식] 탭에서 [레코드 선택기]와 [탐색 단추]를 '아니요'로 지정한다.

⑤ [닫기]를 클릭하고 저장 여부를 물으면 [예]를 클릭한 후, [다른 이름으로 저장] 대화상자의 [폼 이름]에 '메시지'를 입력하고 [확인]을 클릭한다.

⑥ [탐색] 창의 '대출관리' 폼에서 마우스 오른쪽 버튼을 클릭하고 [디자인 보기]를 선택한다.

⑦ '대출금(천)' 텍스트 상자의 바로 가기 메뉴에서 [속성]을 선택한 후 [이벤트] 탭의 [On Click]에서 [작성](🔳)을 클릭한다.

⑧ 다음과 같이 코드를 입력한다.

```
Private Sub 대출금_천__Click()
    DoCmd.OpenForm "메시지"
End Sub
```

[폼 : 대출관리현황 폼]

① [만들기] 탭-[폼] 그룹-[폼 마법사]를 클릭한다.

② [폼 마법사] 대화상자에서 [테이블/쿼리]를 '쿼리 : 대출관리현황'으로 선택하고 [사용 가능한 필드]에서 '대출번호'를 더블클릭하고 [다음]을 클릭한다.

③ 폼의 모양을 '열 형식'으로 지정하고 [다음]을 클릭한다.

④ 폼의 제목에 '대출관리현황 폼'을 입력하고 '폼 디자인 수정'을 선택하고 [마침]을 클릭한다.

⑤ 폼 제목 컨트롤에서 마우스 오른쪽 버튼을 누르고 [속성]을 선택한 후 [특수 효과]는 '볼록', [글꼴 이름]은 '굴림', [글꼴 크기]는 '22', [텍스트 맞춤]은 '가운데'로 지정한다.

⑥ 본문 영역의 '대출번호' 컨트롤을 폼 머리글로 드래그하고 텍스트 상자에서 마우스 오른쪽 버튼을 누른 후 [변경]-[콤보 상자]를 선택한다.

⑦ '대출번호' 콤보 상자의 [속성 시트]에서 [행 원본]을 '대출관리현황'으로 지정한다.

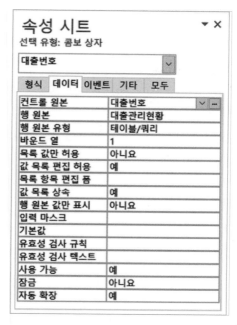

⑧ 폼의 [속성 시트]에서 [레코드 선택기]를 '아니요'로 지정한다.

⑨ [디자인] 탭–[컨트롤] 그룹–[하위 폼/하위 보고서] 클릭한다.

⑩ [하위 폼 마법사] 대화상자의 [기존 폼 사용]에 체크하고 '대출관리'를 선택한 후 [다음]을 클릭하고 다시 [다음]과 [마침]을 클릭한다.

⑪ [디자인] 탭–[컨트롤] 그룹–[이미지 삽입]–[찾아보기]를 클릭하고 '로고1'을 선택한 후 [확인]을 클릭한다.

⑫ 로고의 [속성 시트]에서 [그림]은 '로고1.jpg', [크기 조절 모드]는 '전체 확대/축소', [너비]는 '2', [높이]는 '1', [특수 효과]는 볼록으로 지정한다.

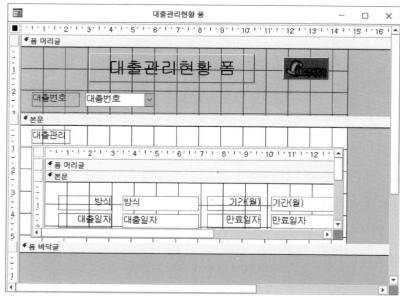

[보고서 : 대출관리현황 보고서]

① [만들기] 탭–[보고서] 그룹–[보고서 마법사] 클릭한다.

② [보고서 마법사]에서 [테이블/쿼리]를 '쿼리 : 대출관리현황'으로 선택한다.

③ [사용 가능한 필드]에서 '방식', '대출번호', '만료일자', '대출금(천)', '연이율', '신청방식'을 더블클릭하고 [다음]을 클릭한다.

④ '대출번호'를 더블클릭하여 그룹 수준으로 지정하고 [그룹화 옵션]을 클릭한다.

⑤ 그룹화 간격은 네 번째 글자가 없으므로 '첫 문자'를 선택하고 [확인]을 클릭한 후 [다음]을 클릭한다.

⑥ 정렬할 필드로 '대출번호'을 선택하고 [내림차순]을 지정한 후 [요약 옵션]을 클릭한다.

⑦ [대출금(천)]의 '합계'를 체크하고 [확인]을 클릭한 후 [다음]을 클릭한다.

⑧ 보고서 제목에 '대출관리현황 보고서'를 입력하고 '보고서 디자인 수정'을 선택한 후 [마침]을 클릭한다.

⑨ 필요없는 부분을 삭제하고 '페이지 바닥글'의 날짜 텍스트 상자를 머리글로 이동한 후 '=DateSerial(2020,11,9)'를 입력한다.

⑩ 보고서 제목의 [속성 시트]에서 [글꼴 이름]은 '궁서', [글꼴 크기]는 '24', [텍스트 맞춤]은 '가운데', [글꼴 두께]는 '굵게', [글꼴 밑줄]을 '예'로 지정한 후 가운데로 이동한다.

⑪ '대출번호 기준 첫 문자' 레이블을 '방식'으로 변경하고 텍스트 상자는 '=Mid([대출번호],4,1) & '[' & [방식] & ']''로 수정한다.

⑫ 본문 영역의 '연이율'을 선택하고 [서식] 탭–[컨트롤 서식] 그룹–[조건부 서식] 클릭한 후 [새 규칙]을 클릭한다.

⑬ 다음과 같이 조건부 서식을 지정하고 [굵게]와 [기울임꼴]을 클릭하고 [글꼴 색]을 '빨강'으로 지정한 후 [확인]을 클릭한다.

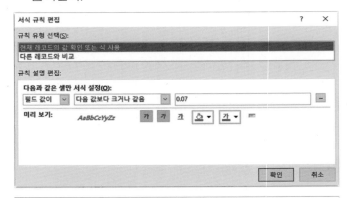

[보고서 : 대출자정보 레이블]

① [탐색] 창의 [대출자정보] 테이블을 선택하고 [만들기] 탭–[보고서] 그룹–[레이블]을 클릭한다.

② [우편물 레이블 마법사]에서 [제조업체]는 'A–ONE', [제품 번호]는 '28315'로 선택하고 [다음]을 클릭한다.

③ 굴림, 10pt, 중간, 검정을 지정하고 [다음]을 클릭한다.

④ 사용 가능한 필드에서 필드를 더블클릭하고 다음과 같이 작성한 후 [다음]을 클릭한다.

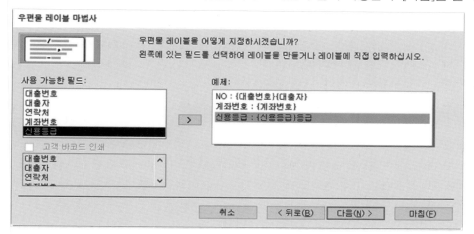

⑤ 정렬 기준이 될 필드로 '대출번호'를 선택하고 [다음]을 클릭한다.

⑥ 보고서 이름에 '대출자정보 레이블'을 입력하고 '우편물 레이블의 디자인 수정'을 선택한 후 [마침]을 클릭한다.

⑦ 첫 번째 텍스트 상자를 선택하고 [홈] 탭–[텍스트 서식] 그룹–[굵게]를 클릭한다.

⑧ 두 번째 텍스트 상자를 수정한다.

★ 설명해주세요

="계좌번호 : " & Format(Left([계좌번호],5),"@@@–@–@""**")
      ①   ②

① '계좌번호 : '를 표시

② 계좌번호의 5글자를 "@@@–@–@"**"의 형식으로 표시

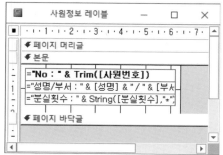

문제 ❶ ▶ 주어진 엑셀 데이터와 다음 ≪조건≫을 이용하여 테이블을 작성하시오. |100점

[테이블1 : 전자사원증관리]

① [외부 데이터] 탭–[가져오기 및 연결] 그룹–[Excel]을 클릭한다.
② [찾아보기]를 클릭하고 '기출문제3회.xlsx' 파일을 선택하고 [열기]를 클릭한다.
③ '현재 데이터베이스의 새 테이블로 원본 데이터 가져오기'를 선택한 후 [확인]을 클릭한다.
④ [스프레드시트 가져오기 마법사] 대화상자에서 '첫 행에 열 머리글이 있음'을 체크하고 [다음]을 클릭한다.
⑤ '기본 키 선택'을 체크하고 '사원번호'를 선택한 후 [다음]을 클릭한다.
⑥ '테이블로 가져오기' 항목에 테이블명 '전자사원증관리'를 입력하고 [마침]을 클릭하고 [닫기]를 클릭한다.
⑦ [탐색] 창의 '전자사원증관리' 테이블에서 마우스 오른쪽 버튼을 클릭하고 [디자인 보기]를 선택한다.
⑧ 문제에서 지시한 대로 필드 크기와 형식을 지정한다.
⑨ '출입시간' 필드에서 마우스 오른쪽 버튼을 누르고 [행 삽입]을 클릭한다. [필드 이름]에 '출입구분'을 입력하고 [데이터 형식]은 '짧은 텍스트', [필드 크기]는 3으로 지정한다. [조회] 탭에서 [컨트롤 표시]를 '콤보 상자', [행 원본 유형]을 '값 목록', [행 원본]에 'IN;OUT'을 입력한다.

필드 이름	데이터 형식	설명(옵션)
사원번호	짧은 텍스트	
발급일자	날짜/시간	
접근코드	짧은 텍스트	
근속연수	숫자	
출입구분	짧은 텍스트	
출입시간	날짜/시간	

필드 속성

일반 조회

컨트롤 표시	콤보 상자
행 원본 유형	값 목록
행 원본	IN;OUT
바운드 열	1
열 개수	1
열 이름	아니요
열 너비	2.54cm
행 수	16
목록 너비	2.54cm
목록 값만 허용	아니요
여러 값 허용	아니요
값 목록 편집 허용	아니요
목록 항목 편집 폼	
행 원본 값만 표시	아니요

컨트롤 데이터의 원본

[테이블2 : 사원정보]

① [만들기] 탭–[테이블] 그룹–[테이블 디자인]을 클릭한다.
② 문제에서 지시한 대로 필드 이름, 필드 크기, 형식을 지정한다.
③ '부서' 필드의 [데이터 형식]은 '짧은 텍스트', [필드 크기]는 '20', [유효성 검사 규칙]은 'In("영업부","개발부","관리부")'으로 지정한다.

In("영업부","개발부","관리부")(또는 "영업부" Or "개발부" Or "관리부")

"영업부" 또는 "개발부" 또는 "관리부"인 데이터만 입력

필드 이름	데이터 형식	설명(옵션)
사원번호	짧은 텍스트	
성명	짧은 텍스트	
부서	짧은 텍스트	
직급	짧은 텍스트	
분실횟수	숫자	

필드 속성

일반 | 조회

필드 크기	20
형식	
입력 마스크	
캡션	
기본값	
유효성 검사 규칙	In ("영업부","개발부","관리부")
유효성 검사 텍스트	
필수	아니요
빈 문자열 허용	예
인덱스	아니요
유니코드 압축	예
IME 모드	한글
문장 입력 시스템 모드	없음
텍스트 맞춤	일반

필드 이름은 공백을 포함하여 64자까지 사용할 수 있습니다. 자세한 내용을 보려면 <F1> 키를 누르십시오.

문제 ② ▶ **[테이블1 : 전자사원증관리]를 이용하여 다음과 같은 조건에 따라 쿼리를 완성하시오.** | **90점**

[쿼리 : 전자사원증관리현황]

① [만들기] 탭–[쿼리] 그룹–[쿼리 디자인]을 클릭한다.
② [테이블 표시] 대화상자의 [테이블] 탭에서 '전자사원증관리'를 더블클릭하고 [닫기]를 클릭한다.
③ '사원번호', '발급일자', '접근코드', '근속연수', '출입구분', '출입시간' 필드를 더블클릭하여 추가한다.
④ '분류', '갱신일자', '초과근무시간'은 Shift + F2 를 눌러 [확대/축소] 대화상자를 열고 수식을 입력한다.

★ 설명해주세요

분류: Choose(Val(Left([사원번호],1)),"정규직","계약직","인턴")
　　　　　　　　　　　　　①　　　　　　②　　　③
① 사원번호의 첫 번째 글자를 숫자로 변환한 값이 '1'이면 "정규직"으로 표시
② 사원번호의 첫 번째 글자를 숫자로 변환한 값이 '2'이면 "계약직"으로 표시
③ 사원번호의 첫 번째 글자를 숫자로 변환한 값이 '3'이면 "인턴"으로 표시

갱신일자: IIf([근속연수]>=10,DateAdd("yyyy",1,[발급일자]),IIf([근속연수]>=2,DateAdd("m",6,[발급일자]),
　　　　　　　　　　　　　　①　　　　　　　　　　　　　　　　　　　　　②
　　　　　DateAdd("d",120,[발급일자])))
　　　　　　　　③
① 근속연수가 10 이상이면 발급일자에 1년을 더하여 표시
② 근속연수가 2 이상이면 발급일자에 6개월을 더하여 표시
③ 그렇지 않으면 발급일자에 120일을 더하여 표시

초과근무시간: IIf([출입구분]="OUT" And Hour([출입시간])>18,Hour([출입시간])−18 & "시간 초과근무")
　　　　　　　　　　　　①　　　　　　　　　　　　　　　　　②
① 출입구분이 'OUT'이고 출입시간의 시가 18보다 크면
② 출입시간의 시에서 18을 뺀 값에 "시간 초과근무"를 표시

⑤ '발급일자' 필드의 '정렬'을 '오름차순'으로 지정한다.

⑥ '갱신일자' 필드에서 마우스 오른쪽 버튼을 클릭하여 [속성]을 선택한 후 [형식]을 '간단한 날짜'로 지정한다.

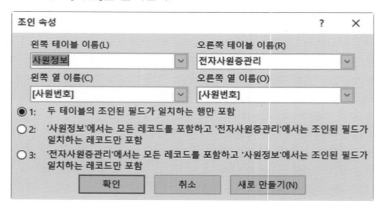

문제 ❸ ▶ [테이블1 : 전자사원증관리]와 [테이블2 : 사원정보]를 이용하여 다음과 같은 조건에 따라 쿼리를 완성하시오. **80점**

[쿼리 : 전자사원증관리현황 분석]

① [만들기] 탭–[쿼리] 그룹–[쿼리 디자인]을 클릭한다.
② [테이블 표시] 대화상자의 [테이블] 탭에서 '전자사원증관리'와 '사원정보'를 더블클릭하고 [닫기]를 클릭한다.
③ [사원정보] 테이블의 '사원번호'를 [전자사원증관리] 테이블의 '사원번호' 필드로 드래그한다.
④ 관계 설정 선을 더블클릭한 후 [조인 속성] 대화상자에서 '두 테이블의 조인된 필드가 일치하는 행만 포함'을 선택하고 [확인]을 클릭한다.

⑤ '사원번호', '발급일자', '성명', '직급', '근속연수', '부서' 필드를 더블클릭하여 추가한다.
⑥ '근속연수'의 조건에 '〈5'을 입력한다.
⑦ '부서'의 조건에 '〈〉"영업부"'를 입력하고 체크 표시를 해제한다.

합격생의 비법

근속연수가 '5' 미만이고 부서가 '영업부'가 아닌 데이터를 추출

⑧ '발급일자' 필드의 '정렬'을 '오름차순'으로 지정한다.

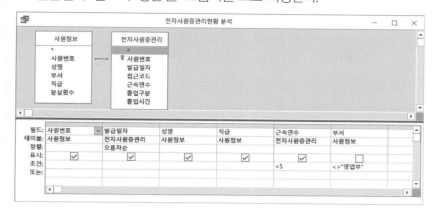

[폼 : 전자사원증관리]

① [만들기] 탭–[폼] 그룹–[폼 마법사]를 클릭한다.
② [폼 마법사] 대화상자에서 [테이블/쿼리]를 '쿼리 : 전자사원증관리현황'으로 선택하고 [사용 가능한 필드]에서 '분류', '접근코드', '근속연수', '출입시간', '발급일자', '갱신일자', '출입구분'을 더블클릭하고 [다음]을 클릭한다.
③ 폼의 모양을 '열 형식'으로 지정하고 [다음]을 클릭한다.
④ 폼의 제목에 '전자사원증관리'를 입력하고 '폼 디자인 수정'을 선택하고 [마침]을 클릭한다.
⑤ 텍스트 상자의 크기와 위치를 조절한다.(레이블은 모두 오른쪽 맞춤으로 지정)
⑥ [디자인] 탭–[컨트롤] 그룹–[텍스트 상자]를 클릭하고 레이블에 '접근구역'을 입력하고 텍스트 상자에는 계산식을 입력한다.

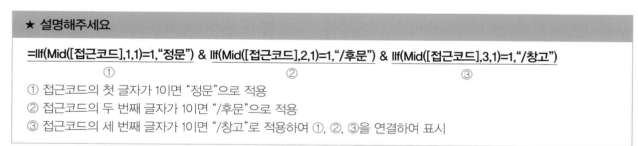

★ 설명해주세요

=Iif(Mid([접근코드],1,1)=1,"정문") & Iif(Mid([접근코드],2,1)=1,"/후문") & Iif(Mid([접근코드],3,1)=1,"/창고")
　　　　　　① 　　　　　　　　　　　　　② 　　　　　　　　　　　　③
① 접근코드의 첫 글자가 1이면 "정문"으로 적용
② 접근코드의 두 번째 글자가 1이면 "/후문"으로 적용
③ 접근코드의 세 번째 글자가 1이면 "/창고"로 적용하여 ①, ②, ③을 연결하여 표시

⑦ 눈금자 왼쪽의 [선택기]를 더블클릭한 후 [형식] 탭에서 [레코드 선택기]와 [탐색 단추]를 '아니요'로 지정한다.
⑧ 폼에서 마우스 오른쪽 버튼을 누른 후 [폼 머리글/바닥글]을 선택하고 [예]를 클릭한다.

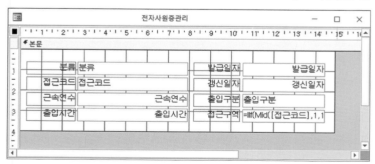

[폼 : 전자사원증관리현황 폼]

① [만들기] 탭–[폼] 그룹–[폼 마법사]를 클릭한다.

② [폼 마법사] 대화상자에서 [테이블/쿼리]를 '쿼리 : 전자사원증관리현황'으로 선택하고 [사용 가능한 필드]에서 '사원번호'를 더블클릭하고 [다음]을 클릭한다.

③ 폼의 모양을 '열 형식'으로 지정하고 [다음]을 클릭한다.

④ 폼의 제목에 '전자사원증관리현황 폼'을 입력하고 '폼 디자인 수정'을 선택하고 [마침]을 클릭한다.

⑤ 폼 제목 컨트롤에서 마우스 오른쪽 버튼을 누르고 [속성]을 선택한 후 [특수 효과]는 '그림자', [글꼴 이름]은 '굴림', [글꼴 크기]는 '20', [텍스트 맞춤]은 '가운데'로 지정한다.

⑥ 본문 영역의 '사원번호' 컨트롤을 폼 머리글로 드래그하고 텍스트 상자에서 마우스 오른쪽 버튼을 누른 후 [변경]–[콤보 상자]를 선택한다.

⑦ '사원번호' 콤보 상자의 [속성 시트]에서 [행 원본]을 '전자사원증관리현황'으로 지정한다.

⑧ 폼의 [속성 시트]에서 [레코드 선택기]를 '아니요'로 지정한다.

⑨ [디자인] 탭–[컨트롤] 그룹–[하위 폼/하위 보고서] 클릭한다.

⑩ [하위 폼 마법사] 대화상자의 [기존 폼 사용]에 체크하고 '전자사원증관리'를 선택한 후 [다음]을 클릭하고 다시 [다음]과 [마침]을 클릭한다.

⑪ [디자인] 탭–[컨트롤] 그룹–[이미지 삽입]–[찾아보기]를 클릭하고 '로고3'을 선택한 후 [확인]을 클릭한다.

⑫ 로고의 [속성 시트]에서 [그림]은 '로고3.jpg', [크기 조절 모드]는 '전체 확대/축소', [너비]는 '2', [높이]는 '1', [특수 효과]는 볼록으로 지정한다.

⑬ [디자인] 탭–[컨트롤] 그룹–[단추]를 클릭하고 [폼 머리글 영역]의 로고 아래에서 클릭한다.

⑭ [명령 단추 마법사]에서 [종류]는 '보고서 작업', [매크로 함수]는 '보고서 미리 보기'를 선택하고 [다음]을 클릭한다.

⑮ '전자사원증관리현황 보고서'를 선택하고 [다음]을 클릭한다.

⑯ [텍스트]를 선택하고 '보고서'를 입력하고 [다음]을 클릭한 후 [마침]을 클릭한다.

⑰ 명령 단추의 [속성 시트]에서 [너비]는 '2', [높이]는 '1'로 지정한다.

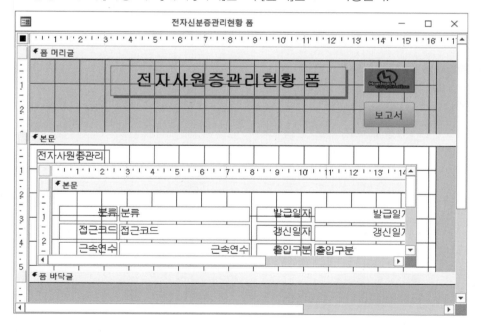

[보고서 : 전자사원증관리현황 보고서]

① [만들기] 탭–[보고서] 그룹–[보고서 마법사] 클릭한다.

② [보고서 마법사]에서 [테이블/쿼리]를 '쿼리 : 전자사원증관리현황'으로 선택한다.

③ [사용 가능한 필드]에서 '분류', '사원번호', '발급일자', '갱신일자', '근속연수', '출입구분'을 더블클릭하고 [다음]을 클릭한다.

④ '분류'를 더블클릭하여 그룹 수준으로 지정하고 [다음]을 클릭한다.

⑤ 정렬할 필드로 '발급일자'를 선택하고 [요약 옵션]을 클릭한다.

⑥ '사원번호'의 건수를 바로 구할 수 없으므로 [근속연수]의 '합계'를 체크하고 [확인]을 클릭한 후 [다음]을 클릭한다.

⑦ 보고서 제목에 '전자사원증관리현황 보고서'를 입력하고 '보고서 디자인 수정'을 선택한 후 [마침]을 클릭한다.

⑧ 필요없는 부분을 삭제하고 '페이지 바닥글'의 날짜 텍스트 상자를 머리글로 이동한 후 '=DateSerial(2019,7,13)'을 입력한다.

⑨ 보고서 제목의 [속성 시트]에서 [글꼴 이름]은 '궁서', [글꼴 크기]는 '24', [텍스트 맞춤]은 '가운데', [글꼴 두께]는 '굵게', [글꼴 밑줄]을 '예'로 지정한 후 가운데로 이동한다.

⑩ 분류 바닥글의 레이블을 '건수'로, 텍스트 상자는 '=Count([사원번호])'로 수정한다. 같은 방법으로 보고서 바닥글도 수정한다.

⑪ 본문 영역의 '근속연수'를 선택하고 [서식] 탭–[컨트롤 서식] 그룹–[조건부 서식] 클릭한 후 [새 규칙]을 클릭한다.

⑫ 다음과 같이 조건부 서식을 지정하고 [배경색]을 '노랑'으로 지정한 후 [확인]을 클릭한다.

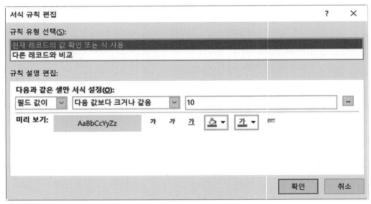

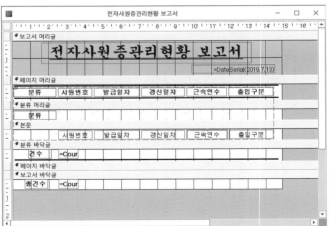

[보고서 : 사원정보 레이블]

① [탐색] 창의 [사원정보] 테이블을 선택하고 [만들기] 탭–[보고서] 그룹–[레이블]을 클릭한다.

② [우편물 레이블 마법사]에서 [제조업체]는 'A–ONE', [제품 번호]는 '28315'로 선택하고 [다음]을 클릭한다.

③ 굴림, 10pt, 중간, 검정을 지정하고 [다음]을 클릭한다.

④ 사용 가능한 필드에서 필드를 더블클릭하고 다음과 같이 작성한 후 [다음]을 클릭한다.

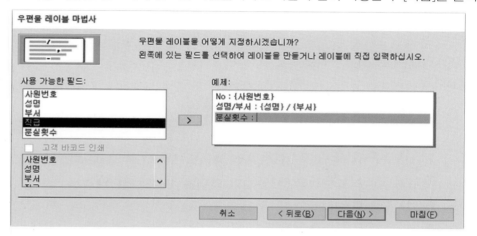

⑤ 정렬 기준이 될 필드로 '사원번호'를 선택하고 [다음]을 클릭한다.

⑥ 보고서 이름에 '사원정보 레이블'을 입력하고 '우편물 레이블의 디자인 수정'을 선택한 후 [마침]을 클릭한다.

⑦ 첫 번째 텍스트 상자를 선택하고 [홈] 탭–[텍스트 서식] 그룹–[굵게]를 클릭한다.

⑧ 세 번째 텍스트 상자를 수정한다.

★ 설명해주세요

="분실횟수 : " & String([분실횟수],"*")
    ①   ②

① '분실횟수 : '을 표시
② 분실횟수만큼 '*'를 표시

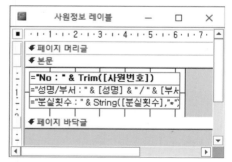

▶ 주어진 엑셀 데이터와 다음 ≪조건≫을 이용하여 테이블을 작성하시오. │100점

[테이블1 : 업무일정관리]

① [외부 데이터] 탭–[가져오기 및 연결] 그룹–[Excel]을 클릭한다.

② [찾아보기]를 클릭하고 '기출문제4회.xlsx' 파일을 선택하고 [열기]를 클릭한다.

③ '현재 데이터베이스의 새 테이블로 원본 데이터 가져오기'를 선택한 후 [확인]을 클릭한다.

④ [스프레드시트 가져오기 마법사] 대화상자에서 '첫 행에 열 머리글이 있음'을 체크하고 [다음]을 클릭한다.

⑤ '기본 키 선택'을 체크하고 '관리번호'를 선택한 후 [다음]을 클릭한다.

⑥ '테이블로 가져오기' 항목에 테이블명 '업무일정관리'를 입력하고 [마침]을 클릭하고 [닫기]를 클릭한다.

⑦ [탐색] 창의 '업무일정관리' 테이블에서 마우스 오른쪽 버튼을 클릭하고 [디자인 보기]를 선택한다.

⑧ 문제에서 지시한 대로 필드 크기와 형식을 지정한다.

⑨ '내용' 필드에서 마우스 오른쪽 버튼을 누르고 [행 삽입]을 클릭한다. [필드 이름]에 '중요도'를 입력하고 [데이터 형식]은 '짧은 텍스트', [필드 크기]는 '바이트'로 지정한다. [조회] 탭에서 [컨트롤 표시]를 '콤보 상자', [행 원본 유형]을 '값 목록', [행 원본]에 '1;2;3;4;5'를 입력한다.

[테이블2 : 거래처정보]

① [만들기] 탭–[테이블] 그룹–[테이블 디자인]을 클릭한다.

② 문제에서 지시한 대로 필드 이름, 필드 크기, 형식을 지정한다.

③ '누적거래액' 필드의 [데이터 형식]은 '통화', [형식]은 '통화', [유효성 검사 규칙]은 '>=0'으로 지정한다.

★ 설명해주세요

>=0

0 이상의 데이터만 입력

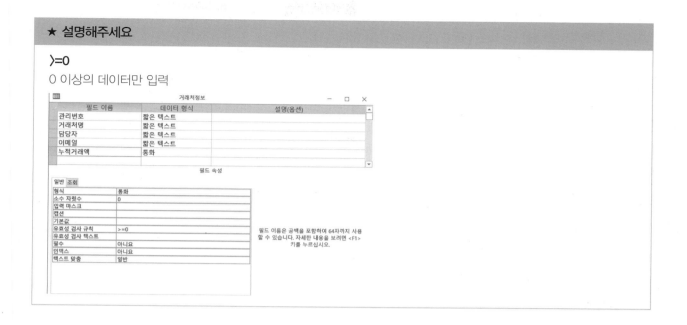

문제 ❷ ▶ **[테이블1 : 업무일정관리]를 이용하여 다음과 같은 조건에 따라 쿼리를 완성하시오.** | **90**점

[쿼리 : 업무일정관리현황]

① [만들기] 탭-[쿼리] 그룹-[쿼리 디자인]을 클릭한다.

② [테이블 표시] 대화상자의 [테이블] 탭에서 '업무일정관리'를 더블클릭하고 [닫기]를 클릭한다.

③ '관리번호', '작성일자', '상담일자', '중요도', '내용', '예상거래액' 필드를 더블클릭하여 추가한다.

④ '미팅구분', '알람시작일', '비용처리한도'는 Shift + F2 를 눌러 [확대/축소] 대화상자를 열고 수식을 입력한다.

★ 설명해주세요

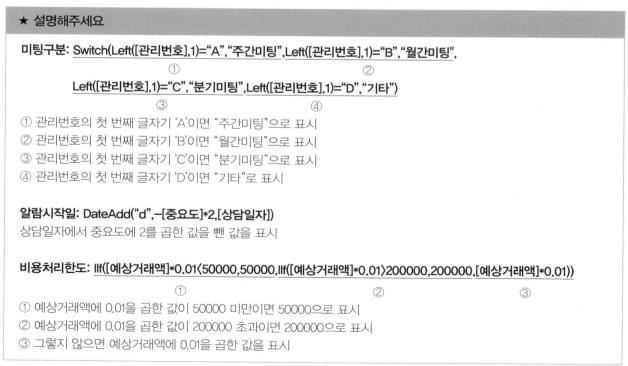

⑤ '상담일자' 필드의 '정렬'을 '오름차순'으로 지정한다.

⑥ '비용처리한도' 필드에서 마우스 오른쪽 버튼을 클릭하여 [속성]을 선택한 후 [형식]을 '통화'로 지정한다.

문제 ❸ ▶ **[테이블1 : 업무일정관리]와 [테이블2 : 거래처정보]를 이용하여 다음과 같은 조건에 따라 쿼리를 완성하시오.** 80점

[쿼리 : 업무일정관리현황 분석]

① [만들기] 탭–[쿼리] 그룹–[쿼리 디자인]을 클릭한다.
② [테이블 표시] 대화상자의 [테이블] 탭에서 '업무일정관리'와 '거래처정보'를 더블클릭하고 [닫기]를 클릭한다.
③ [거래처정보] 테이블의 '관리번호'를 [업무일정관리] 테이블의 '관리번호' 필드로 드래그한다.
④ 관계 설정 선을 더블클릭한 후 [조인 속성] 대화상자에서 '두 테이블의 조인된 필드가 일치하는 행만 포함'을 선택하고 [확인]을 클릭한다.

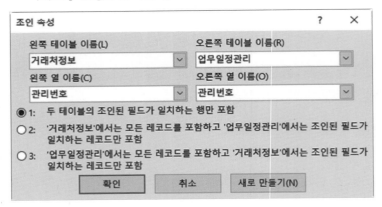

⑤ '관리번호', '거래처명', '중요도', '예상거래액', '누적거래액', '상담일자' 필드를 더블클릭하여 추가한다.
⑥ '중요도'의 조건에 '>=3'을 입력한다.
⑦ '상담일자'의 조건에 'Between #2019-06-01# And #2019-06-30#'를 입력하고 체크 표시를 해제한다.

합격생의 비법

중요도가 '3' 이상이고 상담일자가 2019년 6월1일에서 2019년 6월30일 사이인 데이터를 추출

⑧ '예상거래액' 필드의 '정렬'을 '내림차순'으로 지정한다.

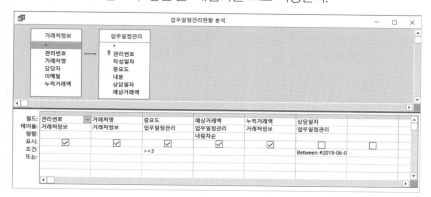

문제 ❹ ▶ [쿼리 : 업무일정관리현황]을 이용하여 다음과 같은 모양의 폼을 설계하시오. | 80점

[폼 : 업무일정관리]

① [만들기] 탭-[폼] 그룹-[폼 마법사]를 클릭한다.

② [폼 마법사] 대화상자에서 [테이블/쿼리]를 '쿼리 : 업무일정관리현황'으로 선택하고 [사용 가능한 필드]에서 '미팅구분', '중요도', '상담일자', '예상거래액', '작성일자', '알람시작일', '내용'을 더블클릭하고 [다음]을 클릭한다.

③ 폼의 모양을 '열 형식'으로 지정하고 [다음]을 클릭한다.

④ 폼의 제목에 '업무일정관리'를 입력하고 '폼 디자인 수정'을 선택하고 [마침]을 클릭한다.

⑤ 텍스트 상자의 크기와 위치를 조절한다.(레이블은 모두 오른쪽 맞춤으로 지정)

⑥ [디자인] 탭-[컨트롤] 그룹-[텍스트 상자]를 클릭하고 레이블에 '참여인원'을 입력하고 텍스트 상자에는 계산식을 입력한다.

★ 설명해주세요

=Ilf([중요도]>=4,"2명 이상",Ilf([중요도]=3,"2명","1명"))
            ①   ②

① 중요도가 4 이상이면 "2명 이상"으로 표시

② 중요도가 30이면 "2명"으로 표시, 그렇지 않으면 "1명"으로 표시

---

⑦ 눈금자 왼쪽의 [선택기]를 더블클릭한 후 [형식] 탭에서 [레코드 선택기]와 [탐색 단추]를 '아니요'로 지정한다.

⑧ 폼에서 마우스 오른쪽 버튼을 누른 후 [폼 머리글/바닥글]을 선택하고 [예]를 클릭한다.

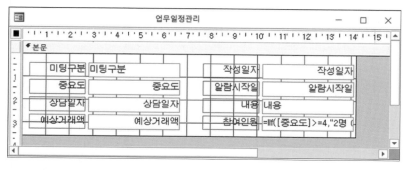

[폼 : 메시지]

① [만들기] 탭-[폼] 그룹-[폼 디자인]을 클릭한다.

② 본문 영역의 크기를 조절한 후 [디자인] 탭-[컨트롤] 그룹에서 [레이블]을 선택하고 본문 영역에 적당한 크기로 드래그한다.

③ '수정할 수 없습니다.'라고 출력할 메시지를 입력한다.

④ 눈금자 왼쪽의 [선택기]를 더블클릭한 후 [형식] 탭에서 [레코드 선택기]와 [탐색 단추]를 '아니요'로 지정한다.

⑤ [닫기]를 클릭하고 저장 여부를 물으면 [예]를 클릭한 후, [다른 이름으로 저장] 대화상자의 [폼 이름]에 '메시지'를 입력하고 [확인]을 클릭한다.

⑥ [탐색] 창의 '업무일정관리' 폼에서 마우스 오른쪽 버튼을 클릭하고 [디자인 보기]를 선택한다.

⑦ '내용' 텍스트 상자의 바로 가기 메뉴에서 [속성]을 선택한 후 [이벤트] 탭의 [On Click]에서 [작성](▣)을 클릭한다.

⑧ 다음과 같이 코드를 입력한다.

```
Private Sub 내용_Click()
  DoCmd.OpenForm "메시지"
End Sub
```

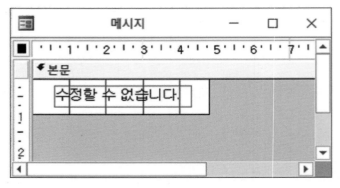

[폼 : 업무일정관리현황 폼]

① [만들기] 탭-[폼] 그룹-[폼 마법사]를 클릭한다.

② [폼 마법사] 대화상자에서 [테이블/쿼리]를 '쿼리 : 업무일정관리현황'으로 선택하고 [사용 가능한 필드]에서 '관리번호'를 더블클릭하고 [다음]을 클릭한다.

③ 폼의 모양을 '열 형식'으로 지정하고 [다음]을 클릭한다.

④ 폼의 제목에 '업무일정관리현황 폼'을 입력하고 '폼 디자인 수정'을 선택하고 [마침]을 클릭한다.

⑤ 폼 제목 컨트롤에서 마우스 오른쪽 버튼을 누르고 [속성]을 선택한 후 [특수 효과]는 '그림자', [글꼴 이름]은 '굴림', [글꼴 크기]는 '22', [글꼴 두께]는 '굵게', [텍스트 맞춤]은 '가운데'로 지정한다.

⑥ 본문 영역의 '관리번호' 컨트롤을 폼 머리글로 드래그하고 텍스트 상자에서 마우스 오른쪽 버튼을 누른 후 [변경]-[콤보 상자]를 선택한다.

⑦ '관리번호' 콤보 상자의 [속성 시트]에서 [행 원본]을 '업무일정관리현황'으로 지정한다.

속성 시트
선택 유형: 콤보 상자

관리번호

형식 | 데이터 | 이벤트 | 기타 | 모두

컨트롤 원본	관리번호
행 원본	업무일정관리현황
행 원본 유형	테이블/쿼리
바운드 열	1
목록 값만 허용	아니요
값 목록 편집 허용	예
목록 항목 편집 폼	
값 목록 상속	예
행 원본 값만 표시	아니요
입력 마스크	
기본값	
유효성 검사 규칙	
유효성 검사 텍스트	
사용 가능	예
잠금	아니요
자동 확장	예

⑧ 폼의 [속성 시트]에서 [레코드 선택기]]를 '아니요'로 지정한다.

⑨ [디자인] 탭–[컨트롤] 그룹–[하위 폼/하위 보고서] 클릭한다.

⑩ [하위 폼 마법사] 대화상자의 [기존 폼 사용]에 체크하고 '업무일정관리'를 선택한 후 [다음]을 클릭하고 다시 [다음]과 [마침]을 클릭한다.

⑪ [디자인] 탭–[컨트롤] 그룹–[이미지 삽입]–[찾아보기]를 클릭하고 '로고1'을 선택한 후 [확인]을 클릭한다.

⑫ 로고의 [속성 시트]에서 [그림]은 '로고1.jpg', [크기 조절 모드]는 '전체 확대/축소', [너비]는 '2', [높이]는 '1', [특수 효과]는 볼록으로 지정한다.

속성 시트
선택 유형: 이미지(M)

Image5

형식 | 데이터 | 이벤트 | 기타 | 모두

표시	예
그림 유형	공유
그림	로고1
그림 바둑판식으로 배	아니요
크기 조절 모드	전체 확대/축소
그림 맞춤	가운데
너비	2cm
높이	1cm
위쪽	0.399cm
왼쪽	11.797cm
배경 스타일	투명
배경색	배경 1
테두리 스타일	투명
테두리 두께	가는 선
테두리 색	배경 1, 보다 어둡게 35%
특수 효과	볼록

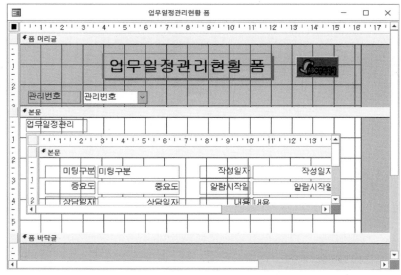

[보고서 : 업무일정관리현황 보고서]

① [만들기] 탭—[보고서] 그룹—[보고서 마법사] 클릭한다.

② [보고서 마법사]에서 [테이블/쿼리]를 '쿼리 : 업무일정관리현황'으로 선택한다.

③ [사용 가능한 필드]에서 '미팅구분', '관리번호', '상담일자', '예상거래약', '중요도', '비용처리한도'를 더블클릭하고 [다음]을 클릭한다.

④ '미팅구분'을 더블클릭하여 그룹 수준으로 지정하고 [다음]을 클릭한다.

⑤ 정렬할 필드로 '상담일자'를 선택하고 [요약 옵션]을 클릭한다.

⑥ [예상거래액]의 '합계'를 체크하고 [확인]을 클릭한 후 [다음]을 클릭한다.

⑦ 보고서 제목에 '업무일정관리현황 보고서'를 입력하고 '보고서 디자인 수정'을 선택한 후 [마침]을 클릭한다.

⑧ 필요없는 부분을 삭제하고 '페이지 바닥글'의 날짜 텍스트 상자를 머리글로 이동한 후 '=DateSerial(2019,6,8)'을 입력한다.

⑨ 보고서 제목의 [속성 시트]에서 [글꼴 이름]은 '궁서', [글꼴 크기]는 '24', [텍스트 맞춤]은 '가운데', [글꼴 두께]는 '굵게', [글꼴 밑줄]을 '예'로 지정한 후 가운데로 이동한다.

⑩ 본문 영역의 '중요도'를 선택하고 [서식] 탭—[컨트롤 서식] 그룹—[조건부 서식] 클릭한 후 [새 규칙]을 클릭한다.

⑪ 다음과 같이 조건부 서식을 지정하고 [굵게]와 [밑줄]을 클릭하고 [글꼴 색]을 '파랑'으로 지정한 후 [확인]을 클릭한다.

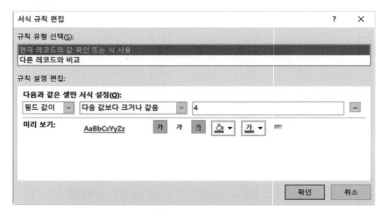

[보고서 : 거래처정보 레이블]

① [탐색] 창의 [거래처정보] 테이블을 선택하고 [만들기] 탭–[보고서] 그룹–[레이블]을 클릭한다.

② [우편물 레이블 마법사]에서 [제조업체]는 'A–ONE', [제품 번호]는 '28315'로 선택하고 [다음]을 클릭한다.

③ 굴림, 10pt, 중간, 검정을 지정하고 [다음]을 클릭한다.

④ 사용 가능한 필드에서 필드를 더블클릭하고 다음과 같이 작성한 후 [다음]을 클릭한다.

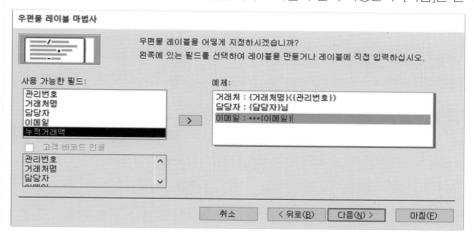

⑤ 정렬 기준이 될 필드로 '거래처명'을 선택하고 [다음]을 클릭한다.

⑥ 보고서 이름에 '거래처정보 레이블'을 입력하고 '우편물 레이블의 디자인 수정'을 선택한 후 [마침]을 클릭한다.

⑦ 첫 번째 텍스트 상자를 선택하고 [홈] 탭–[텍스트 서식] 그룹–[굵게]를 클릭한다.

⑧ 세 번째 텍스트 상자를 수정한다.

★ 설명해주세요

=“이메일 : ***” & Mid([이메일],InStr([이메일],“@”))
      ①   ②

① '이메일 : ***'를 표시

② 이메일에서 @의 위치를 찾은 후 @ 뒤의 글자를 표시

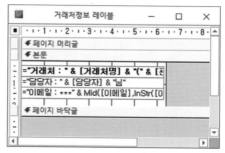

문제 ❶ ▶ 주어진 엑셀 데이터와 다음 ≪조건≫을 이용하여 테이블을 작성하시오. |100점

[테이블1 : 강좌관리]

① [외부 데이터] 탭–[가져오기 및 연결] 그룹–[Excel]을 클릭한다.

② [찾아보기]를 클릭하고 '기출문제5회.xlsx' 파일을 선택하고 [열기]를 클릭한다.

③ '현재 데이터베이스의 새 테이블로 원본 데이터 가져오기'를 선택한 후 [확인]을 클릭한다.

④ [스프레드시트 가져오기 마법사] 대화상자에서 '첫 행에 열 머리글이 있음'을 체크하고 [다음]을 클릭한다.

⑤ '기본 키 선택'을 체크하고 '강좌번호'를 선택한 후 [다음]을 클릭한다.

⑥ '테이블로 가져오기' 항목에 테이블명 '강좌관리'를 입력하고 [마침]을 클릭하고 [닫기]를 클릭한다.

⑦ [탐색] 창의 '강좌관리' 테이블에서 마우스 오른쪽 버튼을 클릭하고 [디자인 보기]를 선택한다.

⑧ 문제에서 지시한 대로 필드 크기와 형식을 지정한다.

⑨ [필드 이름]에 '진행시간'을 입력하고 [데이터 형식]은 '숫자', [필드 크기]는 '바이트'로 지정한다. [조회] 탭에서 [컨트롤 표시]를 '콤보 상자', [행 원본 유형]을 '값 목록', [행 원본]에 '1;2;3'을 입력한다.

필드 이름	데이터 형식	설명(옵션)
강좌번호	짧은 텍스트	
강의일시	날짜/시간	
수강료	숫자	
수강인원	숫자	
시작시간	날짜/시간	
진행시간	숫자	

필드 속성

일반 조회

컨트롤 표시	콤보 상자
행 원본 유형	값 목록
행 원본	1;2;3
바운드 열	1
열 개수	1
열 이름	아니요
열 너비	
행 수	16
목록 너비	자동
목록 값만 허용	아니요
여러 값 허용	아니요
값 목록 편집 허용	예
목록 항목 편집 폼	
행 원본 값만 표시	아니요

컨트롤 데이터의 원본

[테이블2 : 강좌정보]

① [만들기] 탭–[테이블] 그룹–[테이블 디자인]을 클릭한다.

② 문제에서 지시한 대로 필드 이름, 필드 크기, 형식을 지정한다.

③ '지점명' 필드의 [데이터 형식]은 '짧은 텍스트', [필드 크기]는 '3', [유효성 검사 규칙]은 'In ("압구정", "신촌", "판교")'로 지정한다.

★ 설명해주세요

In ("압구정","신촌","판교")(또는 "압구정" Or "신촌" Or "판교")
"압구정" 또는 "신촌" 또는 "판교"인 데이터만 입력

문제 ❷ ▶ [테이블1 : 강좌관리]를 이용하여 다음과 같은 조건에 따라 쿼리를 완성하시오. | **90**점

[쿼리 : 강좌관리현황]

① [만들기] 탭-[쿼리] 그룹-[쿼리 디자인]을 클릭한다.
② [테이블 표시] 대화상자의 [테이블] 탭에서 '강좌관리'를 더블클릭하고 [닫기]를 클릭한다.
③ '강좌번호', '강의일시', '수강료', '수강인원', '시작시간', '진행시간' 필드를 더블클릭하여 추가한다.
④ '분류', '강의요일', '종료시간'은 Shift + F2 를 눌러 [확대/축소] 대화상자를 열고 수식을 입력한다.

★ 설명해주세요

분류: Switch(Left([강좌번호],1)="H","취미",Left([강좌번호],1)="L","외국어",Left([강좌번호],1)="S","스포츠")
　　　　　　　　　① 　　　　　　　　　　　② 　　　　　　　　　　③

① 강좌번호의 첫 번째 글자가 'H'이면 "취미"로 표시
② 강좌번호의 첫 번째 글자가 'L'이면 "외국어"로 표시
③ 강좌번호의 첫 번째 글자가 'S'이면 "스포츠"로 표시

강의요일: Ilf(Right([강좌번호],1)="M","매달 ","매주 ") & WeekdayName(Weekday([강의일시]))
　　　　　　　　　　　① 　　　　　　　　　　　　　　　　②

① 강좌번호의 마지막 글자가 'M'이면 "매달 ", 그렇지 않으면 "매주 "로 표시
② 강의일시의 요일번호를 요일명으로 변경한 후 연결하여 표시

종료시간: DateAdd("h",[진행시간],[시작시간])
시작시간의 시에 진행시간을 더한 값을 표시

---

⑤ '강의일시' 필드의 '정렬'을 '오름차순'으로 지정한다.

⑥ '종료시간' 필드에서 마우스 오른쪽 버튼을 클릭하여 [속성]을 선택한 후 [형식]을 '간단한 시간'으로 지정한다.

문제 ❸ ▶ [테이블1 : 강좌관리]와 [테이블2 : 강좌정보]를 이용하여 다음과 같은 조건에 따라 쿼리를 완성하시오. **80**점

[쿼리 : 강좌관리현황 분석]

① [만들기] 탭–[쿼리] 그룹–[쿼리 디자인]을 클릭한다.

② [테이블 표시] 대화상자의 [테이블] 탭에서 '강좌관리'와 '강좌정보'를 더블클릭하고 [닫기]를 클릭한다.

③ [강좌정보] 테이블의 '강좌번호'를 [강좌관리] 테이블의 '강좌번호' 필드로 드래그한다.

④ 관계 설정 선을 더블클릭한 후 [조인 속성] 대화상자에서 '두 테이블의 조인된 필드가 일치하는 행만 포함'을 선택하고 [확인]을 클릭한다.

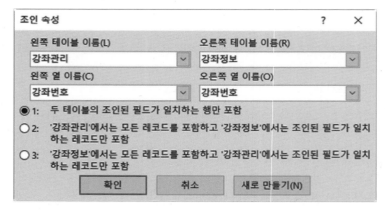

⑤ '강좌번호', '강사명', '강좌명', '강의일시', '수강인원', '지점명' 필드를 더블클릭하여 추가한다.

⑥ '수강인원'의 조건에 '[강좌정보].[정원]'을 입력한다.

⑦ '지점명'의 조건에 'Not Like "신촌"'을 입력하고 체크 표시를 해제한다.

합격생의 비법

수강인원이 강좌정보 테이블의 정원과 같고 지점명이 '신촌'이 아닌 데이터를 추출

⑧ '강사명' 필드의 '정렬'을 '오름차순'으로 지정한다.

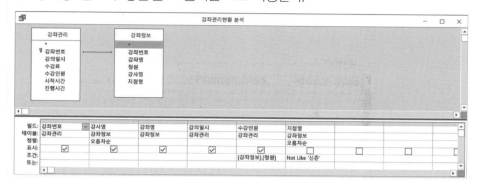

필드:	강좌번호	강사명	강좌명	강의일시	수강인원	지점명			
테이블:	강좌관리	강좌정보	강좌정보	강좌관리	강좌관리	강좌정보			
정렬:		오름차순				오름차순			
표시:	☑	☑	☑	☑		☑	☐	☐	☐
조건:					[강좌정보].[정원]	Not Like '신촌'			
또는:									

문제 ④ ▶ **[쿼리 : 강좌관리현황]을 이용하여 다음과 같은 모양의 폼을 설계하시오.** | **80**점

[폼 : 강좌관리]

① [만들기] 탭–[폼] 그룹–[폼 마법사]를 클릭한다.
② [폼 마법사] 대화상자에서 [테이블/쿼리]를 '쿼리 : 강좌관리현황'으로 선택하고 [사용 가능한 필드]에서 '분류', '강의일시', '수강인원', '시작시간', '강의요일', '수강료', '종료시간'을 더블클릭하고 [다음]을 클릭한다.
③ 폼의 모양을 '열 형식'으로 지정하고 [다음]을 클릭한다.
④ 폼의 제목에 '강좌관리'를 입력하고 '폼 디자인 수정'을 선택하고 [마침]을 클릭한다.
⑤ 텍스트 상자의 크기와 위치를 조절한다.
⑥ [디자인] 탭–[컨트롤] 그룹–[텍스트 상자]를 클릭하고 레이블에 '총수강료'를 입력하고 텍스트 상자에는 계산식을 입력한다.

> ★ **설명해주세요**
>
> **=[수강료]*[수강인원]**
> 수강료에 수강인원을 곱한 값을 표시

⑦ 눈금자 왼쪽의 [선택기]를 더블클릭한 후 [형식] 탭에서 [레코드 선택기]와 [탐색 단추]를 '아니요'로 지정한다.
⑧ 폼에서 마우스 오른쪽 버튼을 누른 후 [폼 머리글/바닥글]을 선택하고 [예]를 클릭한다.

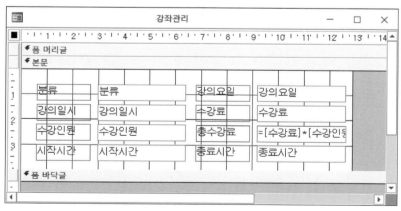

[폼 : 강좌관리현황 폼]

① [만들기] 탭-[폼] 그룹-[폼 마법사]를 클릭한다.

② [폼 마법사] 대화상자에서 [테이블/쿼리]를 '쿼리 : 강좌관리현황'으로 선택하고 [사용 가능한 필드]에서 '강좌번호'를 더블클릭하고 [다음]을 클릭한다.

③ 폼의 모양을 '열 형식'으로 지정하고 [다음]을 클릭한다.

④ 폼의 제목에 '강좌관리현황 폼'을 입력하고 '폼 디자인 수정'을 선택하고 [마침]을 클릭한다.

⑤ 폼 제목 컨트롤에서 마우스 오른쪽 버튼을 누르고 [속성]을 선택한 후 [특수 효과]는 '볼록', [글꼴 이름]은 '굴림', [글꼴 크기]는 '22', [글꼴 두께]는 '굵게', [텍스트 맞춤]은 '가운데'로 지정한다.

⑥ 본문 영역의 '강좌번호' 컨트롤을 폼 머리글로 드래그하고 텍스트 상자에서 마우스 오른쪽 버튼을 누른 후 [변경]-[콤보 상자]를 선택한다.

⑦ '강좌번호' 콤보 상자의 [속성 시트]에서 [행 원본]을 '강좌관리현황'으로 지정한다.

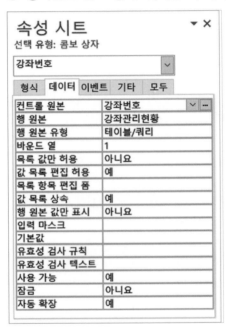

⑧ 폼의 [속성 시트]에서 [레코드 선택기]를 '아니요'로 지정한다.

⑨ [디자인] 탭-[컨트롤] 그룹-[하위 폼/하위 보고서] 클릭한다.

⑩ [하위 폼 마법사] 대화상자의 [기존 폼 사용]에 체크하고 '강좌관리'를 선택한 후 [다음]을 클릭하고 다시 [다음]과 [마침]을 클릭한다.

⑪ [디자인] 탭-[컨트롤] 그룹-[이미지 삽입]-[찾아보기]를 클릭하고 '로고3'을 선택한 후 [확인]을 클릭한다.', [특수 효과]는 볼록으로 지정한다.

⑫ 로고의 [속성 시트]에서 [그림]은 '로고3.jpg', [크기 조절 모드]는 '전체 확대/축소', [너비]는 '2', [높이]는 '1', [특수 효과]는 볼록으로 지정한다.

속성 시트

선택 유형: 이미지(M)

Image4

형식 데이터 이벤트 기타 모두

표시	예
그림 유형	공유
그림	로고3
그림 바둑판식으로 배	아니요
크기 조절 모드	전체 확대/축소
그림 맞춤	가운데
너비	2cm
높이	1cm
위쪽	0.608cm
왼쪽	11.005cm
배경 스타일	투명
배경색	배경 1
테두리 스타일	실선
테두리 두께	3 pt
테두리 색	배경 1, 보다 어둡게 35%
특수 효과	볼록

⑬ [디자인] 탭–[컨트롤] 그룹–[단추]를 클릭하고 [폼 머리글 영역]의 로고 아래에서 클릭한다.

⑭ [명령 단추 마법사]에서 [종류]는 '보고서 작업', [매크로 함수]는 '보고서 미리 보기'를 선택하고 [다음]을 클릭한다.

⑮ '강좌관리현황 보고서'를 선택하고 [다음]을 클릭한다.

⑯ [텍스트]를 선택하고 '보고서'를 입력하고 [다음]을 클릭한 후 [마침]을 클릭한다.

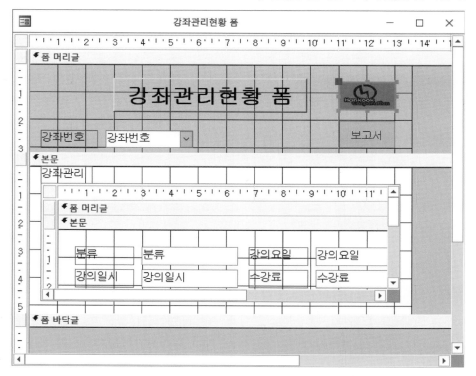

[보고서 : 강좌관리현황 보고서]

① [만들기] 탭–[보고서] 그룹–[보고서 마법사] 클릭한다.

② [보고서 마법사]에서 [테이블/쿼리]를 '쿼리 : 강좌관리현황'으로 선택한다.

③ [사용 가능한 필드]에서 '분류', '강좌번호', '강의요일', '수강료', '수강인원', '시작시간'을 더블클릭하고 [다음]을 클릭한다.

④ '강좌번호'를 더블클릭하여 그룹 수준으로 지정하고 [그룹화 옵션]을 클릭한다.

⑤ 그룹화 간격은 '첫 문자'를 선택하고 [확인]을 클릭한 후 [다음]을 클릭한다.

⑥ 정렬할 필드로 '수강인원'을 선택하고 [내림차순]을 지정한 후 [요약 옵션]을 클릭한다.

⑦ [수강료]의 '평균'을 체크하고 [확인]을 클릭한 후 [다음]을 클릭한다.

⑧ 보고서 제목에 '강좌관리현황 보고서'를 입력하고 '보고서 디자인 수정'을 선택한 후 [마침]을 클릭한다.

⑨ 필요없는 부분을 삭제하고 '페이지 바닥글'의 날짜 텍스트 상자를 머리글로 이동한 후 '=DateSerial(2019,5,11)'을 입력한다.

⑩ 보고서 제목의 [속성 시트]에서 [글꼴 이름]은 '궁서', [글꼴 크기]는 '24', [텍스트 맞춤]은 '가운데', [글꼴 두께]는 '굵게', [글꼴 밑줄]을 '예'로 지정한 후 가운데로 이동한다.

⑪ '강좌번호 기준 첫 문자' 레이블을 '분류'로 변경하고 텍스트 상자는 '=Left([강좌번호],1) & "[" & [분류] & "]"'로 수정한다. (분류 필드는 삭제)

⑫ 본문 영역의 '수강료'를 선택하고 [서식] 탭–[컨트롤 서식] 그룹–[조건부 서식] 클릭한 후 [새 규칙]을 클릭한다.

⑬ 다음과 같이 조건부 서식을 지정하고 [굵게]와 [밑줄]을 클릭하고 [글꼴 색]을 '빨강'으로 지정한 후 [확인]을 클릭한다.

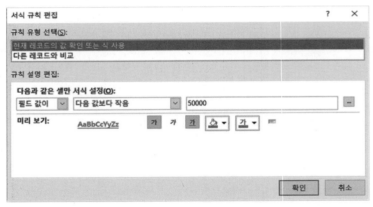

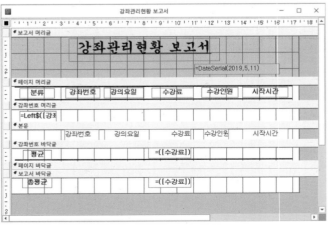

[보고서 : 강좌정보 레이블]

① [탐색] 창의 [강좌정보] 테이블을 선택하고 [만들기] 탭–[보고서] 그룹–[레이블]을 클릭한다.

② [우편물 레이블 마법사]에서 [제조업체]는 'A–ONE', [제품 번호]는 '28315'로 선택하고 [다음]을 클릭한다.

③ 굴림, 10pt, 중간, 검정을 지정하고 [다음]을 클릭한다.

④ 사용 가능한 필드에서 필드를 더블클릭하고 다음과 같이 작성한 후 [다음]을 클릭한다.

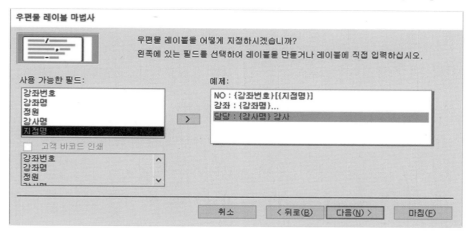

⑤ 정렬 기준이 될 필드로 '강좌번호'를 선택하고 [다음]을 클릭한다.

⑥ 보고서 이름에 '강좌정보 레이블'을 입력하고 '우편물 레이블의 디자인 수정'을 선택한 후 [마침]을 클릭한다.

⑦ 첫 번째 텍스트 상자를 선택하고 [홈] 탭–[텍스트 서식] 그룹–[굵게]를 클릭한다.

⑧ 두 번째 텍스트 상자를 수정한다.

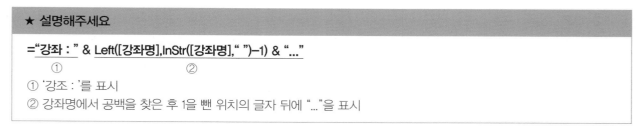

★ 설명해주세요

="강좌 : " & Left([강좌명],InStr([강좌명]," ")–1) & "..."
      ①   ②

① '강조 : '를 표시

② 강좌명에서 공백을 찾은 후 1을 뺀 위치의 글자 뒤에 "..."을 표시

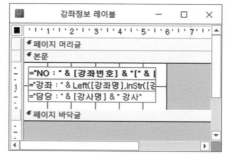

자격증은 이기적!